Schulentwicklung und Schulwirksamkeit als Forschungsfeld

Heinz Günter Holtappels (Hrsg.)

Schulentwicklung und Schulwirksamkeit als Forschungsfeld

Theorieansätze und Forschungserkenntnisse
zum schulischen Wandel

Waxmann 2014
Münster • New York

Bibliografische Informationen der Deutschen Nationalbibliothek
Die Deutsche Nationalbibliothek verzeichnet diese Publikation in
der Deutschen Nationalbibliografie; detaillierte bibliografische
Daten sind im Internet über http://dnb.d-nb.de abrufbar.

Print-ISBN   978-3-8309-3108-9
E-Book-ISBN   978-3-8309-8108-4

© Waxmann Verlag GmbH, Münster 2014
Steinfurter Straße 555, 48159 Münster

www.waxmann.com
info@waxmann.com

Umschlaggestaltung: Inna Ponomareva, Münster
Titelbild: © andersphoto – Fotolia.com
Satz: Sven Solterbeck, Münster

Gedruckt auf alterungsbeständigem Papier,
säurefrei gemäß ISO 9706

Inhalt

Vorwort

Der vorliegende Band greift aktuelle Theorieansätze aus der Schulentwicklungs- und Schulwirksamkeitsdebatte auf und legt mit den Beiträgen namhafter Autorinnen und Autoren einerseits neue Forschungsbefunde vor, andererseits wird zu zentralen Themenfeldern eine Bilanz gezogen. Ziel war es auch, Verbindungslinien und Zusammenhänge von School Improvement und School Effectiveness zu thematisieren und zu identifizieren. Die Beiträge präsentieren und bilanzieren bedeutende Forschungsansätze und -befunde aus der deutschen und der internationalen Schulentwicklungs- und Schulwirksamkeitsforschung. Dazu wurden zentrale Felder von Schulentwicklungs- und Innovationsprozessen einerseits und der Schulqualitäts- und Unterrichtsqualitätsforschung andererseits ausgewählt.

Dabei unternehmen einige Beiträge erneut den Versuch, die international immer wieder diskutierte Verknüpfung von „Schulentwicklung" mit „Schulwirksamkeit" zu thematisieren. Dies gelingt durchaus in zweierlei Hinsicht: Zum einen werden theoretische Ansätze und empirische Befunde zur Schulentwicklung daraufhin geprüft, ob sie Gelingensbedingungen und Schlüsselmerkmale hinsichtlich der Wirksamkeit von Variablen der Schul- und Unterrichtsebene herausarbeiten; zum anderen werden Veränderungen von Schulqualitätsmerkmalen im Zeitverlauf, insbesondere auch durch den Einsatz von Schulentwicklungsstrategien, untersucht.

Die Verbindung von Schulentwicklung und Schulwirksamkeit fällt jedoch insgesamt vielfach schwer, weil weder auf hinreichend geprüfte Theorieansätze noch auf umfassende empirische Untersuchungen zurückgegriffen werden kann. Das „Dynamic Model" von Creemers & Kyriakides (2012) bietet sich hier allerdings als zukunftsweisender Ansatz an, der zudem schon mit beachtlichen Forschungsergebnissen aufwarten kann. Gleichwohl bleiben dezidierte Forschungsprogramme, die unter Rückgriff auf basale und gesicherte Erkenntnisse den Zusammenhang von Schulentwicklung und Schulwirksamkeit umfassend untersucht haben, recht rar.

In dem jeweils einzelnen dieser beiden Forschungsbereiche lässt sich aktuell dagegen eine Vielzahl von Untersuchungen finden und es scheinen bisherige Befunde durchaus zu verdichteten Erkenntnissen zu führen, die zu mehr Theoriebildung herausfordern. In diesem Band, der auf mehreren Vortragsreihen an der Universität Dortmund basiert, konnten jedenfalls kompetente Referentinnen und Referenten gewonnen werden, die jeweils in ihrem Feld als Expertinnen und Experten gelten. So bietet der Band einen Fundus an neuen Ergebnissen, theore-

tischen Reflexionen sowie Versuchen zu resümierenden Zwischenbilanzen. Hier-
durch entstand ein breites und reichhaltiges Spektrum in zentralen Feldern von
Schulentwicklung und Schulwirksamkeit. Die gebotenen theoretischen Ansätze
und vorgelegten empirischen Befunde kommen im jeweiligen Forschungsfeld zu
wertvollen Erkenntnissen und mögen auch Impulse für weitergehende Theoriebildung und Forschungsaktivitäten liefern. Im Folgenden gebe ich einen Überblick:

Im ersten Beitrag unternimmt der Herausgeber selbst den Versuch, ausgewählte theoretische Ansätze und zentrale empirische Befunde zusammenzutragen,
zusammenfassend zu bündeln und vorsichtig zu bilanzieren. Im Zentrum stehen
sowohl Schulentwicklungsprozesse in Schulen als auch die Voraussetzungen und
Bedingungen in der Organisationskultur im Sinne einer Infrastruktur für Innovationen, und zwar unter Rückbezug auf den Ansatz der lernenden Organisation, in
dessen Zentrum vor allem Visionen, Schulentwicklungsstrategien und die schulinterne Infrastruktur für Innovationen, insbesondere professionelle Lerngemeinschaften mit elaborierter Teamarbeit. Der dazu als komplementär anzusehende
Beitrag von *Uwe Hameyer* bietet in akribischer und detaillierter Weise eine Land-
karte zum Innovationswissen. Es gelingt ein sehr fundierter Theoriebeitrag mit
Begriffsklärungen, Schlüsselbefunden und Analysen zu Innovationsprozessen. In
äußerst versierter Weise legt er dar, wie wirksame Schulentwicklung im System der
Praxis zur Entfaltung kommen kann – eine Collage, die treffsicher und pointiert
entscheidende und effektive Bedingungen beschreibt und überzeugend in einen
inneren Zusammenhang bringt.

Bert Creemers gibt einen hervorragenden Überblick über die Effectiveness-
Forschung, wobei er wichtige Phasen identifiziert. Anschließend wird ein evidenz-
basierter Ansatz auf der Basis relevanter Evaluationsstudien entfaltet und Zielrich-
tungen und Maximen für eine theoriegeleitete Forschung herausarbeitet; dazu
dient das von ihm mitentwickelte „Dynamic Model", dessen zentrale Merkmale
und Untersuchungsebenen vorgestellt und mit Forschungsergebnissen untermau-
ert werden, die das Modell auch nach empirischer Prüfung als tragfähig für weitere
Forschung und Entwicklungsarbeit erscheinen lassen.

In seinem Beitrag bringt *Tony Townsend* School Improvement fruchtbar in
Verbindung mit School Leadership, wobei er zunächst generell Wirkungen von
Veränderungen und relevante Bedingungen fundiert darlegt, sodann Phasen der
School-Effectiveness-Forschung beschreibt und Schlüsselmerkmale für nachhal-
tiges Lernen von Schulen und Individuen aufzeigt. Besonders originär und wei-
terführend ist sein hervorragender Beitrag zu Einflussmöglichkeiten durch Lea-
dership, wobei sein Ansatz von Leitungshandeln Prinzipien eines „leadership for
learning" klar präferiert. Schulleitungshandeln und Schulentwicklung bringt auch
Jochen Wissinger in seinem Beitrag in einen komplexen und gewinnbringenden
Zusammenhang. Er zeigt die Bedeutung des Schulwirksamkeits- und Schulentwicklungsdiskurses auf und bringt pointiert Maximen des Leitungshandelns ein.
Abschließend werden beachtliche Leitlinien dezentralen Führungshandelns vor

dem Hintergrund neuer Steuerungsansätze und vorhandenem Wissen über wirksame Schulentwicklung entfaltet.

Zwei weitere Beiträge befassen sich mit dem Learning Environment über den Unterricht hinaus, und zwar mit dem Fokus auf besonderen Lernbedingungen: Vor dem Hintergrund der leistungsmäßigen und sozialen Selektion der Lernenden nach dem Grundschulübergang und den Erkenntnissen über Schulformen als differentielle Lern- und Entwicklungsmilieus untersuchen *Katja Scharenberg* und *Wilfried Bos* Kompositions- und Institutioneneffekte. Die eindrucksvollen empirischen Analysen zeigen die Kompetenzentwicklung in verschiedenen Schulformen der Sekundarstufe I, den Einfluss der leistungsbezogenen und sozialen Schulkomposition der Schülerschaft sowie den Zusammenhang mit der Schulformgliederung.

Wolfram Rollett prüft kritisch den Entwicklungsstand von Ganztagsschulen anhand zentraler Qualitätsmerkmale vor dem Hintergrund der konzeptionellen Ansprüche und der empirisch untersuchten Realität der Praxis. Dabei arbeitet er strukturelle Bedingungen ebenso versiert heraus wie unzureichende Formen der organisatorischen und pädagogischen Umsetzung und der Ausschöpfung von Potenzialen in unterschiedlichen Organisationsmodellen. Untersucht wird bilanzierend vor allem die Qualität und Konzeption des Bildungsangebots sowie die Teilnahme und Schülerzusammensetzung.

In seinem Beitrag zur Unterrichtsentwicklung stellt *Hans-Günter Rolff* fachliche und methodische Konzepte für eine systematische UE vor. Vor dem Hintergrund etablierter Konzepte und bislang schwacher empirischer Evidenz für Wirkungen verdeutlicht der Autor überzeugend, dass für effektive Unterrichtsentwicklung professionelle Teamarbeit erforderlich wird und möglicherweise einen Königsweg darstellt, wofür es erste Forschungsbefunde gibt. Innovativ in diesem Beitrag sind vor allem die Ausführungen von Rolff zu praktischen Umsetzungsmöglichkeiten in der Schule.

Der Beitrag von *Martin Goecke und Klaus-Jürgen Tillmann* befasst sich mit einer seit langem bestehenden Forschungslücke: die Verbreitung, die Formen und die Praxis von Schulentwicklungsberatung als Unterstützung für Schulen. Mit ihrer Studie zeigen sie die Verbreitung, grundlegende Praxisformen und Bewertungen des Nutzens; sie prüfen jedoch vor allem die Beratungsintensität in Abhängigkeit vom Schulentwicklungsstand der Schulen und arbeiten Unterschiede nach dem Niveau der Schulentwicklungsbemühungen der Schulen heraus.

Von organisationalem Lernen von Schulen im Kontext datenbasierter Steuerung handelt der Aufsatz von *Tobias Feldhoff, Lisa Gromala und Thomas Brüsemeister*. Der Ansatz von Louis und Printy wird mit seinen Dimensionen zu Kapazitäten des Organisationslernens ausführlich referiert und erläutert, sodann auf sein Analysepotenzial geprüft und schließlich in den Kontext von evidenzbasierten Steuerungsstrategien (z. B. über Schulinspektion) gestellt.

Der Band richtet sich an alle, die in Wissenschaft und Bildungsadministratio-
nen mit der Analyse, der Gestaltung und der Entwicklung von Schulen oder mit
Steuerungsaufgaben im Schulsystem befasst sind. Zugleich bieten die Beiträge
wertvolle Anregungen für die Schulpraxis, die Lehrerausbildung und -fortbildung
und alle Unterstützungssysteme.

Dortmund im Juni 2014

Heinz Günter Holtappels

Heinz Günter Holtappels

Schulentwicklung und Schulwirksamkeit

Erkenntnisse aus der Perspektive von Schulentwicklungstheorie und -forschung

Der folgende Beitrag stellt einen Versuch dar, bisherige schulentwicklungstheoretische Einsichten und Erkenntnisse für eine Weiterentwicklung von Ansätzen und Modellen als Beitrag zu einer Schulentwicklungstheorie fokussiert zu diskutieren. Auf der Basis ausgewählter und relevanter Befunde der Schulentwicklungsforschung sollen vorliegende Erkenntnisse gebündelt und vor dem Hintergrund schulentwicklungstheoretischer Ansätze reflektiert werden. Dabei werden internationale und nationale Forschungsbefunde älteren und neueren Datums herangezogen und zusammengeführt.

Zugleich werden Schulentwicklungsansätze auch daraufhin geprüft, inwieweit förderliche Voraussetzungen und Bedingungen für Qualitätsverbesserungen in Schulen entfaltet werden und somit Schulentwicklung schließlich Schulwirksamkeit erzielt. Damit soll auch ein Beitrag zur Verbindung von Schulentwicklung und Schulwirksamkeit geleistet werden. Empirische Erkenntnisse verweisen allerdings dabei auf komplexe Gefüge von notwendigen Gelingensbedingungen für erfolgreiche Schulentwicklung im Sinne von Qualitätsverbesserungen für Schulen oder für das Schulsystem. Durch Heranziehung schulentwicklungs-, innovations- und organisationstheoretischer Ansätze und Erkenntnisse wird vor dem Hintergrund bisheriger Forschungsbefunde die Frage untersucht, unter welchen Bedingungen schulische Innovationen am ehesten erfolgreich gelingen.

Wenn man die Forschung in den Feldern von Schulqualität und -wirksamkeit einerseits und Schulentwicklung andererseits mit einer gewissen Verknüpfung sichtet, kommt man unweigerlich an das Erfordernis, diesen Forschungssektor näher zu bestimmen und einzugrenzen. Maag Merki & Werner (2013) unterscheiden anhand von ausgewählten Beispielen von Studien drei Typen von Schulentwicklungsforschung: Fallorientierte Schulentwicklungsforschung (in Bezug auf Fallanalysen), Modell- und Interventionsprojekte (als Untersuchung von Innovationsprogrammen) und Schulentwicklungsforschung als Implementations- und Wirksamkeitsanalyse; diese Typisierung greift jedoch zu kurz, es bedarf einer systematischeren Einordnung, wobei für das Zusammenspiel von Schulentwicklungs- und Schulwirksamkeitsforschung zunächst verschiedene Forschungsrichtungen zu unterscheiden wären:

1. Forschung über pädagogische und organisatorische Innovationen, die die Qualitätsverbesserung von Schulen in der Gestaltung der Schul- und Lernorganisation, in den unterrichtlichen und erzieherischen Gestaltungsansätzen sowie den pädagogisch-sozialen Wirkungen zum Gegenstand haben.
2. Prozessbezogene Forschung, die Prozessverläufe und deren Formen, Bedingungen und Wirkungen im Rahmen von Reformprogrammen und Modellversuchen oder fallorientiert in Innovationsverläufen einzelner Schulen zum Gegenstand hat.
3. Systembezogene Forschung, die die Entwicklung der Systembedingungen von Schulen im Bildungssystem und in der Schulstruktur untersucht, also die Schulsysteme, Schulformen und Teilsysteme, Bildungsadministration und Systemsteuerung zum Gegenstand hat.

Damit sind für die Schulentwicklungsforschung im engeren Sinne Eingrenzungen vorzunehmen. Schulentwicklungsforschung geschieht stets durch Erforschung von Entwicklungen in Zeitverläufen, also umfasst quantitativ-standardisierte oder qualitativ-offene Forschungsansätze im Längsschnitt (Panel- oder Follow-up-Studien). Als Schulentwicklungsforschung sollten daher nur die folgenden Formen der Forschung bezeichnet werden:

A. Studien, die Entwicklungen von Gestaltungsfeldern oder Qualitätsbereichen von Schulen oder des Schulsystems im Zusammenhang mit intendierten und systematischen Schulentwicklungsstrategien erforschen.
B. Studien, die im Zeitverlauf Entwicklungen von Gestaltungsfeldern oder Qualitätsbereichen von Schulen oder des Schulsystems erforschen, ohne dass intendierte und systematische Schulentwicklungsstrategien angewendet wurden.
C. Studien, die Reformverläufe und Innovationsprozesse oder Schulentwicklungsprogramme und -strategien selbst im Zeitverlauf erforschen.

Was bisherige Erkenntnisse und Errungenschaften der School-Improvement-Forschung anbetrifft, so beschreiben Hopkins u. a. (2011) in ihrem State-of-the-Art-Review in beachtlicher Weise fünf Phasen für die Forschung im Bereich „School and System Improvement"; die dort beschriebenen Phasen haben erstaunliche Parallelen zu Phasen der Theorie- und Forschungsentwicklung in der Schulentwicklungs- und Schulwirksamkeitsforschung hierzulande, wenn man jene Ansätze berücksichtigt, die auch Bezüge zur Schulorganisations-, Schulqualitäts- und Innovationsforschung herstellen. Allerdings wird auch deutlich, dass die deutsche Schulentwicklungstheorie und -forschung in erheblichem Maße durch internationale Befunde befruchtet wurde. Bevor die bei Hopkins u. a. 2011 beschriebene erste Phase in Augenschein genommen wird, sollen Grundzüge zu Ansätzen der Schulentwicklungstheorie skizziert werden.

1 Theoretische Ansätze zu Schulentwicklungsprozessen in der Schule

Im Folgenden werden auf der Basis bisheriger Theorieannahmen und empirischer Erkenntnisse grundlegende Theorieansätze zur Initiierung, zum Prozess und zu Voraussetzungen von Schulentwicklung zusammengetragen.

1.1 Initiation von Wandel und Veränderungsstrategien

Die Initiation schulischer Innovationen kann weitgehend mit zwei grundlegenden Ansätzen, die Paulston (1976) beschreibt, erklärt werden (vgl. auch Bauer & Rolff 1978; Dalin 1986):

Gleichgewichtsorientiertes Paradigma: Das institutionelle „Gleichgewicht" einer Schule kann durch äußere Umfeldfaktoren und innere Organisationsprobleme gestört sein. Der Wunsch nach Veränderung resultiert hier zumeist aus Unzufriedenheit oder Belastungen der Schulmitglieder, die bestimmte Probleme, Zustände oder Abläufe nicht mehr für tragbar oder nicht für förderlich halten. Diese Befindlichkeiten oder auch deren Folgewirkungen (z. B. schlechte Schülerleistungen, Auffälligkeiten, niedrige Elternakzeptanz, schwache Lehrerkooperation) können in Veränderungsbedürfnisse münden. Es mag sein, dass erst eine solche Drucksituation manche Schulen zu Maßnahmen zwingt. Ziel der Schule ist es hier, wieder ein Gleichgewicht zwischen Anforderungen und Bewältigungspotenzialen herzustellen. Im Innovationsprozess geht es dann um eine Analyse der Störfaktoren und um eine Neuorientierung zur Wiederherstellung des Gleichgewichts (oder einer verbesserten Schulqualität).

Konfliktparadigma: Institutionelle Widersprüchlichkeiten, Gegensätze oder Zielkonflikte können zu einer selbstkritischen oder dialektischen Analyse der Schulpraxis führen. Ein solcher Entwicklungsansatz bezieht sich auf die systemimmanenten Antinomien der Schule (z. B. Fördern versus Auslese). Diese Antinomien, die schulalltäglich in Ungereimtheiten und Widersprüchen zum Vorschein kommen, können für einzelne Schulen und ihre Lehrerkollegien Ausgangspunkte für Innovationsprozesse sein, etwa um eigenes pädagogisches Handeln oder Organisationsstrukturen mit den Bildungs- und Erziehungszielen der Schule in Einklang zu bringen. Die Beteiligten müssen dabei den Dissens transparent machen und Konsens entwickeln (vgl. Schlömerkemper 1995). Die schulinterne und konflikthafte Aufarbeitung solcher Antinomien und die oft damit aufbrechenden Konflikte können im Fall produktiver Bewältigung Innovationsprozesse einleiten.

Erkenntnisse aus Schulentwicklungsverläufen weisen auf Druck und Zug als Schubkräfte von Wandel hin: Neben Druck von außen (wie z. B. neue Richtlinien, gesetzliche Vorgabe, Probleme der Schüler/innen, Forderungen von Eltern, aber auch Unterstützungsangebote) muss ein innerer Zug hinzukommen, damit Schulen in Bewegung kommen, also Innovationsbereitschaft aus Einsicht in Zu-

sammenhänge oder aus tatsächlichen Veränderungsbedürfnissen heraus. Dalin,
Rolff & Buchen (1995, 38 ff.) zeigen auf, dass hierbei nur Wandel entsteht, wenn
sich Identifikation und Eigentum in Bezug auf die Neuerung bei den Beteiligten
einstellt, Qualifikation im Sinne von Fähigkeiten zur Umsetzung der Veränderung
erworben wird und dabei Führung den Prozess begleitet.

Für den Wandel von Bildungsinstitutionen können im Wesentlichen drei *Strategien des Wandels* (vgl. Chin & Benne 1969; Dalin 1986, 24 ff.; Türk 1989) unterschieden werden:

(1) Machtstrategien,
(2) rational-empirische Strategien,
(3) normativ-reedukative Strategien.

Während Machtstrategien mit bürokratisch-hierarchischem Verständnis mit
Macht und Zwangsmitteln Veränderungen in sozialen Systemen von oben (Top-
Down) erzwingen wollen, setzen rational-empirische Strategien auf rationale
Überzeugung durch objektive Informationen und Erkenntnisse zum Erfordernis
von Veränderungen, wobei der Erfolg der Implementation über empirische Strategien (z. B. über Modellversuche mit Begleitforschung) und Einsicht erhöht werden
soll. Machtstrategien und rational-empirische Strategien haben jedoch für schulische Innovationen ihre Grenzen, wenn sie in Widerstreit zu den Werten und Motiven, Kenntnissen, Erfahrungen und Fertigkeiten, Routinen und Orientierungen
der pädagogisch Handelnden geraten, die die Innovation letztlich umsetzen und
tragen sollen. Zahlreiche Reformversuche im letzten Jahrhundert, insbesondere
zur strukturellen Veränderung des Schulsystems, führten zu der Einsicht, dass
systembezogene Strategien, die auf das System als Ganzes (oder auf dessen Teile)
gerichtet sind, die intendierten Ziele zumindest teilweise verfehlten (vgl. Dalin
1986: 76 ff.). „Top-Down"-Modelle als singuläre Strategie konnten bestenfalls äußere Strukturen verändern, nicht aber die zugleich erforderliche oder intendierte
innere Reform der Organisation und Gestaltung in der Pädagogik der Schulen.
Resultate der Implementationsforschung haben hinreichend verdeutlicht, dass die
von oben angezielten, konzipierten und in Gang gesetzten Innovationen über die
verschiedenen Implementationsebenen vielfach gebrochen und selten so wie intendiert umgesetzt werden.

Die von Türk (1989, 23 ff.) beschriebenen Merkmale von Organisationen verdeutlichen, dass die Wirklichkeit des sozialen Systems Schule äußerst komplex
und deshalb nicht technokratisch handhabbar ist, weil Schulen einer besonderen
Entwicklungsdynamik aufgrund pädagogischer Prozesse (v.a. pädagogischer Bezug, Fallverstehen) folgen (vgl. auch Rolff 1993). Diese Komplexität versuchen *per-
sonen-* und *organisationsbezogene Strategien des Wandels* in Rechnung zu stellen:
Die Organisationsmitglieder werden hier nicht auf Empfänger von dienstlichen
Weisungen reduziert, sondern vielmehr als Subjekte innerschulischer Entwick-

lungsprozesse begriffen, da sie ja letztlich die Neuerungen mittragen und umsetzen sollen und die Schulgestaltung verantworten (vgl. Dalin 1986, 76 ff.).

Diese normativ-reedukativen Strategien gehen von den Betroffenen und ihren Werten und Veränderungsbedürfnissen aus, zielen auf die Wirkung einer Änderung von Haltungen, Normen, Relationen und Fertigkeiten von Organisationsmitgliedern, müssen aber meist von organisationsbezogenen Veränderungen begleitet sein. Der Ansatz will dezidiert die Handlungseinheit der Einzelschule einbeziehen, um lokal Organisationsstrukturen, Arbeitskulturen und pädagogisches Handeln zu verändern. Personen- und organisationsbezogene Strategien zielen auf die Selbstentwicklung der Lehrpersonen (fachliche und pädagogische Kompetenzentwicklung, Teamentwicklung) und die Entwicklung der Organisation, setzen damit womöglich allzu optimistisch auf die Fähigkeit und den Willen des Einzelnen zu sinnvollen und erforderlichen Veränderungen im Sinne von Qualitätsverbesserungen einzelner Schulen. Zudem wird negiert, dass sich Lehrerkollegien keineswegs ohne Weiteres die dazu erforderliche Beherrschung von Schulentwicklungsverfahren und Prozessmethoden aneignen können; zudem wird auch offenbar unterstellt, dass Schulen als soziale Organisation lernen können, ohne dass dazu schon die Voraussetzungen empirisch geklärt sind.

In neuerer Zeit, vor allem seit Ende der 90er Jahre, scheinen die aktuellen Steuerungsmodelle eher zu einer Kombination der Innovationsstrategien zu neigen: Rahmenvorgaben (z. B. Bildungsstandards, Qualitätsrahmen), externe Evaluation (z. B. Schulinspektion) und Outputsteuerung (z. B. zentrale Prüfungen, Bildungsstandards, Tests) einerseits und höhere Gestaltungsautonomie und Entwicklungsverantwortung (z. B. über Budget- und Personalentscheidungen, Schulcurricula, Schulprogramm, interne Evaluation) auf Ebene der Einzelschule andererseits, teilweise mit flankierenden Schul- und Modellversuchen, wie die Erprobung von Schulprogramm und Evaluation, Modellvorhaben der „Selbstständigen Schule". Es stellt sich somit durchaus die Frage, ob ein abgewogener komplementärer Einsatz der drei Strategien des Wandels nicht eher und konsequenter zu Veränderungen führt, was empirisch zu erforschen wäre. Die kombinierten Strategien des Wandels sind aufgrund der Komplexität des gleichzeitigen Geschehens jedoch nur schwer sauber zu evaluieren, zumal parallel dazu auch struktureller Wandel auf Systemebene stattfand, der unter jeweils unterschiedlichen politisch-parlamentarischen Mehrheitsverhältnissen auf Länder- und Kommunalebene überwiegend über Machtstrategien erfolgte (z. B. Einführung der achtjährigen Gymnasialzeit als Schulzeitverkürzung, Veränderungen der Schulstruktur durch Arrondierung oder Fusionierung von Schulformen).

Auf grundlegende Erkenntnisse der Diffusionsforschung für die Schulentwicklung einzelner Schulen verweist Hameyer (2005): Die wirksame Verbreitung von Innovationen ist stets von intra- und interpersonalen Einschätzungen der Neuerung im Zuge eines verstetigten Prozesses der Auseinandersetzung abhängig (s. auch Fullan 1982). Entscheidungen für oder gegen die Adoption einer Innovation werden dann durch Innovationsattribute geprägt, die der Neuerung quasi als Qualitätsansprüche zugeschrieben werden: Überschaubarkeit, Bedeutsamkeit (Wert, Nutzen, Vorteile), Durchführbarkeit (Adaptivität), Teilbarkeit, Angemessenheit (Aufwand vs. Ertrag), Wirksamkeit, Lernfähigkeit für das System.

1.2   Innovation als Prozess: Erkenntnisse zu Prozessverläufen des Wandels

Veränderungsprozesse werden offensichtlich vor allem von zwei Schubkräften initiiert (vgl. Bauer & Rolff 1978): Entweder wird das institutionelle Gleichgewicht einer Schule als gestört wahrgenommen (z. B. unwirksame Unterrichtsformen angesichts lernschwieriger Klassen), so dass die damit ausgelösten Unzufriedenheiten und Belastungen in Veränderungswünsche und -absichten führen, oder es werden Zielkonflikte und Widersprüchlichkeiten in der pädagogischen Arbeit oder der Organisation (z. B. Fördern und Auslese) wahrgenommen, die zur Bearbeitung dieser Antinomien veranlassen. Ob es tatsächlich zur Initiation von Wandel kommt, hängt hierbei auch davon ab, inwieweit äußerer Druck und innerer Zug (vgl. Dalin, Rolff & Buchen 1995, S. 38 ff.) erzeugt und wirksam wird.

Ein einfaches Phasenmodell für Innovationsprozesse von Giaquinta (1973: 197 f.) beschreibt drei Phasen (s. Abb. 1): Nach der Phase der Initiation, in der Information, Motivation, Problemanalyse und Überzeugung geschehen, folgt die Phase der Implementation, in der die Innovation umgesetzt, erprobt und angewendet wird. Erst in der Phase der Institutionalisierung (auch Inkorporation genannt) gerät die Innovation zur Alltagspraxis, indem sie in das vorhandene System oder die Handlungspraxis integriert wird. Alle drei Phasen können im Rahmen von Wandlungsprozessen innerhalb eines Schulsystems gleichzeitig ablaufen, weil die Innovation noch nicht sofort alle erreicht oder Schulen unterschiedlich entwickelt sind; sogar innerhalb einer Einzelschule wären diese Phasen eventuell gleichzeitig beobachtbar.

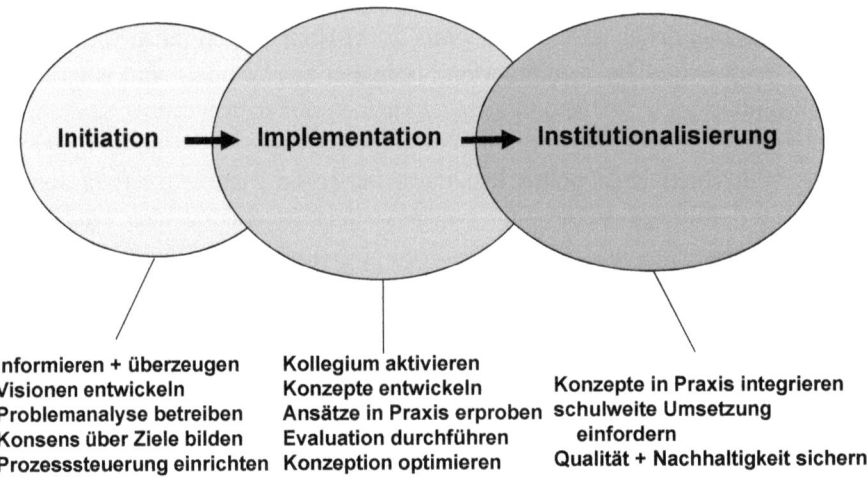

Abb. 1:   Innovationsprozesse als Phasenmodell, Quelle: Giaquinta 1973

Wie Fullan & Pomfret (1977) zeigen, vollzieht sich allerdings die Implementation keineswegs stets entsprechend der Ziele, eher muss von wechselseitiger Anpassung (mutual adaption) zwischen Neuerungen und ihrem Anwendungsbereich im Implementationsprozess selbst ausgegangen werden. Die Implementationsphase kann schließlich als Stadium des Konflikts verstanden werden, weil es die Phase des Innovationsprozesses ist, in der das neue Konzept oder das innovative Programm die stärkste Störung des Gleichgewichts in der Organisation hervorruft, denn in dieser Phase wird die Neuerung zu realer Praxis und die Organisationsmitglieder müssen sich nun real damit arrangieren (s. Bauer & Rolff 1978). Das wohl am weitesten entwickelte Analyseinstrumentarium für Implementationsprozesse im Bildungssystem ist von Fullan & Pomfret (1977) erarbeitet worden. Danach ist Implementation mehr als die Ausdehnung des Planungs- und Annahmeprozesses in der Zeit. Implementation ist ein bis zu einem gewissen Grad autonom verlaufender Prozess, dessen Ergebnis zu einem gegebenen Zeitpunkt von der exakten Erfüllung neuer Regeln, Gesetze oder Programme bis zur völligen Verkehrung der ursprünglich angestrebten Ziele in ihr Gegenteil reichen kann. Die Erforschung von Implementationsproblemen richtet sich auf a) die Implementationstreue und b) auf die wechselseitige Anpassung (mutual adaption) zwischen Neuerungen und ihrem Anwendungsbereich im Implementationsprozess selbst.

Bauer & Rolff (1978) unterscheiden den Begriff von Entwicklung – als qualitativen, in Stufen verlaufenden, gerichteten und in der Abfolge festgelegten Prozess – von der Evolutionstheorie, aber auch von einfachen Phasenmodellen, die aus der Organisationsentwicklung stammen. Sie stellen aber nicht theoretisch voraussetzungsvolle Stufenmodelle gegen eher deskriptive Phasenmodelle, sondern schlagen vor, je nach Gegenstand und Forschungslage das eine oder das andere heranzuziehen. Sie betonen, dass beide Modelle a) von nichtlinearen Verläufen ausgehen, b) den Prozess nicht deterministisch bzw. nicht mechanisch verstehen und c) keine Teleologie zugrunde legen, also kein vorgegebenes Ziel, auf das die Entwicklung ausgerichtet ist, postulieren, sondern Zielbestimmungen selbst als Aufgabe handelnder Menschen begreifen.

Die Ansätze der Diffusionstheorie befassen sich mit Prozessen der Einführung, Verbreitung und Adoption von Innovationen, wobei jedoch die Übertragbarkeit auf Bildungseinrichtungen ungeklärt ist, da die Ansätze zum großen Teil wirtschaftswissenschaftliche Bezüge haben. Dabei sind aus der Innovationsforschung die theoretischen und empirischen Arbeiten von Rogers (1995) heranzuziehen, die sich mit der Diffusion von Innovationen befassen. Seine Untersuchungen verdeutlichen, dass in einem System anfangs offenbar nur wenige Begeisterte euphorisch eine Innovation annehmen (Innovators), danach eine weitere Gruppe die Neuerung adaptiv in Betracht zieht (Early Adopters), bis größere Teile der Organisation sie annehmen, während ähnlich große Gruppen zurückhaltend bis skeptisch bleiben und erst viel später die Late Adopters und Laggards widerwillig dazukommen

oder in Ablehnung verharren. Für diese Gruppen wird offenbar eine Normalver-
teilung angenommen (s. Abb. 2).

Wie Rogers daraus folgert sollte zugunsten des Erfolgs einer flächenhaften Innovation am besten die Mehrheit gewonnen werden, zuallererst wären aber die
Innovators und Early Adopters zu überzeugen. Hier wäre kritisch einzuwenden,
dass zwar die Veränderungen bei den ersten Gruppen mit besonders großer Sorg-
falt und Qualität zu gestalten sind, um weitere, zögerliche Gruppen zu überzeugen, dass aber eventuell dann mehr Überzeugungs- und Unterstützungsarbeit in
weitere Gruppen zu investieren wären. Dabei kann insgesamt die Annahme einer
Innovation unterschiedlich schnell verlaufen, was mit verschieden steilen S-Kur-
venverläufen (Dauer der Verbreitung und quantitative Anteile der Innovationsan-
nahme) dargestellt wird.

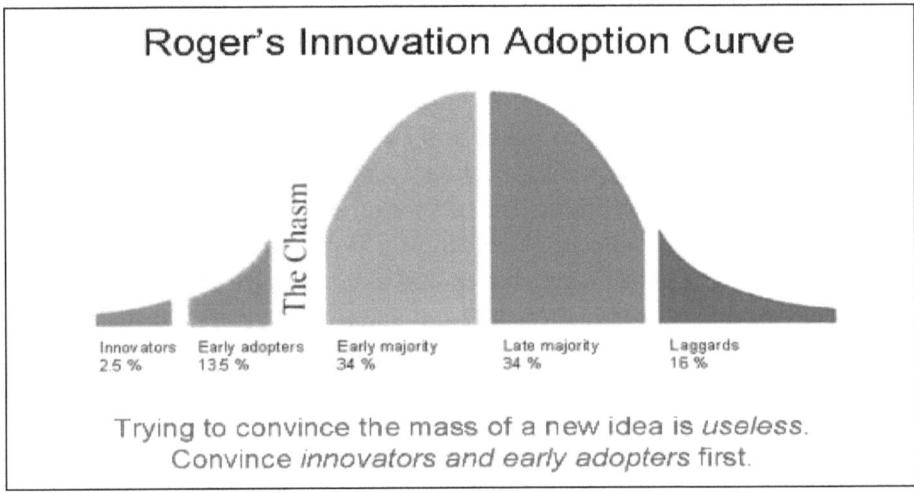

Abb. 2:   *Process of Diffusion of Innovations (nach Rogers 1995)*

Hier stellen sich hochinteressante Forschungsfragen, die empirisch für die deutsche Schulentwicklung noch nicht beantwortbar scheinen, besonders für Innovationsprozesse im Schulsystem: Nach welchen Merkmalen könnten Innovators
und Early Adopters ausgewählt und frühzeitig einbezogen werden, um über diese
Gruppen von Schulen effektive Impulse für die Übernahme von Innovationen
durch eine Mehrheit zu erlangen? Können bei Übernahme der Innovation durch
eine Mehrheit entscheidend Widerstände gebrochen werden oder bedarf es weiterer Voraussetzungen, um den Rest zu überzeugen? Geschieht durch Late Adopters
letztlich auch eine veränderte oder verwässerte Reformumsetzung, die auf die gesamte Umsetzung im System ausstrahlt? Inwieweit finden Lernprozesse zwischen
Einzelschulen in der Weise statt, dass durch Transfer und Austausch, Coaching
und Coping auch der Innovationserfolg steigt, indem Early Adopters als Beispiele
für Best Practice und als Paten stehen für spätere Einsteiger, wodurch bei diesen

sogar bessere Problemlösungen entwickelt, Gelingensbedingungen beachtet und Fehler der Ersteinsteiger vermieden werden?

Rogers beschreibt zugleich ein Prozessmodell als Kurvenverlauf, der mit dem Adoptionsprozess in verschiedenen Stufen beginnt: Es kommt darauf an, ob Personen die Innovation kennen (Knowledge), von der Innovation überzeugt werden (Persuasion), sich dann für oder gegen die Innovation entscheiden (Decision), sie erproben und einführen (Implementation) und die Entscheidung für die Veränderung später bestätigen und beibehalten bzw. weiter nutzen oder nicht (Confirmation). Korrespondierend dazu stellt Hameyer (2005) die Bedeutung der personalen Auseinandersetzung mit der Innovation heraus. Der Innovation werden Bedeutungen und Attribute zugeordnet. Es kommt demnach darauf an, wie Adressaten einer Innovation in individuellen Adoptionsphasen das Neue aufnehmen und verstehen (Awareness), was sie als interessant ansehen (Interest), wie sie relative Vor- und Nachteile bewerten (Evaluation), wie das Neue erprobt und getestet wird (Trial), wann und mit welchen Veränderungen das Neue angenommen oder zurückgewiesen wird (Adoption).

Inwieweit können solche Erkenntnisse auf den Bildungs- und Schulbereich und auf Schulentwicklungsprozesse übertragen werden? Hameyer (2005) verdeutlicht zwei grundlegende Erkenntnisse der Diffusionsforschung für die Schulentwicklung: Zum einen ist die räumlich wirksame Verbreitung von Innovationen stets auf die intra- und interpersonale Einschätzung des Neuen und auf den verstetigten Prozess der Auseinandersetzung angewiesen (s. auch Fullan 1982). Zum anderen sind Entscheidungen für oder gegen die Adoption einer Innovation durch Merkmale oder Innovationsstandards geprägt, die der Innovation als Attribute zugeschrieben werden. Hameyer (2005) unterscheidet diesbezüglich sieben Qualitätsansprüche: Überschaubarkeit, Bedeutsamkeit (Wert, Nutzen, Vorteile), Durchführbarkeit (Adaptivität), Teilbarkeit, Angemessenheit (Aufwand vs. Ertrag), Wirksamkeit, Lernfähigkeit für das System (siehe auch Beitrag in diesem Band).

In der internationalen Forschung zum Wandel in Schulen werden Erkenntnisse sichtbar, die durchaus starke Bezüge zum Prozess der Diffusion von Innovationen bei Rogers aufweisen. Wie die meisten Lehrpersonen auf Innovationen im Schulbereich und bei Entwicklungsprojekten reagieren und wie sie neue Ideen auf verschiedenen Niveaus bzw. in Stadien gebrauchen und sich schrittweise aneignen wurde schon von Hall (1979) und Loucks & Hall (1979), aber auch von Huberman & Miles 1984 anhand empirischer Erkenntnisse in früheren schulbezogenen Studien aufgezeigt. Die Stadien der beiden Phasenmodelle mit jeweils sieben Stufen oder Phasen passen erstaunlicher Weise durchaus zusammen, so dass man sie zu einem „Aneignungs-Nutzungs-Modell", wie ich es bezeichne, koppeln könnte (s. Holtappels 2013): In der Phase der Unverbindlichkeit dominiert noch Nicht-Gebrauch; erlangt die Neuerung aber Aufmerksamkeit, kommt es zu Aktivitäten der Orientierung. Doch erst, wenn ein persönlicher Bezug zur Neuerung hergestellt wird, stellt sich Interesse ein und es bereiten sich die Akteure auf Veränderungen ihrer Praxis vor. Die Durchführung zeigt jedoch zunächst eher mechanischen oder oberflächlichen Gebrauch, bevor es zu Routine und Verbesserungen kommt. Integration in institutionelle Praxis kommt jedoch vor allem über Zusammenarbeit zustande, stabile Erneuerung benötigt dann zudem kritischen Rückblick im Sinne von Überprüfung und Evaluation.

1.3   Forschungsstand zu Voraussetzungen und Hindernissen von Innovationen

Was Gelingen oder Misslingen von Schulentwicklung anbetrifft, so besteht der bisherige Erkenntnisstand der schulischen Innovationsforschung in Bezug auf Voraussetzungen, die in Rechnung zu stellen wären, vor allem in drei Einsichten (vgl. Holtappels 2003: 99 ff.; Rolff 1993: 124 ff.): Erstens übernehmen Schulen nicht einfach vorbereitete Lösungen und Konzepte, eher versuchen sie, neue Ansätze für die eigene Schulsituation behutsam zu adaptieren und kompatibel an ihre spezifischen Organisationsbedingungen anzupassen. Erfolgreiche Implementation in einzelnen Schulen setzt dabei lokales Wissen und spezielle Strategien darüber voraus, wie unter Berücksichtigung spezifischer Bedingungen eine Verbesserung von Qualität erzielt werden kann. Zweitens sind Innovationen nicht von oben zielgetreu und technokratisch zu implementieren, da dies oft Widerstände erzeugt und Innovationen an der Basis vielfach anders verstanden oder situationsbezogen umgesetzt und verändert werden, wobei Schulen einer eigenen Entwicklungsdynamik folgen. Drittens arbeiten Schulen unter recht unterschiedlichen Bedingungen (Lernkultur, organisatorische Voraussetzungen, Schülerkomposition, Schulumfeld), so dass standardisierte Modelle zum Scheitern verurteilt sind.

Diese Einsichten führen zu der Schlussfolgerung, dass Dissemination und Transfer in der reinen Form der Adoption von Inhalten, Programmen oder Verfahren deshalb vermutlich zwangsläufig scheitern müssen. Schulen arbeiten eben unter sehr unterschiedlichen Bedingungen und unterliegen einer eigenen Entwicklungsdynamik. Im günstigsten Fall werden einfache Verfahren, Techniken und Methoden sowie Organisationsmodelle als reine Strukturen zu transferieren sein. Per Überzeugung für eine Übernahme von Neuerungen oder der Verbesserung bisheriger Praxis wäre zudem bei den Praxisakteuren Bereitschaft und Motivation für die Innovation zu entwickeln, damit sie diese verstehen und realisieren. Sie müssen an ihrer Durchführung aktiv beteiligt werden und die Innovation beherrschen lernen. Dazu müssen nicht nur Individuen als Akteure im Handlungsfeld sondern Schulen als ganze Organisation selbst lernen, also Lern- und Selbsterneuerungsfähigkeit erlangen. „Ernsthafte Reformen sind mehr als die Implementation einzelner Innovationen. Sie bedeuten den Wandel der Kultur und der Struktur der Schule" (Fullan 1991: 169; vgl. auch Sarason 1971). Für eine Vielzahl von Innovationen im Schulbereich gilt, dass die Änderung struktureller Bedingungen (z. B. Systemveränderungen) eine notwendige, aber keine hinreichende

Voraussetzung für pädagogische Neuerungen (z. B. Innovation der Lernkultur) darstellen; erst der Wandel der pädagogischen und organisationalen Kultur führt oft zu echter Reform. Strukturelle Veränderungen können dies aber begünstigen (z. B. pädagogische Entwicklungen in der Förderung oder im Unterricht aufgrund der Einführung integrativer Systeme oder Umstellung der Zeitstrukturen oder der Bildungszeit). Äußere und innere Reform müssen daher offenbar vielfach einhergehen.

Wandel vollzieht sich auch im Schulbereich nicht ohne Widerstände: In der Pädagogik muss *erstens* mit Werte-Barrieren gerechnet werden, wenn die Handelnden andere Werte und Ziele als die der Innovation präferieren. *Zweitens* spielen Macht-Barrieren eine Rolle, entweder durch Abneigung gegen Anordnungen oder weil die bestehenden Macht- und Interessenkonstellationen durch die Innovation verändert werden (z. B. Ressourcenverteilung, Wechsel der Schulform, Kompetenzverluste). *Drittens* tauchen Widerstände aufgrund praktischer Realisierungsprobleme auf, die in allgemeiner Skepsis gegenüber der Durchführung und den zu erwartenden Ergebnissen von Veränderungen liegen; undurchsichtige Prozesse, unklare Ziele und Entscheidungslagen, Ressourcenunsicherheit, Furcht vor Nebenwirkungen können dies begünstigen. *Viertens* entstehen Widerstände durch psychosoziale Dispositionen der Beteiligten, etwa aufgrund von Negativerfahrungen, Ängsten vor Verlust von Sicherheit oder Routinen, Unsicherheiten über eigene Kompetenzen und Rollen.

Innovationen stoßen nach Fullan (1982) in der Schule besonders auf folgende Hindernisse: Overload wegen gleichzeitiger Reformprojekte oder alltäglicher Überbelastung, hohe Komplexität der Innovation, mangelnde Kompatibilität mit Normen und etablierter Praxis, unzureichende Beherrschung der Neuerung, unzulängliche Ressourcen (wie Mittel oder Zeit), falsche Veränderungsstrategie. Resistenz gegen Wandel lässt sich vor allem über Beteiligung an der Innovation, Konsens bei Entscheidungen und Klärung von Missverständnissen abbauen, wie Forschungsbefunde zeigen (s. McLaughlin 1990). Zur Resistenz gegen Wandel verdeutlichen Ergebnisse von Watson (1975), dass Ängste gegenüber Neuerungen am ehesten abzubauen wären, wenn ein Entwicklungsprojekt die Unterstützung von oben (z. B. Schulleitung, Schulaufsicht) hat, die Beteiligten das Projekt als ihre Angelegenheit betrachten, je mehr die neuen Formen der Innovation mit bisherigen Arbeitsformen übereinstimmen, desto weniger Autonomie und Sicherheit der Betroffenen bedroht wird.

Speziell den Innovationsprozess selbst betreffend hat die Forschung zu Schulentwicklungsverläufen auch Gelingensbedingungen im Sinne von förderlichen Prozessmerkmalen ermittelt. So förderte Haenisch (1998) Gelingensbedingungen für erfolgreiche Schulprogrammarbeit zu Tage, die intensives Entwicklungsengagement, Prozesssteuerung durch Kernteams, Arbeit in Netzwerken und Einbeziehung von Evaluation betonen. In eigenen Studien zur Reform der „Verlässlichen Halbtagsgrundschule" in Niedersachsen und Hamburg (s. Holtappels 1997; 2002)

sowie zur Qualitätsentwicklung über Schulprogrammarbeit in Niedersachsen erwiesen sich neben der konzeptbezogenen Entwicklungsarbeit auch Akzeptanz und
schulweite Partizipation als relevante Prozessfaktoren (Holtappels 2004a: 188 ff.),
z. B. über temporäre Projektteams oder Qualitätszirkel, die Konzepte, Lösungsansätze und Maßnahmen entwickeln. Arbeitsgruppen in der Schulprogrammarbeit
steigern zudem die Qualität der Produkte und die Akzeptanz im Kollegium (vgl.
Holtappels & Müller 2004). Für schulweite Veränderungen sind Aktivierung und
Teilhabe des gesamten Kollegiums womöglich unverzichtbar.

Auch im Zuge der Umorganisation von Schulen in Ganztagsschulen, als eines
der größten Reformprogramme in Deutschland, erweisen sich Prozessvariablen
der Schulentwicklungsverläufe als bedeutsame Einflussfaktoren für eine erfolgreiche Innovation: Die Intensität von Entwicklungsaktivitäten der Lehrpersonen
und die Anwendung systematischer Schulentwicklungsverfahren förderten auch
die Schulentwicklungsarbeit von Ganztagsschulen in Bezug auf ihre Qualitätsentwicklung; indirekt haben teilweise auch die Bewältigung von Startproblemen
und die Inanspruchnahme externer Beratung positiven Einfluss (s. Holtappels &
Rollett 2007; Spillebeen, Holtappels & Rollett 2011). Haenisch (1998) identifizierte
Gelingensbedingungen für erfolgreiche Schulprogrammarbeit, die vor allem in
intensivem Entwicklungsengagement, Prozesssteuerung durch Kernteams, Arbeit
in Netzwerken und Einbeziehung von Evaluation bestehen.

2   Schulentwicklung als Entwicklung von Einzelschulen: Bedeutung und Interdependenz von Organisationskultur und schulinternen Entwicklungsprozessen

Erst zu Beginn der 1980er Jahre wurden die Kategorien von „Schulentwicklung"
und „Schulentwicklungsforschung" in die Erziehungswissenschaft dezidiert eingeführt (insbesondere von Rolff & Tillmann 1980), womit klassische schultheoretische Ansätze eine erweiterte Ausfüllung erfuhren. Tillmann (2011) gelingt eine
theoretische Verortung, indem er mit Erfolg verbindende Elemente von Schultheorie, Schulentwicklung und Schulqualität herausarbeitet und über diese Begriffskategorien und Konzeptionen bisher getrennt voneinander verlaufene Theorietraditionen zusammenführt.

Lange bevor sich die Schulentwicklungsforschung überhaupt als Forschungsrichtung etablierte und erste Ansätze einer Schulentwicklungstheorie auftauchten,
wurden Erkenntnisse über die Schule als soziale Organisation zu Tage gefördert.
Hopkins u. a. (2011) stufen diese Einsichten sogar als erste Phase im Hinblick auf
zentrale Erkenntnisse für die Schul- und Schulsystementwicklung ein. Insbesondere weisen sie auf die Arbeiten von Kurt Lewin (1947) mit seiner Betonung
auf den Einfluss der Organisation auf das Verhalten ihrer Mitglieder. Vor allem
die fundierte Beschreibung der schulischen Organisation nach Miles (1975) oder

Weick (1976) als „loosed coupled system" erlangte Aufmerksamkeit und führte zu entsprechenden Folgerungen mit zwei Schwerpunkten auf authentische Entwicklungsstrategien: auf organisationale Bedingungen schulischer Bildungsprozesse und auf den Lehr- und Lernprozess.

An Schulentwicklung orientierte Prozessvariablen in Schulen finden sich auch in der Schuleffektivitätsforschung, die neben Variablen der Gestaltungs- und Prozessqualität auf Schul- und Klassenebene auch übergreifende Merkmale zu Tage förderte. So verweisen Mortimore u. a. (1988) bereits auf zielbewusstes und zweckmäßiges Führungshandeln durch Schulleiter; Beteiligung und Engagement der Stellvertreter sowie auf einen Grundkonsens im Kollegium als zentrale Voraussetzungen für Qualitätsentwicklung. Purkey & Smith (1983) sowie die OECD (1989) stellen die folgenden Merkmale als bedeutend heraus:

a) „… Collaborative planning, shared decision-making, and collegial work in the frame of experimentation and evaluation"
b) „… A strategy for continuing staff development related to each school's pedagogical and organizational needs."

Kollaborative Arbeit an der Entwicklung der eigenen Schule im Sinne ständiger Qualitätsverbesserung verbunden mit kontinuierlicher Personalentwicklung erwiesen sich also bereits in den Schulqualitätsstudien als relevante Einflussfaktoren für die Qualität von Schulen.

2.1   Etablierung von systematischen Verfahren und Strategien der Schulentwicklungsarbeit

Solchen Einsichten und Erkenntnissen folgt der Ansatz von Organizational Development nach Schmuck & Runkel (1985) und Argyris & Schön (1978), nicht zuletzt auch zurückgehend auf Lewin (1947). Damit wird ein Verfahren für den Aufbau von Problemlösekapazitäten durch ein Set von folgenden Meta-Skills geliefert:

• Systematische Problemanalyse und Diagnose,
• Akquise von Information und Ressourcen,
• Mobilisierung gemeinsamer Planung und Aktion für Entwicklung,
• Nutzung von Synergie-Effekten,
• Fähigkeit des Personals zur Evaluation

Organisationsentwicklung (OE) ist ein systematisches Verfahren für die Veränderung und Qualitätsverbesserung einer Organisation. Sie stellt ein reflexives Verfahren zur Veränderung des Sozialverhaltens von Organisationsmitgliedern, bei gleichzeitiger oder vorhergehender Veränderung der Organisationsstrukturen zum Zweck verbesserter Aufgabenerfüllung auf der Grundlage angewandter

Sozialwissenschaften dar (vgl. Schmuck u. a. 1977; Rolff 1993: 151 f.): Ziel ist die Selbstentwicklung der Mitglieder und die Selbsterneuerung der Organisation von innen heraus für verbesserte Aufgabenerfüllung. OE basiert auf Konzepten des erfahrungsorientierten Lernens und des systembezogenen Denkens und schafft gezielt Lernanlässe und -situationen für die Organisationsmitglieder, die prozess- und problemorientiert selbst die Entwicklungsprozesse vollziehen. OE ist damit ein systematisches Verfahren zur Innovation mit bewährten Prozessverfahren und bestimmter Schrittfolge (vgl. dazu Dalin, Rolff & Buchen 1995): Bestandsaufnahme, Analyse und Diagnose, Zielklärung, Aktionsplanung, Evaluation.

Durch die Fülle an empirischen Befunden zu Unterschieden zwischen Schulen in den 1980er Jahren wurde die hohe Bedeutung der einzelnen Schule als „pädagogische Handlungseinheit" (s. Fend 1986) erkannt. Damit beginnt faktisch eine neue Ära mit einem Perspektivenwechsel in der Schulentwicklung, nämlich von systembezogenen Strategien zur Entwicklung von Einzelschulen. Die Schule wurde damit zum Ziel von Schulentwicklungsstrategien, vor allem auch mit dem Einzug von Ansätzen der Organisationsentwicklung im Bildungswesen.

Ab den 1980er Jahren schon wurde in deutschen Schulen mit OE oder ähnlichen Verfahren gearbeitet; dazu gehörten auch Modell- und Innovationsprojekte, die versuchten Schulen von innen zu entwickeln. Fallstudien und Aktionsforschung wurden bald darauf publiziert. Auch Hopkins u. a. (2011) berichten – als Phase 2 der School-Improvement-Forschung – über solche Entwicklungen im internationalen Raum, jedoch kommen sie in ihrem Review zu skeptischen Einschätzungen: School-based Reviews und Selbstevaluation hätten bestenfalls ambivalente oder recht begrenzte Wirkungen gehabt. Hopkins & Reynolds (2001) stellten rückblickend fest, dass diese Phase mit individualisierten Ansätzen, mit Einzelschulen zu arbeiten, nur lose konzeptualisierte Vorgehensweisen beinhaltete, die fernab von systematischer, programmatischer und kohärenter Schulveränderung waren. Zudem hatte in den 1980er und 1990er Jahren die Schulqualitätsdebatte auf der Basis reichhaltiger Forschungsbefunde auf eine Reihe von einflussstarken Bedingungen auf die Qualität von Schule, Unterricht und Lernen hingewiesen (s. Fend 1998; Holtappels 2005). Dies führte offensichtlich zu einer nächsten Phase von School-Improvement-Ansätzen, in denen dem Change Management und der Schulleitung stärkere Aufmerksamkeit zukamen.

Gleichwohl hatten Schulentwicklungspläne oder Schulkonzept- und Schulprogrammarbeit in verschiedenen Staaten (wie Großbritannien, Niederlande, Schweden) und auch in Deutschland bis in die 2000er Jahre Konjunktur, zumal hiermit ein recht systematisches und handhabbares Verfahren entwickelt wurde. Das Schulprogramm ist ein Schulentwicklungsinstrument, welches auf der OE-Philosophie beruht und auf systematischer Programmplanung beruht (s. Hargreaves & Hopkins 1991). Sie besteht im Kern in einer schriftlich fixierten Entwicklungsplanung, die Ziele und Vorhaben für ein Arbeitsprogramm beinhaltet, möglichst auch Fortbildung und Evaluation vorsieht (s. Holtappels 2004a). Die Ziele des Schulprogramms liegen darin, für die Schule Zielorientierungen zu klären, Schwerpunkte und konzeptionelle Ansätze für die Gestaltung der Schule zu begründen und in ein pädagogisches Gesamtkonzept zu integrieren, eine Außendarstellung des Schulprofils zu liefern und dem Kollegium eine konzeptionelle Planungs- und Arbeitsgrundlage und einen verbindlichen Rahmen für die Schulentwicklung zu geben. Es geht auch darum, die Lehrerkollegien über die Arbeit an Zielklärungen, Plänen und Konzepten in regem Dialog und systematische Entwicklungsaktivität zu bringen. Der Ablauf der Schulprogrammarbeit lässt sich als Entwicklungszyklus darstellen (s. Abb. 3). Von Bedeutung ist, dass wie bei der Organisationsentwicklung die Evaluation der Zielerreichung oder Qualitätsverbesserung am Ende eines Zyklus dazukommen muss, um Evidenz über den Erfolg der umgesetzten Maßnahmen zu erhalten; danach kann ein neuer Zyklus von Zielsetzungen, Entwicklungsarbeit nach Programm und Evaluation beginnen.

Abb. 3: Prozess der Schulprogrammentwicklung, Quelle: Holtappels 2004a

2.2 Die Entdeckung der Organisationskultur als Voraussetzung für gelingende Innovationsprozesse

Durch Rückgriff auf organisationstheoretische Einsichten gelangt die Schulentwicklungstheorie zu überaus bedeutsamen Erkenntnissen über organisationale Bedingungen für Schulentwicklungsprozesse. Systembezogene Einschränkungen und Hindernisse, die Innovation erschweren, zeigen sich in der sozialen Organisation der Schule selbst (vgl. auch Fullan 1982; Rolff 1993: 121 ff.): Die Schule als vorwiegend selbstreferentielles System neigt dazu, externes Wissen auszublenden oder abzuwehren, vor allem, wenn geringe Kompatibilität mit bisheriger Praxis besteht. Noch bis heute fehlen in Schulen häufig spezifische Kompetenzen für systematische Entwicklungsarbeit sowie eine ausgeprägte Evaluationskultur, vor allem Formen professioneller Qualitätsentwicklung und -sicherung. Aufgrund ihrer Eigendynamik sind pädagogische Prozesse nur begrenzt technologisierbar, wie Rolff (1993) verdeutlicht; in der Schule, die er als „besondere soziale Organisation sieht", stehe der pädagogische Bezug und das Fallverstehen im Vordergrund, während Kooperation eher gefügeartig (z. B. in formaler Weise in Gremien und Konferenzen) praktiziert wird und Lehrkräfte sich eher als unvollendet Professionelle zeigen (teils fehlende Fachsprache, wenig etablierte Fortbildung und Personalentwicklung, unterentwickelte Teamarbeit). Hinzu kommen Hindernisse im speziellen sozialen Gefüge der schulischen Organisationsbeziehungen: Wegen flacher Hierarchie und individueller Autonomie der Lehrenden im Sinne eines „Autonomie-Paritäts-Muster" (vgl. Altrichter & Eder 2004) werden allzu oft konsequente Änderungen verhindert.

Hier deutet sich bereits an, dass die innere Kultur des Zusammenwirkens des Kollegiums auf Schulebene, also die Organisationskultur, ebenso für den Wandel von Schule Bedeutung haben dürfte wie die inneren Strukturen der Schulorganisation (Zeitstruktur, Räumlichkeiten, Personalstruktur etc.). Haltungen und Einstellungen im Kollegium, die innerschulische Kooperation, Arbeitsklima und Arbeitsbelastungen, die Elternarbeit und das Schulleitungshandeln bilden die wesentlichsten Merkmale der Organisationskultur. Die zentrale Annahme ist, dass all diese Schulfaktoren durchaus Einfluss auf Schulentwicklungsverläufe nehmen, umgekehrt Entwicklungsprozesse jedoch auch diese Faktoren beeinflussen und zu einer höheren Qualität bringen können.

Nicht zuletzt die empirischen Erkenntnisse über Verläufe und Effekte von schulinternen Entwicklungsplänen in Form von Schulprogrammarbeit führten zur *Entdeckung des Zusammenwirkens von Organisationskultur und Entwicklungsprozess*. In der Begleitforschung zur Erprobung von Schulprogrammarbeit in Niedersachsen (s. Holtappels 2004b) wurde dies sichtbar belegt: Die Gruppen der Lehrkräfte, die unterschiedliche Wirkungen des Schulprogramms (SP) in ihren Schulen berichteten, ließen sich hinsichtlich der von ihnen beurteilten Merkmale der Lernkultur, des Sozialklimas und der Schulorganisation betrachten. So wurde geprüft, ob bestimmte Umfeldfaktoren gegebenenfalls auf verschiedene „Schulentwicklungs-Milieus" hinweisen. Dazu wurden die Cluster der Lehrkräfte mit berichteten hohen bzw. geringen SP-Wirkungen (Extremgruppen) per Mittelwertvergleich hinsichtlich verschiedener Merkmale der Schulkultur verglichen. Lehrkräfte, die von hohen SP-Wirkungen berichten, arbeiten offenbar in einem günstigeren Organisationsmilieu als Lehrpersonen im Cluster mit geringen SP-Wirkungen: Innovationsklima und Arbeitsklima zeigen förderlichere Ausprägungen, ebenso die wahrgenommenen Schulleitungskompetenzen. Arbeitsbelastungen auf Schulebene sind geringer, Elternkontakte besser und die Lehrerkooperation intensiver.

Auch arbeiten in Schulen mit starken Entwicklungswirkungen die Lehrpersonen in höherem Maße in festen Teams, was durchgängig für Doppelbesetzungen im Unterricht, Klassenleitungstandems und Jahrgangsteams gilt.

Dies wurde durch multivariate Analysen bestätigt (Holtappels 2004b; s. Abb. 4): Neben der Akzeptanz des Schulprogramms im Kollegium und der Lehrerpartizipation an der Schulprogrammarbeit erweisen sich vor allem die Schulleitungskompetenzen als gewichtiger Prädiktor für wahrgenommene Entwicklungswirkungen in der Schule, zudem gehören das Innovationsklima im Kollegium, die Lehrerkooperation und die Lehrerpartizipation in der Entwicklungsarbeit zu den Einflussfaktoren, indirekt auch feste Teambildungen (multivariates Pfadmodell auf Schulebene zeigt Varianzaufklärung von insgesamt 46%). Eine weitere Analyse zeigt: Für Wirkungen auf die von Lehrkräften wahrgenommene Unterrichtsentwicklung kommen als Einflussfaktoren auch die intensive Arbeit in Fachkonferenzen und wahrgenommener Nutzen der eigenen Programmarbeit hinzu; beim Schulleitungshandeln ist hier unterrichtsbezogene Führung ein Prädiktor.

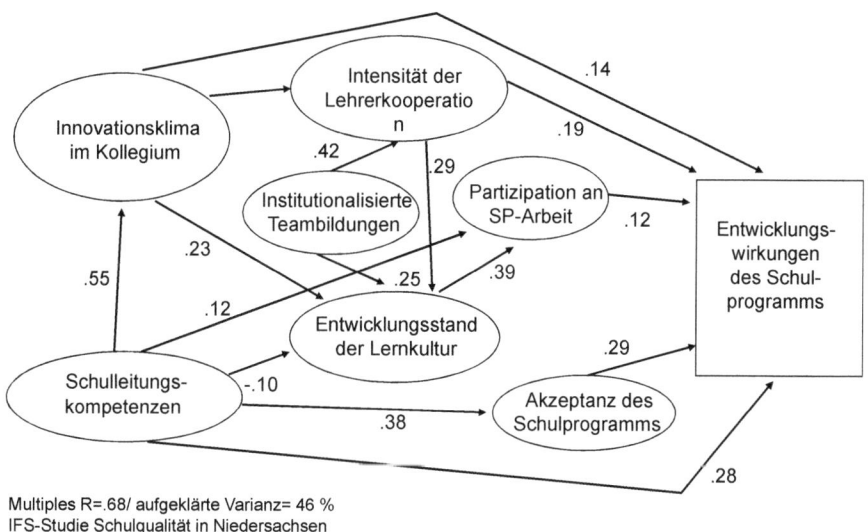

Multiples R=.68/ aufgeklärte Varianz= 46 %
IFS-Studie Schulqualität in Niedersachsen
– Lehrerbefragung (n=562)

Abb. 4: *Schulprogrammwirkungen und Organisationsmilieu Ergebnis der Pfadanalyse (Beta-Werte) – Lehrerdaten (n=562), Quelle: Holtappels 2004b*

Entwicklungswirkungen durch Schulprogrammarbeit benötigen demnach offensichtlich einen bestimmten „Nährboden", ohne den Entwicklungsarbeit kaum entsteht oder gedeihen kann. Es ist also davon auszugehen, dass in Schulen unterschiedliche *Organisationsmilieus* vorfindbar sind, die die systematische und wirksame Schulentwicklung fördern oder hemmen können. Die Befunde werden gestützt durch andere Ergebnisse zu Gelingensbedingungen von Schulprogrammarbeit, die das Zusammenspiel von Organisationskultur und Entwicklungsstrategien belegen: Die Evaluation der Schulprogrammarbeit in Nordrhein-Westfalen zeigt über eine Lehrerbefragung (s. Burkard & Kanders 2002), dass für das Gelingen der Programmarbeit vor allem folgende Bedingungen bedeutsam waren: Kooperation und Teamarbeit, Innovationsbereitschaft, Akzeptanz, personelle Kompetenzen für Entwicklungsarbeit, Unterstützung von außen und Vorhandensein von Leitbild und Arbeitsplan.

3   Schule als lernende Organisation: theoretische Ansätze und Forschungsstand

Der Theorieansatz der „lernenden Organisation" (Argyris & Schön 1978) hat für Schulentwicklung besondere Bedeutung, weil er relevante Voraussetzungen im System der Einzelschule benennt. Diese beziehen sich auf die Gestaltung und Veränderung der Schule durch das systemische Zusammenwirken von Einstellungs- und Handlungsmustern der Akteure und auf kollektive Muster der Organisationskultur, womit der Ansatz Erklärungen für Innovationsverläufe im Systemzusammenhang liefert. Senge (1990) verdeutlicht, dass in lernenden Organisationen fünf Disziplinen für die Wandlungsfähigkeit bedeutsam und zu entwickeln sind: gemeinsame Visionen, Personal Mastery, mentale Modelle, Teamlernen und insbesondere systemisches Denken. Dieser Ansatz wurde allerdings nicht aus Erkenntnissen der empirischen Schulforschung entwickelt sondern stammt aus der Analyse von Entwicklungen in Unternehmen, lässt sich jedoch erstaunlich gut auf die Schule übertragen.

3.1   Rahmenmodelle des Organisationslernens: Kapazität von organisationalem Lernen als Voraussetzung für schulische Qualitätsentwicklung

Jedenfalls wurde auch im Kontext theoretischer Ansätze im Schulsektor die Bedeutung von Kapazitäten für Veränderung und für Organisationslernen erkannt. So entwickelten Marks & Louis (1999) im Rahmen einer Studie einen Index, auf dem die in einer Schule entwickelte Kapazität von Organisationslernen ablesbar ist (vgl. auch Marks, Louis & Printy 2000) und der sieben Dimensionen umfasst: Organisationsstruktur, gemeinsame Ziel- und Wertvorstellungen, Wissen und Fähigkeiten, Führung und Management, Zielüberprüfung und Qualitätssicherung, Austausch mit der schulischen Umwelt, Partizipation.

Der Index wurde hierzulande adaptiert und mit entsprechenden Indikatoren erfolgreich empirisch abgebildet in der Begleitforschung zum Modellvorhaben Selbstständige Schule in Nordrhein-Westfalen (vgl. Holtappels, Klemm & Rolff 2008), mit folgenden Effekten: Je stärker die in Schulen entwickelte Kapazität von Organisationslernen, desto höher ist die Nutzung gewährter Gestaltungsautonomie durch Innovationen und desto besser auch die Unterrichtsqualität und das

Schülerlernen (vgl. Feldhoff 2008). So wurde eine Veränderung des 45-Minuten-Taktes zugunsten alternativer Rhythmisierung und eine stundenplanmäßige Verankerung von Teamarbeit eher von Schulen mit hoher Kapazität von Organisationslernen vorgenommen. Effektive Zeitnutzung im Unterricht und gutes Klassenmanagement, schüleraktive Aufgabenorientierung sowie hohe Schülerpartizipation finden sich ebenso eher in Schulen mit ausgeprägter Kapazität organisationalen Lernens wie der Einsatz von Lernstrategien und die Nutzung von Freiheitsspielräumen beim Lernen aus Schülersicht; zudem registrieren Lehrkräfte eher Qualitätsverbesserungen durch höhere Autonomie der Schule und eine nachhaltige Verankerung von Projekten. Ein Pfadmodell zeigt, dass ein hohes Niveau von Organisationslernen über Klassenmanagement und intensiver Schüleraktivität auch die Verständlichkeit und Strukturiertheit des Unterrichts bewirkt, also deutlich mit der Unterrichtsqualität zusammenhängt.

Im Gegensatz zu solchen komplexen und empirisch schwer abbildbaren Modellen kann die grundlegende „Architektur" der lernenden Organisation nach Senge (1990) auch als Dreieck von drei Schlüsselkomponenten gesehen werden: 1) Visionen und Leitgedanken implizieren Motivation und zielbezogenes Handeln; 2) Infrastruktur der Innovation, welche Arbeitsorganisation und Prozesssteuerung umfasst; 3) Methoden und Werkzeuge beziehen sich auf Innovationsverfahren und -strategien. Diese drei Komponenten der Architektur einer lernenden Organisation eignen sich als Ausgangspunkte für theoretische Reflexionen und die Sichtung und Zuordnung entsprechender empirischer Erkenntnisse. Überträgt man also diese drei Dimensionen auf empirisch nachgewiesene wirksame Schulentwicklungsbedingungen für erfolgreiche Innovation in Schulen, gelangt man zu einer architektonischen Skizze, die diese Dimensionen mit inhaltlichen Komponenten füllt und erweitert (vgl. Holtappels 2007):

Das noch eher als heuristisches Modell zu betrachtende Zusammenspiel von innovationsfördernden Bedingungen und Einflussfaktoren auf Innovationserfolge unterscheidet demnach

1) motivationale Voraussetzungen, die sowohl Visionen und Leitbilder als Quelle für Zielorientierungen als auch Motivationen und Entwicklungsbereitschaft umfassen,

2) Bedingungen der Organisationskultur, die eine Infrastruktur für Innovation mit förderlichen Faktoren für die Wandlungsfähigkeit des Systems der Einzelschule im Sinne eines innovationsbegünstigenden Organisationsmilieus beinhalten,

3) prozessuale Bedingungen im Sinne konzeptionell fundierter und systematischer Schulentwicklungsverfahren mit werkzeugartigen Methoden und Innovationsstrategien.

Aus diesen Überlegungen ergibt sich eine durchaus geeignete theoretische Hinter-
grundfolie für ein Bündel wirksamer Einflussfaktoren einer lernenden Organisation, die in Abbildung 5 veranschaulicht ist:

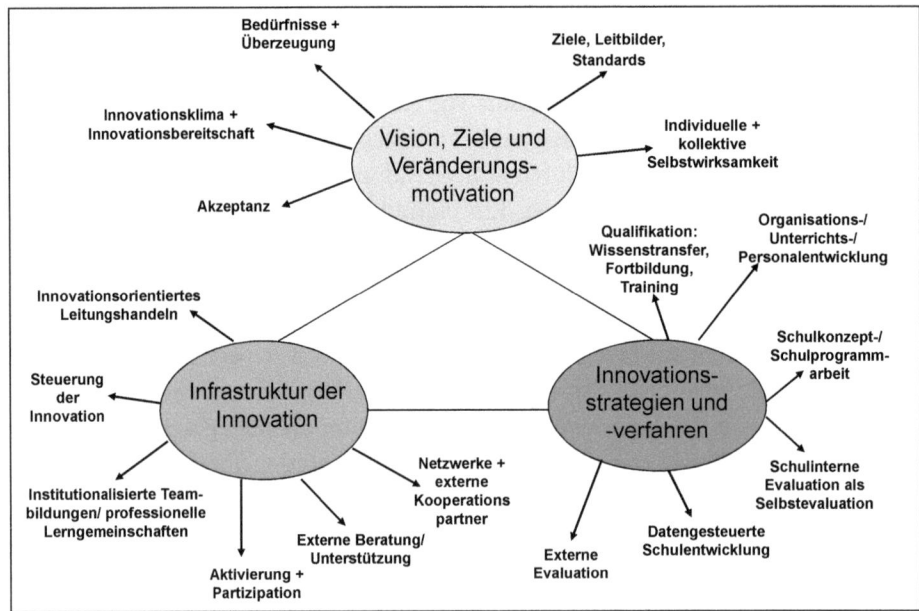

Abb. 5:   Architektur der Schule als lernende Organisation, Quelle: Holtappels 2007

3.2   Empirische Befunde zur Architektur der lernenden
Organisation in Schulen

Die theoretischen Überlegungen zu den Komponenten einer Kapazität von Organisationslernen können mit relevanten Forschungsbefunden unterfüttert werden,
wobei ich mich auf besonders bedeutsame Elemente konzentriere.

Visionen, Zielorientierungen und Veränderungsmotivation

Grundlegende Zielorientierungen und Leitgedanken sind Ausdruck von Visionen, werden von einem schuleigenen Leitbild geprägt, bilden die konsenshaft
vereinbarten Ziele und Grundorientierungen im Kollegium. Bedürfnisse der
Schulmitglieder sind zu berücksichtigen und Überzeugung für Innovation wird
erforderlich, neben grundlegender Innovationsbereitschaft und Akzeptanz für das
Schulkonzept und die innovativen Vorhaben. Leitbildentwicklung und orientie-
rende Ziele in den Schulen werden als Voraussetzungen für Wandel benötigt. Von
außen können Standards und Leitlinien der Systemebene förderliche Rahmung
und Orientierung geben.

Innovation benötigt zuerst Visionen als Vorstellungen von einer höheren Qualität der Schulgestaltung (z. B. über ein Leitbild, eine Erziehungsphilosophie). Nach Fullan (1991) machen Lehrkräfte von neuen Ideen und Methoden im Unterricht dann Gebrauch, wenn sie für den jeweiligen Zweck relevant und spezifisch sind, die Übermittlung persönlich erfolgt mit entsprechenden direkten Kontakten und Hilfen, das Umfeld zur Entwicklung positiv eingestellt ist und kollegiale Problemlösungsverfahren fördert. Bei der Motivation spielen Zug- und Druckkomponenten als Antrieb zentrale Rollen, also Bedürfnisse der Lehrpersonen und Überzeugung für Veränderung, aber auch Treiber von außen Standards, Vorgaben und Unterstützung. Hinzukommen müssen vermutlich auch förderliche mentale Haltungen und Dispositionen für wirksames Handeln und der Glaube an reale Veränderungschancen und -erfolge, die Überzeugung, selbst wirksam werden zu können.

Im deutschsprachigen Raum zeigen Hameyer u. a. (1992) und Haenisch (1993), dass die Konzentration auf zentrale Ziele und bewährte Ansätze, Zielklarheit und Verbindlichkeit, schrittweises Vorgehen sowie Feedback und Überprüfung eine förderliche Innovation entscheidend stützen. Für Schulen mit erweitertem Zeitrahmen ergeben sich relevante Gelingensfaktoren aus Studien über zeitlich erweiterte Halbtagsgrundschulen (vgl. Holtappels 1997; 2002). Es wird deutlich, dass ein Schulkonzept, das sich besonders der Erneuerung widmet, ebenso wie Zielorientierungen und konzeptionelle Vereinbarungen, die Konsens und Verbindlichkeit zum Ausdruck bringen, eine förderliche Basis und Konkretisierung für die Innovation hergeben.

Erfolgreiche Schulen kennzeichnet die grundlegende Voraussetzung einer vorhandenen Innovationsbereitschaft im Kollegium, die in dem Willen besteht, Schule neu zu gestalten, Entwicklungspläne zu entwerfen, Fortbildung zu betreiben. In zahlreichen Studien zur Qualitätsentwicklung von Schulen konnte sichtbar gemacht werden, dass die Innovationsbereitschaft im Kollegium durchgängig höchst prädiktiv für Qualitätsverbesserungen war und somit einen unverzichtbaren Schlüsselfaktor darstellt, ohne den Schulentwicklung nur schwer in Gang kommt. Belege dafür finden sich in der Entwicklung von Grundschulen zu Schulen mit erweiterter Schulzeit bis mittags (vgl. Holtappels 2002 und 2004), in der Entwicklung von Ganztagsschulen in Bezug auf die Qualität des Bildungsangebots und der Lehrerkooperation (vgl. Holtappels & Rollett 2007) und in der Entwicklung „Selbstständiger Schulen" mit Effekten auf die Lehrerkooperation und die Praxis einer differenzierten Lernkultur im Unterricht (vgl. Holtappels 2008).

Infrastruktur für Innovationen

Eine zweite Dimension bildet nach Senge die „Innovation der Infrastruktur", also der inneren Organisation und der Organisationskultur. Im Kern geht es um schulinterne Strukturelemente, die eine Kapazität von Organisationslernen hergeben.

Zugleich bilden solche Strukturen aber auch eine *Infrastruktur für Innovation*, aus meiner Sicht eine angemessenere Bezeichnung für diese Dimension. Gemeint sind jedenfalls die Formen der Arbeitsorganisation und Prozesssteuerung in Schulen, die sich im Wesentlichen auf die schulische Organisationskultur beziehen: auf Führung und Management, Kooperation und Teambildung, zielbezogene Arbeitsorganisation und förderliches Arbeitsklima, Steuerung und aktive Entwicklungsarbeit durch das Personal. Die Arbeitsorganisation erfordert effektives und innovationsorientiertes Schulleitungshandeln und Innovationssteuerung. Hier liegt das Betätigungsfeld schulinterner Steuergruppen, die Schulentwicklungsprozesse initiieren, koordinieren, steuern und unterstützen sollen. Prozesssteuerung der Steuergruppe, schulweite Aktivierung und Partizipation der Schulmitglieder sowie die Etablierung institutionalisierter Teambildungen im Kollegium bilden den Kern einer lernenden und innovationsfördernden Binnenorganisation. Schulexterne Beratung sowie Impulse durch Netzwerke und externe Evaluation bilden weitere Elemente einer Infrastruktur für erfolgreiche Innovation.

Innovationsorientiertes Schulleitungshandeln und zielbezogene Führung scheinen unverzichtbar für den Erfolg schulischer Innovationen, denn „… organizations change more effectively, when their heads play active roles in helping to lead improvement" (Fullan 1991: 152). Schulleiter/innen nehmen im Zuge erfolgreicher schulischer Innovationsprozesse stets eine Schlüsselrolle ein, fungieren als „gatekeeper" (Türöffner) von Innovationen (Fullan 1991). Zumeist initiieren sie auch die Erneuerung oder fördern innovative Ansätze und steuern und modellieren maßgeblich den Erneuerungsprozess. Ohne oder gar gegen die Schulleitung sind pädagogische Innovationen offenbar kaum zu verwirklichen, wie auch Rosenbusch (1989) zeigt. Louis & Miles (1990) heben in Bezug auf Schulleitungshandeln in Erneuerungsprozessen von Schulen die Bereitschaft, Verantwortung bei Innovationen zu übernehmen, als zentrale Variable hervor; im Zuge evolutionärer Planung sind Visionen zu entwickeln, Druck und Initiativen zu entfachen, Aufgaben zu delegieren, Ressourcen zu übertragen und Problemlösungen zu entwickeln. International zeigen die meisten Forschungen die Bedeutung des Schulleitungshandelns für die schulinterne Entwicklungsarbeit und die Schulwirksamkeit, immerhin auch indirekte Wirkungen auf Lernleistungen (s. Hallinger & Heck 1996; Bonsen u. a. 2002). Hall (1988) zeigt an Erfolgsfaktoren allerdings, dass Schulleiter erfolgreiche Veränderungen bewirken, wenn sie mit anderen Unterstützungskräften kooperieren und in einem change facilitating team vorantreiben. Die Qualifizierung von Schulleitungen und Steuergruppen für Schulentwicklungsaufgaben ist demnach ein bedeutender Schlüsselfaktor für Innovation.

Auch wenn in Organisationen Individuen lernen, so garantiert individuelles Lernen noch kein Organisationslernen, vielmehr hat Teamlernen für eine lernende Organisation konstitutive Bedeutung, wie Senge (1990, 171ff.) zeigt. Institutionalisierte Formen von Lehrer-Teamarbeit erweisen sich offenbar für Schulentwicklungsprozesse als förderlich: Klassen- und Jahrgangsteams auf horizontaler und Fachkonferenzen auf vertikal-fachlicher Ebene (s. Holtappels 1997 und 2002).

In Schulen, die auf eine elaborierte Art und Weise ihre Lernprozesse gezielt und systematisch durch intensive Teamarbeit organisieren, kann man von „Professionellen Lerngemeinschaften" als zentrale Keimzellen für Organisationslernen sprechen (vgl. Leithwood 2000). Rosenholtz (1991) fördert empirisch Merkmale zu Tage, die im Zusammenwirken ein hohes Niveau professioneller Lerngemeinschaft anzeigen und hinreichende Gelegenheiten zum professionellen Lernen geben: Grundlegende Orientierungen auf Schulebene, gemeinsame Ziele, Lehrerevaluation, Partizipation in der Entscheidungsfindung und Lehrerkooperation. Im Hinblick auf die Kennzeichen einer lernenden Organisation sehen Hall & Hord (2001) für die professionelle Lerngemeinschaft folgende Indikatoren, die zugleich die Ziele verdeutlichen: 1) Reduzierung von Isolation mit kollegialer Unterstützung, 2) Gelegenheiten des Weiterlernens, 3) Schaffung einer unterstützenden und produktiven Umgebung, 4) Erhöhung der Entwicklungskapazität des Kollegiums und 5) Bemühen um Qualitätsverbesserung. Das Gelernte wird mit Kollegen kommuniziert und in die pädagogische Praxis umgesetzt. Freilich bedarf es dafür Voraussetzungen, die den Arbeitsplatz förderlich gestalten, insbesondere in grundlegender Innovationsbereitschaft, gemeinsamen Zielen, institutionalisierten Arbeits- und Kommunikationsformen bestehen.

Solche „professional learning communities" verkörpern die gemeinsame Verantwortung des Kollegiums für das Erreichen der pädagogischen Ziele und die zielbezogene Zusammenarbeit. Ihr Wirkungspotenzial vollzieht sich nach Leithwood (2000) in Abhängigkeit von fünf Merkmalen professioneller Teamarbeit (s. Abb. 6): Gemeinsam geteilte Werte und Normen, reflektierender Dialog und kontinuierliche Analyse, Deprivatisierung des Unterrichtshandelns durch Kommunikation im Team, intensive Kooperation zur Steigerung der Unterrichtseffektivität und Fokus auf Schüler- und Schülerinnenlernen. Ergebnisse, die Bonsen & Rolff (2006) für deutsche und schweizerische Schulen erhoben haben, zeigen, dass am stärksten der gemeinsame Fokus auf Schüler- und Schülerinnenlernen und gemeinsame pädagogische Ziele gerichtet wird, weniger aber reflexiver Dialog durch Unterrichtsanalyse stattfindet. Weiter wird die individuelle Wahrnehmung von positivem Feedback überwiegend durch individuelle Faktoren beeinflusst.

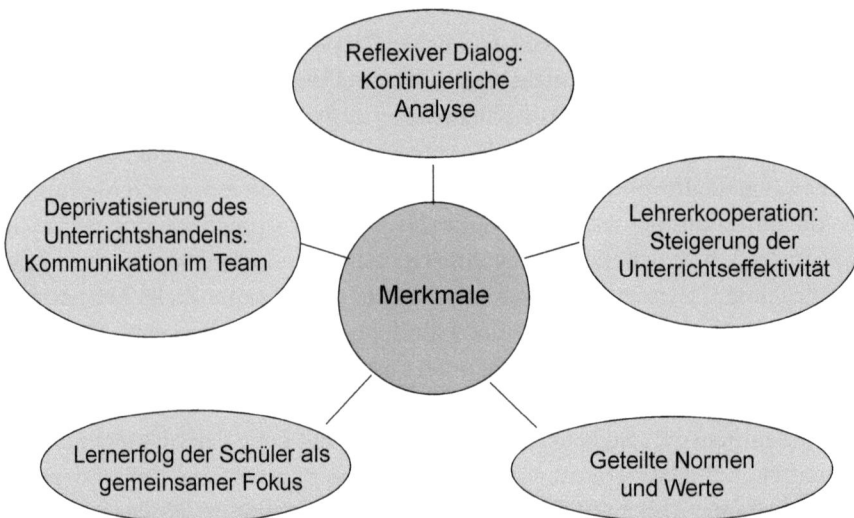

Abb. 6: Merkmale Professioneller Lerngemeinschaften (nach Leithwood 2000), Quelle:
Holtappels 2007

Im Hinblick auf Innovation wird professionellen Lerngemeinschaften zugeschrieben, Unterrichtsentwicklung voran zu bringen und die Unterrichtsqualität
zu erhöhen, was empirische Studien im angloamerikanischen Raum belegen. In
Deutschland zeigen Analysen in „Selbstständigen Schulen", dass professionelle
Lehrerteamarbeit in Fach- und Jahrgangsteams mit Fokus auf Unterrichtsentwicklung sowie auf Diagnose und Evaluation offenbar Unterrichtsqualität im Sinne
einer differenzierten Lernkultur mit variablen Lernarrangements und binnen-
differenzierter Förderung positiv beeinflussen (s. Holtappels u. a. 2008). Zudem
zeigte die Unterrichtsentwicklung über Methodentrainings für Lernstrategien und
schüleraktive Lernmethoden erst dann beachtliche Wirkung, wenn die Lehrkräfte
in Teamarbeit auf dem Niveau professioneller Lerngemeinschaften eingebunden
waren und unterrichtsbezogen kooperierten (s. Holtappels 2008). In der Grundschulstudie „ADDITION" wird sichtbar (s. Holtappels 2013a), dass die Unterrichtsqualität und indirekt auch das Engagement des Kollegiums um Unterrichtsentwicklung in hohem Maße von Teamhandeln der Lehrkräfte als professionelle
Lerngemeinschaften und auch von dessen Zielerreichung für den Arbeitsplatz der
Lehrkräfte abhängen. Überhaupt scheint die Lehrerkooperation eine unabding-
bare Voraussetzung oder ganz wesentliche Schubkraft für Schulentwicklung zu
bilden, wie zahlreiche Schulentwicklungsstudien zeigen (s. Holtappels 2013a).
    Auf die hohe Bedeutung von schulinternen Steuergruppen und Teambildungen
für den Innovationsprozess in Schulen weisen Dalin, Rolff & Buchen (1995) und
Fullan (1993) hin. Die Hauptaufgaben einer Steuergruppe bestehen in der Information und Dokumentation, der strukturierenden Vorarbeit und Unterstützung von
Arbeitsgruppen, Koordination, Moderation und Lenkung des Innovationsprozes-

ses (s. Holtappels 2007). Eine Studie in niedersächsischen Schulen (vgl. Berkemeyer & Holtappels 2007) zeigt: Steuergruppen erweisen indirekt ihre Wirksamkeit für den Innovationsprozess, wobei diese in der Umsetzung des Schulprogramms, die Erweiterung des Methodenrepertoires im Unterricht und eine verbesserte Zielerreichung besteht. Als bedeutende Prozessfaktoren sind vor allem die Akzeptanz im Kollegium und die Verantwortungsübernahme für den Entwicklungsprozess durch die Steuergruppe zu identifizieren. In Schulen mit höherer Schul- und Unterrichtsqualität weisen die Steuergruppenarbeit vor allem in den Merkmalen kollektive Selbstwirksamkeit, Teamqualität, effektives Management und Akzeptanz im Kollegium höhere Werte auf in mäßig entwickelten Schulen.

In der Begleitforschung zur Selbstständigen Schule in Nordrhein-Westfalen konnte in speziellen Analysen (vgl. Feldhoff & Rolff 2008) gezeigt werden, dass die hier beschriebenen Bedingungen geeignet sind, die Qualität der Organisations- und Lernkultur direkt oder indirekt zu beeinflussen: Sowohl die Leitungskompetenz der Schulleitung als auch ein auf Teamarbeit bezogenes Handeln der schulischen Steuergruppe förderten zum einen die Arbeit von Lehrerteams mit Fokus auf Unterrichtsverbesserung , steigerte zum anderen die Innovationsbereitschaft des Kollegiums – zwei Faktoren, die sich sodann als Prädiktoren für die Unterrichtsqualität hinsichtlich strukturierten und verständlichen Unterrichts nach Schülerurteil erweisen.

Verfahren und Strategien für erfolgreiche Innovationsprozesse

Methoden und Werkzeuge der lernenden Schule beinhalten Selbstreflexion und Selbstorganisation, aber betreffen zentral Strategien und Verfahrensweisen. Systematische Verfahren der Schulentwicklung sind für effiziente Innovation erforderlich. Die dritte Dimension der Entwicklungskapazität von lernenden Organisationen bezieht sich daher auf systematische Verfahren und Strategien der Schulentwicklung. Rolff (2010) hat maßgeblich zur Trias von Organisations-, Personal- und Unterrichtsentwicklung gearbeitet und das Zusammenspiel begründet. Verfahren der Organisationsentwicklung oder der Schulkonzept- und Schulprogrammentwicklung erweisen sich im Kern als am ehesten geeignet, da es systematische Prozesselemente wie Bestandsaufnahme, Zielbestimmung, Analyse und Diagnose, Entwicklungsplanung und Evaluation beinhaltet. Flankierend können oder müssen gezielte Verfahren von Unterrichtsentwicklung und Personalentwicklung spezifischen Erfordernissen Rechnung tragen. So benötigt beispielsweise die Einführung von gezielter Lernförderung organisatorische Veränderungen in der Zeitorganisation und dem Personaleinsatz ebenso wie Trainings und Teambildung beim Personal und Unterrichtsentwicklung, um die Maßnahmen dort zu integrieren und zu stützen. Erkenntnisse und Daten aus der Forschung können dabei hilfreich sein oder gar Entwicklung – als datengestützte Schulentwicklung – initiieren.

Die traditionelle, auf einzelne Akteure bezogene Fort- und Weiterbildung – als Strategie der Dissemination und Transfer von Neuerungen – hat nur recht begrenzte Effekte, weil damit die Schulkultur und die kollektive Praxis nicht verändert werden. Bereits Miles (1959) erarbeitete ein Konzept für Gruppentrainings für Veränderungsprozesse, wobei die interne Prozessanalyse ein zentraler Motor war. Demgemäß gelten schulinterne Fortbildungen im gesamten Kollegium sowie solche, die die Vermittlung eines Konzepts, Trainings und Coaching verbinden, seit längerer Zeit schon als Erfolg versprechend (vgl. auch Showers 1983). Insbesondere in der Unterrichtsentwicklung können Methodenfortbildungen und Trainings greifen (s. Joyce/Murphy 1990), jedoch nur wenn insgesamt Strukturbildungen erfolgen und auch die Lernarrangements im Unterricht verändert werden (vgl. Holtappels & Leffelsend 2003). Zur Wirkung von Fortbildungen liegen allerdings kaum belastbare Ergebnisse vor.

Das Schulprogramm dient als Planungs- und Entwicklungsinstrument mit einem Handlungs- und Arbeitsprogramm für die schwerpunktmäßige, aber gezielte und systematische Weiterentwicklung der Schule (s. Holtappels 2004). Das Arbeitsprogramm bedarf der Festlegung von Schwerpunktbereichen und dazu passender Maßnahmen für die Umsetzung, auch die Festlegung von Prioritäten. Dabei wird zugleich gemeinsame Entwicklungsarbeit im Kollegium initiiert, die Lehrkräfte aktiviert zu kollaborativer Planung und Konsens- und Entscheidungsfindung; die kooperative Entwicklungsarbeit des Kollektivs geschieht über Zielklärung, Selbstvergewisserung über Entwicklungsstand und Entwicklungsbedarfe, über die Maßnahmeplanung, die Einigung über Qualitätskriterien und das Vorgehen in der Evaluation und über die gemeinsame Ergebnisdiskussion. Im Prozess der Veränderungsaktivitäten geschieht Organisationslernen der Beteiligten und durch die Evaluation wird der pädagogische und organisationsanalytische Blick für eine kritische Sicht der Handlungspraxis und für produktive Innovationen erlangt.

In Bezug auf Wirkungen verdeutlicht eine eigene Längsschnittstudie über zwei Messzeitpunkte mit Pilotschulen der Sekundarstufe I und einer Kontrollgruppe in einem niedersächsischen Modellversuch zur Qualitätsentwicklung Folgendes (vgl. Holtappels 2004b): In Schulen mit Schulprogrammarbeit hat sich überwiegend die Organisationskultur mitentwickelt, jedoch zeigen sich im Längsschnitt über 27 Monate im Vergleich zu Kontrollschulen keine Effekte auf Unterrichtsformen und -qualität, auf Lernleistungen und auf das Lern- und Sozialverhalten der Lernenden. Schulprogrammarbeit vermag demnach kurzfristig keine nennenswerte Breitenwirkung für Qualitätsverbesserungen in der Lernkultur und der Unterrichtsgestaltung zu entfachen. Die Programmumsetzung beansprucht offenbar mehr Zeit und die inhaltlichen Entwicklungsschwerpunkte von Schulprogrammen sind oft zu speziell. Immerhin drei Viertel der Schulleitungen in Schulen mit Programm berichteten aber, dass erst oder speziell über die Schulprogrammarbeit relevante Weiterentwicklungen in ihrer Schule angestoßen wurden (vgl. Holtappels 2004a).

Für sogar 94 % war es für den Schulentwicklungsprozess ihrer Schule von Bedeutung, ein Programm erarbeitet zu haben.

Mittels Clusteranalyse wurde der These nachgegangen, ob Akzeptanz und sichtbare Erfolge eine Rolle spielen, was sich bestätigt (s. Holtappels 2004b): Als Kriteriumsvariablen wurden dazu die Programm-Akzeptanz und die eingeschätzten Entwicklungswirkungen der Programmarbeit aus Lehrersicht herangezogen. Mit der Kombination dieser beiden Variablen lassen sich in der Lehrerstichprobe drei Cluster (von Lehrer/innen) identifizieren, die unterschiedliche Wirkungen des Schulprogramms wahrnehmen, hinsichtlich der Akzeptanz des Kollegiums und der Wirkungen auf die Entwicklungsarbeit in der Schule. Die jeweils obere und untere Gruppe berichten zu beiden Merkmalen hohe bzw. niedrige SP-Wirkungen, die mittlere Gruppe mit durchschnittlichen Werten ist eher indifferent. Die Lehrkräfte des Clusters mit hohen Schulprogrammwirkungen kommen also möglicherweise aus einem Umfeld mit relativ wirksamem Schulprogramm, während das Cluster mit niedrigen Wirkungen ein Umfeld mit schwacher Akzeptanz und geringen Folgen für die Weiterentwicklung der Schulkultur anzeigt.

Eine Inhaltsanalyse von Schulprogrammen (s. Holtappels & Müller (2004) zeigt jedoch, dass sich lediglich 13% der Schulprogrammtexte als „Drehbuch für Schulentwicklung" erweisen. Beides, Entwicklungsplan und Arbeitsprozess sind offenbar unverzichtbar: Zielformulierung, Pläne und Konzeption von Maßnahmen im Programm einerseits und die konkrete Programmarbeit in Form von Entwicklung, Umsetzung und Evaluation andererseits. Besonders hat eine elaboriertere Evaluationskultur Bedeutung, wie in der Begleitforschung zur Selbstständigen Schule in Nordrhein-Westfalen (s. Holtappels, Klemm & Rolff 2008) nachgewiesen wurde; in der Sekundarstufe I nimmt die Praxis interner Evaluation als eine der Prädiktorvariablen sogar direkt begünstigend Einfluss auf den Lernzuwachs der Lernenden (vgl. Holtappels u. a. 2008).

4 Forschungsbeispiele für die aktuelle Bedeutung des Zusammenspiels von Organisationskultur und Prozessfaktoren in Schulentwicklungsverläufen

Wie weiter oben ausgeführt kann jedoch ein mehr oder weniger günstiges Organisationsmilieu Schulprogrammarbeit hemmen oder fördern und im günstigen Falle letztlich doch Entwicklungswirkungen initiieren. In der IFS-Studie zur Programmarbeit in Niedersachsen (s. Holtappels 2004b) konnten in einer gesonderten Analyse sogar Prädiktoren im Sinne übergreifender Schlüsselmerkmale für Entwicklungswirkungen in den Schulen identifiziert werden, die die durch den Ansatz der lernenden Organisation betonten Dimensionen (motivationale Aspekte, Infrastruktur der Innovation und Innovationsstrategien) abdecken: So erweisen sich in einem Pfadmodell mit 44% aufgeklärter Varianz vier Faktoren, nämlich

hohe Innovationsbereitschaft, hohe Kooperationsintensität, systematisches Vorgehen in der Entwicklungsarbeit und eine auf Wirkungen angelegte Selbstevaluation
als gewichtige Prädiktoren für aus Lehrersicht wahrgenommene Entwicklungswirkungen in der Schulgestaltung. Schulische Entwicklungsarbeit muss offenbar auf
Innovationsbereitschaft basieren, Entwicklungskapazitäten durch Kooperationskultur nutzen können, systematisch angelegt sein und die Zielerreichung durch
interne oder externe Evaluation überprüfen.

Im Folgenden soll abschließend anhand von zwei Schulentwicklungsstudien
beispielhaft gezeigt werden, dass das *Zusammenspiel von Organisationskultur und
Schulentwicklungsprozessen* für Qualitätsentwicklungen in Schulen in unterschiedlichen Zusammenhängen enorme Bedeutung hat.

Beispiel 1:

In der StEG-Untersuchung zur Entwicklung von Ganztagsschulen (s. Fischer u. a.
2011) wurden wesentliche Merkmale der Ziele und der Konzeption der Ganztagsschulen, ihrer Schulorganisation und der Organisationskultur sowie des Schulentwicklungsprozesses im Zeitverlauf von drei Messzeitpunkten in 323 Schulen
gemessen und anhand eines Sets von ausgewählten Prädiktoren *förderliche Faktoren für die Entwicklung zentraler Qualitätsaspekte des Ganztagsbetriebes* in zahlreichen Analysen identifiziert. In der Panel-Studie ließen sich von 2005 bis 2009
längsschnittlich für die Schulebene Wirkungen auf die *Qualität des Bildungsangebots in Umfang und Breite*, auf die *konzeptionelle Verknüpfung zwischen Unterricht
und Angebotselementen*, auf die *Prozessqualität der Angebotsgestaltung* sowie auf
die *Lehrerkooperation* in den in Entwicklung befindlichen Ganztagsschulen der
Primar- und Sekundarstufe nachweisen.

Betrachtet man die Ergebnisse aus schulentwicklungstheoretischer Perspektive, also hinsichtlich der für Schulentwicklung im Zeitverlauf starken Prädiktoren,
dann zeigt sich insgesamt meist durchgängig für die genannten Effektvariablen,
dass immer wieder dieselben Prädiktoren auf die Qualitätsentwicklung durch-
schlagen, wobei diese – offenbar nicht zufällig – auf den *drei Komponenten der Architektur der lernenden Organisation* anzusiedeln sind: *Pädagogische Entwicklungs-
ziele als Gründungsmotiv* sowie *Innovationsbereitschaft des Kollegiums* (Variablen
für die motivationale Ebene), *Intensität der Kooperation von Lehrkräften und päd-
agogischem Personal* sowie *aktive Lehrermitwirkung im Ganztagsbetrieb* (Variablen
für die Ebene der Infrastruktur der Innovation), *intensive Entwicklungsaktivitäten
im Kollegium, Anwendung systematischer Schulentwicklungsverfahren* sowie *Inanspruchnahme externer Unterstützung* (Variablen für die Ebene der Entwicklungs-
verfahren und -strategien). Die empirische Relevanz dieser Prädiktoren belegt,
dass sich auch Ganztagsschulen vor allem in Abhängigkeit von ihren Kapazitäten
in Bezug auf Organisationslernen förderlich zu entwickeln scheinen, jedenfalls in
wichtigen Qualitätsmerkmalen Verbesserungen registrieren. Elemente des Orga-

nisationslernen erlangen damit auch den Status von Gelingensbedingungen *für schulische* Innovationen.

Beispiel 2:

In der ADDITION-Studie, einer international in sechs europäischen Staaten durchgeführten Grundschuluntersuchung in Verknüpfung mit TIMSS, wurde im Längsschnitt von zwei Messzeitpunkten im vierten Schuljahr der Lernzuwachs in Mathematik und Naturwissenschaften unter anderem in Abhängigkeit von Schul-, und Unterrichtsfaktoren erforscht. Im deutschen Teil der Studie wurde besonders die Bedeutung von Schulfaktoren für die Unterrichtsqualität und -entwicklung analysiert: Für die Prüfung des Zusammenwirkens von Merkmalen der Organisationskultur und der Schulentwicklung wurden – zur Stärkung des Bezugs zum Organisationslernen – neben den *Merkmalen professioneller Lerngemeinschaften* (abgekürzt: PLG) und der *Zielerreichung der PLG* als förderliche Lernumgebung der Lehrerarbeit auch die *Innovationsbereitschaft des Kollegiums* als motivationaler Faktor und *„Leadership for Learning"* als eine Dimension des Leitungshandelns (s. Beitrag von Townsend in diesem Band) mit erprobten und reliablen Likert-Skalen berücksichtigt. Die (abhängigen) Schulentwicklungsvariablen umfassen das *Involvement der Lehrkräfte in Schulentwicklungsverfahren, Schulentwicklungsstrategien mit Fokus auf Evaluation* sowie erfolgte *Unterrichtsentwicklung mit Fokus auf Bereitstellung differenzierter Lerngelegenheiten* für Schüler/innen.

In einem Strukturgleichungsmodell stehen Leadership for Learning und die Innovationsbereitschaft im Kollegium in engem Zusammenhang, ebenso die PLG-Skalen. Die Innovationsbereitschaft scheint geeignet, Aktivitäten und Zielorientierungen professioneller Lerngemeinschaften zu stärken und zu forcieren, zudem hat sie einen direkten Effekt auf Unterrichtsentwicklung im Kollegium. Das Schulleitungshandeln hat keine direkte Wirkung auf die Qualität der Teamarbeit als PLG, fördert aber offenbar in hohem Maße schulinterne Entwicklungsbemühungen für evaluatives Handeln, die auch durch die Variable der Lehrermitwirkung an systematischen Schulentwicklungsverfahren gestärkt wird und Unterrichtsentwicklung voranzubringen scheint. Systematische Entwicklungsarbeit zahlt sich demnach aus für die Initiierung von Evaluation und zumindest indirekt wird Unterrichtsentwicklung angeschoben. Zielorientierte Teamarbeit als förderliche Lernumgebung für Lehrkräfte stärkt offenbar das Lehrerengagement in Schulentwicklungsarbeit. Ansonsten ergeben sich allerdings keine Pfade, die Wirkungen von Teamarbeit mit PLG-Niveau auf Prozessfaktoren der Schulentwicklungsarbeit der Schulen anzeigen würden. Eine weitere Analyse mit annähernd demselben Prädiktor-Set zeigt aber für Wirkungen auf die Unterrichtsqualität (durch Schülerbefragung erfasst), dass die Qualität des Teamhandelns auf PLG-Niveau als einziger Prädiktor einen direkten Effekt auf die Unterrichtsqualität hat (s. Holtappels 2013a).

5   Ausblick: Bedarf für Theorieentwicklung und empirische Forschung

Die oben gezeigten Befunde belegen, dass Dimensionen und Prinzipien des Theorieansatzes der lernenden Organisation hohe Bedeutung für Schulentwicklungsprozesse haben. Dabei wird deutlich, dass Merkmale der Organisationskultur, hier insbesondere der Lehrerkooperation und Teamarbeit, zentrales Gewicht zu haben scheinen. Zugleich zeigen jedoch stets die Ziel- und Motivationsdimension und die Beherrschung von Schulentwicklungsverfahren und -strategien hohe Einflussstärken auf die Schulwirksamkeit und auf Qualitätsverbesserungen im Längsschnitt. Vielmehr sogar muss insgesamt von einem interdependentem Verhältnis zwischen Ziel-, Organisationskultur- und Prozessebene ausgegangen werden, was besonders für die Lehrerkooperation gilt (s. Holtappels 2013a). Von zentraler Bedeutung für die weitere Forschung zu Schulentwicklung und Schulwirksamkeit sind freilich umfassendere Theoriemodelle zu School Improvement, wobei insbesondere das Dynamic Model von Creemers & Kyriakides (2012) hervorzuheben ist. Hinsichtlich *effektiver Faktoren auf Schulebene* verdeutlichen sie sowohl in ihrem Theorieansatz als auch in den von ihnen vorgelegten Forschungsbefunden (s. vor allem S. 99 ff.), dass folgende Variablen zu den entscheidenden Prädiktoren gehören: die „School Policy", also die internen Strategien der Entwicklungsarbeit in Bezug auf Unterrichtspraxis und Lerngelegenheiten und ebenso die schulinternen Bemühungen um die Gestaltung der schulischen Lernumgebung (School Learning Environment), die die Lehr-Lern-Prozesse in den Strukturen und der Kultur der Schul- und Lernorganisation rahmt und förderlich unterstützt (z. B. elaboriertes Teamhandeln, Bereitstellung von Lernressourcen). Hinzu kommt die intensive Praxis schulinterner Evaluation für diese Dimensionen.

Betrachtet man die Befunde und Erkenntnisse der Schulentwicklungstheorie und -forschung gesondert, dann dürfen bilanzierend bisher die folgenden durch empirische Untersuchungen erreichten Errungenschaften und erzielten Erkenntnisse durchaus für die Schulentwicklungsforschung verbucht werden:

- Weiterentwicklung theoretischer Qualitätsmodelle und Entwicklung theoretischer Prozessmodelle;
- Modellierung von Prozessfaktoren der Schulentwicklung und Schulorrganisationsfaktoren in Mehrebenen-Modellen;
- Erkenntnisse zu Einfluss- und Gelingensbedingungen für erfolgreiche Schulentwicklung bzw. für Schulwirksamkeit;
- empirische Erprobung systematischer Schulentwicklungsverfahren und -instrumente (Schulkonzept, Schulprogramm, interne Evaluation) im Hinblick auf Qualitätseffekte;
- Erkenntnisse zur Wirkung von Schulleitungshandeln und schulinterner Steuerung durch Steuergruppen;

- Bedeutung von Organisationskultur (z. B. Leadership, interne Steuerung, Lehrerkooperation bzw. professionelle Lerngemeinschaften) und Zusammenhänge mit Schulentwicklungsprozessen;
- differenzierte Lernentwicklungsmilieus (Kompositions- und Institutseffekte) auf Schul- und Klassenebene, aber auch Organisationsmilieus von Schulen;
- Bedeutung und Wirkungen von Schul-Netzwerken in der Qualitätsentwicklung.

Es bleiben jedoch beträchtliche Forschungsdesiderate, die zeigen, dass Schulentwicklungsforschung auch weiterhin Lücken aufweist:

- Forschungen mit dezidierter Verbindung von School Improvement und School Effectiveness;
- interdisziplinäre Verbindung von Schulentwicklungs- und Innovationsforschung;
- interdisziplinäre Verbindung von Schulentwicklungs- und Organisationsforschung;
- Forschungsdesigns zur Verknüpfung von Schul- und Unterrichtsebene bzw. von Organisations- und Lernkultur;
- Entwicklungs- und Interventionsforschung über experimentelle Designs;
- prozessbezogene Implementationsstudien und Studien über Innovationsverläufe;
- Schul-Fallstudien zur Schulkultur und Schulentwicklung als qualitative Feldstudien;
- Bedingungen für Lehrerkompetenzen und Bedeutung von Lehrerkompetenzen für Qualitätsentwicklungen;
- Bedeutung von Faktoren der Schul- und Lernorganisation für erfolgreiche Integration bzw. Inklusion von Lernenden mit besonderem Förderbedarf.

Dabei hatte und hat Schulentwicklungsforschung es immer wieder mit grundlegenden Problemen und Beschränkungen zu tun, unterliegt also Bedingungen, die sich überwiegend strukturell aus ihrer Forschungsanlage ergibt:

- Bei Modellprojekten und Implementationsprogrammen häufig diffuse Programmziele oder reduzierte Forschungsmöglichkeiten.
- Häufig sind in Schulentwicklungsverläufen keine direkt begleitenden Prozessanalysen im Sinne prozessnaher und simultaner Datenerfassung möglich, so dass die Erhebungen auf retrospektive Urteile und Informationen angewiesen sind.
- Selektivität: Stichprobenverzerrung treten beim Sampling bezüglich Schulen auf, die aufgrund der Innovationsbereitschaft oder ihrem Entwicklungsstand an Schulentwicklungsprojekten oder Modellversuchen teilnehmen.

- Varianz in den Schulstichproben zeigen sich als teilweise unzureichend oder die Analysen in sehr heterogenen Samples stoßen aufgrund der sehr unterschiedlichen Präsenz oder Verteilung von Prädiktoren und Einflussgrößen an Grenzen.
- Da Studien zur Entwicklung und Wirksamkeit von Schulen vor allem auf Schulebene analysieren, werden für quantitative Studien große Schul-Stichproben erforderlich; bei kleinen Stichproben sind dann nur begrenzt statistisch anspruchsvolle Analysen und belastbare Aussagen möglich.
- Bei Modell- und Interventionsprojekten sind Samples in aller Regel zu klein, bei Schul-Fallanalysen bestehen Probleme von Auswahl und Übertragbarkeit.
- Kontrollgruppen sind häufig nicht verfügbar, weil die Bereitschaft der Schulen hierzu fehlt. Bei Einbezug von Kontrollschulen stellt sich das Problem der Kontrolle von Einfluss- und Prozessfaktoren.

Herausforderungen für Schulentwicklungsforschung durch aktuelle Veränderungen

Etwa seit der Jahrtausendwende werden Veränderungen in den Bedingungen und Arbeitsweisen der Forschungslandschaft sichtbar, die gestiegene Herausforderungen anzeigen:

- Eine erhöhte Aufmerksamkeit und verstärkte Anerkennung von Schulwirksamkeits- und Schulentwicklungsforschung durch Steuerungsebenen und die Öffentlichkeit (nicht zuletzt durch internationale Leistungsvergleichsstudien) werden sichtbar.
- Vielfältige und gleichzeitige Entwicklungen in Systemstrukturen, Schulorganisation und pädagogischer Praxis fordern gerade in Zeiten des Wandels durch politische Maßnahmen von der Forschung rasche Reaktionen und begleitende Forschungen.
- Die statistisch-methodische Höherentwicklung und höhere Anforderungen an Forschungsdesigns verlangt exzellente Ausbildung des Forschungspersonals und höheren Aufwand in den Forschungsaktivitäten.
- Begrenzte staatliche Mittel für Forschung bei zugleich sichtbarem Anstieg von Konkurrenz und Wettbewerb in der Wissenschaft (Expansion von Schulentwicklungsforschung) nehmen Einfluss auf Forschungshandeln.
- Veränderte Anforderungen von Schulen gegenüber Schulforschung (z. B. Anreize, Erwartungen an Rückmeldungen, Unterstützung bei der Entwicklungsarbeit) sowie fragile Akzeptanz (z. B. aufgrund von Überforschung, Überlastung durch periodische Tests) machen das Geschäft der Schulentwicklungsforschung mitunter schwierig.

Dabei werden auch Gefährdungen sichtbar, die vielfältige Balancen erfordern:

1. Grundlagenforschung versus anwendungsbezogene Forschung;
2. systematische Bearbeitung der Forschungsgebiete versus Verzettelung durch aktuelle Entwicklungen, Anforderungen und Gelegenheiten für Projekte;
3. breite Forschungsvielfalt versus Verlust der Konturen; Verführung zu Beliebigkeit anstatt Leitbild und Programmatik für unverwechselbare Identität.

Trotz veränderter Bedingungen durch gestiegene Anforderungen und zu bewältigender Forschungsprobleme sollte eine Orientierung unantastbar bleiben: Schulentwicklungsforschung muss theorie-, forschungs- und praxisorientiert mit dazu beitragen, dass Erziehungswissenschaft eine kritische Wissenschaft bleibt oder dass sie es noch wird!

Literatur

Altrichter, H. & Eder, F. (2004). Das „Autonomie-Paritätsmuster" als Innovationsbarriere. In: Holtappels, H.G. (Hrsg.), *Schulprogramme – Instrumente der Schulentwicklung. Konzeptionen, Forschungsergebnisse, Praxisempfehlungen.* (195–221). Weinheim/München: Juventa.

Argyris, C. & Schön, D.A. (1978). *Organizational learning: A theory of action perspective.* Reading/Mass: Addison Wesley Publishing Company.

Bauer, K.-O. & Rolff, H.-G. (1978). Vorarbeiten zu einer Theorie der Schulentwicklung. In: Bauer, K.-O. & Rolff, H.-G. (Hrsg.), *Innovation und Schulentwicklung. Bildungssoziologische Analysen und Fallstudien.* (219–263) Weinheim/Basel: Beltz.

Berkemeyer, N. & Holtappels, H.G. (Hrsg.) (2007). *Schulische Steuergruppen und Change Management. Theoretische Ansätze und empirische Befunde zur schulinternen Schulentwicklung.* Weinheim/München: Juventa.

Berkemeyer, N. & Holtappels, H. G. (2007a). Arbeitsweise und Wirkung schulischer Steuergruppen -Empirische Studie. In: Berkemeyer, N. & Holtappels, H.G. (Hrsg.), *Schulische Steurgruppen und Change Management. Theoretische Ansätze und empirische Befunde zur schulinternen Schulentwicklung.* (99–137). Weinheim/München: Juventa.

Bonsen, M., von der Gathen, J., Iglhaut, C. & Pfeiffer, H. (2002). *Die Wirksamkeit von Schulleitung. Empirische Annäherungen an ein Gesamtmodell schulischen Leitungshandelns.* Weinheim/München: Juventa.

Bonsen, M. & Rolff, H.-G. (2006). Professional Learning Communities of Teachers. *Zeitschrift für Pädagogik* 52(2), 167–184.

Burkard, C. & Kanders, M. (2002). Schulprogrammarbeit aus der Sicht der Beteiligten. Ergebnisse der Schulprogrammevaluation in Nordrhein-Westfalen. In: Rolff, H.-G., Holtappels, H.G., Klemm, K., Pfeiffer, H. & Schulz-Zander, R. (Hrsg.), *Jahrbuch der Schulentwicklung. Band 12.* (233–259) Weinheim/München: Juventa.

Chin, R. og Benne, K. D. (1969). *General Strategies for Effecting Changes in Human Systems.* In: Bennis, W. G., Benne, K. D. og Chin, R. (red). Op. Cit.

Creemers, B. E. & Kyriakides, L. (2012). *Improving Quality in Education. Dynamic approaches to school improvement.* London/New York: Routledge.

Dalin, P. (1986). *Organisationsentwicklung als Beitrag zur Schulentwicklung.* Paderborn/München/Wien/ Zürich: Schöningh.

Dalin, P., Rolff, H.-G. & Buchen, H. (1995). *Institutioneller Schulentwicklungsprozess. Ein Handbuch*. Soest: Kettler.

Feldhoff, T. (2008). Selbstständigkeit als Kapazität organisationalen Lernens und Qualität des Unterrichts. In: Holtappels, H.G. et.al. (Hrsg.), *Schulentwicklung durch Gestaltungsautonomie. Ergebnisse der Begleitforschung zum Modellvorhaben „Selbständige Schule" in Nordrhein-Westfalen*. (62–76). Münster: Waxmann.

Feldhoff, T. & Rolff, H.-G. (2008). Einfluss von Schulleitungs- und Steuergruppenhandeln. In: Holtappels, H.G. et.al. (Hrsg.), *Schulentwicklung durch Gestaltungsautonomie. Ergebnisse der Begleitforschung zum Modellvorhaben „Selbständige Schule" in Nordrhein-Westfalen*. (293–303). Münster: Waxmann.

Fend, H. (1986). „Gute Schulen – schlechte Schulen". Die einzelne Schule als pädagogische Handlungseinheit. In: *Die Deutsche Schule* 78, 3/1986, 275–293.

Fend, H. (1998). *Qualität im Bildungswesen. Schulforschung zu Systembedingungen, Schulprofilen und Lehrerleistung*. Weinheim/München: Juventa.

Fullan, M. (1982). *The Meaning of Educational Change*. Toronto: OISE-Press.

Fullan, M. (1991). *The New Meaning of Educational Change*. London: Cassell.

Fullan, M. (1993). *Change Forces. Probing the Depths of Educational Reform*. London/New York/Philadelphia: The Falmer Press.

Fullan, M. & Pomfret, A. (1977). Research on Curriculum and Instruction Implementation. In: *Review of Educational Research*, Vol. 47.

Giaquinta, J.B. (1973). The Process of Organizational Change in Schools. In: F.N. Kerlinger (Ed.), *Review of Research in Education 1*. Itasca, Ill.: (178–208).

Haenisch, H. (1993). *Wie sich Schulen entwickeln. Eine empirische Untersuchung zu Schlüsselfaktoren und Prinzipien der Entwicklung von Grundschulen*. Soest: Kettler.

Haenisch, H. (1998). *Wie Schulen ihr Schulprogramm entwickeln. Eine Erkundungsstudie an ausgewählten Schulen aller Schulformen*. Soest: Kettler.

Hall, G. E. (1979). *Levels of Use and Extent of Implementation of New Programs in Teacher Education Institutions: What do you do?* Chicago: AACTE.

Hall, G. E. & Hord, S. M. (2001). *Implementing Changes. Patterns, Principles and Potholes*. Boston/Toronto: Allyn & Bacon.

Hallinger, P. & Heck, R. H. (1996). The Principal's Role in School Effectiveness: An Assessment of Methodological Progress, 1980–1995. In: *International Handbook of Educational Leadership and Administration. Part 2*. (723–783). Dordrecht/Bosten/London.

Hameyer, U. (1992). Die innere Qualität innovativer Grundschulen – Ergebnisse aus Fallstudien der Selbsterneuerungsfähigkeit. In: Hameyer, U., Lauterbach, R. & Wiechmann, J. (Hrsg.), *Innovationsprozesse in der Grundschule Fallstudien, Analysen und Vorschläge zum Sachunterricht* (77–103). Bad Heilbrunn/Obb.: Julius Klinkhardt.

Hameyer, U. (2005). Wissen über Innovationsprozesse. In: *journal für schulentwicklung* 9. (7–19).

Hargreaves, D. H. & Hopkins, D. (1991). *The Empowered School*. London: Cassell.

Holtappels, H. G. (1997). *Grundschule bis mittags. Innovationsstudie über Zeitgestaltung und Lernkultur*. Weinheim/München: Juventa.

Holtappels, H. G. (2002). *Die Halbtagsgrundschule – Lernkultur und Innovation in Hamburger Grundschulen*. Weinheim/München: Juventa.

Holtappels, H. G. (2003). *Schulqualität durch Schulentwicklung und Evaluation. Konzepte, Forschungsbefunde, Instrumente*. München: Luchterhand.

Holtappels, H. G. (Hrsg.) (2004). *Schulprogramme – Instrumente der Schulentwicklung. Konzeptionen, Forschungsergebnisse, Praxisempfehlungen.* Weinheim/München: Juventa.

Holtappels, H. G. (2004a). Schulprogramm – ein Instrument zur systematischen Entwicklung der Schule. In: Holtappels, H. G. (Hrsg.), *Schulprogramme – Instrumente der Schulentwicklung* (S. 11–28). Weinheim/München: Juventa.

Holtappels, H. G. (2004b). Schulprogramm und Organisationskultur – Ergebnisse aus niedersächsischen Schulen über Bedingungen und Wirkungen. In: Holtappels, H.G. (Hrsg.), *Schulprogramme – Instrumente der Schulentwicklung. Konzeptionen, Forschungsergebnisse, Praxisempfehlungen.* (175–194). Weinheim/München: Juventa.

Holtappels, H. G. (2005). Bildungsqualität und Schulentwicklung. In: Holtappels, H. G. & Höhmann, K. (Hrsg.), *Schulentwicklung und Schulwirksamkeit* (27–47). Weinheim/München: Juventa.

Holtappels, H. G. (2007). Schulentwicklungsprozesse und Change Management. Innovationstheoretische Reflexionen und Forschungsbefunde über Steuergruppen. In Berkemeyer, N. & Holtappels, H. G. (Hrsg.), *Schulische Steuergruppen und Change Management. Theoretische Ansätze und empirische Befunde zur schulinternen Schulentwicklung,* 5–34. Weinheim/München: Juventa.

Holtappels, H. G. (2008). Methodentrainings und Unterrichtsgestaltung. In: Holtappels, H. G., Klemm, K. & Rolff, H.-G. (Hrsg.), *Schulentwicklung durch Gestaltungsautonomie.* (307–313). Münster: Waxmann.

Holtappels, H. G. (2013). Innovationen in Schulen – Theorieansätze und Forschungsbefunde zur Schulentwicklung. In: Rürup, M. & Bormann, I. (Hrsg.) (2013), *Innovationen im Bildungswesen. Analytische Zugänge und empirische Befunde.* (45–69). Wiesbaden: VS-Verlag.

Holtappels, H. G. (2013a): Schulentwicklung und Lehrerkooperation. In: McElvany, N. & Holtappels, H. G. (Hrsg.): *Empirische Bildungsforschung. Theorien, Methoden, Befunde und Perspektiven* (S. 35–61). Münster: Waxmann.

Holtappels, H. G., Klemm, K. & Rolff, H.-G. (Hrsg.) (2008). *Schulentwicklung durch Gestaltungsautonomie.* Münster: Waxmann.

Holtappels, H. G. & Leffelsend, S. (2003). *Entwicklung überfachlicher Kompetenzen durch Schülertrainings und Unterrichtsentwicklung. Ergebnisse einer Schülerbefragung als Teil der Abschlussevaluation des Projektes „Schule & Co.".* Gütersloh: Bertelsmann.

Holtappels, H. G. & Müller, S. (2004). *Inhalte von Schulprogrammen – Ergebnisse einer Inhaltsanalyse Hamburger Schulprogrammtexte.* In: Holtappels, H.G. et.al. (Hrsg.), *Schulprogramme – Instrumente der Schulentwicklung. Konzeptionen, Forschungsergebnisse, Praxisempfehlungen.* (79–102). Weinheim/München: Juventa.

Holtappels, H. G., Pfeiffer, H., Röhrich, T. & Voss, A. (2008). Einfluss von Prozessmerkmalen der Organisations- und Unterrichtsentwicklung auf die Lernleistungen. In: Holtappels, H. G., Klemm, K. & Rolff, H.-G. (Hrsg.), *Schulentwicklung durch Gestaltungsautonomie.* (314–330). Münster: Waxmann.

Holtappels, H. G. & Rollett, W. (2007). Organisationskultur, Entwicklung und Ganztagsschulausbau. In: Holtappels, H.G., Klieme, E., Rauschenbach, T. & Stecher, L. (Hrsg.) (2007), *Ganztagsschule in Deutschland. Ergebnisse der Ausgangserhebung der „Studie zur Entwicklung von Ganztagsschulen" (StEG),* (209–226). Weinheim/München: Juventa.

Hopkins, D., Harris, A., Stoll, L. & Mackay, T. (2011). *School and System Improvement: State of the Art Review.* Keynote presentation prepared for the 24th International Congress of School Effectiveness and School Improvement, Limassol, Cyprus.

Hopkins, D. & Reynolds, D. (2001). The Past, Present, and Future of School Improvement: Towards the Third Age, *British Educational Research Journal*, vol 27 n4: 459–75.

Huberman, A. M. & Miles, M. B. (1984). *Innovation Up Close. How School Improvement Works.* New York: Plenum Press.

Joyce, B. & Murphy, C. (1990). *Changing school culture through staff development.* Alexandria, Va.: Association for Supervision and Curriculum Development.

Leithwood, K. (2000). *Organizational learning and school improvement.* Greenwich/ CT: Swets & Zeitlinger.

Lewin, K. (1947). Group decisions and social change. In T.M. Newcomb, T. M. &. Hartley, E. L. (eds.), *Readings in Social Psychology.* New York: Holt.

Loucks, , S. og Hall, G. (1979). *Implementing Innovations in Schools. A Concernbased Approach.* Washington D.C.: AERA.

Louis, K.S. & Miles, M:B. (1990). *Improving the Urban High School. What Works and Why.* New York: Teachers College Press.

Maag Merik, K. & Werner, S. (2013). Schulentwicklungsforschung. Aktuelle Schwerpunkte und zukünftige Forschungsperspektiven. *Zeitschrift für Erziehungswissenschaft, Bildungspolitik und pädagogische Praxis.* Heft 3. Münster: Waxmann.

Marks, H. M. & Louis, K. S. (1999). Teacher Empowerment and the Capacity for Organizational Learning. *Education Administration Quarterly, 35.* (707–750).

Marks, H. M., Louis, K. S. & Printy, S. (2000). *The Capacity for Organzational Learning – Implications for pedagogical quality and student achievement.* Stamford, Conneticut.

McLaughlin, M.B. (1990). The Rand Change Agent Study Revisited. *Educational Researcher 19, 9/1990.*

Miles, M. B. (1959). *Learning to work in groups.* New York: Teachers College Press.

Miles M. B. (1975). Planned Change and Organisational Health. In: Baldrige, J V. & Deal, T. (eds), *Managing Change in Educational Organisations*, Berkeley: McCutchen.

Mortimore, P., Sammons, P., Ecob, R. & Stoll, L. (1988). *School matters. The junior years.* Salisbury: Open Books.

OECD (Hrsg.) (1989). *Schools and Quality. An International Report.* Paris: OECD.

Paulston, R. G. (1976). *Conflicting Theories of Social and Educational Change: A Typological Review.* Pittsburgh: University of Pittsburgh, University Center for International Studies.

Purkey, St. C. & Smith, M. S. (1983). Effective Schools: A Review. In: *The Elementary School Journal*, Heft 4/1983, 427–453.

Rogers, G. (1995). *Diffusion of Innovations.* New York: Free Press.

Rolff, H.-G. (1993). *Wandel durch Selbstorganisation. Theoretische Grundlagen und praktische Hinweise für eine bessere Schule.* Weinheim/München: Juventa.

Rolff, H.-G. (2010). Schulentwicklung als Trias von Organisations-, Unterrichts- und Personalentwicklung. In: Bohl, T., Helsper, W., Holtappels, H. G. & Schelle, C. (Hrsg,), *Handbuch Schulentwicklung* (29–36). Bad Heilbrunn: Julius Klinkhardt.

Rolff, H.-G. & Tillmann, K.-J. (1980). Schulentwicklungsforschung – theoretischer Rahmen und Forschungsperspektive. In: Rolff, H.-G., Hansen, G. Klemm, K. & Tillmann, K.-J. (Hrsg.), *Jahrbuch der Schulentwicklung, Band 1* (237–264). Weinheim: Beltz.

Rosenbusch, H. S. (1989). Der Schulleiter – ein notwendiger Gegenstand organisations-pädagogischer Reflexion. In: Rosenbusch, H. S. & Wisssinger, J. (Hrsg.), *Schulleiter zwischen Administration und Innovation*. Braunschweig: SL-Verlag.

Sarason, S. B. (1971). *The Culture of the School and the Problem of Change*. Boston: Allyn & Bacon.

Schlömerkemper, J. (1995). Lernen zwischen Dissens und Konsens – Zur Verbindlichkeit des Lehrens und Lernens in Team-Modellen. In: Holtappels, H.G.(Hrsg.), *Entwicklung von Schulkultur. Ansätze und Wege schulischer Erneuerung* (102–112). Neuwied/Kriftel/Berlin: Luchterhand.

Schmuck, R. A. & Runkel, P. J. (1985). *The Handbook of Organizational Development in Schools* (3rd edition). Palo Alto, CA.: Mayfield.

Schmuck, R. A., Runkel, P. J., Arends, J. H. & Arends, R. I. (1977). *The Second Handbook of Organization Development in Schools*. Paolo Alto/CA.: Mayfield.

Seashore Louis, K. & Kruse, S. (1995). *Professionalism and community: Perspectives on reforming urban schools*. Thousand Oaks/CA.: SAGE Publications.

Senge, P. (1990). *The Fifth Discipline*. New York: Currency.

Showers, B. (1983). *Coaching: A Training Component for Facilitating Transfer of Training*. Paper presented at the annual meeting of the American Educational Research Association, Montreal.

Spillebeen, L., Holtappels, H. G. & Rollett, W. (2011). Schulentwicklungsprozesse an Ganztagsschulen. In: Fischer, N., Holtappels, H. G., Klieme, E., Rauschenbach, T., Stecher, L. & Züchner, I.. (Hrsg.), *Ganztagsschule: Entwicklung, Qualität, Wirkungen. Längsschnittliche Befunde der Studie zur Entwicklung von Ganztagsschulen (StEG)* (120–138). Weinheim/München: Juventa.

Tillmann, K.-J. (2011). Schultheorie, Schulentwicklung, Schulqualität. In: Altrichter, H. & Helm, Ch. (Hrsg.), *Akteure & Instrumente der Schulentwicklung* (37–57). Baltmannweiler: Schneider.

Türk, K. (1989). *Neuere Entwicklungen der Organisationsforschung*. Stuttgart: Klett.

Watson, G. (1975). Widerstand gegen Veränderungen. In: Bennis, W.G. u. a. (Hrsg.), Änderung des Sozialverhaltens. Stuttgart: Klett.

Weick, K. E. (1976). Educational organizations as loosely coupled systems. *Administrative Science Quarterly*, 21, 1 19.

Uwe Hameyer

Innovationswissen –
wirksame Schulentwicklung im System der Praxis

Schulen befinden sich in einem fortlaufenden Umsteuerungsprozess. Der Beitrag untersucht Innovationswissen, das für die weitere Entwicklung nützlich sein könnte, zumal wenn es um Praxiswirksamkeit geht. Ich beziehe mich auf ausgewählte Studien und Theoriefragmente, auf eigene Innovationsanalysen und Beiträge zur Innovationsforschung. Zu Beginn steht eine Klärung der Begrifflichkeit.

1   Begriffswelt Innovation

Innovationen beruhen auf Konzeptideen, Prozessen oder Modellen, die für eine definierte Praxiswelt neu sind. Wirklichkeit wird umgedacht – selten grundsätzlich, jedoch in »Ausschnitten«. Es geht dabei nicht nur um den Sinn und Nutzen des Neuen, sondern auch um den meist mehrjährigen *Etablierungsprozess,* so etwa wenn ganztägiges Lernen schulweit eingeführt wird (Fischer, Holtappels, Klieme & Rauschenbach, 2011) oder ein neues Curriculum entsteht.

Konzeptideen mit Innovationsanspruch sind Projektionen in die kommende Zeit – zum Beispiel die erstmalige Einrichtung von Jahrgangsteams oder das inklusive Lernen am Gymnasium. Architekten von Konzeptideen bauen Zukunftsoptionen und Modelle für eine neue Wirklichkeit. Sie entwickeln einen *kontingenten* »Raum der Möglichkeiten« – das System der Praxis ist auch anders denkbar *und* möglich (Luhmann, 1984).

Inwieweit eine Innovation als Idee oder Modell wirklich Sinn macht, hängt mit personalen und organisationalen *Bewertungsprozessen* sowie mit der *Sichtbarkeit* des »Guten« oder »Interessanten« am Neuen zusammen. Diese Bewertungsprozesse beruhen nicht nur auf *Einsicht* und erwartetem *Nutzen,* sondern auch auf Emotionen, die die Bewertungen beeinflussen (Hameyer, 1978; 2013a). Zur näheren Bedeutungsklärung von Innovation lassen sich auf diesem Hintergrund folgende Bezugsebenen nennen:

- *Konstrukt.* Innovationen begründen Ideenräume. Sie sind dabei insoweit als *Konstrukte* zu sehen, als die Idee zunächst nur gedanklich, nicht empirisch abgebildet ist. Konstrukte sind begriffliches Fundament der Theorieentwicklung wie zum Beispiel die *Selbstwirksamkeit* in der Motivationsanalyse oder *mutual adaptation* in der Innovationstheorie. Innovation als Grundkategorie ist ein übergeordnetes Konstrukt für etwas Neues, das sich auf eine Referenzpraxis und den besonderen Zweck des Neuen bezieht.

- *Manifestation.* Eine Innovation kann in unterscheidbaren *Aggregatzuständen* auftreten – Idee, Modell, Methode, Prozess, Produkt, Wirkung, Nebenwirkung, Strategie, Handlungsmuster, Erfolg oder Scheitern und so weiter. Die Idee wird in Gestalt konstruktiver und reflexiver Auseinandersetzung zwischen Mensch und System konkret. Sie tritt aus dem Stadium der Nichtbeobachtbarkeit heraus in eine *Manifestationsphase.* Dabei entfalten sich unterscheidbare Hin-Sichten auf das Neue in unterschiedlichen Fortschritts- und Aggregatzuständen. Das kann ein Zwischenergebnis, eine Methode oder Erfahrung beim Umsetzen des Neuen sein. Die Unterschiede zwischen den Sichtweisen haben mit der Tatsache zu tun, dass Innovationen weder erkenntnistheoretisch noch faktisch eine *absolut bestimmbare* Qualität für »alle Fälle der Welt« erreichen. Sie sind nicht universal, sondern in ihrem Realisierungsanspruch und ihrer Wertigkeit zeit- und kontextgebunden.

- *Mehrwert.* Rationale Bewertungsprozesse erfordern Wissen über das Neue und die Einschätzung seines Nutzens oder Wertzuwachses. Wissen und Mehrwert entstehen in einer mehrstöckigen Spirale der Verständigung und Reflexion (Hameyer, 2012). Erfahrung und Analyse können dabei so entscheidend sein wie die Beteiligungs- und Entwicklungsregeln. Fest steht: Innovationen sind nicht an sich »gut« oder »schlecht«. Ihre Qualität ist keine Sache normativer Wahrheit. Mehrwert entsteht durch Auseinandersetzung und Reflexion über Zuschreibungsvorgänge. Diese finden im Wechselspiel von Mensch und System statt, auch wenn ein einzelner Mensch vielleicht zuerst nur für sich allein das Neue wertet.

- *Kommunikation.* Elementarprozesse der Bewertung und Reflexion sind ohne Kommunikation nicht möglich. Innovation und System ändern sich im Kommunikationsprozess fortlaufend. Daraus können Anpassungs-, Erweiterungs- oder Umstrukturierungsleistungen entstehen. Das ist dann der Fall, wenn sich eine Schule beispielsweise mit einer Konzeptidee für vorberufliche Bildung aufstellen möchte. Manche irritiert das vielleicht. Gewachsene Rollensicherheiten geraten ins Schwimmen. Motive und Absichten allein reichen nicht (Hameyer, 2013a). Möglicherweise stellt sich heraus, dass Haltung und Habitus bis zu einem persönlichen Entschluss kommen müssen, um an der Innovationsarbeit nachhaltig mitzuwirken oder die Innovation als Produkt und Arbeitsmodus zu übernehmen (Clouds, Bioprodukte, E-Learning, Fernstudien, Methoden individueller Förderung, Coaching, E-Books). Erst muss der Rubikon überschritten werden, bevor es zum konsequenten, nachhaltigen Handeln kommt.

Inklusive Schulentwicklungsprozesse zeigen das (s. Hameyer, 2013a). Im Falle einer Teamschule ist die Einsicht, dass Teamarbeit einen sichtbaren Nutzen hat (*shared value*), Voraussetzung für die Umsetzungspraxis, und es muss geklärt sein, welche pädagogischen Kernprobleme in Teamarbeit besser zu lösen sind als in der traditionellen Arbeitspraxis.

- *Irritation.* Innovationen können irritierend, sogar bedrohlich sein. Sie können Reaktanz auslösen bis zur »Konterrevolution«. In traditionalen Systemen, wo die Arbeit durchroutinisiert ist, können Innovationen erhebliche Unsicherheit verursachen, jedoch nicht bei jenen, die seit langem auf frischen Wind warten. Eine Innovation kann etwas in Frage stellen, das Risiko fördern, Unruhe stiften. Wann Systeme entscheiden, sich gegenüber Innovationen zu öffnen, ist mit dadurch begründet, dass das System ein existenzrelevantes Ungleichgewicht zwischen sich und seiner Umwelt sieht und diesen Einfluss als belastend bewertet. Dann kann es Variationen einer veränderten Praxis entwickeln, sich für ausgewählte Alternativoptionen entscheiden (Selektion) und, darauf aufbauend, neue Muster der Arbeitsorganisation und Spielräume herstellen.

- *Reichweite.* Innovationen unterscheiden sich nach *focus* und *scope*. Mit *focus* ist das Ziel gemeint, auf das sich die Innovationsidee ausrichtet, und damit auch, was *nicht* Ziel ist. Den *scope* können wir nach der sektoralen und prozessualen Reichweite unterscheiden. Die *prozessuale* Reichweite bezieht sich auf die Änderung von Steuerungsregeln oder das Prozessgeschehen in einer Organisation so etwa, wenn es um neue Beteiligungsformen oder jahrgangsbezogene Teamarbeit geht. Gemeint ist damit immer die *beabsichtigte* Reichweite. *Sektoral* steht für einen *ausgewählten*, eindeutig definierten Bereich oder ein Systemfeld einer Organisation, auf die sich Innovationsziele richten, so etwa wenn fächerübergreifendes Lernen in der Sekundarstufe II grundständig etabliert werden soll oder das Qualitätsmanagement einer Schule mit Controlling verbunden wird. Bei allen Unterschieden haben Innovationen eines gemeinsam: Sie setzen an einem Systempunkt an und beanspruchen *keine* umfassende »Welt«-Veränderung im ganzen System oder des gesamten Systems. Beispiele machen das deutlich: Einrichtung von Selbstlernzeiten, Zusammenarbeit mit den »Dritten«, schulweite Installation und didaktische Nutzung von Whiteboards, *mentoring* für Lernende, Gründung einer Schülerfirma.

2   Wissensstand Schlüsselbefunde

Der Wissensstand zur Frage, wie Innovationen zustande kommen, ist unübersichtlich und auf zahlreiche Disziplinen verstreut. Ich wähle einige Schlüsselbefunde aus, die für pädagogische Innovations*prozesse* bedeutsam sind. Diese Befunde beziehen sich auf Konstrukte, grundlegende Forschungsergebnisse und systemisches Prozesswissen.

2.1   Prozessdesign

Innovationsprozesse lassen sich nach Phasen einteilen, die sich überlappen können. In einer empirischen Vier-Länder-Studie namens IMPACT (Hameyer, Akker, Anderson & Ekholm, 1995) fanden wir heraus, dass trotz der Systemunterschiede zwischen den USA, den Niederlanden, Schweden und Deutschland ähnliche Phasen erkennbar sind, nach denen die Schulen, die wir untersuchten, bis zur Verankerung des Neuen vorgehen (s. Ekholm & Hameyer, 2000; Hameyer, 2006).

Abb. 1:   Drei-Phasen-Modell schulischer Innovationsprozesse

Der Startpunkt liegt in der *Anbahnungsphase*. Sie umfasst unter anderem folgende Teilelemente: Konzeptidee, Aktionsplan, Teambildung, Sicherung der ersten Schritte, Kontextanalyse, Entwicklung einer Pilotversion, Vorbereitung einer langfristigen Strategie und auch die Promotorengewinnung. Die *Umsetzungsphase* umfasst alles, was über die Planungsschritte hinausgeht, darunter die Pilotpraxis, exemplarische Umsetzungsschritte, Prozessevaluation, erste Einbindungen und Adaptationen (aber noch nicht auf der Gesamtebene des Zielfeldes), ideen- und produktbegleitende Wirkungsanalysen. Die *Verankerungsphase* sichert die bisherige Pilotierungspraxis auf Dauer. Sie stellt das System auf das Neue ein und verändert auch das System, damit das Neue seinen strukturellen Platz findet. Die Verankerungsphase bezeichnet den Zeitraum, wo die Innovation zur Routine geworden ist und wo allenfalls noch Reste der Baustelle zu erkennen sind, wo das System verändert worden ist. Das Neue hat sich etabliert.

Phasen- und Stufungsmodelle sind an sich nicht neu. Das vorliegende Modell unterscheidet sich von anderen dadurch, dass (a) es die Verankerung mit Transfer- und Verbreitungsprozessen integriert, (b) die empirische Überlappungszonen nicht wegdenkt und (c) Innovationen als einen Prozess versteht, der durch zahlreiche Teilprozesse von Kommunikation und Feedback verbunden ist: wechselseitige Adaptation, organisationales Umlernen, Verständigung und Reflexion, Mehrwertzuschreibungen, Pilotierung und Modellierung neuer Praxis. Innovationsprozesse lassen sich nicht mehr wie in den Anfängen der Innovationsforschung (Rogers, 1983, zur Übersicht s. Hameyer, 1978; Aregger, 1982) als rein individuelles Verhalten fassen. Die moderne Systemtheorie bietet Konstrukte, die den Prozess selbst viel genauer zu beschreiben gestatten, so wie auch die Schulentwicklung belegt, dass die Qualität der Prozesse wesentlich darüber entscheidet, was wann und warum entsteht oder zurückgewiesen wird (Frey, 1986; Hameyer, 2012; Huber & Hameyer, 2000).

Zu überwiegend systemtheoretischen Konstrukten, die komplexe Innovationsprozesse abbilden, zählt vor allem das *Kontingenztheorem*, nach dem die Wirklichkeit immer auch anders denkbar und möglich ist (Luhmann, 1984). Wir leben in einer flüchtigen Moderne (Bauman, 1983), in der sich der Bestand verflüssigt und die Vergänglichkeit normal ist. Dieses Statement von Bauman ist nicht systemtheoretisch hergeleitet, unterstützt jedoch das Möglichkeitsdenken nach Luhmann, ohne das Innovationen unwahrscheinlich sind. Mit Konstrukten wie Emergenz, Variabilität, Selektion und Komplementarität können die Prozesse über die oben geschilderten Phasen systemtheoretisch näher aufgeschlüsselt werden, was jedoch bislang kaum jemand versucht hat (s. Hameyer, 2014). Interdisziplinäre Theorieforschung zur Schulentwicklung mit seinen Innovationszielen und -besonderheiten ist angesagt.[1]

2.2 Erfolgsparameter

Aus zahlreichen Innovationsanalysen und den Studien von Rogers ist bekannt, dass einige Parameter gewährleistet sein müssen, um die Wahrscheinlichkeit eines gelingenden Innovationsprozesses zu erhöhen. Ich bezeichne solche Parameter als *Innnovationsstandards* (Hameyer, 2012), die wir seit vielen Jahren einsetzen und erweitern. In diesen Standards verdichtet sich grundlegendes Innovationswissen

---

1 Diese Forschung müsste beispielsweise das Gegenstandsfeld Innovation so abstecken, dass die disziplinären Anschlussstellen zum Gegenstand ebenso wie die gemeinsamen Erkenntnisareale definiert sind (zum Beispiel Kommunikation im System, die die Organisationspsychologie anders sieht als die moderne Systemtheorie oder der Konstruktivismus). Das kann eine Topographie der Phänomene sein. Innovation wird in ihren Modalitäten bezeichnet, die sich auf die Prozesse und ihre Phasen beziehen: Innovation als Konzeptidee, als Modellierungsprozess, als Produkt, als Wirkungsraum und dergleichen. Ist das geleistet, würden sich Disziplinen darum kümmern müssen, was sie erklären oder theoretisch fassen könnten: kritische Ereignisse der Kommunikation, individuelle Präferenz- und Zuschreibungsmuster, organisationales Lernen, das durch Innovationen ausgelöst wird, Variationserzeugung und Reduktion, Emotionen und die Auseinandersetzung mit diesen.

aus Studien, die solche Standards zumindest teilweise, wenn auch meistens nur beiläufig erwähnen (Fullan, 2001; Hargreaves, 2005; s. auch Beiträge in Hameyer & Rolff, 2006 sowie die Forschungsstudien zu ganztägigem Lernen in Deutschland, Holtappels & Rollett, 2007).

Erfolgsparameter werden auch unter dem Aspekt der indikatorengestützten Prozesse diskutiert. Viele Qualitätsmodelle gehen von Indikatoren aus, die sich – auf einen einfachen Nenner gebracht – durch folgende Frage bestimmen lassen: *Wer soll wann und mit welchen Methoden herausfinden, inwieweit die Ziele der Innovation erreicht sind und welche Wirkungen, auch Nebenwirkungen, entstehen?*

Auch die Innovationsstandards bieten eine strukturbildende Konzeptionshilfe für längerfristig ausgerichtete Projekte im Schulentwicklungsprozess. Hinter den Standards stehen Erkenntnisse aus über drei Jahrzehnten der Innovationsforschung im Schulfeld (u. a. Rogers, 1983; Hargreaves, 2005; Hameyer, 1978 und 2012, dort wird MANIS ausführlicher begründet; Hameyer, Akker, Anderson & Ekholm, 1995; Akker, Kuiper & Hameyer, 2004). Zu Parametern oder Standards zählen folgende: Bedeutsamkeit einer Innovation (*meaningfulness*), ihre Teilbarkeit in der Zeitachse (*divisibility*), ihre Anschlussfähigkeit im System (*adaptability*). Ihre *Spürbarkeit* (diesen Ausdruck übernehme ich von Thomas Häcker) und dergleichen (s. Abb. 5).

2.3   Blickpunkt Kommunikationssystem

Innovationen sind ohne Kommunikation nicht möglich. Sie setzen Sprache voraus, Verständigungsregeln und die Klärung von Sinn. Das Kommunikationssystem entscheidet über die Regeln der Interaktion und auch den Prozess, durch den Sinn in einer Organisation entsteht und umformuliert wird. Wer Innovationsprozesse verstehen möchte, ist auf die Analyse der Kommunikationssysteme und natürlich auch der binnenschulischen Kontroll- und Machtbefugnisse angewiesen. Dadurch kommen kritische Ereignisse in den Blick (s. Hameyer & Rolff, 2009), die durch Kommunikation entstehen – oder auch durch Kommunikationsausfälle. Menschen wollen wissen, was sich ereignet, was auf sie zukommt. Sie fordern ihr Beteiligungsrecht ein. Wenn sie sehen, dass die Kommunikation asymmetrisch ist und damit aus ihrer Sicht mit Unrechtsverhältnissen verbunden, neigen sie zu Widerstand. Das ist jedoch meistens nur einer unter vielen Gründen für »Widerstand«. Die Hinterbühne der Kommunikation – eine informelle und informale Welt – ist dabei so wichtig wie die formale Kommunikation. Selbstbilder können verletzt werden, wenn die Kommunikation »nicht stimmt«. Sie scheint einen viel höheren Status einzunehmen als die Frage, ob bestimmte Innovationen gerade jetzt wichtig seien oder nicht.

Das System der Kommunikation ist auf professionelles Verhalten angewiesen beziehungsweise kann leiden, wenn ganz unterschiedliche Kommunikationsmuster aufeinanderprallen, und niemand versteht so recht, warum mancher

Konflikt entsteht, obwohl eigentlich keine sachlichen Kontroversen unterwegs zu sein scheinen.[2] Sie entstehen auch dann, wenn wir nicht geneigt oder bereit sind, Scheingewissheiten zu erkennen und diese kritisch zu überdenken (Hameyer, 2009). Innovationsbremsen entstehen, wenn unterschiedliche Logiken der Kommunikation im Widerstreit zueinander stehen. Das ist etwa dann der Fall, wenn jemand *argumentativ* vorgeht, während andere *strategisch* denken oder mit List arbeiten, dritte verhalten sich *politisch*, vierte gehen von einer *Verständigungs- und Kompromisslogik* aus, andere wiederum schwören auf die Redlichkeit eines *wissenschaftlichen Diskurses*, während sich ihre Interaktionspartner dem Instrument der *Macht* und des *Einflusses* bedienen. Alle reden über dieselbe Innovationsidee, und doch scheint die Kommunikation unversöhnlich zu sein. Sie verstehen sich nicht wirklich, auch wenn sie auf der Oberfläche verstehen, was gesagt wird.

2.4   Blickpunkt »Widerstand«

»Widerstand« ist wohl einer der häufigsten Ausdrücke, die immer dann auftauchen, wenn Innnovationsteams merken, dass sich bestimmte Mitglieder ihrer Organisation oder Teilsysteme (Abteilung, Kommissionen, Schulleitung) gegen das Neue wenden – so jedenfalls wird die *unwillkommene Reaktion* wahrgenommen, auch wenn es nur kritische Klärungsversuche sind. Der Trugschluss ist, dass ein Innovationsteam »Widerstand« negativ wertet und nach Strategien forscht, wie man diesem »ärgerlichen Widerstand« beikommen könnte.

Dabei kann »Widerstand« für das Innovationsteam sehr lehrreich sein – zum Beispiel Ausdruck von Unsicherheit oder eine Reaktion auf mangelnde Information über das Neue. Dueck (2013) hat das in seinen Analysen über »Das Neue und seine Feinde« mit unzähligen Beispielen aus der IT- und Wirtschaftswelt belegt. Das Innovationsteam beschäftigt sich mit den Innovationszielen schon seit Monaten. Es ist vertraut, kennt alles und kann es genau einschätzen. Was übrigens bezüglich Widerstand auch möglich ist: Er formiert sich aufgrund emotionaler *Aufschaukelungskreise*: das Innovationsteam bilde sich ein, so die »Widersacher«, es wisse alles, was für die Schule gut sei, es würde obendrein nur auf strategischen Erfolg blicken und dabei nicht die Meinungen anderer einbeziehen.

Nicht zuletzt kann »Widerstand« auftreten, wenn die Energien in der Schule ausgebrannt sind; Innovationen wirken in solchen Fällen wie ein *Add-on-Schwer-*

---

2   Teil der Kommunikation ist die Informationsarbeit einer Schule anlässlich eines Innovationsprojekts, das über mehrere Jahre geplant ist und durchgeführt wird. Wann wird was intern und extern mitgeteilt? Welche Kommunikationsfallen sind zu beachten, wenn die Informationsarbeit gleichsam grenzenlos stattfindet und die Informierten gar nicht auf die Situation vorbereitet sind? Kühn-Ziegler (2013) beschreibt solche Situationen für den Kontext inklusiver Schulentwicklung und entwickelt ein Modell der Informationsarbeit, das Situationen und Informationsarten zusammenbringt.

gewicht – ein Belastungszuwachs erster Güte. Die bewährte Praxis wird angeblich nicht beachtet. Das Neue erscheint als bedrohlich und signalisiert freie Kapazitäten der Schule, die nicht vorhanden sind.

Wie dem auch sei, fest steht: Wer von »Widerstand« spricht, muss wissen, welche Irrtümer entstehen können und dass der »Widerstand« eine schillernde Ausdrucksform für viele Befindlichkeiten und Einwände ist. Am »Widerstand« lernen – ihn lieben, wie manche das nennen – ist eine Option, die auf Reflexion und weitere Verständigung setzt, zumal »Widerstand« kein temporäres Ereignis ist, sondern sich über die Zeit anbahnt, im Stillen wächst und zu bestimmten Zeitpunkten oder Anlässen ausbricht. Organisationen sind durchaus Immunsysteme, die sich gegen etwas Neues sehr effizient auflehnen können.

2.5   Blickpunkt Mehrwert

Ein wichtiges Konstrukt zum Innovationsprozess ist der Mehrwert – in der Literatur ist von *relative advantage, gain* oder *benefit* die Rede. Der relative Vorteil fokussiert unsere erkenntnistheoretische Aufmerksamkeit auf die Tatsache, dass Innovationen nicht an sich gut oder schlecht sind. Sie sind Gegenstand eines Bewertungsprozesses auf der personalen, organisationalen und medialen Ebene. Manchen bringt sie Vorteile, anderen Nachteile. Das wiederum ist keine absolute Aussage, sondern wiederum nur definierbar durch diejenigen, die das Neue in bestimmten Zeit-Raum-Situationen beurteilen.

Innovationen brauchen Zeit und Zuversicht. Von ihnen wird ein Mehrwert für die Beteiligten erwartet. Es ist üblich, dass ein breites Meinungsspektrum zur Innovationsidee entsteht. Ein Grundfehler von Innovationsstrategien besteht darin, dass sich ihre Erfinder viel Beifall und Zuspruch wünschen. Die Akteure wollen gelobt werden. Eine professionelle Haltung ist das nicht, aber eine menschlich verständliche. Wer darauf verzichtet und stattdessen eine Idee oder Konzeption schlicht als Impuls zur Beratung betrachtet, kann nicht enttäuscht werden, wenn sich einige nicht gleich auf seine Seite stellen. Das Systemische an dieser Grundhaltung ist der Blick auf funktionale Äquivalente: Welche neuen Optionen des Handelns und Entscheidens kommen mit der Innovation ins Spiel? Welche Problemlösungen sind im Vergleich zur bisherigen Praxis aussichtsreicher?

Der Mehrwert ist also ein *relationaler Ausdruck*. Er kann sich in vielem abbilden, was leider immer noch zu wenig Beachtung findet. Einige Dimensionen seien genannt, die natürlich je nach Sicht unterschiedlich ausgeprägt und wertig sein können:

- Entlastung
- Arbeitsvorteile
- Berufszufriedenheit
- Abwechslung am Arbeitsplatz
- professionelles Enrichment

- interessante Chancen der Zusammenarbeit
- Steigerung wirksamen Lernens
- Qualitätssteigerung von Unterricht
- Nutzung des Wissensstands
- Modernisierung der Lern- und Arbeitswelt
- persönliche Wertigkeiten
- Aufstiegschancen

2.6   Wirksamkeit

Die Wirksamkeit von Innovationsprozessen wird durch eine Reihe von Faktoren (Innovationsstandards) unterstützt (s. Daschner & Hameyer, 2013). Einer der wesentlichen Bedingungen für innovationswahrscheinliche Prozesse ist die *nachvollziehbare Vertrautheit mit dem Neuen* und seine Fühlbarkeit. Wie gut kann sich jemand mit dem Neuen befassen, es ansehen, es anderswo beobachten und sich ein Bild von dem machen, was dieses Neue für andere, später auch für sich selbst, bringt? Vertrautheit wird zu einer Schlüsselkategorie in Verbindung mit den sieben Innovationsstandards.

Des Weiteren sind Einzelheiten der Zielerreichung zu bestimmen und darauf bezogene Indikatoren festzuhalten. Die Leitfrage der Indikation lautet wie oben bereits erwähnt: *Wer soll wann woran erkennen, inwieweit das Projektziel oder Teile davon erreicht sind?* Das hat schlussendlich mit dem erwünschten oder sich selbst auferlegten Gütezeichen für die Arbeit und das »Produkt« zu tun. Von einem guten Projekt wird ein überzeugender, nachvollziehbarer Beitrag zur Weiterentwicklung pädagogischer Praxis erwartet. Die Klarheit des Konzeptplans wird in erfolgreichen Innovationsprojekten über den gesamten Prozess hergestellt, bis das Neue mit Leichtigkeit und Selbstverständlichkeit realisierbar wird.

Die Innovation braucht im System eine Balance und festen Ankerplatz. Zu vermeiden sind *cocooning*-Effekte: Abschottung des Projekts von der organisationsinternen Wirklichkeit, Vernachlässigung der Schnittstellenarbeit, Elfenbeinturmrisiko, Spezialisierung ohne Durchblick auf das Allgemeine.

2.7   Blickpunkt Lernende Organisation

Lernende Systeme konstruieren ihre Wirklichkeit auf systemische Weise mit dem Ziel, Wissen und Kompetenzen für kreative Problemlösungen zu nutzen, um die Systemzwecke nachhaltig umzusetzen oder zu verändern (Senge et al., 2000; Hameyer, 2010). Sie gehen nicht von einer gegebenen Lösung aus, sondern erzeugen kontrastive, um diese zu bewerten und sich dann für eine zu entscheiden. Linearkausales Denken vermeiden sie; meistens sind mehrere Ursachen oder Gründe für einen Sachverhalt verantwortlich.

Lernende Systeme »denken« jedoch nicht nur systemisch, sondern sie organisieren ihr Wissen oder ihre Kenntnisse in einer Weise, dass andere Mitglieder an dieses Wissen leicht herankommen. Wie sie das machen, da unterscheiden sich viele voneinander. Fest steht, dass folgende Elemente eines lernenden Systems relevant sind und je nach Umsetzungspraxis den Weg zu Innovationen bahnen oder unterstützen:

- Lernen in professionellen Aufgabenteams
- Lernen durch Kommunikation – vertikaler und horizontaler Austausch
- Lernen durch Peer Review oder »kritische Freunde«
- Lernen durch Feedback-Methoden
- Lernen aus Frühwarnsystemen
- Lernen aus Evaluationen
- Lernen aus Wissenstransfer
- Lernen durch Nutzung von *next practices*
- Lernen durch Konsultation
- Beratung durch Partnerschulen
- Einbindung in Netzwerke, darunter: Blick über den Zaun | Internationale Netzwerke | Intranetzwerke
- Verbundsysteme und Bildungsregionen
- Wissen | Management
- Newsletter | Flyer | Website
- Debriefing | Briefing
- Lernzirkel | Reflective Teams

2.8   Blickpunkt Systemvertrauen

- Zielerwartungen im Kontext vergleichender Analysen wie PISA oder VERA können Leistungsdruck und Verunsicherung bewirken. Politik, Medien, Verbände und andere Gruppierungen erwarten von der Schule eine beschleunigte Anstrengungsenergie. Die Messlatte wird hoch gelegt. Erwartungsdruck, der ein ganzes System namens Schule überzieht, kann nicht nur Menschen, sondern auch Motivation und Zuversicht lähmen. Daraus kann eine Keimzelle für Missachtungsgefühle und Misstrauen werden.
- Irritationen kommen jedoch nicht nur von außen. Auch die Schule selbst kann das Vertrauen in ihre Leistungsfähigkeit erschüttern, wenn sie nicht schlüssig darlegt, welchen Weg sie zu einer Qualitätssteigerung einschlägt. Die Philosophie der verstärkten Selbstständigkeit von Schulen wird aufs Spiel gesetzt, wenn sie nicht nachweislich zu gesteigerten Leistungen oder anderen erwünschten Wirkungen führt. Schulen müssen diesen generell gestiegenen Verpflichtungsgrad sozialpsychologisch verarbeiten: Interne und externe Evaluation stehen an; Vergleichsarbeiten sind dran; Standards müssen eingehalten werden;

Schulprogramme sind an der Reihe, ebenso ihre Überprüfung und Revision. Nichts davon ist grundsätzlich problematisch. Entscheidend sind die Ziele und Leistbarkeiten, die Wahrnehmungsprozesse, die Auseinandersetzungen mit der jeweiligen Schulsituation, die professionelle Bewältigung des externen und internen Anforderungszuwachses.

- Wird dieses nicht berücksichtigt, erzeugt man Druck, der bedrückend und vertrauensschmälernd wirkt. Die Zuversicht in die Nutzbarkeit gewonnener Freiheitsgrade zerbricht, der Arbeitsplatz Schule wird belastet. Enttäuschungen entstehen. Die Arbeitsmotivation leidet (s. Hameyer, 2007); nicht bei allen, aber es sind einige, mit zunehmender Stresssituation mehr, die in die innere Emigration gehen, krank werden, manchmal an Schule zerbrechen. Solche Prozesse können zu Misstrauen gegenüber dem Steuerungssystem Schule führen. Vertrauensbrüche zeigen sich zunächst wie feine Risse im Glas, bis es zerspringt.

- Es ist fatal, Schule aus einer Misstrauensperspektive zu steuern, wenn man nicht zugleich die Bedingungen der Möglichkeit von *Vertrauen* in den Blick nimmt. Vertrauen ist der Grundton, auf den schulische Arbeit mit vielen Variationen angewiesen ist. Stimmt der Grundton nicht, gerät die Komposition schulischer Arbeit aus den Fugen, zumal wenn sich eine *Abwertungskultur* in Schulen, um die Schule herum und in der bildungspolitischen und gesellschaftlichen Bewertung von Schule breitmacht.

Systemvertrauen im Schulbereich überschreitet den personalen und sozialen Bezug der einzelnen Schule. Zu den Bezugsgrößen des Systemvertrauens gehören auch die bildungspolitische Praxis und das Steuerungssystem von Schulen, die ministerielle und die schulamtliche Schulaufsicht, die Qualifizierungsmöglichkeiten im Rahmen der Lehrerfortbildung mit den dazugehörigen Institutionen, aber auch alle anderen Subsysteme aus Politik, Verwaltung, Schulsteuerung und den gesellschaftlichen Mächten im Umfeld der Schule.

3   Prozesse Innovationsanalyse

Dieser Abschnitt ist der grundlegenden Erkenntnis aus der Innovationsforschung gewidmet – die Qualität des Prozesses prägt die Qualität des Ergebnisses. Nachfolgend werde ich einige Modelle vorstellen, die sich auf die Analyse von Innovationsprozessen beziehen. Das AIETA-Modell entstand in den 60er Jahren zum Verstehen der regionalen Verbreitung von Produkten (Saatgut), Kulturgütern (Lieder und Bräuche) in soziogeographischen Räumen und vom medientechnischen Einsatz in amerikanischen Schulen (s. Rogers, 1983; Hameyer, 1978). Das AIETA-Modell richtet das Interesse auf die Person als Entscheidungseinheit (Adoption beziehungsweise Zurückweisung einer kulturellen Objektivation oder eines Produkts). Spätere Prozessmodelle sind strukturell oder systemisch ausgerichtet. Dazu später.

3.1   AIETA-Adoptionsmodell

Wenn wir das Werk von Rogers (1983) über *Diffusion of Innovations* als den ersten Meilenstein in der Geschichte der Innovationsforschung sehen, können wir
auf mehr als ein halbes Jahrhundert dieser Disziplin zurückblicken. Das Modell
ist allerdings kein originär pädagogisches und die Disziplin der Innovationsforschung auch nicht. Erste Transfers eines auf Innovation gerichteten Forschungsge-
sichtspunktes finden in der Pädagogik leicht zeitversetzt statt (zur Übersicht vgl.
Aregger, 1975; Hameyer, 1978). Damit ist ein Ursprung der *Adoptions*forschung
gekennzeichnet, bei der es darum geht, ohne spezielles System- und Kontextwis-
sen nachzusehen, ob und inwieweit eine Person sich mit einem für sie neuartigen
Thema beschäftigt und die damit verbundene Idee übernimmt. Bekannt geworden
ist dieser Ansatz als AIETA-Modell:

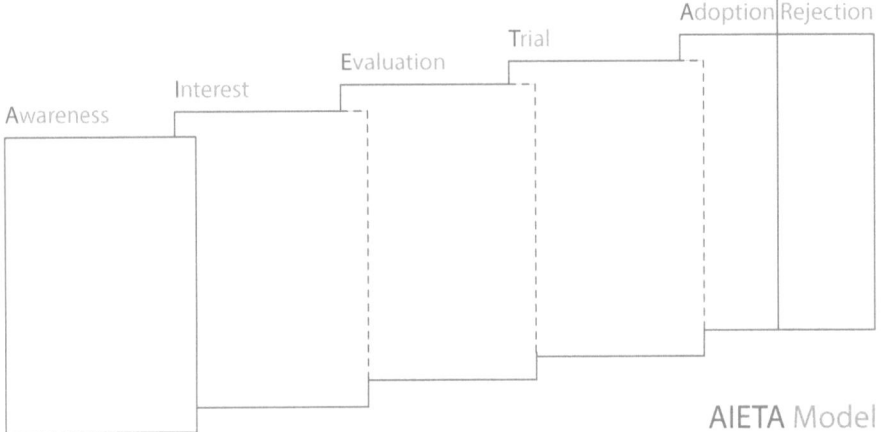

Abb. 2:   AIETA Model

Das AIETA-Modell geht vom Axiom aus, es sei der einzelne Mensch, der über
etwas ganz für sich entscheidet und sein Verhalten dann danach ausrichtet. Das
wiederum hänge eben davon ab, wie er das Neue wahrnimmt (*awareness*), ob es
ihn wirklich interessiert (*interest*), wie er den Nutzen des Neuen bewertet (*evaluation*), inwieweit er es austestet (*trial*) und ob er letztlich damit arbeiten wird
(adoption) oder nicht (*rejection*). Dieses Modell wird im deutschen Sprachraum
kaum beachtet, unbeschadet der Tatsache, dass es wichtige Entscheidungskriterien
benennt, so etwa den individuellen Nutzen des Neuen und die Möglichkeit, es aus-
zuprobieren und sich mit dem Neuen vertraut zu machen, bevor man sich dafür
oder dagegen entscheidet.

Später veröffentlichen Berman & McLaughlin (1978) eine groß angelegte,
vergleichende Studie über 293 amerikanische Bildungsprojekte zur Frage, unter
welchen Bedingungen *Adaptation*sprozesse, also wechselseitige Enflüsse von Innovation und System, stattfinden (s. Abschnitt 3.2). In diesem Fall geht es nicht

um die personale Einheit, sondern den Prozess in Systemen, ein Wechselspiel von Innovation und Routine (bisheriger Praxis). Innovation wird als Systemprozess betrachtet. Dieses Denkmodell setzt sich bis heute durch, wobei die Komplexität aller beteiligten Systeme gewachsen ist.

3.2   Mutual Adaptation (Berman & McLaughlin)

Wie bereits erwähnt finden Berman & McLaughlin et al. (1978) in ihrer US-weiten Studie II über Innovationsprozesse in schulischen Distrikten und ihre *continuation* nach Förderungsende heraus, dass es sich meistens um mehrstufige Wechselwirkungsprozesse handelt. Nicht nur das Praxisfeld muss sich auf die Innovationsziele einstellen und sich ändern oder anpassen, sondern die Innovation selbst ist ebenso aufgefordert, sich anzupassen, etwa dadurch, dass sie nicht alle Ziele auf einmal ansteuert oder eine Idee so umbaut, dass das System der Praxis damit umgehen kann. Untersucht wurden die Innovationen in der Kontinuierungsphase II an über 100 Fällen aus 18 Distrikten durch Feldstudien, Surveys und statistische Analysen anderer Quellen. Zu den wichtigsten Bedingungen für die Kontinuierung von Innovationen werden genannt: veränderte Lehrmuster (*extra efforts on teaching styles*), realistische Implementationsstrategien, Lehrertraining im Projektmanagement (s. auch Fullan, 2001), Lehrerbeteiligung an den Veränderungsprozessen, unterstützendes Leitungsverhalten (*leadership*) auf allen Leitungs- und Steuerungsebenen. Als Kernfaktor wird zudem benannt, dass es auf die Selbstwahrnehmung der Wirksamkeit ankommt (*sense of personal efficacy*).

3.3   Promotorenmodell (Hauschildt & Solomo)

Einen betriebswirtschafts- und organisationswissenschaftlichen Ansatz vertritt Hauschildt (zuletzt erneuert in einer erweiterten Veröffentlichung mit Sören Salomo, 2011). In seinem erstmals 1993 publizierten Grundlagenband über Innovationsmanagement verweist er auf die Notwendigkeit der Verknüpfung von Innovation und Routine. Zielbildungsprozesse und Zielbildungsbewusstsein in Unternehmen seien zentral, um Innovationsprozesse zu fördern und nach einem Promotorenmodell zu unterstützen und zu verankern. Ähnlich wie Berman & McLaughlin ist auch Hauschildt an der Kontinuierung interessiert, allerdings mit betriebswirtschaftlichem Blick auf andere Parameter: Formalisierungsgrad der Prozesssteuerung, begleitende Prozesskontrolle, Ablaufregelung und Dokumentation, Zweck-Mittel-Passungen, Wirtschaftlichkeit und dergleichen (s. auch Goffin, Herstatt & Mitchell, 2009). Hauschildt & Salomo kommen nicht aus der Pädagogik, sondern untersuchen Innovationsprozesse in Unternehmen. Von ihnen kann die Pädagogik jedoch einiges lernen, so auch die Idee, dass Innovationsprozesse durch Promotoren mitgetragen und unterstützt werden müssen (z. Übersicht s. Gassmann & Sutter, 2011; Meissner, 2011).

Fachpromotoren sind solche, die von der Sache etwas verstehen, darin Ansehen und Fähigkeiten aufweisen. Sie können in der Sache behilflich sein und auch vom Respekt im System oder der Fachwelt her betrachtet das Image des Innovationsbemühens unterstreichen. *Machtpromotoren* sind Menschen oder Systeme, die eine unausweichlich wichtige Position im System der Organisation oder auch in seinem Umfeld innehaben. Wer die Mächtigen gewinnt, hat es leichter mit dem Rückenwind, den sie bieten. Es ist aber nicht so sehr ein strategisches Kalkül, sondern bei den Machtpromotoren geht es um ihr Wissen und Können, was die Einbettung von Neuem im System angeht. *Prozesspromotoren* schließlich sind Menschen, die mit ihrem Können, ihrer Professionalität und dem Willen das Innovationsprojekt verlässlich begleiten bis in die Abschlussphase. Auf keinen dieser Promotoren könne man verzichten. Es sei klug und erfolgversprechend, sie in einer frühen Phase der Innovationsarbeit zu gewinnen. Hauschildt & Solomo haben strukturelle Dimensionen wie eben die Promotorenfunktionen, die Dokumentationsarbeit und das Monitoring im Sinn, um Prozesse der Innovation stabilisieren und verstetigen zu können.

Bei allem ist deutlich, dass Marketing einer Idee allein diese nicht zum Laufen bringt. Bei jeder Innovation und jedem Wandel sind erbitterte Auseinandersetzungen und Hinterbühnenkriege zu beobachten. Im politischen Raum lässt sich nichts ohne massiven Widerstand und Einspruch durchsetzen. Auch dort muss die Innovationstheorie abzubilden versuchen, welche Faktoren im Zusammenspiel einen neuen Weg letztlich erfolgreich bahnen und welche Promotoren dabei zu welchen Zeitpunkten einzubeziehen sind – ähnlich wie in der Schule, denn so sehr sich die Systeme unterscheiden, so bedeutsam können Barrieren, die auf mangelnde Unterstützung zurückzuführen sind, in beiden Fällen sein.

3.4   PROMISE-Prozessmodell (Hameyer)

Innovationsprozesse lassen sich nach Phasen gliedern, bis der »Umbau« im Feld der Praxis abgeschlossen ist (Abb. 1 und 3). Zur *Anbahnungsphase* zählen Teilschritte wie die Gründung eines multiprofessionellen Teams, die Definition der Startidee und ihres Mehrwerts, der Konzeptplan und die Umfeldanalyse.

Die *Umsetzungsphase* erfordert Pilotierungsschritte (»Kalibrierung«), Prozess- und Machbarkeitsevaluierungen, Entwicklungsleistungen und Wirkungsanalysen, Konkretisierung der Systemanschlüsse, Informations- und Kommunikationsarbeit. Das System integriert und verändert einige Innovationsbausteine (»*Assimilation*«). Zugleich passt es sich an Innovationserfordernisse an »(*Akkommodation*«). Es ist eine Zeit wechselseitiger Adaptationen, die zwischen dem Neuen und dem Implementierungsfeld stattfinden.

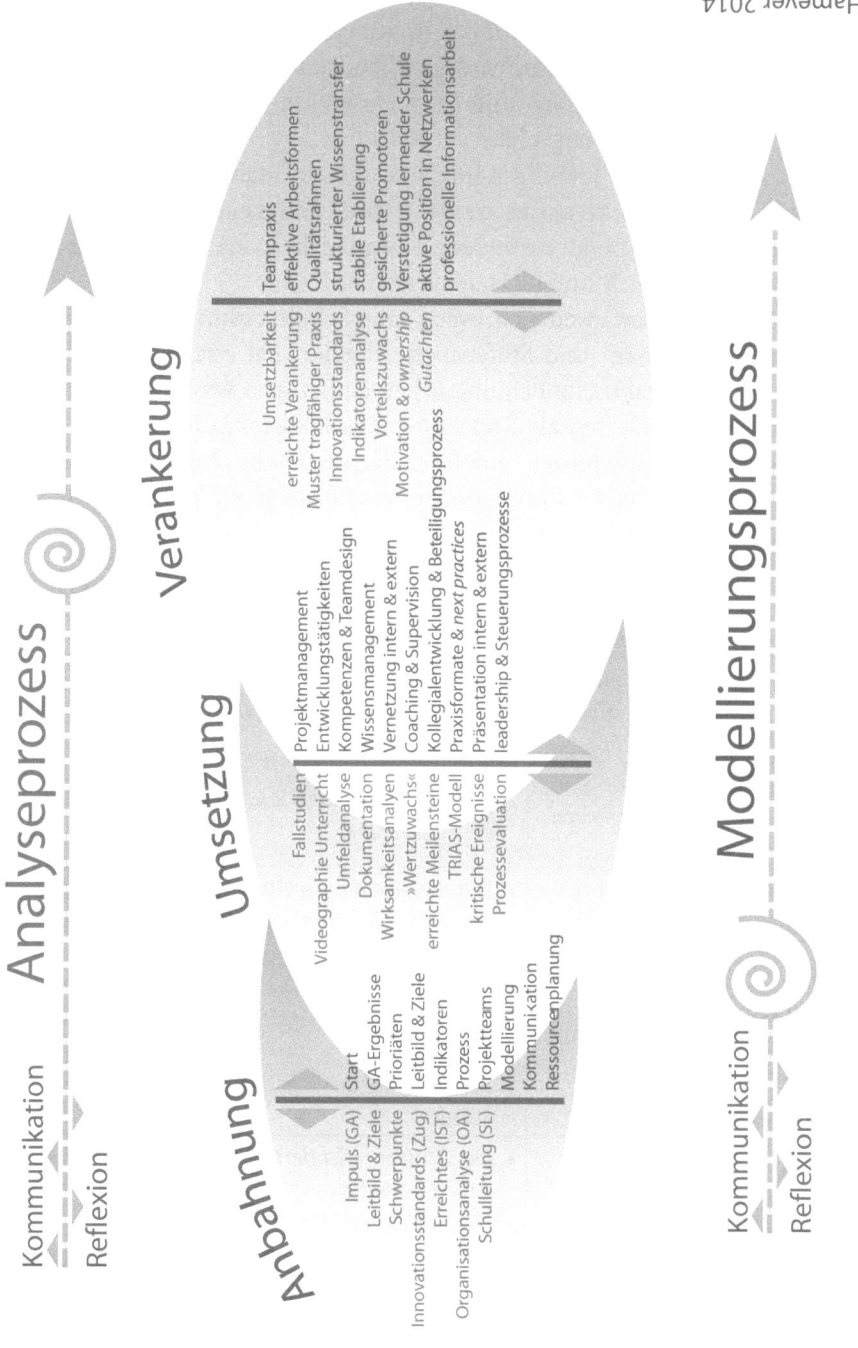

Abb. 3: PROMISE – Prozessmodell für Innovation und Schulentwicklung (Uwe Hameyer)

Die *Verankerungsphase* festigt die bisherige Umsetzung und Pilotierungspraxis auf Dauer. Sie stellt das System in ihren Routinen und Arbeitsmustern auf das Neue ein. Die Arbeitsorganisation wird gegebenenfalls umstrukturiert. Sie wird zur Routine. Aus den *Variations*- und *Selektion*sentscheidungen heraus mündet die Schule in eine Stabilisierungsphase der *Retention*.

Alle Phasen sind in den jeweiligen linken Spalten in analytische Tätigkeiten, in den rechten Spalten in konstruktive, modellierende Tätigkeiten eingeteilt. Es sind Beispiele, die Sie in der Abbildung finden; sie sind nicht so gedacht, dass sie alle in jeder Situation erforderlich sind (s. Hameyer, 2013b).

Die Innovationen bewähren sich, wenn eine Schule bestimmte Formate von Lerncoaching auf Klassen- und Stufenebene etabliert hat oder wenn ein neues Schulleitbild in die didaktische Planungsarbeit einbezogen wird. SkiL ist ein solches schulintern entwickeltes, als Konsens verabschiedetes Leitbild (Abb. 3), bei dem es in einem Anschlussprozess durch die nächste Ebene einer Innovationsspirale um die Integration in der Praxis an der *Berufsbildenden Schule für Wirtschaft und IT City Nord (H 7)* in Hamburg geht.

Begriff	Bedeutung (aus Schülersicht)	Weitere Erläuterungen
Selbstverant- wortetes	*Ich bin für meinen Lernerfolg selbst verantwortlich*	• *Wir unterstützen den Schüler in diesem Prozess*
kompetenz- orientiertes	*Ich entwickle meine Fähigkeiten weiter*	• *Gemeinsam mit den Schülern erarbeiten wir einen Lernplan*
individuali- siertes	*Ich bestimme mei- ne Arbeitsmethode und mein Lern- tempo weitgehend selbst*	• *Wir machen dem Schüler Angebote, wie er mit unterschiedlichen Materialien und Methoden arbeiten kann* • *Der Schüler arbeitet in seinem eigenen Lerntempo* • *Der Schüler entscheidet, welche Inhalte er wann bearbeitet* • *Bei der Wahl der Sozialform beraten wir den Schüler*
Lernen	*Ich sehe und reflektiere meine Lernerfolge*	• *Der Schüler reflektiert sein eigenes Lern- und Arbeitsverhalten* • *Der Schüler erhält unterstützendes Lerncoaching*

Abb. 4: *Leitbild der H 7, Hamburg.*

Die Innovationsstandards lassen sich direkt in dieses PROMISE-Modell einbauen. In der Anbahnungsphase geht es darum, dass die Standards aufgestellt und ange- passt werden, damit der gesamte Prozess ein Qualitätsbild ausarbeiten kann und dieses auch einzulösen imstande ist. Nicht jede Idee erweist sich in der Praxis als

willkommen. Der Startschuss zu ihrer Umsetzung in einem Projekt kann eine Ir-
ritationsquelle sein, wenn zum Beispiel keine authentische Kommunikation stattfindet oder Beteiligungsstrategien fehlen. Der erwartete »Mut« zum Neuen wirkt
zumutend, sobald »Sehgewohnheiten« und die Sicherheit der Routine ins Wanken
geraten. »Soll ich meinen Unterricht schon wieder ändern? Taugt meine bisherige
Arbeit denn nichts? Unsere Schule ist doch keine Spielwiese für Fantasten«.

MANIS (MANual für InnovationsStandards) zeigt, wie ein Projekt mit Herausforderungen und Hindernissen umgehen kann und auf solche Argumente
eingeht. Die Standards bieten eine Konzeptionshilfe für Schulentwicklungsprozesse. Hinter den Standards stehen Erkenntnisse aus über drei Jahrzehnten der
Innovationsforschung im Schulfeld (u. a. Rogers, 1983; Fullan, 2001; Hargreaves,
2005; Hameyer, 1978 und 2013b; Hameyer, Akker, Anderson & Ekholm, 1995). Im
Manual ergänzen sich die Standards. Zu fragen ist, wie sie systemisch zusammenspielen? (Blickpunktwechsel, Perspektivenraum, Querdenken, Strategieoptionen,
Problemlösungsvergleich)

Wichtig bei MANIS ist nicht nur der pädagogische »Grundriss« des Wozu,
Warum und Wie einer Innovationsidee, sondern auch das *Wirkungswissen* über
die Umsetzungs- und Verankerungspraxis und damit über den Systemraum des
Praxisgeschehens. Das Instrument benennt Bedingungen für Prozesse gelingender
Umsetzungspraxis. Grundlegend ist dabei: Die Etablierung von Innovationen im
Schulfeld erfordert immer mitstreitende, kompetente, kreative Menschen und Or-
ganisationen, um Anschlüsse zwischen dem Neuen und Vertrauten herzustellen.
Das Neue muss in seiner Notwendigkeit und Dringlichkeit definierbar sein. Kotter
(2011) spricht vom *sense of urgency*.

Standards verweisen auf Gütezeichen für Qualität. Vor mehr als drei Jahrzehnten haben wir über 40 Innovationen in Österreich, in der Schweiz und in
Deutschland daraufhin untersucht (Hameyer, 1978). Wir fanden Standards, die
für die Wahrnehmung von Wirksamkeit, Zielklarheit und Bedeutsamkeit von Innovationen wichtig sind. Erfolgreiche Innovationen sind nach dieser Studie mit
Standortbesonderheiten und anderen Merkmalen im System der Praxis verträg-
lich (Umsetzbarkeit). Sie sind in kleinere Schritte gegliedert auch nach der Devise,
nicht alles auf einmal anzupacken (Teilbarkeit). Abb. 5 zeigt dieses Wissen in Gestalt von Innovationsstandards.

Herausgegriffene Stichwörter zu den Standards in der Abbildung werden zur
Anschaulichkeit nachfolgend kurz umrissen (s. Hameyer, 2012), wobei die engli-
schen Fachausdrücke in der Abbildung lediglich kennzeichnen, welche Anschlüsse
zur internationalen Diskussion bestehen. Vieles davon beruht auf wegweisenden
Studien von Rogers (1983).

Klarheit	goal clarity	Worum geht es?
	shared commitment	Wer macht denn mit?
	access to next practices	Wozu brauchen wir das?
	quality of information	Welcher Mehrwert steckt drin
	scope & limits of uncertainty	Wo ist die Innovation bereits
	indicators of success	erfolgreich?
	work load & impact	
Bedeutsamkeit	meaningfulness	Wozu ist das Neue gut?
	response to needs	Welchen Nutzen bringt *mir* das?
	sense of urgency	Was können *wir* tun?
	practical value & use	Worin bestehen Vorteile?
	relative advantage	Welche Probleme werden gelöst?
	uniqueness & attractiveness	Wie dringlich ist das Neue?
Umsetzbarkeit	degree of sharedness	Wie bewährt sich das Neue?
	organizational fit	Wo konkret sind die Anschlüsse?
	value compatibility	Was bringt das Neue später?
	return on investment	Kosten & Nutzen in Balance?
	opinion leader advocacy	Wer unterstützt die Innovation?
	stakeholder support	
Teilbarkeit	divisibility of aims	Was ist zentral, was hat Zeit?
	adaptability choices	Was ist einfach, was zu komplex?
	structural flexibility	Ist Adaptation möglich?
	exemplary practices	Exemplarischer Einsatz möglich?
Angemessenheit	return on investment	Wird es sich lohnen?
	work load impact	Ist Aufwand angemessen?
	required resources	Sind Zeitpläne gut?
	cost effectiveness	Belastbarkeit beachtet?
Wirksamkeit	outcome measures	Was wurde wann erreicht?
	Indicator analysis	Woran wie abzulesen?
	anchoring	Wie erhoben und dokumentiert?
	transferability	Wie erfolgt Transfer?
Lernfähigkeit	organizational learning	Routinisierung vorbereitet?
	linking & networking	Wissen & Erfahrung genutzt?
	knowledge management	Weiterqualifizierungen?
	within system use	Peer reviewing?
		Organisationsgedächtnis?

Hameyer 2012

Abb. 5:   *MANIS – Manual für Innovationsstandards (Uwe Hameyer)*

Beispiel Bedeutsamkeit

Veränderungen in sozialen Systemen, also auch in Schulen, provozieren Unruhe. Nichts normaler als das, denn woher sollen die Mitglieder der Schule wissen, ob das Neue tauglich ist? Mit welchen Nebenwirkungen ist zu rechnen? Worin besteht der Gewinn? Das »Publikum« fragt nach dem für sie wichtigen Vorteil – den *gains*.

Und die kann man dem Gesicht einer Idee nicht ablesen. Es ist ein Interpretations- und Klärungsprozess.

Das Bild vom Neuen und seine Wertigkeit entstehen im Medium der Ein- und Wertschätzung durch Menschen und nicht durch abstrakte Einheiten in Organisationen. Vertrauen ist dafür eine unterstützende Kommunikationsbasis. Umso mehr ist entscheidend, dass Menschen im System das Neue aus eigener Sicht genau »sehen« und »anfassen« können: es verstehen und bewerten, es ausprobieren und testen, bevor »die Torte auf den Tisch kommt« oder sie durchaus zum Schluss geraten, dass das Neue so gar nicht geht.

Beispiel Umsetzbarkeit

Erfolgreiche Projektarbeit im Schulentwicklungsprozess braucht ein Fundament für die Kommunikation über alle Phasen bis zum Projektabschluss. Jede Projekt- und Schulentwicklung erfordert Regeln der Kommunikation, Entscheidungsverbindlichkeiten, einen vereinbarten Modus der Arbeitsteiligkeit sowie gemeinsame Orientierungen für das weitere Vorgehen.

Das ist schon deshalb erforderlich, um Zielklarheit für die Beteiligten zu gewährleisten. Das Projektteam muss das Ziel und die Innovationsvorteile immer wieder verdeutlichen, sich mit Widerspruch und Ungereimtheiten auseinander setzen, Mitstreiter gewinnen, den Reflexions- und Umsetzungsprozess aufrecht erhalten. Begleitende Informationsarbeit ist schon aus diesem Grund ein unverzichtbares Fundament. Dazu können zählen: ein fortlaufend aktualisiertes Informationsforum oder ein Newsletter. Das kann auch eine Litfasssäule in der Eingangshalle sein. Nützlich ist ein Faltblatt. Teilfortschritte können in einem Bulletin, durch Handzettel, in einem Leporello und natürlich auf der Website vorgestellt werden.

Zu den Innovationsstandards gesellen sich zwei Gesichtspunkte, die alle untereinander verbindet: (a) die *Sichtbarkeit des Neuen*, die nicht nur mit Klarheit der Ziele und der Konzeption zu tun hat, sondern dafür steht, dass die Innovationspraxis für Externe zu erkennen ist und »in die Hand genommen« werden kann. Sichtbarkeit bedeutet auch, dass das Neue für Interessenten zugänglich ist, also kein *closed system*, sondern präsent. Jeder kann sich mit ihr auseinandersetzen.

3.5 Theorie des Transformationsquadrats

Transformationsprozesse sind längerfristig und auf ein ganzes System ausgelegt. Nicht alles ist geplant, sondern die Transformation findet statt. Der Ausdruck Transformation ist in erster Linie eine analytische Kategorie. Wir können untersuchen, in welchen Zeiträumen sich bestimmte Systeme oder Standortbesonderheiten verändern. Innovationen sind ein Teilaspekt dessen. Während eine Transformation sich auf das ganze System beziehen kann oder Wirkungen nach sich zieht, sind Innovationen begrenzter und immer ein letztlich geplanter Prozess.

Im Transformationszeitraum von 1970 bis 2013 lassen sich Innovations- und Transformationsschwerpunkte ausmachen, die ich durch polare Ausdrücke an dieser Stelle nur kennzeichnen möchte, weil Transformationen sich von Innovationen dadurch unterscheiden, dass sie meistens das ganze System umfassen, erhebliche Zeiträume von 5 bis 10 Jahren umspannen und strukturbildende Umbauten des Systems beleuchten (s. Hameyer, 2014):

- Kontroll- vs. Partizipationsmuster
- Aufgabenzuwächse vs. Bewältigungslimits
- Systemvertrauen vs. Evaluationserfordernisse
- normatives vs. systemisches Denken
- lineare vs. multiple Referenzkomplexität
- Autonomie vs. Umsteuerungsstrategie
- Internalität vs. Zugriffsmacht
- Standortidentität vs. Bildungsregion
- Bestand vs. Fusion
- Persönlichkeit vs. Professionalisierung
- Eigenverlässlichkeit vs. professionelle Beratung

Solche Entwicklungslinien weisen auf grundlegenden Strukturwandel im System hin. Sie sind überwiegend nicht auf einen Standort begrenzt, sondern spiegeln wider, was sich in einer *epochalen Zeit* bewegt hat. Beteiligungsformen sind seit dem wegweisenden Gutachten des Deutschen Bildungsrats, speziell dem von Flechsig & Haller (1973), gewachsen, wenngleich oftmals in diskontinuierlicher Weise. Die Aufgabenkomplexität scheint sich immer noch weiter auszudehnen, auch mit den erweiterten Kompetenzen und Berufsbildern von Lehrenden und Schulleitungen. Die Schule bekommt mehr Eigenständigkeit.

Freiheiten bekommt man jedoch nicht gratis. Schulen müssen unter Beweis stellen, was sie mit ihren Freiheiten machen. Rechenschaftspflicht (*accountability*), Evaluation und Leistungsvergleich sind dazu einige Stichworte. Aus der Autonomiesituation heraus erwachsen Umsteuerungsstrategien, um den Gesamtprozess zu unterstützen und auch die Kontrollbehörden auf neue Herausforderungen einzustellen. Neue Einrichtungen entstehen im Zuge dieser Umbauten: Qualitätsagenturen, Beratungsfirmen, Bildungsregionalstellen und so weiter.

Fest steht: Die Schule muss sich in einem sehr komplexen Referenzsystem aufstellen: Lehrplan, internes Curriculum, Schulvergleichsdaten, Ziel-Leistungs-Vereinbarungen, Öffentlichkeit und Mediendruck, Bildungsstandards – um nur einige zu nennen. Sie kann sich nicht – wie wohl früher auch nicht – rein auf sich beziehen. Die Zeiten abschottender Internalität sind vorbei. Das zeigt sich auch bei Fusionen. Bestandsgarantien bestehen nicht. Für die Dorfschule nicht und auch für große Systeme nicht, Fusionierungen von Schulstandorten zu Stadtteil- und Gemeinschaftsschulen, zu Berufsbildungszentren und anderen Einheiten künden davon. Von der Persönlichkeit zur Professionalisierung – auch diesbezüglich entsteht Unsicherheit für einige, während andere erkennen, dass Talente zum Lehrersein nicht in den Genen stecken, sondern das eine moderne Professionspraxis studiert und gelernt werden kann.

Nicht zuletzt ist ein klarer Trend zur Entwicklung von Beratungsfähigkeiten und -systemen zu erkennen. Schulen lassen sich beraten, sie beraten Eltern intensiver als früher. Lernende werden beraten und auf ihrem Weg durch Lerncoaching begleitet. Beratungsformen wie Coaching, Supervision, Intervision und Lerncoaching finden längst ihren Weg in die Praxis unter dem Vorzeichen von Diversität der Menschen, die in der Schule lernen und lehren. Das fügt sich dann in der Summe zu Transformationen zusammen.

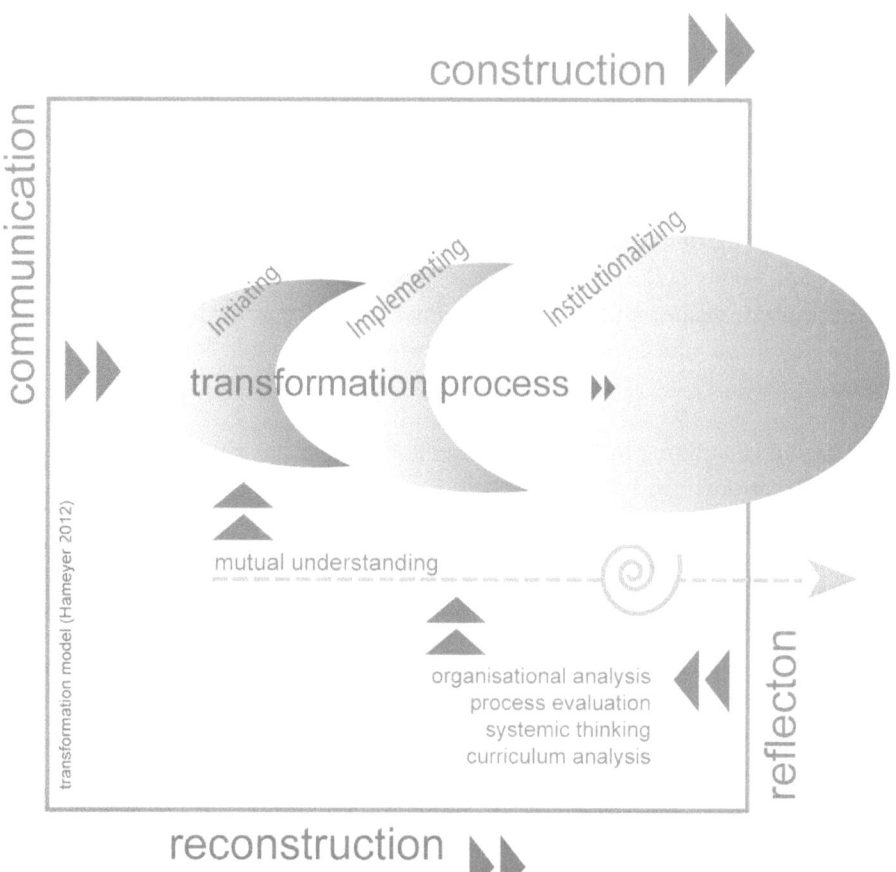

Abb. 6:   Transformation der Schule – ein Modell (Hameyer)

Das Transformationsmodell (Abb. 6) zeigt, dass Transformationen von vier Einflüssen geprägt sind. Konstruktionsprozesse verweisen auf das Aktive, Modellierende, Planende. In ihnen wird etwas entwickelt, ausgearbeitet, umgesetzt, ausgetestet, während es bei der Rekonstruktion auf analytische Tätigkeiten ankommt (Erzählung, Evaluation, Analysen, Vergleiche). Die *Kommunikation* ist Basis aller Prozesse, eine Referenzkategorie, ohne die die anderen gar nicht möglich sind. Die Reflexion blickt aus Distanz und kritischer Warte auf das, was ist oder sein wird. Es ist ein Prozess des Einschätzens, Beurteilens, Vergleichens, Bewertens. Die Strukturierung des Prozesses kann man sich durchaus wie bei PROMISE vorstellen, jedoch grossräumiger, langsichtiger, epochaler (zur Abgrenzung der Begrifflichkeiten s. Hameyer, 2014).

4   Fazit

Zukunftsbilder können von ziemlich disparaten Ideen ausgehen. Dann auch besondere Vorstellungen von einer veränderten Schule: jeden Mittwoch in Projekten lernen, Selbstlernzeiten im Stundenplan verankern, Entlastungsstunden erhöhen, Lerncoaching anbieten – das alles kann ein Motor für Innovationsprozesse sein. Vielleicht auch möchte man hochbegabte Kinder zielgenauer fördern. Mit einem Spektrum an Motiven müssen wir in der Schule immer rechnen. Innovationsziele sind normal. Existenzgefährdend wird es, wenn sich eine Schule kein neues Denken leistet, keine Zukunftsbilder und Lösungsstrategien, von denen eine als die interessanteste ausgewählt wird – ganz gleich, ob es ihr gut geht oder nicht. Allem liegt eine Grundauffassung zugrunde, die wie folgt auf einen Mehrebenen-Nenner gebracht wird:

* Möglichkeitsräume in der Welt, so auch in der Schule, sind gewachsen.
* Perturbationen sind normal.
* Systemvertrauen gerät ins Wanken.
* Lernende Schule ist ein sich ausschärfendes Zukunftsbild.
* Prozesssteuerung verlangt viel Professionalität.
* Professionelles Projektmanagement ist an Schulen kaum vorhanden.
* Teamarbeit ist nur in Ausnahmefällen vorhanden. In der Fläche existiert sie nicht.
* Wissensmanagement ist wenig ausgebaut und selten genutzt.
* Innovationsphasen umfassen in der Regel 3 bis 5 Jahreszeiträume.

Wenn wir internationale Erfahrungen und Modelle (Miles, Velzen, Ekholm, Hameyer & Robin, 1985) auswerten, so zeigt sich zusammenfassend folgendes Bild: Schulentwicklung hat viele Innovationsseiten. Die Unterschiede *zwischen* den Schulen sind nicht selten so hoch wie die *intraschulischen*, was innovative Entwicklungen angeht. Immer sind einzelne zu finden, die sich zusammentun und in ihrer Schule an der Unterrichtsentwicklung arbeiten, während sich andere davon fernhalten. Jedes Kollegium ist hochgradig heterogen. Die einen wollen Qualitäten verbessern, andere warten auf bessere Bedingungen, bevor sie sich für neue Wege einsetzen.

Manche Schulen bilden Unterrichts- und Jahrgangsteams, während sich in diesen Schulen andere zurückziehen oder sich wie Wachsoldaten vor dem aufstellen, was sie selbst früher einmal eingeführt hatten. Die Kollegien sind schon dadurch komplexer geworden, dass viele Teilzeitkräfte mit ganz anderen Zeithaushalten mitarbeiten, obendrein Sozialpädagogen, Erzieher, Berater, didaktische Leiter und wer alles sonst zur Vielfalt beiträgt. Nichts davon muss eine Belastung sein; umgekehrt können daraus völlig neue Kooperationsformen entstehen und ein gemeinsames Nachdenken über das, was die Schülerinnen und Schüler viel besser aktivieren könnte.

Innovationen sind keine singulären Ereignisse – keine linearen Prozesse, in denen man geradlinig die Leiter zum Erfolg erklimmt. Schulen brauchen viel Zeit von der »Quelle« bis zur »Mündung« ihres Entwicklungs- und Innovationsprozesses. Bisweilen stagniert das Vorankommen, dann wieder geht es weiter. Unterwegs kommen Fortschritte dem Ziel erstaunlich nah, um plötzlich wieder abzufallen. Sie machen eine Kehrtwende.

Fest steht: Innovationen sind weiterhin unterwegs. Leider werden viele kurzatmig eingeläutet, ohne dass mittelfristige Umsetzungspläne bestehen, und wenn, dann werden diese oft nicht ausreichend vorbereitet und abgestimmt. Durch die meisten Innovationsanalysen zieht sich bei allem ein roter Faden: *Überzeugende Ideen allein verändern Schule nicht* – selbst dann nicht, wenn der Fall ausreichender Sachmittel eintritt. Aus konkreter Utopie Wirklichkeit schaffen – das ist ein Anspruch, der viererlei verlangt:

- Klarheit der Konzeption
- Triftigkeit der Ziele
- Angemessenheit der Mittel
- Realisierbarkeit der Wege

Die Innovationen müssen für alle Beteiligten – und nicht nur für die ohnehin Begeisterten – nachvollziehbar sein. Es kommt dabei auf das Zusammenspiel aller Kräfte an, auf die Stimmigkeit der »pädagogischen« Komposition, die wie jedes gute Konzert Folgendes voraussetzt: Talentierte Orchestermitglieder, hervorragende Instrumente, Mut zum Experimentalstück, eine das Publikum fesselnde Inszenierung, Zeit für gründliches Einstudieren, abgestimmte Partituren, Resonanz in der Öffentlichkeit, attraktive Spielpläne, einen anerkannten, durchsetzungsfähigen und kreativen Intendanten, engagierte Künstler und neu Engagierte – nicht zuletzt natürlich Kritik, Anerkennung und Beifall.

Literatur

Akker, J. van den, Kuiper, W., & Hameyer, U. (Eds.) (2004). *Curriculum landscapes and trends.* London: Kluwer.

Aregger, K. (1982). *Innovation I und II.* Zwei Bände. Bern: Haupt UTB.

Bauman, Z. (1983). *Flüchtige Moderne.* Frankfurt: Suhrkamp.

Berman, P., & McLaughlin, M. (1978). *Federal Programs Supporting Educational Change Vol. VII: Factors Affecting Implementation and Continuation.* San Francisco: Rand.

Daschner, P., & Hameyer, U. (Eds.) (2013). *Schulentwicklung – was wirkt.* Innsbruck: Studienverlag.

Dueck, G. (2013). *Das Neue und seine Feinde. Wie Ideen verhindert werden und wie sie sich trotzdem durchsetzen.* Frankfurt: Campus.

Ekholm, M., & Hameyer, U. (2000). Wie können wir unsere Schulentwicklung tragfähig machen? *Grundschule (32)6*, 29–33.

Fischer, N., Holtappels, H.-G., Klieme, E., & Rauschenbach, T. (2011). *Ganztagsschule: Entwicklung, Qualität, Wirkungen: Längsschnittliche Befunde der Studie zur Entwicklung von Ganztagsschulen.* München: Juventa.

Flechsig, K.-H. & Haller, H.-D. (1973) *Entscheidungsprozesse in der Curriculumentwicklung.* Gutachten und Studien der Bildungskommission des Deutschen Bildungsrates, Band 24. Stuttgart: Klett.

Frey, K. (1986). *Theorien und Modelle des Curriculums.* Weinheim: Beltz.

Fullan, M. (1985). Change Processes and Strategies at the School Level. *The Elementary School Journal*, *85(3)*, 391–421.

Fullan, M. (2001). *The new meaning of educational change.* New York: Teachers College Press.

Gassmann, O., & Sutter, P. (^{2}2011). *Praxiswissen Innovationsmanagement.* München: Hanser.

Goffin, K., Herstatt, C., & Mitchell, R. (2009). *Innovationsmanagement. Strategien und effective Umsetzung von Innovationsprozessen mit dem Pentathlon-Prinzip.* München: Finanzbuchverlag.

Hall, G., & Hord, S. (1987). *Change in Schools: Facilitating the Process.* New York: State University.

Hameyer, U. (1978). *Innovationsprozesse. Analyse und Fallstudien zum sozialen Konflikt in der Curriculumrevision.* Weinheim: Beltz.

Hameyer, U. (2006). School improvement in Germany – current state and outlook. In J. C. Lee & M. Williams (Eds.), *School improvement: International perspectives* (S. 361–377) Hauppauge, NY: Nova Science Publisher.

Hameyer, U. (2007). Schools as learning organizations. Practices that work. *The Learning Teacher Journal (1)1*, 45–58.

Hameyer, U. (2009a). Scheingewissheiten. Täuschung und Selbsttäuschung im pädagogischen Diskurs. In R.-B. Schmidt, E. Tuider & S. Timmermanns (Eds.), *Vielfalt wagen* (S. 197–210). Berlin: Logos.

Hameyer, U. (2009b). Systemvertrauen in der Krise. Auswirkungen bildungspolitischen Handelns. *Journal für Schulentwicklung (13)3*, 14–19. Hameyer, U., Akker, J. van den, Anderson, R., & Ekholm, M. (1995). *Portraits of productive schools. An international stu-*

dy of institutionalizing activity-based practices in elementary science. New York: SUNY Press.

Hameyer, U. (2010). Transforming the school curriculum in Germany. In E. Law & N. Nieveen (Eds.), *Schools as Curriculum Agencies. Asian and European Perspectives on School-Based Curriculum Development* (pp. 217–238). Rotterdam: Sense Publishers.

Hameyer, U. (2012a). Innovationsstandards MANIS – Manual zur Schulentwicklungspraxis. *Journal für Schulentwicklung (16)3*, 62–65.

Hameyer, U. (2012b). Transformation der Schule – Blickpunkte systemischer Organisationsanalyse. In U. Hameyer & M. Schratz (Eds.), *Systemisches Denken* (pp. 20–24). Innsbruck: Studienverlag.

Hameyer, U. (2013a). Blockaden im Inklusionsprozess. Ein erweitertes Zürcher Modell als Referenzrahmen systemischer Schulentwicklungsanalyse. *Journal für Schulentwicklung (16)3* (im Druck).

Hameyer, U. (2013b). Organisationsentwicklung. In S. G. Huber (Eds.), *Führungskräfteentwicklung* (pp. 466–478). Köln: Link.

Hameyer, U. (2014). *Transformation der Schule. Systemwissen für die Praxis.* Hannover: Kallmeyer & Klett.

Hameyer, U., & Rolff, H.-G. (Eds.) (2006). *Innovationsforschung. Journal für Schulentwicklung.* Innsbruck: Studienverlag.

Hameyer, U., & Rolff, H.-G. (Eds.) (2009). *Kritische Ereignisse in der Schulentwicklung. Themenschwerpunkt Journal für Schulentwicklung.* Innsbruck: StudienVerlag.

Hargreaves, A. (Ed.) (2005). *Extending educational change. International handbook of educational change.* New York: Springer.

Hauschildt, J. (1993). *Innovationsmanagement.* München: Vahlen.

Hauschildt, J., & Salomo, S. (⁵2011). *Innovationsmanagement.* München: Vahlen.

Holtappels, H. G., & Rollett, W. (2007). Organisationskultur, Entwicklung und Ganztagsschulausbau. In H.G. Holtappels, E. Klieme, T. Rauschenbach & L. Stecher (Hrsg.), *Ganztagsschule in Deutschland. Ergebnisse der Ausgangserhebung der »Studie zur Entwicklung von Ganztagsschulen« (StEG)* (S. 209–226). Weinheim: Juventa.

Huber, S., & Hameyer, U. (2000). Schulentwicklung in deutschsprachigen Ländern. Zum Stand des Forschungswissens. *Journal für Schulentwicklung 4(4)*, 78–96.

Kotter, J. P. (2011). Leading change. Why transformation efforts fail. In Harvard Business Review (Ed.), *on change management. Harvard Business Review, 73 (2)*, 59–67.

Kühn-Ziegler, R. (2013). Unterstützung inklusiver Schulentwicklungsprozesse. Erkenntnisse aus der Fortbildungspraxis in Hamburg. In Gather Thurler, M. & Kühn-Ziegler, R. (Eds.), *Inklusion I. Journal für Schulentwicklung (17)3*, 46-51.

Luhmann, N. (1984). *Soziale Systeme. Grundriss einer allgemeinen Theorie.* Frankfurt: Suhrkamp.

Meissner, J. O. (2011). *Einführung in das systemische Innovationsmanagement.* Heidelberg: Carl-Auer.

Miles, M. B., Velzen, W. van, Ekholm, M., Hameyer, U., & Robin, D. (1985). *Making school improvement work. A conceptual guide to practice.* OECD publication. Leuven: Acco.

Rogers, E. M. (³1983). *Diffusion of innovations.* New York: Macmillan.

Senge, P., Cambron-MacCabe, N., Lucas, T., Smith, B., & Kleiner, A. (2000). *Schools that learn.* London: Nicolas Brealey.

Bert Creemers

Using Educational Effectiveness Research to Design Theory-driven Evaluation Aiming to Improve Quality of Education

Introduction: A Background of EER

Educational Effectiveness Research (EER) can be seen as an overarching theme that links together a conglomerate of research in different areas; including research on teacher behaviour and its impacts, curriculum, student grouping procedures, school organisation, and educational policy. The main research question underlying EER is the identification and investigation of which factors in the teaching, curriculum, and learning environments, (operating at different levels such as the classroom, the school, and above-school) can directly or indirectly explain measured differences (variations) in the outcomes of students. Further, such research frequently takes into account the influence of other important background characteristics, such as student ability, Socio-Economic Status (SES), and prior attainment. Thus, EER attempts to establish and test theories which explain why and how some schools and teachers are more effective than others in promoting better outcomes for students.

The origins of EER largely stem from reactions to seminal work on equality of opportunity in education that was conducted in the USA and undertaken by Coleman, Campbell, Hobson, McParttland, Mood, Weinfield and York (1966), and Jencks, Smith, Ackland, Bane, Cohen, Grintlis, Heynes and Michelson (1972). These two innovative studies from two different disciplinary backgrounds – sociology and psychology, respectively – drew very similar conclusions in relation to the amount of variance in student outcomes that can be explained by educational factors. Although, the studies did not suggest schooling was unimportant, the differences in student outcomes that were attributable to attending one school rather than another were modest. However, these studies were also criticised for failing to measure the educational variables that were of the most relevance (Madaus, Kellagham, Rakow, & King, 1979). Nevertheless, it is important to note that these two studies both claimed that after taking into consideration the influence of student background characteristics such as ability and family background (e.g. race and SES), only a small proportion of the variation in student achievement could be attributed to the school or educational factors. This pessimistic feeling of not knowing what, if anything, education could contribute to reducing inequality in educational outcomes and in society as a whole was also fed by the apparent failure of large-scale educational compensatory programmes, such as "Headstart" and "Follow Through" conducted in the USA, which were based on the idea that education in pre-school/schools would help compensate for initial differences between students. Similarly disappointing results have since also been reported for the effects of compensatory programs that have been conducted in other countries (Driessen & Mulder, 1999; MacDonald, 1991; Schon, 1971; Taggart & Sammons, 1999; Sammons, Power, Elliot, Campbell, Robertson, & Whitty, 2003).

The first two school effectiveness studies that were independently undertaken by Edmonds (1979) in the USA and Rutter, Maughan, Mortimore, Ouston and Smith (1979) in England during the 1970s were concerned with examining evidence and making an argument about the potential power of schooling to make a difference in the life chances of students. This was an optimistic point of view because many studies published in that period had shown that teachers, schools, and maybe even education in general had failed to make much of a difference. The early existence of these two independent research projects in different countries that asked similar questions and drew to a certain extent on similar quantitative methodologies demonstrated the potential for establishing a scientific domain dealing with effectiveness in education (Kyriakides, 2006). Thus, the publications by Brookover, Beady, Flood, Schweitzer and Wisenbaker (1979) and Rutter et al. (1979) were followed by numerous studies in different countries on educational effectiveness and the development of international interest and collaboration through the creation of the International Congress for School Effectiveness and Improvement in 1990 (Teddlie & Reynolds, 2000). Looking at the history of EER, we see four sequential phases in the field which address different types of research questions and promote the theoretical development of EER.

1. First Phase: A focus on Size of School Effects. Establishing the field by showing that 'school matters'
    During the early 1980s conducted studies attempted to show that there were differences in the impact that particular teachers and schools have on student outcomes. This research showed how important it is for students to have effective teachers and schools, and that school and teacher effects tend to be larger for disadvantaged groups (Scheerens & Bosker, 1997).

2. Second Phase: A focus on the Characteristics/correlates of effectiveness. Searching for factors associated with better student outcomes
    In the late 1980s and early 1990s, researchers in the area of EER were mainly concerned with identifying factors which are associated with student outcomes. These studies resulted in a list of factors which were treated as characteristics of effective teachers and schools (Levine & Lezotte, 1990; Sammons, Hillman, & Mortimore, 1995; Scheerens & Bosker, 1997).

3. Third Phase: Modelling Educational Effectiveness. The development of theoretical models that explain why specific factors are important for explaining variation in student outcomes.

   By the late 1990s and early 2000s several integrated models of educational effectiveness (Creemers, 1994; Scheerens, 1992; Stringfield & Slavin, 1992) had been developed. These models sought to explain why factors which operate at different levels are associated with student outcomes and these guided not only the theoretical development of EER but also the design of empirical studies within this field (Kyriakides, Campbell, & Gagatsis, 2000; de Jong, Westerhof & Kruiter, 2004).

4. Fourth Phase: Focus on Complexity. A more detailed analysis of the complex nature of educational effectiveness which developed further links with the study of school improvement. This features a focus on change over time and addresses issues such as consistency, stability, differential effectiveness, and departmental effects.

   A graduate movement from the third to fourth place was observed particularly after 2000. Researchers increasingly gave attention to the study of complexity in education and pointed to the fact that the theoretical models of the third phase had not emphasised the *dynamic* perspective of education nor had they paid sufficient attention to the differential character of some factors (Creemers & Kyriakides, 2006). Moreover, this graduate movement also saw an interest develop in investigating the question of changes in the effectiveness of schools, rather than exploring the extent of stability in effectiveness (Kyriakides & Creemers, 2009). The field became increasingly linked with the growth of larger scale, systematic evaluations of the long term effect of teachers and schools and of local and national reform policies (Kyriakides, Antoniou, & Maltezou, 2009; Pustjens, Van de Gaer, Van Damme, & Onghena, 2004).

Aims of the Paper

In this paper, we discuss the impact of EER on the design and the evaluation of reform policies at local and national level and the establishment of strategies to improve practice. It is argued that EER can contribute in the development of theory-driven evaluation studies which will serve both policy-makers and practice as well as promoting further theoretical development of the field. Thus, we provide guidelines on how to design theory-driven evaluation studies by taking into account the knowledge-base of EER. It is also claimed that these studies will contribute to the establishment of an evidence-based approach in policy making and a theory-driven approach towards improving education.

Theory-driven Evaluation Studies

Theory driven evaluation is a collection of different methodological approaches that can be used by evaluators in trying to understand the impact of a reform policy evaluation such as those of programme theory, theories-of-change, and realism (Bledsoe & Graham, 2005; Rosas, 2005). In all of these perspectives, social programmes are regarded as products of the human imagination; they are hypotheses about social betterment (Bickman, 1985). Programmes chart out a perceived course where wrongs might be put right, deficiencies of behaviour corrected, and inequalities of condition alleviated. Programmes are thus shaped by a vision of change and social justice and they succeed or fail according to the veracity of that vision. In respect to these, evaluation has the task of testing out the underlying programme theories (Chen & Rossi, 1987) but also identifying unintended consequences, which may or may not be beneficial. When one evaluates, he/she always returns to the core theories about how a programme is supposed to work and then interrogates it by asking whether the basic plan is sound, plausible, durable, practical, and above all, valid.

Evaluation projects that are theory driven take into account the needs and issues raised by the various stakeholders associated with an innovation, such as the practitioners and the policy-makers. However, the evaluation agenda behind these projects are also not entirely defined by the stakeholders. The overall agenda is expanded in such a way as to allow evaluators to not only provide answers to the questions raised by stakeholders but also help them understand the reasons why a reform is more or less effective (Weiss, 1997). In this paper, it is argued that in order to provide such answers, evaluators in education should make use of the growing knowledge base of EER as it is concerned with the correlates of effective practice and provides theories about their relationships with each other and with student outcomes. Educational effectiveness can be seen as a theoretical foundation upon which can be built better evaluation studies in education. Further, programmes are embedded in social systems as they are delivered (Shaw & Replogle, 1996). As a result, it is through the workings of entire systems of social relationships in and outside the classroom and/or the school that any changes in behaviours, events, and social conditions in education are put into effect. Serving to aide an understanding of variation within an effective implementation of a reform, theories of educational effectiveness can help evaluators identify factors most closely associated with the effective implementation. Moreover, in making use of these theories evaluators may also contribute to the development of the knowledge base of EER itself.

The Dynamic Model of Educational Effectiveness: an Overview

The development of the dynamic model is based on the results of a critical review of the main findings of EER and of the theoretical models of effectiveness which were developed in 1990s (Creemers & Kyriakides, 2006). This section refers to the main assumptions and elements of the dynamic model and to the main factors included in the model.

A)   The Rationale of the Model

The dynamic model is based on the following three main assumptions. First, the fact that most of the effectiveness studies are exclusively focused on language or mathematics rather than on the whole school curriculum aims (cognitive, meta-cognitive and affective) reveals that the models of EER should take into account the new goals of education and related to this their implications for teaching and learning. This means that the outcome measures should be defined in a more broad way rather than restricting to the achievement of basic skills. It also implies that new theories of teaching and learning are used in order to specify variables associated with the quality of teaching. Second, an important constraint of the existing approaches of modelling school effectiveness is the fact that the whole process does not contribute significantly to the improvement of school effectiveness. Thus, the dynamic model is established in a way that helps policy makers and practitioners to improve educational practice by taking rational decisions concerning the optimal fit of the factors within the model and the present situation in the schools or educational systems (Creemers & Kyriakides, 2010a). Finally, the dynamic model should not only be parsimonious but also be able to describe the complex nature of educational effectiveness. This implies that the model could be based on specific theory but at the same time some of the factors included in the major constructs of the model are expected to be interrelated within and/or between levels.

B)   The Essential Characteristics of the Dynamic Model

The main characteristics of the dynamic model are as follows. First, the dynamic model takes into account the fact that effectiveness studies conducted in several countries reveal that the influences on student achievement are multilevel (Teddlie & Reynolds, 2000). Therefore, the model is multilevel in nature and refers to factors operating at the four levels shown in Figure 1. Figure 1 reveals the main structure of the dynamic model. Teaching and learning situation is emphasised and the roles of the two main actors (i.e., teacher and student) are analysed. Above these two levels, the dynamic model also refers to school-level factors. It is expected that school-level factors influence the teaching-learning situation by developing and evaluating the school policy on teaching and the policy on creating a learning environment at the school. The system level refers to the influence of the educational system through a more formal way, especially through developing and evaluating the educational policy at the national/regional level. It also is taken into account that the teaching and learning situation is influenced by the wider educational context in which students, teachers, and schools are expected to operate. Factors such as the values of the society for learning and the importance attached to education play an important role both in shaping teacher and student expectations as well as in the development of the perceptions of various stakeholders about effective teaching practice.

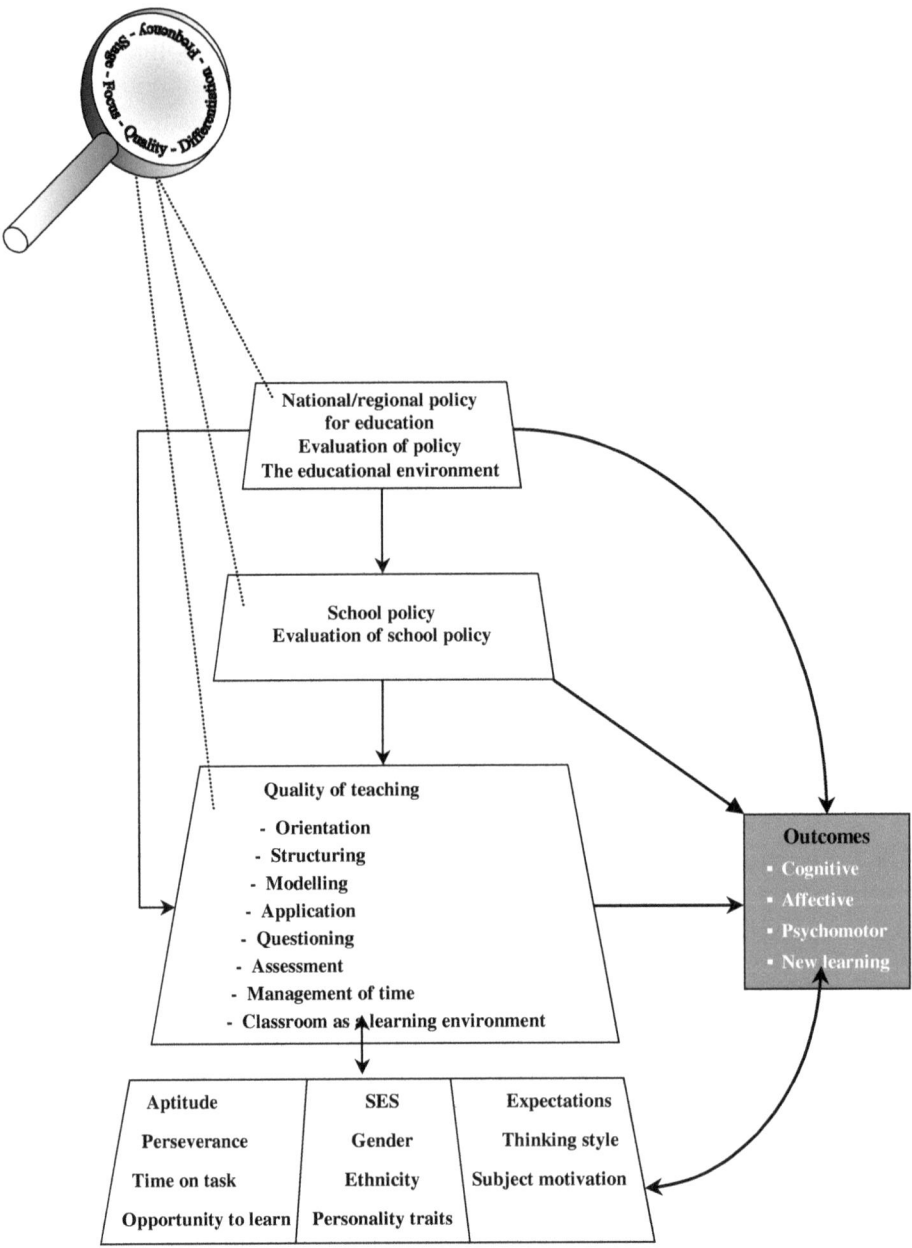

Figure 1: The dynamic model of educational effectiveness

Second, Figure 1 does not only refer to the four levels of the dynamic model and each level's association with student outcomes. The interrelations between the components of the model are also illustrated. In this way, the model supports that factors at the school and system level have both direct and indirect effects on student achievement since they are able to influence not only student achievement but also the teaching and learning situations.

Third, the dynamic model assumes that the impact of the school- and system-level factors has to be defined and measured in a different way than the impact of classroom-level factors. Policy on teaching and actions taken to improve teaching practice must be measured over time and in relation to the weaknesses that occur in a school. The assumption is that schools and educational systems which are able to identify their weaknesses and develop a policy on aspects associated with teaching and the school learning environment are also able to improve the functioning of classroom-level factors and their effectiveness status. Only changes in those factors for which schools face significant problems are expected to be associated with the improvement of school effectiveness. This implies that the impact of school and system level factors depends on the current situation of the objects under investigation (Creemers & Kyriakides, 2009). This characteristic of the proposed dynamic model does not only reveal an essential difference in the nature of this model with all the integrated models of EER but, as it is explained in the next section, it has also some significant implications for using the dynamic model for improvement purposes.

Fourth, the dynamic model is based on the assumption that the relation of some effectiveness factors with achievement may not be linear. This assumption is supported by results of quantitative syntheses investigating the effect of some effectiveness factors upon student achievement. These studies revealed that although these variables have been perceived as factors affecting teacher or school effectiveness, the research evidence is problematic. For example, teacher subject knowledge is widely perceived as a factor affecting teacher effectiveness (Scriven, 1994), but teachers' subject knowledge, regardless of how it is measured, has rarely correlated strongly with student achievement (Borich, 1992; Darling-Hammond, 2000). The explanation may be, as Monk (1994) reported, that the relationship is curvilinear: A minimal level of knowledge is necessary for teachers to be effective, but beyond a certain point, a negative relation occurs. Similar findings have been reported for the association of self-efficacy beliefs with teacher effectiveness (Schunk, 1991; Stevenson, Chen, & Lee, 1993) and for the impact of classroom emotional climate. A negative emotional climate usually shows negative correlations, but a neutral climate is at least as supportive as a warm climate. Beyond an optimal level of teacher direction, drill or recitation becomes dysfunctional (Soar & Soar, 1979). This implies that optimal points for the functioning of factors in relation to student outcomes have to be identified. By doing so, different strategies focusing on the improvement of specific factors for each teacher/school could emerge (Creemers & Kyriakides, 2006).

Fifth, the model assumes that there is a need to carefully examine the relationships between the various effectiveness factors which operate at the same level. Walberg's (1984) model, which is one of the most significant educational productivity models, attempts to illustrate such relationships. Aptitude, instruction and the psychological environment are seen as major direct causes of learning. They also influence one another and are in turn influenced by feedback on the amount of learning that takes place. The Walberg's model was tested as a structural equation model on science achievement, indicating more complex, indirect relationships (Reynolds & Walberg, 1990). This implies that there is a need to refer to the relationships between the effectiveness factors which operate at the same level. Such approach to modelling school effectiveness reveals grouping of factors that make teachers and schools effective (see Kyriakides, Creemers, & Antoniou, 2009). Therefore, strategies for improving effectiveness which are comprehensive in nature may emerge.

Finally, the dynamic model is based on the assumption that different dimensions for measuring the functioning of effectiveness factors are used. The integrated models do not explicitly refer to the measurement of each effectiveness factor. On the contrary, it is often assumed that these factors represent one-dimensional constructs. For example, the comprehensive model of educational effectiveness states that there should be control at school level, meaning that goal attainment and the school climate should be evaluated (Creemers, 1994). In line with this assumption, studies investigating the validity of the model revealed that schools with an evaluation policy focused on the formative purposes of evaluation are more effective (e.g., Kyriakides, Campbell, & Gagatsis, 2000; Kyriakides, 2005) However, the examination of evaluation policy at school level can be examined not only in terms of its focus on the formative purpose but also in terms of many other aspect of the functioning of evaluation such as the procedures used to design evaluation instruments, the forms of record keeping, and the policy on reporting results to parents and pupils.

Although there are different effectiveness factors and groupings of factors, it is assumed that each factor can be defined and measured using similar dimensions. This is a way to consider each factor as a multidimensional construct and at the same time to be in line with the parsimonious nature of the model. More specifically, each factor is defined and measured using five dimensions: *frequency, focus, stage, quality, and differentiation. Frequency* is a quantitative way to measure the functioning of each effectiveness factor. The other four dimensions examine qualitative characteristics of the functioning of the factors and help us describe the complex nature of effective teaching. A brief description of these four dimensions is given below. Specifically, two aspects of the *focus* dimension are taken into account. The first one refers to the specificity of the activities associated with the functioning of the factor whereas the second one to the number of purposes for which an activity takes place. The *stage* at which tasks associated with a factor take place is also examined. It is expected that the factors need to take place over a long period of time to ensure that they have a continuous direct or indirect effect on student learning. The *quality* refers to the properties of the specific factor itself, as these are discussed in the literature. Finally, *differentiation* refers to the extent to which activities associated with a factor are implemented in the same way for all the subjects involved with it (e.g., all the students, teachers, schools). It is expected that adaptation to specific needs of each subject or group of subjects will increase the successful implementation of a factor and will ultimately maximize its effect on student learning outcomes. The use of different measurement dimensions reveals that looking at just the frequency of an effectiveness factor (e.g., the quantity that an activity associated with an effectiveness factor is present in a system/school/classroom) does not help us identify those aspects of the functioning of a factor which are associated to student achievement. Considering effectiveness factors as multidimensional constructs not only provides a better picture of what makes teachers and schools effective but may also help us develop specific strategies for improving educational practice (Kyriakides & Creemers, 2008a).

C)   Classroom Factors of the Dynamic Model

Based on the main findings of teacher effectiveness research (e.g., Brophy & Good, 1986; Muijs & Reynolds, 2001; Rosenshine & Stevens, 1986), the dynamic model refers to factors which describe teachers' instructional role and are associated with student outcomes. These factors refer to observable instructional behaviour of teachers in the classroom rather than on factors that may explain such behaviour (e.g., teacher beliefs and knowledge and interpersonal competences). The eight factors included in the model are as follows: *orientation, structuring, questioning, teaching-modelling, applications, management of time, teacher role in making classroom a learning environment, and classroom assessment.* These eight factors do not refer only to one approach of teaching such as structured or direct teaching (Joyce, Weil, & Calhoun, 2000) or to approaches associated with constructivism (Schoenfeld, 1998). An integrated approach in defining quality of teaching is adopted.

D)   School Factors of the Dynamic Model

School factors are expected to influence classroom-level factors, especially the teaching practice. Therefore, the dynamic model gives emphasis to the following two main aspects of the school policy which affect learning at both the level of students and teachers: a) school policy for teaching and b) school policy for creating a learning environment at school. Guidelines are seen as one of the main indications of school policy and this is reflected in the way each school level factor is defined. However, in using the term guidelines we refer to a range of documents, such as staff meeting minutes, announcements, and action plans, which make the policy of the school more concrete to the teachers and other stakeholders. These two factors do not imply that each school should simply develop formal documents to install its policy. The factors concerned with the school policy mainly refer to the actions taken by the school to help teachers and other stakeholders have a clear understanding of what is expected from them to do. Support offered to teachers and other stakeholders to implement the school policy is also an aspect of these two school factors (Creemers & Kyriakides, 2010b).

Based on the assumption that the essence of a successful organization in the modern world is the search for improvement, the dynamic model is also concerned with the processes and the activities which take place in the school in order to improve the teaching practice and its learning environment. For this reason, the processes which are used to evaluate the school policy for teaching and the SLE are investigated. It is expected that evaluation mechanisms will generate data that will help schools to take decisions on how to improve the functioning of school factors. Thus, the following four overarching factors at the school level are included in the model:

a. school policy for teaching and actions taken for improving teaching practice,
b. evaluation of school policy for teaching and of actions taken to improve teaching,
c. policy for creating a SLE and actions taken for improving the SLE, and
d. evaluation of the SLE

Evaluation Studies: Lessons Drawn From the Dynamic Model

The fourth part of this paper is an attempt to identify implications of the dynamic model for the design of theory-driven evaluation studies. Four major implications of the dynamic model for the development of evaluation studies are drawn. These refer not only to the criteria that can be used to evaluate a reform but also to the content of the evaluation (i.e., the aspects that can be covered). Moreover, we raise methodological issues associated with the measurement of factors that define the effective implementation of the reform and the quantitative analysis of data. Finally, a framework that can be used by evaluators to build a theory driven evaluation in line with the dynamic model is presented.

A)   Criteria of Evaluation Studies Based on the Assumptions of the Dynamic Model: Measuring the Impact of the Reform on Student Achievement

Theory-driven evaluation studies that take into account the main principles of the dynamic model are expected to recognise the importance of measuring the impact of any reform on student achievement. Irrespective of the nature of the reform, it is considered essential that evaluators adopting the dynamic model should search for the impact of the reform on student achievement. Given that the use of value-added assessment for measuring effectiveness is recommended, it is expected that evaluation studies should identify the extent to which the organisation units (e.g., schools or educational systems) which implement a reform improve their effectiveness status by looking at the progress that their students made during the implementation of the reform.

To achieve this purpose, both direct and indirect effects of the reform on student achievement can be measured. In the case of indirect effects, those evaluators who make use of the knowledge base of the dynamic model should try to find out whether the reform has any positive impact on the functioning of any effectiveness factor(s) of the dynamic model.

B)   Building an Evaluation Study that Takes Into Account the Multilevel Nature of Education

Evaluators, in their attempt to identify the impact of reform on student achievement, should take into account the multilevel structure of education. This does not only mean that multilevel statistical modelling approaches should be used to measure the impact of a reform on student achievement. It also implies that evaluators should search for factors operating at different levels, specifically at the school, teacher, and student levels, which are likely to influence the effective implementation of a reform. It is also acknowledged that an effective reform policy may not necessarily have direct effects on student achievement, but it is more likely to have indirect effects. Therefore, in our attempt not only to design reforms but also to evaluate them for formative reasons, we should examine the extent to which the reform takes into account the skills of those associated with the reform to implement it.

Specifically, the need to incorporate teacher effectiveness research in reform evaluation studies has been stressed (Kyriakides et al., 2006). Till recently, much emphasis was placed on the role of effective schools, in an attempt to specify the criteria that made a school able to introduce a reform and improve its effectiveness. However, during the last few years, there was a remarkable change: Attempts at policy and practice level have been made to focus upon teacher effects and generally on issues related to the effectiveness of teachers' work. This implies that those responsible for designing reform should bear in mind how the reform can help teachers improve their behaviour in the classroom.

C) Implications of the Dynamic Model for the Aspects of the Reform Covered by the Evaluation: Going Beyond Stakeholders' Reactions Towards the Reform

Evaluators should take for granted that EER reveals that irrespective of the nature of the reform, there will be variation in the ability of teachers and schools to effectively implement the reform. This is attributed to the fact that teachers and schools have significant effects on student achievement. This implies that evaluators should search for characteristics of teachers and schools that make them more or less effective in implementing the reform. In this context, evaluation studies which are able to explain most of the variance in implementing the reform are, undoubtedly, essential in any reform movement since they provide a wealth of information that is helpful for any stage of reform implementation (Worthen, Sanders & Fitzpatrick, 1997) and thereby achieve the formative purpose of evaluation (Kyriakides, 2004).

Yet, when evaluating an educational reform, researches often face difficulties in reducing their scope of examination since reforms constitute complex phenomena, and thus, numerous aspects of them are worth examining. Elaborating on the impact that different education actors (i.e., district administrators, inspectors, consultants, principals, parents, teachers, and students) have on the implementation of reform has been considered a sine qua non element of any reform evaluation (Amit & Fried, 2002; Atkin, 1998; Fullan, 1991; Kelly, 1989). Acknowledging the difficulties in studying the whole spectrum of factors operating in the school environment during the introduction and subsequent implementation of the reform, we argue that evaluators should at least focus their attention on how teachers' and students' reactions toward the reform affected the effective implementation of the reform.

Teachers' and Students' Reactions Towards the Reform

Having told teachers how to teach, what texts to use, and what theory of learning to believe in and follow, reform designers have usually taken the success of a reform for granted (Campbell, 1985). Repeated unsuccessful attempts to implement reforms in such a way suggested that this approach was nothing else but a prescription of failure. Indeed, research findings during the last two decades underlined that teachers can play a decisive role in the implementation and future success of an innovation (e.g., Kyriakides, 1997; Polettini, 2000; Ponte, Matos, Guimaraes, Leal, & Canavarro, 1994; Sztajn, 2003; van den Berg, Sleegers, Geijsels, & Vandenberghe, 2000). As the picture constantly changes, teachers are increasingly considered by most policy-makers and school change experts to be the centrepiece of educational change (Datnow, Hubbard, & Mehan, 2002). Therefore, examining teachers' attitudes, thoughts, and criticism regarding a reform is judged imperative.

Recently, research has suggested that teachers' perspectives and responses to a reform should not be considered independently of the context in which they operate. Therefore, it was stressed that rather than examining teachers' reactions uniformly, emphasis should also be given to the culture of schools since some schools seem to implement reforms in supportive ways while others seem to resist more to the introduction of the reform (Datnow et al., 2003). For example, knowing that colleagues in a school are implementing the reform successfully creates a productive atmosphere for teachers to experiment with the reform (Datnow, Borman, & Stringfield, 2000). This suggestion seems to be in line with the way the school level has been described in the dynamic model, especially since the model refers to the learning environment of the school. It is important to note, though, that educators' responses to a reform are never homogeneous, even within a school (Datnow et al., 2002). For instance, a recent survey research study by Beerens (2000) suggests that the variation that exists within schools can be greater than the variation across schools.

As far as the importance of investigating students' reactions towards the reform is concerned, we would like to point out that attempts to implement an educational reform are often linked to the following paradox: Even though students are regarded as potential beneficiaries of change, rarely is their attitude toward the reform taken into account (Fullan, 1991). However, during the last decade, the importance of investigating students' beliefs regarding the reform was underlined (Ponte et al., 1994); emphasis was also placed on students' self-efficacy beliefs (Pajares, 1999). Research is replete with evidence that students' efficacy beliefs are related to the goals they set; the activities they choose to engage in; their effort, energy expenditure, and persistence when pursuing certain outcomes; their use of cognitive strategies and self-regulated learning approaches; and their motivation and interest in certain domains. Moreover, there is evidence that high efficacious students have fewer adverse emotional reactions when they encounter difficulties; display lower levels of anxiety, stress and depression than students who doubt their capabilities; and possess intrinsic rather than extrinsic motives (Pajares, 1999; Pajares & Miller, 1994; Pintrich, 1999). It is pointed out that some of these factors affecting students' beliefs are also included in the dynamic model, such as their motivation and expectations.

Looking at the Impact of the Reform on the Behaviour of Stakeholders:
The Importance of Looking at Changes in Teacher Behaviour in the Classroom

Yet, we acknowledge a number of limitations related to the idea that formative evaluation should be based on teachers' and students' reactions towards the reform. The findings of evaluation studies looking at the perceptions of stakeholders usually cannot help us explain the differences in the effective implementation of the reform from classroom to classroom and school to school (Kyriakides et al., 2006). This implies that instead of putting the blame for the ineffectiveness of a reform on the process followed for its design and diffusion, evaluators should try to explain the differences in the way teachers react to a reform and to the different impact that the reform exerts on their existing teaching practices.

Looking at the way the factors included in the dynamic model have been defined, one could argue that the overemphasis witnessed in previous years on teachers' attitudes towards the reform should be replaced by a balanced emphasis on attitudes and behaviour in classroom. Evaluation studies reveal that a reform is seldom implemented as planned; teachers often make adaptations to the proposed reforms either to fit with their professional judgment and ideologies or to match the realities of their experiences and meet their students' needs (e.g., Campbell, 1985; Datnow et al., 2002, 2003; Kyriakides, 1997; Pollard, Broadfoot, Croll, Osborn, & Abbott, 1994; Tyack & Cuban, 1995; Woods, 1994). It may be concluded that teachers have a predominant contribution to the effectiveness of a reform. What matters in an educational reform is not the availability of supporting resources but the *quality* of teachers themselves and their generative role in the curriculum change, which determines the *quality of teaching* and, consequently, the effectiveness of any curriculum change. This argument is reflected in the fact that the dynamic model is based on the assumption that the classroom level is more significant than either the school or the context level. In addition, the classroom level is entirely defined in relation to the behaviour of the teacher in the classroom (Kyriakides & Creemers, 2008a).

With all this said, it seems pertinent to claim that EER should comprise another theoretical strand upon which reform evaluation studies could be based. The question is, though, "In what ways could the description of teacher effectiveness in the dynamic model be helpful in evaluating a reform?" We assume that the dynamic model could be informative in at least two ways. First, it could provide a list of criteria that can help researchers elaborate on and study teachers' practices during the reform implementation. Second, it could facilitate the investigation of teachers' professional development, if there is any, during the implementation of the reform. We discuss each theme in turn.

Educational effectiveness research could aid in focusing on *teachers' practice* and on the *quality of teaching* rather than solely elaborating on teachers' beliefs (as a lot of evaluation studies did in the past) and their knowledge (as some recent studies have done). This suggestion is in accord with current research findings showing that teacher practices exert a stronger effect on students' outcomes than their beliefs and knowledge (Seidel & Shavelson, 2007). Therefore, rather than perceiving teachers as a unified body of people which responds similarly when receiving the same stimulus (i.e., a reform), the dynamic model could provide criteria upon which teacher practices and effectiveness could be studied. For instance, we could focus on the *structure* of their lessons (e.g., Do teachers call attention to the main ideas underlying the theoretical background of the reform? Do they outline the content to be covered and signal transitions between lesson parts?) or on their *questioning techniques* (e.g., If the implementation of the reform requires the use of specific types of questions, do teachers use them successfully? What type of feedback do they provide to students' answers?).

Were the dynamic model suggesting only a number of criteria for studying teachers' practice in implementing a reform, it would offer nothing else but a blueprint for conducting observations. Fortunately, the contribution of the dynamic model is not so limited since it has the potential to help with studying teachers' development as regards the reform, especially since at both the school and the context level factors associated with the learning environment of the schools are included. This implies that empirical evidence is also needed to examine whether the introduction of a reform encourages teachers to modify their existing practice. Beyond portraying teachers' practices at a specific time, the dynamic model implies that we should also collect longitudinal data of teachers' classroom behaviour. Hence, we argue that the dynamic model may also help in providing a historical perspective of teachers' practice as regards the reform rather than a motionless picture of teachers' implementation of the reform at a specific time. This argument is partly based on the fact that a measurement framework is proposed by the dynamic model which, among others, refers to the stage of the functioning of a factor. Some further implications of the measurement framework of the dynamic model for the development of evaluation studies are drawn below.

D) Using the Measurement Framework of the Dynamic Model to Design Evaluation Studies and Build a Meta-evaluation System

The dynamic model is based on the assumption that each effectiveness factor operating at the classroom, school, and context level can be measured in relation to five dimensions. Therefore, evaluators could use this measurement framework in their attempt to measure each factor which may be associated with the effective implementation of a reform. It is also important to note that this framework can be used in analysing the characteristics of the reform.

The proposed measurement framework can also be used in investigating the implementation of a reform in different organisations (e.g., school units or classrooms). Specifically, frequency can be measured by looking at the extent to which the reform policy is implemented in a classroom or a school. As far as the focus dimension is concerned, we can investigate the extent to which teachers or schools implement a policy by following exactly what they have been asked to do or whether they are more flexible in implementing the policy in different organisation units (e.g., classrooms or schools). The second aspect of the focus dimension concerned with the number of purposes that are expected to be achieved can be examined by looking at the extent to which teachers/schools implement a reform to help them achieve the purposes mentioned by the policy-makers or their expectations for a reform are expanded to cover other aspects/problems of the functioning of their units. The stage dimension is measured by looking at the period in which the reform policy is implemented. It is expected that teachers and schools will try to implement the reform policy during the whole school year and not only at a certain period. Quality is measured by investigating the properties of the behaviour of teachers and schools in implementing the policy guidelines. Finally, differentiation is measured by investigating the extent to which the reform policy is implemented in such a way that more emphasis on the implementation of the reform is given to teachers and students who need the reform more. For example, a reform focused on realistic teaching in mathematics is expected to be implemented more frequently in those schools and classrooms that have high percentages of students with learning difficulties. It may also be pointed out that the reform is implemented in such a way that students/teachers who need the reform more should receive it more than others.

We would finally like to mention that although an integrated aspect of the development of an evaluation system is the development of its meta-evaluation mechanisms, only rarely are such meta-evaluation mechanisms built. However, those evaluators who may like to develop a meta-evaluation mechanism to help them improve the quality of their evaluation studies could consider the possibility to build this mechanism around the five measurement dimensions of the dynamic model. This is also reflected in the fact that the factors concerned the evaluation of either school or national policy have been described in relation to these five dimensions (see Creemers & Kyriakides, 2008). The development of such mechanism can help the evaluators generate data which will help the various stakeholders to increase the impact of the reform on student achievement. For example, looking at the quality dimension of the evaluation of the reform will help policy-makers identify not only the psychometric properties of the evaluation and improve them but also the extent to which data gathered from evaluation help them make decisions on how to improve the reform and its impact on effectiveness.

A Framework for Conducting Theory-driven Evaluations: the Contribution of the Dynamic Model

The last section of this paper is an attempt to propose a possible theoretical framework for conducting theory-driven evaluations (see Figure 2), incorporating the elements of the dynamic model discussed above. Acknowledging the contribution of different factors identified in previous studies as predictors of the effective implementation of a reform, we considered it imperative to include those factors in the proposed model.

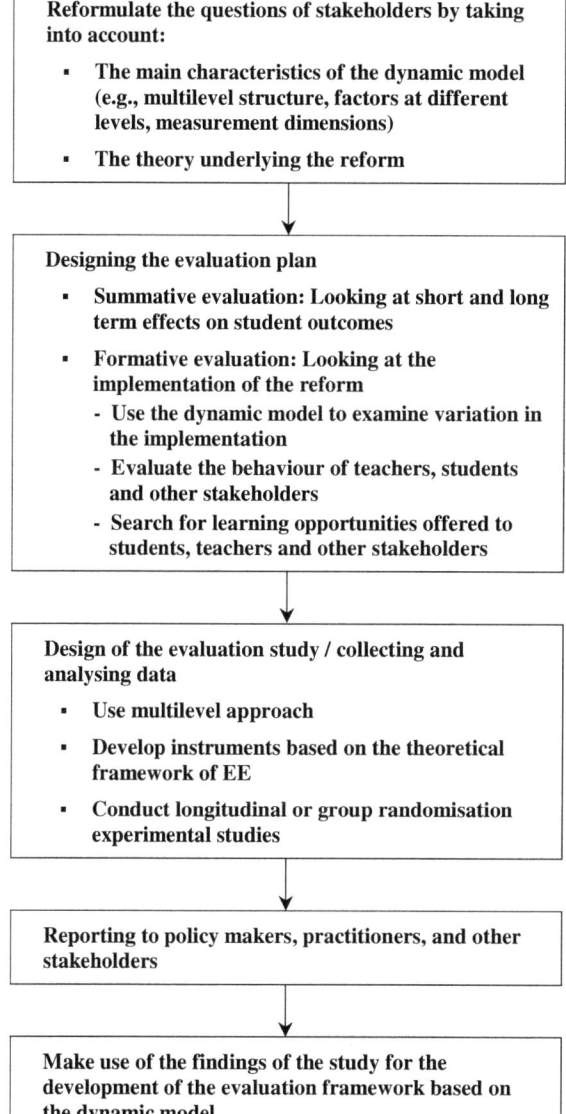

Figure 2: An evaluation framework inspired by the dynamic model

The following observations arise from Figure 2. First, we recommend that evaluators need to reformulate the research questions that policy makers may have in relation to a reform process. In doing so, the theory upon which the reform is based and the main characteristics of the dynamic model are taken into account. This implies that the multilevel structure of education and the factors operating at different level should at least be considered. For example, a reform programme looking at the reduction of the class size could look at its impact on quality of teaching and especially on the eight classroom-level factors before investigating the impact of the reform on student outcomes. The reformulation of the evaluation questions of the stakeholders can be the starting point of designing the evaluation plan. This plan is expected not only to look at the summative aspect of evaluation but also to the formative one. The later one is closely related to the implementation of the reform. Given that we expect that variation on the implementation of the reform will exist, we propose that evaluators need to focus their attention on the behaviour of those expected to make use of the reform. Data concerning the impact of the reform on teachers and students behaviour as well as on the behaviour of other stakeholders may help us identify factors associated with the effective implementation of the reform. The dynamic model may be of use to search for the impact of such factors and may also provide suggestions on how the reform can be redesigned and provide further support to those who need it. Rather than discussing issues related to the existence of prescribed plans for implementing the reform, we propose that we need to examine how teachers use and modify these plans to meet student needs and promote learning. Instead of placing so much emphasis on students' reactions towards a reform, we consider it important to examine what learning opportunities students are provided by participating in the reform.

Furthermore, the model proposed here suggests that beyond examining students' progress in terms of learning outcomes, we need to collect longitudinal data for both teachers and students. Namely, we suggest that it is worth examining both the short term as well as the long-term effects of the reforms on students since there is evidence that reforms and intervention programs may not have enduring effects on student learning (Kyriakides & Creemers, 2008b; Plewis, 2000). The model also suggests that evaluators could examine whether teachers improve their practices throughout the years as a consequence of implementing the reform (i.e., the reform itself could be considered a force able to bring change in teachers' practices).

The proposed framework does not aim to provide a comprehensive model for evaluating educational reforms. Rather, it aims to incorporate different theoretical frameworks into a single model, acknowledging the fact that each theoretical framework could illuminate different aspects of the reform. It is also argued that the dynamic model could have an important role in this process which ultimately is expected to contribute to the improvement of quality in education by using an evidence-based and theory-driven approach (Creemers & Kyriakides, 2012).

References

Amit, M., & Fried, M. N. (2002). Research, Reform, and Times of Change. In L. D. English (Ed.), *Handbook of International Research in Mathematics Education* (pp. 355–381). New Jersey: Lawrence Erlbaum Associates.

Atkin, J. M. (1998). The OECD study of innovations in science, mathematics and technology education. *Journal of Curriculum Studies, 30(6),* 647–660.

Beerens, D. R. (2000). *Evaluating teaching for professional growth.* Thousands Oaks, California: Corwin Press, Inc. Sage.

Bickman, L. (1985). Improving established statewide programs – a component theory of evaluation. *Evaluation Review, 9(2),* 189–208.

Bledsoe, K. L., & Graham, J. A. (2005). The use of multiple evaluation approaches in program evaluation. *American Journal of Evaluation, 26(3),* 302–319.

Borich, G. D. (1992). *Effective teaching methods* (2nd ed.). New York: Macmillan Publishing Company.

Brookover, W. B., Beady, C., Flood, P., Schweitzer, J., & Wisenbaker, J. (1979). *School systems and student achievement: schools make a difference.* New York: Praeger.

Brophy, J., & Good, T. L. (1986). Teacher behavior and student achievement. In M. C. Wittrock (Ed.), *Handbook of research on teaching* (3rd ed., pp. 328–375). New York: MacMillan.

Campbell, R. J. (1985). *Developing the Primary School Curriculum.* London: Cassell.

Chen, H. T., & Rossi, P. H. (1987). The theory-driven approach to validity. *Evaluation and Program Planning, 10(1),* 95–103.

Coleman, J. S., Campbell, E. Q., Hobson, C. F., McPartland, J., Mood, A. M., Weinfeld, F. D., & York, R. L. (1966). *Equality of Educational Opportunity.* Washington, DC: US Government Printing Office.

Creemers, B. (1994). *The Effective Classroom.* London: Cassell.

Creemers, B. P. M., & Kyriakides, L. (2006). Critical analysis of the current approaches to modelling educational effectiveness: The importance of establishing a dynamic model. *School Effectiveness and School Improvement, 17(3),* 347–366.

Creemers, B. P. M., & Kyriakides, L. (2008). *The dynamics of educational effectiveness: A contribution to policy, practice and theory in contemporary schools.* London: Routledge.

Creemers, B. P. M., & Kyriakides, L. (2009). Situational effects of the school factors included in the dynamic model of educational effectiveness. *South African Journal of Education, 29(3),* 293–315.

Creemers, B. P. M., & Kyriakides, L. (2010a). Using the dynamic model to develop an evidence-based and theory-driven approach to school improvement. *Irish Educational Studies, 29(1),* 5–23.

Creemers, B. P. M., & Kyriakides, L. (2010b). School factors explaining achievement on cognitive and affective outcomes: establishing a dynamic model of educational effectiveness. *Scandinavian Journal of Educational Research, 54(3),* 263–294.

Creemers, B. P. M., & Kyriakides, L. (2012). *Improving Quality in Education: Dynamic Approaches to School Improvement.* London: Routledge.

Darling-Hammond, L. (2000). Teacher quality and student achievement: a review of state policy evidence. *Education Policy Analysis Archives, 8(1),* 1–46. http://epaa.asu.edu/epaa/v8n1/. Accessed: January 20, 2014.

Datnow, A., Borman, G., & Stringfield, S. (2000). School Reform through a Highly Specified Curriculum: Implementation and Effects of the Core Knowledge Sequence. *The Elementary School Journal, 101(2),* 167–191.

Datnow, A., Borman, G., Stringfield, S., Overman, L. T., & Castellano, M. (2003). Comprehensive School Reform in Culturally and Linguistically Diverse Contexts: Implementation and Outcomes form a Four-Year Study. *Educational Evaluation and Policy Analysis, 25(2),* 143–170.

Datnow, A., Hubbard, L., & Mehan, H. (2002). *Extending Educational Reform: From one school to many*. New York: RoutledgeFalmer Press.

De Jong, R., Westerhof, K. J., & Kruiter, J. H. (2004). Empirical evidence of a comprehensive model of school effectiveness: A multilevel study in mathematics in the 1st year of junior general education in the Netherlands. *School Effectiveness and School Improvement, 15(1)*, 3–31.

Driessen, G. W. J. M., & Mulder, L. W. J. (1999). The enhancement of educational opportunities of disadvantaged children. In R. J. Bosker, B. P. M. Creemers & S. Stringfield (Eds.), *Enhancing educational excellence, equity and efficiency: evidence from evaluations of systems and schools in change* (pp. 37–64). Dordrecht: Kluwer Academic Publishers.

Edmonds, R. R. (1979). Effective schools for the urban poor. *Educational Leadership, 37(1)*, 15–27.

Fullan, M. (1991). *The New Meaning of Educational Change*. New York: Cassell.

Jencks, C., Smith, M., Acland, H., Bane, M. J., Cohen, D., Gintis, H., Heyns, B., & Michelson, S. (1972). *Inequality: a Reassessment of the Effects of Family and Schooling in America*. New York: Basic Books.

Joyce, B., Weil, M., & Calhoun, E. (2000). *Models of teaching*. Boston: Allyn & Bacon.

Kelly, A. V. (1989). *The Curriculum: Theory and Practice*. London: Paul Chapman Publishing.

Kyriakides, L. (1997). Primary teachers' perceptions of policy for curriculum reform in Mathematics. *Educational Research and Evaluation, 3(3)*, 214–242.

Kyriakides, L. (2004). Investigating Validity from Teachers' Perspective through their engagement in Large-Scale Assessment: the Emergent Literacy Baseline Assessment Project. *Assessment in Education: Principles, Policy and Practice, 11(2)*, 143–165.

Kyriakides, L. (2005). Extending the Comprehensive Model of Educational Effectiveness by an Empirical Investigation. *School Effectiveness and School Improvement, 16(2)*, 103–152.

Kyriakides, L. (2006). Using international comparative studies to develop the theoretical framework of educational effectiveness research: A secondary analysis of TIMSS 1999 data. *Educational Research and Evaluation, 12(6)*, 513–534.

Kyriakides, L., Antoniou, P., & Maltezou E. (2009). *Investigating the short- and long-term effects of secondary schools upon academic success and development*. Paper presented at the 90th Annual Meeting of the American Educational Research Association. San Diego, USA, April 2009.

Kyriakides, L., Campbell, R. J., & Gagatsis, A. (2000). The Significance of the Classroom Effect in Primary Schools: An Application of Creemers' Comprehensive Model of Educational Effectiveness. *School Effectiveness and School Improvement, 11(4)*, 501–529.

Kyriakides, L., Charalambous, C., Philippou, G., & Campbell, R. J. (2006). Illuminating reform evaluation studies through incorporating teacher effectiveness research: a case study in Mathematics. *School Effectiveness and School Improvement, 17(1)*, 3–32.

Kyriakides, L., & Creemers, B. P. M. (2008a). Using a multidimensional approach to measure the impact of classroom-level factors upon student achievement: a study testing the validity of the dynamic model. *School Effectiveness and School Improvement, 19(2)*, 183–205.

Kyriakides, L. & Creemers, B. P. M. (2008b). A longitudinal study on the stability over time of school and teacher effects on student learning outcomes. *Oxford Review of Education, 34(5)*, 521–545.

Kyriakides, L., & Creemers, B. P. M. (2009). *Explaining Stability and changes in schools: A follow-up study testing the validity of the dynamic model.* Paper presented at the EARLI conference. Amsterdam, the Netherlands, August 2009.

Kyriakides, L., Creemers, B. P. M., & Antoniou, P. (2009). Teacher behaviour and student outcomes: Suggestions for research on teacher training and professional development. *Teaching and Teacher Education, 25(1)*, 12–23.

Levine, D. U., & Lezotte, L. W. (1990). *Unusually effective schools: a review and analysis of research and practice.* Madison (USA): National Center for Effective Schools Research and Development.

MacDonald, B. (1991). Critical introduction from innovation to reform – a framework for analysing change. In J. Rudduck (Ed.), *Innovation and Change: Developing Involvement and Understanding* (pp. 1–13). Milton Keynes: Open University Press.

Madaus, G. G., Kellagham, T., Rakow, E. A., & King, D. (1979). The sensitivity of measures of school effectiveness. *Harvard Educational Review, 4*, 207–230.

Monk, D. H. (1994). Subject matter preparation of secondary mathematics and science teachers and student achievement. *Economics of Education Review, 13(2)*, 125–145.

Muijs, D., & Reynolds, D. (2001). *Effective Teaching: evidence and practice.* London: Sage.

Pajares, F. (1999). Current Directions in Self-Efficacy Research. In M. Maehr & P. R. Pintrich (Eds.), *Advances in motivation and achievement.* (pp. 1–49). Greenwich, CT: JAI Press.

Pajares, F., & Miller, M. (1994). Role of self-efficacy and self-concept beliefs in mathematical problem solving: A path analysis. *Journal of Educational Psychology, 86(2)*, 193–203.

Pintrich, P. R. (1999). The role of motivation in promoting and sustaining self-regulated learning. *International Journal of Educational Research, 31*, 459–470.

Plewis, I. (2000). Evaluating Educational Interventions Using Multilevel Growth Curves: The Case of Reading Recovery. *Educational Research and Evaluation, 6(1)*, 83–101.

Polettini, A. F. F. (2000). Mathematics teaching life histories in the study of teachers' perceptions of change. *Teaching and Teacher Education, 16*, 765–783.

Pollard, A., Broadfoot, P., Croll, P., Osborn, M., & Abbott, D. (1994). *Changing English Primary Schools? The Impact of the Education Reform Act at Key Stage 1.* London: Cassell.

Ponte, J. P., Matos J. F., Guimaraes, H. M., Leal, L. C., & Canavarro, A. P. (1994). Teachers' and Students' Views and Attitudes towards a New Mathematics Curriculum: A Case Study. *Educational Studies in Mathematics, 26*, 347–365.

Pustjens, H.,Van de Gaer, E., Van Damme, J., & Onghena, P. (2004). Effect of Secondary Schools on Academic Choices and on Success in Higher Education. *School Effectiveness and School Improvement, 15(3–4)*, 281–311.

Reynolds, A. J., & Walberg, H. J. (1990). *A Structural Model of Educational Productivity,* Illinois: Northern Illinois University.

Rosas, S. R. (2005). Concept mapping as a technique for program theory development – an illustration using family support programs. *American Journal of Evaluation 26(3)*, 389–401.

Rosenshine, B., & Stevens, R. (1986). Teaching Functions. In M. C. Wittrock (Ed.), *Handbook of Research on Teaching* (3rd ed., pp. 376–391). New York: Macmillan.

Rutter, M., Maughan, B., Mortimore, P., Ouston, J., & Smith, A. (1979). *Fifteen thousand hours: secondary schools and their effects on children.* Cambridge, MA: Harvard University Press.

Sammons, P., Hillman, J., & Mortimore, P. (1995). *Key Characteristics of Effective Schools: A Review of School Effectiveness Research.* London: Office for Standards in Education and Institute of Education.

Sammons, P., Power, S., Elliot, K., Campbell, C., Robertson, P., & Whitty, G. (2003). *New Community Schools in Scotland: Final Report – national evaluation of the pilot phase.* Edinburgh: Scottish Executive Education Department.

Scheerens, J. (1992). *Effective Schooling: Research, Theory and Practice.* London: Cassell.

Scheerens, J., & Bosker, R. J. (1997). *The foundations of educational effectiveness.* Oxford: Pergamon.

Schoenfeld, A. H. (1998). Toward a theory of teaching in context. *Issues in Education, 4(1)*, 1–94.

Schon, D. A. (1971). *Beyond the Stable State.* Harmondsworth: Penguin.

Schunk, D. H. (1991). Self-Efficacy and academic motivation. *Educational Psychologist, 26(3)*, 207–231.

Scriven, M. (1994). Duties of the teacher. *Journal of Personnel Evaluation in Education, 8*, 151–184.

Seidel, T., & Shavelson, R. J. (2007). Teaching effectiveness research in the past decade: The role of theory and research design in disentangling meta-analysis results. *Review of Educational Research, 77(4)*, 454–499.

Shaw, K. M., & Replogle, E. (1996). Challenges in evaluating school-linked services – toward a more comprehensive evaluation framework. *Evaluation Review, 20(4)*, 424–469.

Soar, R. S., & Soar, R. M. (1979). Emotional climate and management. In P. Peterson & H. Walberg (Eds.), *Research on Teaching Concepts: Findings and Implications* (pp. 97–119). Berkeley, CA: McCutchan.

Stevenson, H. W., Chen, C., & Lee, S. Y. (1993). Mathematics Achievement of Chinese, Japanese and American Children: Ten Years Later. *Science, 259*, 53–58.

Stringfield, S. C., & Slavin, R. E. (1992). A hierarchical longitudinal model for elementary school effects. In B. P. M. Creemers & G. J. Reezigt (Eds.), *Evaluation of Educational Effectiveness* (pp. 35–69). Groningen: ICO.

Sztajn, P. (2003). Adapting Reform Ideas in Different Mathematics Classrooms: Beliefs Beyond Mathematics. *Journal of Mathematics Teacher Education, 6*, 53–75.

Taggart, B., & Sammons, P. (1999). Evaluating the impact of raising school standards initiative. In R. J. Bosker, B. P. M. Creemers, & S. Stringfield (Eds.), *Enhancing educational excellence, equity and efficiency: evidence from evaluations of systems and schools in change* (pp. 137–166). Dordrecht: Kluwer Academic Publishers.

Teddlie, C., & Reynolds, D. (2000). *The International Handbook of School Effectiveness Research.* London: Falmer Press.

Tyack, D. & Cuban, L. (1995). *Tinkering Toward Utopia: A Century of Public School Reform.* USA: Harvard University Press.

van den Berg, R., Sleegers, P., Geijsel, F., & Vandenberghe, R. (2000). Implementation of an Innovation: Meeting the Concerns of Teachers. *Studies in Educational Evaluation, 26*, 331–350.

Walberg, H. J. (1984). Improving the productivity of America's schools. *Educational Leadership, 41(8)*, 19–27.

Weiss, C. H. (1997). How can theory-based evaluation make greater headway. *Evaluation Review, 21(4)*, 501–524.

Woods, P. (1994). Adaptation and self-determination in English Primary Schools. *Oxford Review of Education, 20(4)*, 387–410.

Worthen, B. R., Sanders, J. R., & Fitzpatrick, J. L. (1997). *Program Evaluation: Alternative Approaches and Practical Guidelines* (2nd ed.). USA: Longman Publishers.

Tony Townsend

School Improvement and School Leadership: Key Factors for Sustaining Learning

The Impact of Change on Education

When educating school leaders about how we might go about improving student learning, one simple way to open their eyes is to ask the question 'What can a 15 year old do or experience today that you could not do when you were 15?' Given a few minutes to think about this, they will come up with a series of responses such as 'I-phones', 'facebook' 'laptop computers' and so on. It is clear that school leaders recognise that there has been substantial change in the types of technology available to young people today, most of which we as adults feel less comfortable about than they do. However, when they are probed further, they come to recognise that it is not just technology that has changed, but pretty much everything else too, some of it on the back of technology, but other things not so. So do your own test now and you will possibly think of changes in:

- the environment (e.g., global warming),
- employment (contract positions rather than life-long employment),
- relationships (try to define 'family' for instance),
- health (improved ability to replace human parts, but also the pandemic of AIDS),
- wealth (the rate of poverty in many parts of the world has decreased substantially over the past 30 years, but the Gini index, which analyses the spread of wealth across an individual country, shows that the rich continue to get richer and are widening the gap between themselves and everyone else),
- society (rapidly changing demography, population shifts from rural to urban communities),
- culture (the McDonaldisation and Coca-Colarisation of the world and what that means), and
- values (we seem to respect community less and individualisation more, and there seems to be a stronger link between your self-perception and the amount of money you have)

Responding to Change

Drucker (1993, p. 1) argued:

> *Every few hundred years in western history there occurs a sharp transformation. We cross ... a divide. Within a few short decades society rearranges itself, its world view; its basic values; its social and political structure; its arts; its key institutions. Fifty years later, there appears a new world ... we are currently living through such a transformation.*

Drucker talks about societal transformation, the type that I have identified in the questions above. However, Drucker uses words like 'every few hundred years' and 'fifty years later' which suggest a sort of relaxed approach to change, where something that happens when I am a child permeates its way through society so that by the time that I am fifty, we have all come to accept it. Toffler (1971, p. 12), on the other hand, suggests that this relaxed approach to change has collapsed.

> *I coined the term 'future shock' to describe the shattering stress and disorientation that we induce in individuals by subjecting them to too much change in too short a time.*

He called it that feeling of 'vague, continuous anxiety', something that I am sure many people in education can relate to. The interesting thing about the Toffler statement is that forty years later, things are changing even more rapidly than in Toffler's time. From email to facebook to youtube to text messaging to twitter can be measured in months, not years.

However, if we put these two statements together we gain an understanding that the world around us goes through substantial transformations, each of which makes us see the world differently, and that these transformations seem to be happening more and more frequently. I argued that Drucker was talking about a principle similar to that first proposed by Rogers (1962)

> *... to describe the diffusion of innovations, where the S-curve described the number of people accepting an innovation over a period of time. New products or innovations were first accepted by a few 'early adopters', followed by the 'early majority', the 'late majority' and then the 'laggards'. Cumulatively, when graphed, the proportions of the population that have accepted the innovation over time form an S-curve.* (Townsend, 2009, p. 356)

Figure 1 below describes the process of innovation over time where each of the stages can be identified (adapted from Handy, 2004):

A   when an innovation is first introduced, it takes time for it to be accepted by people
B   once the innovation starts to be accepted it is easier for others to start using it too

C most people are now using the innovation, and it has changed how we see the world
D eventually all things start to decline. We get bored with them, or do other things … OR
E we start using a new innovation that replaces the one we had, and the cycle starts again

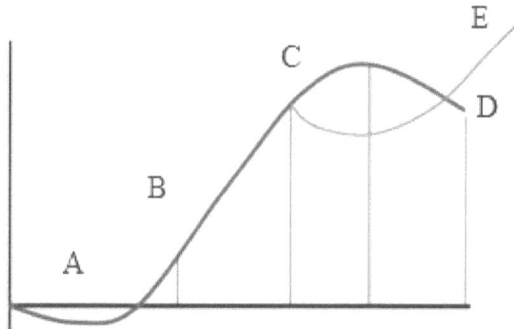

Figure 1: Innovation over time

The leadership task is to recognise when to jump from one curve to the next and good leaders seem to be able to do this. Of course this is not as easy as it sounds as in every organisation there are various categories of people, all of whom need to be led in a different way.

The *Missionaries* are the people who innovate and these people need to be supported to enable them to have the time to develop new ways of looking at the world. The *True Believers* support the missionaries in their work and can create connections with others in the organisation. However, there are others that are not so supportive. The *Lip Servers* are those that say they support the innovation but do nothing to make it work better, the *Underground Workers* are those that on the surface seem to be supportive, but behind the scenes talk to others in ways that makes the innovation hard to promote. The *Outright Opponents* refuse to accept the new way of doing things and continue to operate as if the innovation didn't exist and the *Emigrants* are so opposed to the innovation that they leave the organisation. So the leader has to recognise which category each person on the staff fits into and use different leadership skills that will support, inform, convince, influence and, perhaps even to force staff to get involved.

This is a useful model for looking at how education has progressed over the course of history. Just as Drucker identified, over time, certain changes in our society have also changed the way in which we think about schooling. These changes, when documented on a global scale, can be likened to the sigmoid curve as first one community or society adopts the new way of thinking, then others follow over time. Townsend (2009, p. 356) further argued:

... that we have had four S-curves in education's history and that we are now on the verge of a fifth. The first, in which the dominant drivers were individuals, lasted for more than four thousand years, the second saw the birth of local schools, and lasted for around 80 years, the third saw the intervention of national governments and lasted around 20 years, and we are in about the eighth or ninth year of the fourth S-curve, in which accountability systems and the market have become the dominant drivers of education. I will also argue that we are approaching the time when we need a new way of thinking about education, one that considers social justice issues at a global level.

Townsend (1998, p. 248) had previously argued:

We have conquered the challenge of moving from a quality education system for a few people to having a quality education system for most people. Our challenge now is to move from having a quality education system for most people to having a quality education system for all people.

Townsend (2009, p. 364) goes on to suggest that we have to do things in a different way.

... we have to move beyond accountability, which is simply a counting and sorting process, and seems to mostly have been designed to enable politicians to report things to communities in slick sound bites and with little or no analysis, and towards responsibility, where we need to respond to the needs and circumstances of the young people we serve and have an internal motivation to improve schools, not because it makes us look better, but because it is the right thing to do for the young people we interact with. Under these circumstances communities, and governments, accept that it is both their legal and moral responsibility to ensure that all people within their communities are given the educational provision required to enable them to achieve their full potential as global citizens.

There are implications associated with this statement at the policy level, for the practice of schooling and for the training of both teachers and school leaders. Essentially, the issue is concerned with improving the effectiveness of school systems, schools and the people within them, all focusing on ways in which learning, not only of students, but everyone in the school, can be maximised.

Educational Effectiveness and School Improvement

The past twenty years have seen a substantial focus on making judgements about what a good school is (how do we define an 'effective school') on the one hand, and how we make more schools effective schools (what elements lead to school improvement) on the other. The first of these has been shaped by the research field called school effectiveness and the second by school improvement, a field that grew out of the need to improve schools' effectiveness. However, by the early-1990s it became clear that these two areas of research were connected and needed each other if there was to be a way found that would improve the outcomes of students. As Smink pointed out:

> School effectiveness is concerned with results. Researchers try to describe certain variables for school success in measurable terms. On the other hand, school improvement places the accent on the process; here one finds a broad description of all the variables that play a role in a school improvement project. Both approaches need the other to successfully modernise the system. (Smink, 1991, p. 3)

The school effectiveness movement, as with all scientific areas of study, has changed over the years and, despite criticism from sociologists who argued that there were methodological and conceptual difficulties (see Slee & Weiner, 2001; Thrupp, 2001), is now seen as a viable and fruitful means of looking at schools. Reynolds, Sammons, De Fraine, Townsend and Van Damme (2011) argued that there have been five distinct phases of research into what is now being called Educational Effectiveness. The first emerged as a reaction to the seminal studies of Coleman et al. (1966) and Jencks et al. (1972), who concluded that schools had little effect upon the outcomes of their students in comparison to the effects of their own ability and social backgrounds. The attempt to rebut this view included the empirical studies of Weber (1971) and Edmonds (1979) in the USA, and Rutter et al. (1979), and Smith & Tomlinson (1989) in the UK.

The second phase, from the mid-1980s, saw studies that considered the scientific properties of school effects such as stability over time and differential effects of school upon students of different backgrounds, on size of school and the long term effects of schools on students and the third phase, in the 1990s, saw numerous attempts to explore the reasons why schools had different effects, with studies by Teddlie and Stringfield (1993) in the United States and Sammons et al. (1997) in the United Kingdom. Townsend (1994) found that the expectations of school communities varied, not only from school to school, but also from district to district. It showed that, in a district that was predominantly middle class, many parents, teachers and students felt that the major role of school was academic (to prepare people for further education), whereas in a more working class district parents, teachers and students were much more supportive of the role of the school being vocational (to prepare people for work). These differences suggested that a definition of an effective school should be broader than having a simple academic focus, and should not only consider systemic concerns, but local ones as well:

> An effective school is one that develops and maintains a high quality educational programme designed to achieve both system-wide and locally identified goals. All students, regardless of their family or social background, experience both improvement across their school career and ultimate success in the achievement of those goals, based on appropriate external and school-based measuring techniques. (Townsend, 1994, p. 48)

The fourth phase, which began in the mid to late 1990s saw the internationalisation of the research, together with further collaborations between school effectiveness and school improvement researchers and practitioners, led by people such as Fullan (1993, 1997), Fullan and Hargreaves (1991, 1992); MacBeath (1999, 2006); MacBeath et al. (2007); Stoll (1997); Stoll and Fink (1996) and Caldwell and Spinks (1988, 1992, 1996). School improvement was more concerned with the processes that lead to improvement within the school, rather than just seeking to know which aspects of school activity made a difference to student achievement. These researchers were concerned with discovering how we could develop teachers so that they would have high expectations of students, how we involved parents and how various styles of leadership might support school development, rather than simply knowing that these things made a difference. The school effectiveness and school improvement research, together, created the impetus for much school reform in many parts of the world, especially during the last decade of the 20th Century.

The fifth phase started in the late 2000s and involved a change in terminology from school effectiveness to educational effectiveness, emphasising more broadly defined and less static forms of inter-relationship, and seeing schools as impacted on by factors at a number of levels, the student, the teacher, the school and the system (Creemers & Kyriakides, 2008). In order to really understand how schools became more effective it is crucial to understand how each of these levels interact with and impact on one another. This is made apparent in studies such as the Voices 3 study (Acker-Hocevar et al., 2012) in the USA, which illustrates how different levels of activity from national, state, district, school and classroom, all impact on the level of learning that students actually achieve. We have, in fact, known for quite some time that if we really want to improve student learning, the closer we get to the student, the better (see, for instance, Hattie, 2008; Hill, 1998; Wang, Haertel and Walberg, 1993/94).

Improving Student Learning

Wang, Haertel, and Walberg (1993/1994), analyzed 179 chapters, conducted 91 research syntheses, interviewed 61 educational researchers, and considered 11,000 findings related to student learning. Twenty-eight specific characteristics of a learning-oriented school are grouped into six categories. The top five characteristics are listed in order of their importance to student learning:

1. Classroom management
2. Metacognitive processes
3. Cognitive processes
4. Home environment/parental support
5. Student-teacher social interactions

What we see here is that the greatest determinants of student learning are the student and what happens in the classroom. It is what the student brings to the table, together with what the teacher brings to the table that makes the difference to student learning. These results were more recently confirmed by Hill (1998) who showed that the classroom is about four times more influential in helping students learn than anything that happens at the school level, and Hattie (2008) whose meta-analysis confirmed that around 50% of the variation in student achievement can be tracked back to the student (items 2, 3 and 4 above) and around 30% of the variation comes from what teachers do (items 1 and 5), with the most important single factor being the quality and consistency of feedback given by the teacher to the student.

If we look at these top five elements that contribute to student learning, it becomes obvious that it is what happens in the classroom, the home, and the community that is critical to an individual student reaching his or her potential. The student's ability to learn, the way in which the classroom is organized and managed, and the relationships between student, teacher, and parent are the keys to learning. The past decade has seen massive changes at the state and school levels by various restructuring activities, but few that have tried to change what happens in classrooms. Yet as Ashenden (1994, p. 13) argues:

> The greatest single weakness in these reforms is that they stop at the classroom door. The classroom is the student's workplace. It is, in essence, a 19th-century workplace—much more humane and interesting but recognisably the same place. It is an inefficient and inequitable producer of the old basics and simply incompatible with the new.

If we are concerned about helping students to learn, there are three major issues for educators. The first is having an appropriate curriculum for a rapidly changing world, the second is to use a pedagogy that will engage every student in this curriculum and to enable them to build a positive relationship to learning, so that they can become a lifelong learner, and the third is the way in which we assess the level of success.

As Hill argued (1998, p. 6), "one of the more powerful conclusions arising from recent research is that much of the variation between schools is, in fact, due to variation among classes." So if we are to move toward a more effective school system, it happens by promoting more effective schools. If we are to support the development of more effective schools, it will be through the promotion of more effective classrooms.

If we accept the premise that to improve student achievement, changes must be made in curriculum, engagement and relationships, and measuring success, then perhaps the greatest leadership task in the future is to manage the changes that are necessary in the hearts and minds of teachers, since it is here that true improvement in student learning lies. We must move individual teachers past competence and into a position of capability. Cairns (1998, p. 1) argued,

> *Modern teachers need to be developed as capable which is seen as moving 'beyond' initial competencies. The capable teacher is what we should be seeking to develop, encourage and honor as the hallmark of our profession.*

Making teachers more flexible, adaptable, and professional becomes a challenge for school leaders. The model for developing capable teachers is a combination of three intertwined elements:

- Ability (describes both competence and capacity)
- Values (the ideals that govern the use of ability)
- Self-efficacy (the way people judge their capability to carry out actions effectively)

The Leadership challenge becomes clear. To improve teachers' abilities we need to focus our attention on their professional development, particularly in the areas identified above; to improve teachers' values we need to focus on developing and passing on a notion of values and teacher professionalism; and to improve teachers' self-efficacy we need to provide teachers with the ability to believe in themselves. Just as we need to change the beliefs and understandings of students if we want them to improve their level of learning, school leaders need to change the beliefs and understandings of teachers to manage this process. Essentially for every student to improve their level of achievement, then every teacher must believe that every student has the capability to learn and must have the understanding of how best to promote that. It is one or the other of these two factors that seems to be missing for many teachers and is currently curtailing changes in student achievement. The leadership imperative of the future is to move toward a universal set of beliefs and understandings on the part of teachers that will lead to positive outcomes and relationships for every student.

The Role of Leadership in Educational Effectiveness

Senior school leaders can have a powerful, if indirect, influence on student achievement (Leithwood and Jantzi, 2000) through their ability to influence the quality of teaching (Fullan, 2001; Sergiovanni, 2001). A consistent finding in virtually every piece of research on either school or educational effectiveness and school improvement is the role that leadership plays in the process. In the more than three decades of school effectiveness research leadership is consistently included among the 5 (Lezotte, 1991), 6 (Cunningham et al., 2006), 11 (Sammons et al., 1995), 12 (Mortimore, 1998) or 18 (Townsend, 1994) indicators. While leadership has widely been treated as synonymous with headteachers or principals, researchers have in recent years, widened the compass to examine student leadership (Mitra, 2007), teacher leadership (Little, 1988; Barth, 1999), principal or head teacher leadership (Townsend & MacBeath, 2011), district or local authority leadership (Waters & Marzano, 2007) and government or system leadership (Hopkins, 2010; Southworth, 2005), each being identified as helping to increase the level of student achievement within schools. There has also been a plethora of leadership types, hierarchical or transactional (Silins, 1994), transformational (Leithwood & Janzti, 2000), shared (Lambert, 2002), distributed (Gronn, 2000, 2002; Spillane, Halverson, & Diamond, 2001, 2004), moral (Sergiovanni, 1992), ethical (Starratt, 2004), and democratic (Starratt, 2001; Møller, 2002), among others, that have found their way into the educational literature.

There are many tasks for the effective school leader. Hill and Crevola (1997) identified eight different elements related to improving learning outcomes for students:

- Leadership and coordination
- Standards and targets
- Monitoring and Assessment
- Improving Classroom Teaching Strategies
- Developing Professional Learning Teams
- Having appropriate School and Classroom Organisation
- Providing Intervention and Special Assistance
- Having strong, Home, School and Community Partnerships

However, they argued that the key to making all of these work was the Beliefs and Understandings held by the people in the school. Everyone in the school had to believe that all students can learn and they needed to understand why some students did not learn well and understand what they could do to improve this. The task of developing these beliefs and understandings becomes a critical part of the school leader's role.

Leading Educational Change

Robinson and her colleagues (Robinson et al., 2009) undertook what they called a 'best evidence synthesis' of research that linked school leadership with learning outcomes for students. They found a number of leadership factors that had a positive effect on improving student outcomes, but they argued that promoting and participating in teacher learning and development was the most important thing a school leader could do if improving student achievement was the goal.

Northouse (2012) suggests that leadership is a process whereby an individual influences a group of individuals to achieve a common goal. It contains three dimensions, the people, the power relationship between them and the task to be accomplished. It could be argued that the same sorts of conditions apply to virtually every human interaction. Townsend (2009, p. 376) puts it this way:

There are three dimensions to human relationships, the way in which we interact, the content of the interaction, and the circumstances in which the interaction occurs.

The way in which we interact in education seems to follow the same processes regardless of the people involved, whether it is teacher and student, school leader and teacher or policy makers and school leaders. In the wider community the same occurs for parents and children, bosses and workers and in other community settings. At the policy level this might also be considered as applying to organisations, whether it is the government and the district or the district and the school. Most interactions that occur between humans may be seen as taking place in one of three different ways: one side asks questions and the other responds, one side tells the other something and the other reacts, or there is a free discussion where both parties might ask questions or make statements that can be either agreed with or disagreed with. Each of these ways of interacting creates a different power structure between the people involved.

The content of the interaction relates to the task to be accomplished, which may be as simple as remembering the answer to a question or as complex as understanding how the answer was derived. Both are on display within various human interactions. We all remember children parroting times tables with no thought as to what they meant. We have all been given tasks that take priority over others, not because they are important to us, but because they are important to people above us. This has been known in some circles as the 'Drop and Do' mentality, where what is currently being done is put to one side while 'more important' things are attended to. Since memorising takes us less time to accomplish than understanding, memorisation takes pride of place over making connections among disparate pieces of information. We see this happening in classrooms, in schools and in the wider community.

The circumstances in which the interaction occurs describes another set of power relationships between the people involved, which can range from total power for one party, generally leading to a negative environment for the other, to one where power is shared in various ways to establish the best conditions for the relationship to thrive. In short, power bases create either positive or negative environments in which to work. The 'Drop and Do' mentality mentioned above is one instance of a negative environment, but having a leader that is concerned as much about the people involved as he or she is about focusing on accomplishing the task to be completed, might lead to a completely different view of one's workplace.

In this paper I wish to focus on two types of leadership, ones that have gained recent traction in different parts of the world, but ones that might be considered to demonstrate the two ends of the spectrum for the three elements mentioned above, especially as they are applied in the current high stakes educational environment.

The first form is instructional leadership (see Hallinger & Murphy, 1985), which has become a dominant term for school leadership, with its origins in the United

States but now picked up in many other countries; and the second is Leadership for Learning, which has been used for more than a decade in the United Kingdom (see, for example MacBeath & Dempster, 2009, Townsend & MacBeath, 2011). It is argued that these two terms have been used by some as if they are the different sides of the same coin. In fact both Hallinger and Murphy, who began using the term instructional leadership in the mid-1980s, have both recently, and separately, used the term leadership for learning in their writings (see Hallinger & Heck, 2010 and Murphy et al., 2007). But I would argue that they are very different.

Instructional Leadership

The emergence of the term instructional leadership may be dated from around the 1980s (Hallinger & Murphy, 1985; Hallinger & Heck, 1996; 1998). It proposed three dimensions in this role: Defining the School's Mission, Managing the Instructional Program, and Promoting a Positive School Learning Climate.

This term 'Instructional Leadership' has been used almost universally in a way that construes it as having a positive effect on the nature of 'instruction', or more accurately on the nature of achievement, defined by what happens in classrooms. The three elements mentioned above, the way in which people interact, the content of the interaction and the environment in which these interactions take place, when associated with 'Instructional leadership' defines the way in which American school leaders should undertake the task of leading a school. Instructional leadership has taken pride of place for nearly 30 years and now the importance of instructional leadership is referred to in almost every state standard for leadership.

These three dimensions interactions, content and environment, fit neatly with the three aspects of Instructional leadership identified by Hallinger and Murphy (1985). Defining the School's Mission, looks at the content of the interaction; Managing the Instructional Program considers the way in which people interact; and Promoting a Positive School Learning Climate can be equated with the environment in which the interaction occurs. Although instructional leadership has a great deal of research backing it, the word 'instructional' gives us a hint as to how this term might be applied. To give an instruction is to tell people to do something, so instructional leadership stretches the definition of instruction in a way that limits both leaders and teachers. In the last decade in the United States, the policy environment, framed by the No Child Left behind (NCLB, 2000), is also a 'telling' piece of legislation, outlining requirements (mission), focus (content) and sanctions (management). In this way it might be considered that NCLB and instructional leadership is a match made in heaven.

Managing the Programme

In the USA, there is a pattern of the federal government telling everybody what to do (NCLB) but only providing resources if these are directed to this purpose, the states then tell school districts what to do, school boards tell superintendents what is required and school superintendents tell principals how they are going to be judged, all of which results in the principal telling teachers how to do their work, with the teacher telling the students what to do being the end of the chain. The people most responsible for the learning outcomes of the United States education system (the students) and the person most likely to guide, encourage and teach them (the teacher) are, ironically, the least powerful people in this chain. They have little flexibility, can ask no questions and do nothing that is not mandated by some-one further up the ladder. The analysis of the Voices 3 research (Acker-Hocevar et al., 2012, in Townsend et al., 2013) provided evidence of this view.

> *No choice; it's in there; gotta do it.* (Principal 81, high school, Midwest, 2006)

> *The decision resides with me. And so, voice is important, but it's not the decision—you know, this is not a democratic decision.* (Superintendent 68, southwest, medium-size)

In a hierarchical system it is always easier to make the decision yourself than to get others involved in the process. Yet the downside of this is that it leads to less happy followers. Most of us have grown up in a 'telling' environment. Our parents told us what to do, our teachers told us what to do, bosses tell us what to do. So when government tells us what to do we simply comply. Compliant people do what they are told to do without thinking, yet every piece of our learning and perhaps all the original learning for the entire human race has come about not because we are told things, but because we ask questions, because we make decisions for ourselves.

Randall Clinch (2001) argued 'There are two types of teachers: The askers and the tellers' and he suggested that it is in those classrooms where most of the time teachers use questioning and explaining as a mechanism for getting the message across, that learning really happens. If we extrapolate to the school and district level, we might suggest that school leaders who ask questions about policy changes or ask questions about how to improve our practices, rather than simply telling people below them what to do, might have a better chance of developing a learning community than those that don't. Our choices are to ask people questions and to help them move towards their own answers, or we simply tell them the answer and ask them to memorise it and do it. It seems pretty clear that the system of in-structional leadership under NCLB is one where messages from above are shaped marginally by the next level and then passed down to the one below it.

Defining the School's Mission

The types of question we use, or alternatively what we tell people, can also differ in nature and form. They may be about individual facts, tasks or pieces of information, or about the broader processes or concepts we use as human beings. The difference between individual facts and concepts is huge. An individual fact (or a specific task) is not necessarily connected to anything else, so the answer to 'what is 4 plus 4?' doesn't really go much further. But we use our concepts and processes daily to help us manage our lives. For every word, or group of words, in our various native languages, we have a concept associated with it. We find them hard to explain and are aware that they are subject to change over time, but the way in which we respond to a situation depends on the current concepts that we have associated with that situation. So discussing the concept of addition is much more enriching that remembering the answer to a simple addition. The individual fact may help us to understand our concept, but if we spend all our time on facts and little time on concept development then not much learning will take place.

Although there may be many areas that SHOULD be discussed in order to improve the quality of schooling, those areas that CAN be discussed are defined by the NCLB law itself and the level of resources available to schools to deliver their programme. In an environment of scarce resources, it is likely that those resources will be spent ensuring that the mandated (and measured) part of the curriculum is delivered. Only when there are resources left over after these aspects have been attended to, can other things be considered. So instructional leadership in the USA ensures that the content that is focused on in schools is that which is measured.

> *It's just all tasks. There's no creativity, and when you stifle someone's creativity, they don't want to do that.* (Superintendent 18, medium-sized district, southwest & west, 2006)

> *We're spending about 100 per cent of our time in demonstrating test score proficiency on NCLB and we're graduating a senior with about 75 per cent of what they need to know in the real world.* (Principal 80, high school, Midwest, 2005)

Much of the instructional leadership literature focuses on specific tasks that leaders might engage in to ensure their teachers promote high levels of student achievement. Hallinger and Murphy (1985) described '10 instructional leadership functions.' Viewed uncritically, this can too easily result in a series of what might be called recipes for success. Yet as McGaw et al. (1991, p. 15) argued:

> *There is no definitive how of effective schools and so there can be no one recipe for every school to try. Schooling is too complex a business for a recipe.*

Promoting a Positive Learning Climate

The third element that is associated with instructional leadership, especially under the conditions of NCLB, is the environment in which all this activity takes place. This can either be positive or negative and again the overall environment in which schools are operating is determined by people outside the school and is enacted or overseen by leaders inside the school. Despite the fact that the instructional leadership literature argues for the leader to develop a positive learning climate it might be suggested that the leadership shown at district, state and federal levels in the USA don't seem to view this the same way. The climate surrounding NCLB is punitive, not supportive, identifying sanctions for schools that don't succeed thus making it almost impossible for school leaders to build a positive climate.

Essentially, in regards to this aspect of schools, the simple way of differentiating between a positive and negative environment is to ask ourselves the question 'Do we trust our school leaders and teachers to do the job of educating our students or not?' We employ people to do a job in a range of other professions with the expectation that the people employed will complete the task as required. However, it is pretty clear that in many parts of the world at the moment, we don't trust our teachers and school leaders with the task and as a result of this there is a constraining of the levels of freedom that is being allowed at the school level. The school leaders in the Voices 3 research didn't think that they were trusted.

> *I think it's set up to make public schools fail. I think that's the goal of it. I think that's always been the goal of it.* (Superintendent 4, mostly small districts, Midwest, 2006)

Yet the balance between what school leaders and teachers can impact on and what they have no control over is succinctly summed up by Imig et al. (2011, p. 402) who report: 'Classrooms experienced sharply increased class sizes and reductions in supporting staff and aides. School calendars were shortened and more than a hundred thousand teachers were "pink slipped" or told their contracts would not be renewed for the 2011–12 school year.' Clearly all of these changes would impact poorly on student learning, but none are in the control of those at the school level.

The rhetoric of enabling teachers and school leaders to make decisions at the local level, based on what they know about their students, is severely curtailed when the only way in which school leaders, teachers and schools themselves are judged by the public is on the basis of a narrow range of curriculum activities tested under conditions that are antithetical to learning. It could be asked in what way does a month (and sometimes more) of test prep increase student learning, especially since there seems to be a correlation between the length of test prep undertaken and the level of performance of the school? How many times does a student need to be tested and failed before that student decides that school-based learning is not for him and simply retreats to his computer games, where he can control elements of his life, or resorts to all sorts of classroom activities that prevent others from learning too? It is interesting to note that in the Finnish education system, identified by many politicians as the benchmark because of their performance on PISA, there is no standardised testing until the completion of secondary school. Unlike many other education systems, consequential accountability accompanied by high-stakes testing and externally determined learning standards has not been part of Finnish education policies (Sahlberg, 2007).

Leadership for Learning

A different perspective of school leadership is described by the concept 'Leadership for Learning'. In 2000 when the Leadership for Learning Network was established in Cambridge the terminology seemed fresh and was yet to become a common epithet. Each of the three words was underpinned by a proposition which would lie at the heart of the network's research and development activities. One of the first activities of the network was to initiate an international dialogue with schools, school leaders and policy makers in seven countries. Its key aims were to address the question – What different understandings are brought to the conceptions of 'learning', of 'leadership' and the key connecting preposition 'for'?

Over a three year term a key set of principles emerged, were discussed, tested and refined by principals and teachers from the 24 participating schools. The five principles are:

A Focus on Learning

Leadership for learning practice involves maintaining a focus on learning as an activity in which everyone (students, teachers, principals, schools, the system itself) is continuously learning. The efficacy of learning is highly sensitive to context and to the differing ways in which people learn, while the capacity for leadership arises out of powerful learning experiences which create opportunities to take initiative, to challenge prior assumptions and way 'we do things round here'.

Conditions for Learning

Leadership for learning practice involves creating the conditions favourable to learning in which the culture nurtures learning for everyone, affording opportunities to reflect on the nature, skills and processes of learning and the physical and the social spaces stimulate and celebrate learning. Safe and secure environments enable everyone to take risks, cope with failure and respond positively to challenges equipped with tools and strategies that are used to enhance thinking about learning and the practice of teaching.

Dialogue

Leadership for learning practice involves creating a dialogue in which LfL practice is made explicit, discussable and transferable. There is active collegial inquiry focusing on the link between learning and leadership. Coherence is achieved through the sharing of values, understandings and practices. Factors which inhibit and promote learning and leadership are examined and addressed. As the link between leadership and learning is a shared concern for everyone, differing perspectives are explored through networking with researchers and practitioners across national and cultural boundaries.

Sharing Leadership

Leadership for learning practice involves the sharing of leadership in which organisational structures and procedures support participation in developing the school as a learning community. Shared leadership is symbolised in the day-to-day flow of activities in the school. Everyone is encouraged to take the lead as appropriate to task and context. The experience and expertise of staff, students and parents are drawn upon as resources. Collaborative patterns of work and activity across boundaries of subject, role and status are valued and promoted.

A Shared Sense of Accountability

Leadership for learning practice involves a shared sense of accountability in which a systematic approach to self-evaluation is embedded at classroom, school and community levels. There is a focus on evidence and its congruence with the core values of the school. A shared approach to internal accountability is a precondition of accountability to external agencies and national policies are recast in accordance with the school's core values. The school chooses how to tell its own story taking account of political realities with a continuing focus on sustainability, succession and leaving a legacy.

These five principles, adopted in theory and tested in practice in cultures as distinctive in schools as geographically and cultural diverse as Brisbane, Seattle, Oslo and Athens, proved to be powerful levers for school self-evaluation and improvement. These principles have since then travelled across national borders and been tested in places as far removed from the Nordic climate as equatorial Ghana. Five years on the five principles are embedded in government policy and professional development for school leaders in Ghana where they have had a profound impact on the pilot 125 schools who signed up to the programme. This cohort of leading edge principals were chosen by the Ghana Education Service as effective administrators, looking after the day-to-day business of their schools in challenging circumstances, running schools deemed by the GES to be as good as anywhere in the country. Yet taking a direct day-to-day interest in learning, of pupils, teachers and the school as a whole, was not how they conceived their role, at least not with learning in its deepest and most encompassing sense. There appeared to be little incentive or latitude to go beyond the need to keep a close weather eye on the timetable, assigning homework and testing teachers' diligent marking of pupils' exercise books on a routine daily basis. The opportunity to stand back from their schools for an extended period, to engage with their colleagues, and with the five principles of leadership for learning offered them new ways of seeing and a practical evidence-based framework to take back their schools.

Of the five principles the third principle – of dialogue proved to be the catalyst for addressing the other four. The heads' new openness to sharing, to learning from their teachers proved to have a powerful impact on teachers' ownership and sense of agency. Taking the principle of dialogue into the heart of the classroom so that children would be less afraid of asking questions, speaking out of turn or being wrong, is captured in this report from a researcher conducting an evaluation of impact of the Leadership for Learning programme:

For teachers, it meant a radical change of behaviour, from an autocratic and punitive relationship with students to a more positive stance, rewarding and encouraging good behaviour. As was consistently pointed out in the course of interviews, teachers had been used to caning, harassing, intimidating, and insulting students in order to maintain discipline. It was also said that after the LfL programme there had been a change in mindset with a consequent impact on student behaviour. Beginning to show an appreciation of students' work and efforts had produced almost immediate returns. Punishment had been replaced by praise and reward and a new focus on learning (Malakulunthu, 2011).

MacBeath and Townsend (2011, p. 1250) tease out how leadership for learning might move to restore the priority of leadership over managing the narrow task of maximising student achievement. They argue:

Whereas much of the instructional leadership literature reduces learning to 'outcomes', leadership for learning embraces a much wider, developmental view of learning. Nor is its focus exclusively on student achievement. It sees things through a wide angle lens, embracing professional, organisational and leadership learning. It understands the vitality of their interconnections and the climate they create for exploration, inquiry and creativity. Its concern is for all of those who are part of a learning community.

Whereas instructional leadership focuses on 'student outcomes' to 'support growth with a focus on results' (Pedwell et al., 2011, p. 613), leadership for learning is concerned with learning beyond the student body. In instructional leadership the task of the leader is to improve student outcomes on those standardised tests associated with the school being successful or not. However, it could be argued that leadership for learning is designed to create learning at all levels within the system, student learning, teacher learning, organisational learning and leadership learning all at once. The task is to look at where the school is now, make some decisions about where it wants to be and then to enable these to: '... unfold from within the fabric of school life, reflect and respond to the conditions that prevail in the school, and be authentically connected to the daily work of teachers and students' (Mitchell and Sackney, 2011, p. 977).

In the final analysis, the differences are one of emphasis, of language and of attitude. MacBeath and Townsend (2011, p. 1251) conclude:

> *In the competitive pressure on targets and accountability learning and teaching are constrained by the demands of organisational convenience, and slowly and insidiously absorbed by students into the intellectual and emotional bloodstream. Learning comes to be seen as what happens in classrooms and leadership is seen as the province of those who make the big decisions about the future. All too easily, learning as a vibrant shared activity, ceases to be the main consideration. All too easily the potential to lead learning is left to others.*
>
> *By contrast learning-led schools are places in which student learning is inseparable from professional learning and the culture is one in which learning flows across boundaries of role and status. The professional learning environment sets the stage for the student learning environment. It is a stage set generously. It is one in which the continuing quest for knowledge and understanding is embedded in the culture but also with an impact on structures so that they no longer constrain but liberate.*

The Way Forward

A failure of instructional leadership is that it tries to manipulate the conditions within schools to make education a fail-safe activity when it isn't. It could be argued that it places priority on task, achieving a narrow range of student outcomes, whereas leading for learning places the focus on people and the development of everyone through a focused learning process. It could be further argued that by focusing on learning for all, student learning, teacher learning, leader learning and system learning, rather on outcomes, is the best way of actually improving those student outcomes anyway, because it relies on interacting with one's environment rather than simply remembering discrete elements of it. It moves from atomism to wholism, from remembering to understanding and from a focus on failure to a focus on success.

The real question for the future is do we trust our teachers? If so, the relationships, between leaders and teachers, between teachers and students, and between those in the school and those outside it, would be different, hopefully more positive. To realise this leaders will need to be courageous, they may need to challenge authority and may need to be more subversive of received wisdom and authority mandates (MacBeath, 2008, p. 124). School leaders need to be concerned about both task and people, not just focusing on task. At the interchanges between one way of looking at schools and the other, where task and people become equally important, is where the interesting developments, especially related to leadership of the future, might lie.

References

Acker-Hocevar, M., Ballenger, J. N., Place, A. W., & Ivory, G. (Eds.) (2012). *Snapshots of School Leadership in the 21st Century: Perils and Promises of Leading for Social Justice, School Improvement, and Democratic Community.* Charlotte, NC: Information Age Press.

Ashenden, Dean (1994) '*An Odd Couple? Social Justice. Performance Indicators.*' A public lecture sponsored by the Victorian State Board of Education, Melbourne, Australia.

Barth, R. S. (1999). *The teacher leader.* Providence, RI: The Rhode Island Foundation.

Cairns, L. (1998). '*The capable teacher: The challenge for the 21st Century*'. Paper presented at the 28th Annual Conference, Australian Teacher Education Association, Melbourne.

Caldwell, B. J., & Spinks, J. M. (1988). *The self-managing school.* London: Falmer Press.

Caldwell, B. J., & Spinks, J. M. (1992). *Leading the self-managing school.* London: Falmer Press.

Caldwell, B. J., & Spinks, J. M. (1996). *Beyond the self-managing school.* London: Falmer Press.

Clinch, R. (2001). *Secret kids' business.* Melbourne: Hawker-Brownlow.

Coleman, J. S., Campbell, E., Hobson, C., McPartland, J., Mood, A., Weinfeld, F., & York, R. (1966). *Equality of Educational Opportunity.* Washington, DC: US Government Printing Office.

Creemers, B. P. M., & Kyriakides, L. (2008). *The Dynamics of Educational Effectiveness: A Contribution to Policy, Practice and Theory in Contemporary Schools.* Abingdon: Routledge.

Cunningham, E., Wang, E. C., & Bishop, N. (2006). *Challenges to student engagement and school effectiveness indicators.* Lilydale, Victoria: Swinburne University of Technology.

Drucker, P. F. (1993). *The ecological vision: reflections on the American condition.* New Brunswick, N.J.: Transaction Publishers.

Edmonds, R. (1979). Effective schools for the urban poor. *Educational Leadership, 37(1),* 15–27.

Fullan, M. (1993) *Change Forces: Probing the Depths of Educational Reform,* New York: Routledge Falmer.

Fullan, M. (1997) *What's worth fighting for in the principalship?* New York: Teachers College Press.

Fullan, M. (2001). *Leading in a Culture of Change.* San Francisco: Jossey-Bass.

Fullan, M. G., & Hargreaves, A. (1991). *What´s worth fighting for: Working together for your school.* Andover, MA: The Regional Laboratory for Educational Improvement of the Northeast & Islands.

Fullan, M. G., & Hargreaves, A. (1992) *Teacher Development and Educational Change.* London: Falmer.

Gronn, P. (2000). Distributed properties: A new architecture for leadership. *Educational Management and Administration 28(3),* 317–338.

Gronn, P. (2002). Distributed leadership as a unit of analysis. *Leadership Quarterly, 13(4)*, 423–451.

Hallinger, P., & Heck, R. H. (1996). Reassessing the principal's role in school effectiveness: A review of the empirical research, 1980–1995. *Educational Administration Quarterly, 32(1)*, 5–44.

Hallinger, P., & Heck, R. H. (1998). Exploring the principal's contribution to school effectiveness: 1980–1995. *School Effectiveness and School Improvement, 9(2)*, 157–191.

Hallinger, P., & Heck, R. H. (2010). Leadership for learning: Does collaborative leadership make a difference in school improvement? *Educational Management Administration & Leadership, 38(6)*, 654–678.

Hallinger, P., & Murphy, J. (1985). Assessing the instructional management behavior of principals. *The Elementary School Journal, 86(2)*, 217–248.

Handy, C. (1994). *The Age of Paradox*. Boston: Harvard Business School Press.

Hattie, J. (2008). *Visible Learning: A synthesis of over 800 meta-analyses relating to achievement*. London: Routledge.

Hill, P. W. (1998). 'Shaking the foundations: Research driven school reform'. *School Effectiveness and School Improvement, 9(4)*, 419–436.

Hill, P., & Crevola, C. (1997). 'Redesigning Schools for Improved Learning'. A presentation at the *Successful Schools* Conference, Melbourne, June 1997.

Hopkins, D. (2010). Realising the Potential of System Leadership. In S. G. Huber (Ed.), *School Leadership- International Perspectives* (pp. 211–224). Dodrecht: Springer.

Imig, D., Wiseman, D., & Imig, S. (2011). Teacher education in the United States, 2011. *Journal of Education for Teaching, 37(4)*, 399–408.

Jencks, C. S., Smith, M., Ackland, H., Bane, M. J., Cohen, D., Gintis, H., Heyns, B., & Michelson, S. (1972). *Inequality: A Reassessment of the Effect of the Family and Schooling in America*. New York: Basic Books.

Lambert, L. (2002). A framework for shared leadership. *Educational Leadership, 59(8)*, 37–40.

Leithwood, K., & Janzti, D. (2000). The effects of transformational leadership on organisational conditions and student engagement with school. *Journal of Educational Administration, 38(2)*, 112–129.

Lezotte, L. (1991). *Correlates of effective schools: The first and second generation*. Okemos, MI: Effective Schools Products, Ltd..

Little, J.W. (1988) Assessing the prospects for teacher leadership. In A. Lieberman (Ed.), *Building a Professional Culture in Schools*. New York: Teachers College Press.

MacBeath, J. (1999). *Schools Must Speak for Themselves: the case for school self-evaluation*. London: Routledge.

MacBeath, J. (2006). *School Inspection and Self-evaluation: Working with the New Relationship*. London: Routledge Falmer.

MacBeath, J. (2008). Leadership moments: How to lead. In T. Townsend & I. Bogotch (Eds.), *The Elusive What and the Problematic How: The Essential Leadership Questions for School Leaders and Educational Researchers* (pp. 119–134). Rotterdam: Sense Publishers.

MacBeath, J., & Dempster, N. (Eds.) (2009). *Connecting Leadership and Learning: Principles for Practice*. London: Routledge.

MacBeath, J., Gray, J. M., Cullen, J., Frost, D., Steward, S., & Swaffield, S. (2007). *Schools on the edge: Responding to challenging circumstances.* London: Paul Chapman.

MacBeath, J., & Townsend, T. (2011). 'Thinking and Acting Both Locally and Globally: What Do We Know Now and How Do We Continue to Improve?'. In T. Townsend & J. MacBeath (Eds.), *The International Handbook of Leadership for Learning* (pp. 1241–1259). New York: Springer.

Malakalunthu, S. (2011). *The Challenge of Change, Research Report on Leadership for Learning in Ghanaian schools.* University of Cambridge, April 2011.

McGaw, B., Banks, D., & Piper, K. (1991). *Effective Schools: Schools That Make a Difference.* Hawthorn, Australia: ACER.

Mitchell, C., & Sackney, L. (2011). 'Building and Leading Within Learning Ecologies'. In T. Townsend & J. MacBeath (Eds.), *The International Handbook of Leadership for Learning* (pp. 993–1012). New York: Springer.

Mitra, D. (2007). 'Student Voice in School Reform: from Listening to Leadership'. In D. Thiessen & A. Cook-Sather (Eds.), *International Handbook of Student Experience in Elementary and Secondary School* (pp. 727–744). New York: Springer.

Møller, J. (2002). Democratic Leadership in an Age of Managerial Accountability. *Improving Schools, 5(1),* 11–21.

Mortimore, P. (1998). *Reflections on School Effectiveness: The Road to Improvement.* Lisse: Swets and Zeitlinger.

Murphy, J., Elliott, S., Goldring, E., & Porter, A. (2007). Leadership for learning: a research-based model and taxonomy of behaviors. *School Leadership & Management, 27(2),* 179–201.

No Child Left Behind Act of 2001. Pub. Law No. 107–110 (2002). www.nochildleftbehind.com/NCLB-full-text.pdf. Accessed: September 14, 2006.

Northouse, P. (2012). *Leadership Theory and Practice* (6th Edition). Thousand Oaks, Ca: Sage Publications.

Pedwell, L., Levin, B., Pervin, B., Gallagher, M. J., Connor, M., & Beck, H. (2011). 'Building Leadership Capacity Across 5,000 Schools'. In T. Townsend & J. MacBeath (Eds.), *The International Handbook of Leadership for Learning* (pp. 601–616). New York: Springer.

Reynolds, D., Sammons, P., De Fraine, B., Townsend, T., & Van Damme, J. (2011). *Educational Effectiveness Research (EER): A State of the Art Review.* Paper presented to the annual meeting of the International Congress for School Effectiveness and Improvement, Cyprus, 2011.

Robinson, V., Hohepa, M., & Lloyd, C. (2009). *School Leadership and Student Outcomes: Identifying what works and why. Best Evidence Synthesis Iteration* [BES]. Wellington: Ministry of Education.

Rogers. E. M. (1962/2003). *Diffusion of Innovations.* Cambridge, MA: The Free Press.

Rutter, M., Maughan, B., Mortimore, P., Ouston, J., & Smith, A. (1979). *Fifteen Thousand Hours: Secondary Schools and Their Effects on Children.* London: Open Books and Boston/MA: Harvard University Press.

Sahlberg, P. (2007). Education policies for raising student learning: The Finnish approach. *Journal of Education Policy, 22(2),* 173–197.

Sammons, P., Hillman, L., & Mortimore, P. (1995). *Key Characteristics of Effective Schools: A Review of School Effectiveness Research.* London: Institute of Education.

Sammons, P., West, A., & Hind, A. (1997). Accounting for variation in pupil attainment at the end of Key Stage 1. *British Educational Research Journal, 23*, 489–511.

Sergiovanni, T. (1992). *Moral Leadership: Getting to the Heart of School Improvement*. New York: Jossey Bass.

Sergiovanni, T. (2001). *The Principalship: A reflective practice* (5th ed.). San Antonio, TX: Trinity Press.

Silins, H. (1994). The Relationship Between Transformational and Transactional Leadership and School Improvement Outcomes. *School Effectiveness and School Improvement 5(3)*, 272–298.

Slee, R., & Weiner, G. (2001). Education reform and reconstruction as a challenge to research genres: Reconsidering school effectiveness research and inclusive schooling. *School Effectiveness and School Improvement, 12*, 83–98.

Smink, G. (1991). 'The Cardiff Conference, ICSEI 1991'. *Network News International, 1(3)*, 2–6.

Smith, D. J., & Tomlinson, S. (1989). *The School Effect. A study of multi-racial comprehensives*. London: Policy Studies Institute.

Southworth, G. (2005). School Leadership and System Leadership. *The Educational Forum, 69(2)*, 212–220.

Spillane, J. P., Halverson, R., & Diamond, J. B. (2001). Investigating school leadership practice: A distributed perspective. *Educational Researcher, 30*, 23–28.

Spillane, J. P., Halverson, R., & Diamond, J. B. (2004). Towards a theory of leadership practice: A distributed perspective. *Journal of Curriculum Studies, 36*, 3–34.

Starratt, R. (2001). Democratic leadership theory in late modernity: An oxymoron or ironic possibility? In P. Begley & O. Johansson (Eds.), *The ethical dimension of school leadership* (pp. 333–352). Boston, MA: Kluwer Press.

Starratt, R.J. (2004). *Ethical leadership*. San Francisco: Jossey-Bass.

Stoll, L. (1997). *'Successful Schools: Linking School Effectiveness and School Improvement'*. A keynote presentation at the *Successful Schools* Conference, Melbourne, June 1997.

Stoll, L., & Fink, D. (1996). *Changing our Schools*. London: Open University press.

Teddlie, C., & Stringfield, S. (1993). *Schools Make a Difference: Lessons Learned from A Ten Year Study of School Effects*. New York: Teachers College Press.

Thrupp, M. (2001). Sociological and political concerns about school effectiveness research: Time for a new research agenda. *School Effectiveness and School Improvement, 12*, 7–40.

Toffler, A. (1971). *Future shock*. London: Pan.

Townsend, T. (1994). *Effective schooling for the community: Core Plus Education*. London: Routledge.

Townsend, T. (1998). The primary school of the future: Third world or third millennium? In T. Townsend (Ed.), *The primary school in changing times: The Australian experience* (pp. 235–247). London and New York: Routledge.

Townsend, T. (2009). Third millennium leaders: Thinking and acting both locally and globally. *Leadership and Policy in Schools, 8*, 355–379.

Townsend T, Acker-Hocevar M., Ballenger J. & Place, A.W. (2013) Voices From the Field: What Have We Learned About Instructional Leadership?, *Leadership and Policy in Schools, 12(1)*, 12-40.

Townsend, T., Acker-Hocevar, M., Ballenger, J., & Place, A. W. (2013). Voices From the Field: What Have We Learned About Instructional Leadership? *Leadership and Policy in Schools, 12(1),* 60–88.

Townsend, T., & MacBeath, J. (2011). *The International Handbook on Leadership for Learning.* Dordrecht: Springer.

Wang, M. C., Haertel, G. D., & Walberg, H. J. (1993/1994). 'What helps students learn?'. *Educational Leadership, 51(4),* 74–79.

Waters, J. T, & Marzano, R. J. (2007). School District Leadership That Works: The Effect of Superintendent Leadership on Student Achievement. *ERS Spectrum, 25(2),* 1–12.

Weber, G. (1971). *Inner City Children Can Be Taught to Read: Four Successful Schools.* Washington, D.C.: Council for Basic Education.

Jochen Wissinger

Schulleitungshandeln und Schulentwicklung

Im Mittelpunkt des Textes steht die Frage, welche Aufgaben und Rolle der Schulleitung in der Schulentwicklung zukommen und in welcher Weise sie im Rahmen institutioneller Grenzen zur Schul- und Unterrichtsentwicklung beitragen kann. Zur Bearbeitung wird auf den Schulqualitäts- und Schulentwicklungsdiskurs und die Schulleitungsforschung rekurriert und es wird auf Bedingungen schulischen Leistungshandelns im Kontext der Neuen Steuerung eingegangen.

1 ›Schule als Handlungseinheit‹: Bezugspunkt der Beschreibung und Analyse

Die Forschung weiß mehr über die Merkmale guter Schulen als darüber, wie man Schulen wirksam macht – so Tony Townsend Anfang der 1990er Jahre in seinem Vortrag auf dem International Congress for School Effectiveness and Improvement in Norrköping in Schweden (Townsend, 1993, S. 3). Wenige Jahre später nennt er mehrere Faktoren, die Schule im Hinblick auf höchste Lernleistungen der Schüler/innen wirksamer machen: klare Zielsetzung, inhaltliche und administrative Leitung, engagiertes und qualifiziertes Lehrpersonal, Personalentwicklung, hohe Leistungserwartungen, Curriculumorientierung, effizienter Umgang mit Zeit, Beobachtung des Lernfortschritts, frühe Identifikation von Lernschwierigkeiten, sichere und geordnete Umgebung, gutes Schulklima, gute Beziehungen zwischen Familie und Schule, dezentrale schulische Entscheidungsverantwortung, Einbeziehung der Lehrer in die schulische Verantwortung, Unterstützung durch die Schulaufsicht, Motivationsstrategien, Möglichkeiten der Schülerbeteiligung (Townsend, 1997, zu seinem neuen Ansatz siehe den Beitrag im selben Band).

Mit diesem Katalog vielschichtiger Merkmale, die Schulen zeigen, die sich entwickeln, rekurriert Tony Townsend auf ein Entwicklungsmodell von Schule, das unabhängig von seiner Person und seinem Katalog in unterschiedlichen aber vergleichbaren Ausprägungen den Schulentwicklungsdiskurs in Deutschland wie auch international bis heute prägt. Allerdings ist das Entwicklungsmodell in seinen theoretischen Bezügen und Voraussetzungen bislang wenig untersucht und erklärt. Ungeachtet dessen hat es im Schulentwicklungsdiskurs eine Normativität und Universalität erlangt, die es noch einige Zeit verdient, theoretisch hinterfragt und empirisch untersucht zu werden – auch wenn bildungspolitische Reformen wissenschaftlichen Erkenntnissen vorauseilen und sich auch wenig bis gar nicht von ihnen beeindrucken lassen.

Für den vorliegenden Beitrag und die darin entwickelte Argumentation ist es insofern interessant und hilfreich, als es die Dimensionen und Schichtungen der Institution Schule bei aller möglichen Unzulänglichkeit zu operationalisieren und in ein Verhältnis zu Fragen der Schulqualität, insbesondere der pädagogischen Wirksamkeit einerseits und der Schulentwicklung andererseits zu setzen erlaubt. Darüber hinaus schafft der Bezug auf dieses Modell die Möglichkeit, mit der Untersuchung unterschiedlicher Desiderate an den Diskurs anschlussfähig zu sein.

Im hier thematisch gegebenen Rahmen ist die Aufmerksamkeit der Leser/innen vor allem auf Merkmale zu lenken, die die Mesoebene des Schulsystems, d. h. die Ebene der Schule berühren und Aufgaben und Rollen im Binnen- wie auch im Außenverhältnis der Schule zu beschreiben und zu analysieren erlauben. Ausdrücklich ist hier die Schulleitung, ihre Rolle und Aufgaben bei der Entwicklung einer Schule und insbesondere bei der Initiierung und Unterstützung der Entwicklung des Unterrichts und der Sicherung von Mindestanforderungen in den Lernleistungen von Schülerinnen und Schülern zu nennen.

Nach diesen einleitenden Bemerkungen zum Schulleitungshandeln als Bedingungsvariable im Verhältnis von Schulentwicklung und Schulwirksamkeit (Kapitel 1) gehe ich im Folgenden zunächst auf die historische Bedeutung des internationalen Schuleffektivitäts- und Schulentwicklungsdiskurses für die Bearbeitung von Fragen des Zusammenhangs zwischen Schulleitungshandeln und Schulentwicklung (Kapitel 2) ein, um vor diesem Hintergrund das Management einer Schule sowie die Führung der Gruppe der professionellen Mitglieder der Institution Schule als Kern schulischen Leitungshandelns zu identifizieren (Kapitel 3). Zentrales Merkmal des im Schuleffektivitäts- und Schulentwicklungsdiskurses entwickelten Modells schulischen Leitungshandelns ist mit Rekurs auf das Modell der »Instructional Leadership Role« die Aufgabe der berufsbegleitenden Professionalisierung der Lehrer/innen eines Kollegiums. Kern dieses Führungsmodells ist die Vorstellung, dass Schulleiterinnen bzw. Schulleiter die Lehrpersonen des Kollegiums im Hinblick auf die Verbesserung des Unterrichts und die Verbesserung der Lernleistungen der Schüler/innen anleiten und kontrollieren. In Kapitel 4 entfalte ich einen neuen, vom pädagogisch-psychologisch orientierten Schuleffektivitäts- und Schulentwicklungsdiskurs zu unterscheidenden Argumentationskontext um schulisches Leitungshandeln, der mit dem Stichwort ›Neue Steuerung‹ benannt ist. Analog zum deutschen Schulqualitätsdiskurs, wie er durch das Dortmunder Institut für Schulentwicklungsforschung geprägt wurde, wird die Aufmerksamkeit der Leser auf die Transformation der Organisations- und Arbeitsstrukturen der Schule gelenkt mit dem Ziel, die veränderten Bedingungen professionellen pädagogischen Handelns und insbesondere schulischen Leitungshandelns zu beschreiben und zu analysieren. In Kapitel 5, dem Fazit, wird es um Veränderungen im Tätigkeitsprofil und im Selbstverständnis von Schulleitungspersonen gehen, die sich an der Frage des Führungskonzepts, das sich eine Schule unter dem Eindruck der Erwartungen nach PISA und den Bedingungen der Neuen Steuerung gibt, »aufhängen« und im Widerstreit zweier Führungsmodelle, dem Modell der »Transformational Leadership Role« einerseits und dem Modell des »Distributed Leadership« andererseits erörtert werden.

2   Zur Bedeutung des Schuleffektivitäts- und Schulentwicklungsdiskurses

Der Diskurs um Rolle und Aufgaben der Schulleitung stützt sich national wie international auf Befunde der Schuleffektivitätsforschung, die von Anbeginn mit der Annahme gearbeitet hat, dass ein Zusammenhang zwischen schulischen Qualitätsmerkmalen (z. B. Unterricht) bzw. unterrichtlichen Qualitätsmerkmalen (z. B. Schülerleistung) und schulischem Leitungshandeln besteht (Hallinger & Heck, 1998; vgl. Wissinger, 2000). Ein direkter Zusammenhang konnte bislang weder theoretisch noch methodisch überzeugend dargelegt werden (Scheerens & Bosker, 1997). Aber es gibt Hinweise auf einen messbaren, indirekten Effekt von Merkmalen schulischen Leitungshandelns, der zwar relativ gering, im statistischen Sinne aber signifikant ist (ebd., S. 186; auch Silins & Mulford, 2002). Die Merkmale liegen, modelltheoretisch, auf der Mesoebene der Beschreibung und Analyse innerschulischer Steuerung und lenken die Aufmerksamkeit auf die Organisationskultur sowie auf das Management und die Führung einer Schule.

Anders als in der stark pädagogisch-psychologisch orientierten internationalen Schuleffektivitätsforschung sind Fragen der Schulqualität in Deutschland umfassender, d. h. nicht nur von den Lernleistungen der Schüler/innen (Output-Dimension) her bearbeitet worden, sondern es wurden zugleich die Input- sowie die Prozessdimension thematisiert (z. B. Steffens & Bargel, 1987, Steffens, 1991). Der Schulqualitäts- und Schulentwicklungsdiskurs in Deutschland ist lange Zeit vom Dortmunder Institut für Schulentwicklungsforschung geprägt gewesen, das über Jahre Fragen der Struktur des Schulsystems bearbeitete und, anknüpfend an die internationale Schulqualitätsdebatte, seine Beiträge zur Schulentwicklung zunehmend auf die einzelne schulische Handlungseinheit (Fend, 1986) orientierte. Interessant ist im Rückblick, dass alle drei Dimensionen der Schulqualität, die Input-, die Prozess- und die Outputqualität (Timmermann, 1996) untersucht wurden und insbesondere nicht nur höchste Lernleistungen als Indikator der Schulqualität ausgemacht wurden, sondern auch Phänomene schwacher schulischer Leistungen, wie sie aktuell in der Dropoutforschung aufgegriffen werden (z. B. Stamm, 2007) oder unter dem Gesichtspunkt der Bildungsbenachteiligung diskutiert werden (z. B. Becker & Lauterbach, 2007).

Schulqualitäts- und Schulentwicklungsforschung wurde über Jahre vor allem als Handlungsforschung verstanden, die sowohl der Generierung wissenschaftlicher Erkenntnisse als auch der Entwicklung schulischer Praxis dienen sollte. Dabei ging es nicht nur um die Verbesserung der Schülerleistungen, sondern umfassender um die Entwicklung der Schule als Handlungseinheit, und zwar in folgenden Dimensionen (Dalin, Rolff & Buchen, 1995): 1. *Umfeld* (Verbindungen zur Schulbehörde, zu den Elternhäusern sowie zu Einrichtungen der Gemeinde), 2. *Ziele und Werte* (Weltanschauungen, Lern- und Erziehungstheorien), 3. *Struktur* (Aufbauorganisation und Ablauforganisation), 4. *Beziehungen* (Schüler-Schüler, Lehrer-Schüler, Lehrer-Lehrer, Kollegium-Schulleitung), 5. *Strategien/Methoden* (z. B. in Problemlösungsprozessen, Personalentwicklung). Dieser Ansatz ist durch eine Heuristik geleitet gewesen, die Schulen nach ihrem Entwicklungspotential in drei Typen unterscheidet (Rolff, 1991b): die fragmentierte Schule (keine teamartige Kooperation, kein abgestimmtes Zielkonzept etc.), die Projektschule (Entwicklungsaktivitäten im Rahmen von Einzelprojekten etc.), die Problemlöseschule (teamartige Kooperation, abgestimmtes Konzept, Umsetzungsstrategien etc.). Im Dortmunder Ansatz der Schulentwicklung spiegelt sich ein theoretischer und methodischer Zugang auf Schule, der organisationssoziologisch orientiert ist, was sich auch in der spezifischen Bearbeitung von Fragen der Kooperation unter Lehrpersonen niederschlägt. Es kommen Aspekte von Schulentwicklung hinein wie z. B. die Aufbau- und Ablaufstruktur der Organisation Schule, die Einfluss- und Verfügungsrechte der beteiligten Akteure (Macht), die in Entwicklungsmodellen wie dem von Tony Townsend (1997) nicht formuliert sind oder aber pädagogisiert werden in dem Sinne, dass sie zum Gegenstand der Führung, der Qualifikationen und Kompetenzen von Schulleiter/inne/n gemacht werden.

Im organisationstheoretisch geleiteten Entwicklungsmodell von Schule spielen die sog. Steuergruppen eine besondere, zwischen den einzelnen Lehrpersonen bzw. dem Kollegium und der Schulleitung vermittelnde Rolle bei der Organisation des Lernens der professionellen Mitglieder der Schule und der Steuerung der Schulentwicklung. Dabei wird an die *Lernende Organisation* und/oder das Konzept des *Lebenslangen Lernens* angeknüpft. Das heißt, das Schulentwicklungsparadigma geht davon aus, dass die Schule als *Lernende Organisation* verstanden werden kann, »(…) dass nicht nur die Individuen in sozialen Systemen, sondern auch Organisationen lern- und entwicklungsfähig sein können«, »(…) dass Organisationen die zentralen gesellschaftlichen Lernorte bilden«, »(…) dass Individuen fast immer im Rahmen einer Organisation lernen, die Lernen oft erst möglich macht, aber auch behindern und beeinflussen kann« (Holtappels, 2010, S. 99f.). Schulentwicklung erfordert das Vorhandensein bzw. den Aufbau der »Architektur der lernenden Organisation«, die sich in den drei Dimensionen »Vision und Motivation«, »Infrastruktur der Innovation« und »Innovationsstrategien und -verfahren« darstellen lässt (ebd., S. 102f.).

3   Management und Führung

Im Konzept der Lernenden Organisation werden Fragen des Managements und der Führung einer schulischen Handlungseinheit virulent. Vor dem Hintergrund der Erkenntnisse der Schulqualitätsforschung richten sich die Erwartungen an die Schulleitung, der die Aufgabe zukommt, Anlässe der inhaltlichen Auseinandersetzung und Verständigung unter den professionellen Mitgliedern der Organisation Schule zu schaffen und in »neue« Kooperationsstrukturen zu überführen. Die Qualitätserwartung an die Kooperation unter den Lehrpersonen eines Kollegiums (hierzu Albisser, Keller-Schneider & Wissinger, 2013) durch die Veränderung schulischer Organisations- und Arbeitsweisen weist in diesem Ansatz über die Funktion und das Potenzial des formal-rechtlich gegebenen Konferenzsystems der Schule hinaus und verspricht, die individuellen Reflexionsleistungen der Lehrpersonen über Fragen der Erziehung und des Unterrichts zu systematisieren und der Schule ein Qualitätssicherungs- und Qualitätsentwicklungssystem zu schaffen, das theoretisch auf vier Säulen aufbaut: Soll-Ist-Analyse, Konzept- bzw. Programmarbeit, inhaltliche und strukturelle Entwicklung sowie Evaluation. Es wird davon ausgegangen, dass die systematisierte Reflexion des Unterrichts, seiner Ergebnisse sowie pädagogischen Handelns der »institutionell gewachsenen« Struktur der Schule überlegen ist und die Erweiterung der Kooperationsstrukturen unter den Lehrpersonen eines Kollegiums zur Professionalisierung der einzelnen Lehrperson wie der Schule als Handlungseinheit beitragen (ebd.).

Diese Idee ist im Konzept der *Professionellen Lerngemeinschaft* ausgearbeitet (Bonsen, 2005, S. 183 ff.; kritisch Reh, 2008, S. 166 f.). Da es hier um die (im weitesten Sinne) fachliche Verständigung über Erziehung und Unterricht sowie über die Ergebnisse schulischen Lernens unter den Lehrpersonen eines Kollegiums geht, thematisiert der Schulqualitäts- und Schulentwicklungsdiskurs mehr oder weniger indirekt den institutionellen Ort professioneller Entscheidungen – ein Sachverhalt, der die Theoriebildung, d.h. die Theorie der Schule und die ihrer Entwicklung (hierzu Bonsen, Bos & Rolff, 2008) berührt.

Das Konzept der organisationstheoretisch begründeten Schulentwicklung, das praxisbezogener Normativität nicht entbehrt, verbindet sich mit einem Managementmodell, das argumentativ über die Ebene des Unterrichts und die professionelle Verantwortung der einzelnen Lehrperson hinausgeht (Wissinger, 2013) und die Mesoebene der Schule als Ort erziehungs- und unterrichtsbezogener Entscheidungen proklamiert (Wissinger, 2007). Es stellt die Management- und Führungsfunktion der Schulleitung heraus und gibt theoretisch und empirisch fundierte Hinweise darauf, wie die vom Gesetzgeber aufgetragene aber interpretationsbedürftige »Gesamtverantwortung« der Schulleitung für die Handlungseinheit Schule verstanden und ausgestaltet werden kann. Dass das organisationstheoretisch begründete Managementmodell der Schulentwicklung, das auch den anglo-amerikanischen Schulentwicklungsdiskurs beherrscht, zentrale Merkmale der historisch gewachsenen Organisation und Entwicklung der professionellen Arbeit von Lehrpersonen wie z. B. das Kollegialitätsprinzip, das System der Konferenzen oder das institutionell gegebene Prinzip der Professionalität und Verantwortung der einzelnen Lehrperson negiert (Wissinger, 2013), wird im Eifer der vielschichtigen, nur mehr oder weniger plausiblen zugleich aber auch widersprüchlichen Reforminteressen sowie der empirisch wenig gesicherten Reformziele zumeist übersehen (Tacke, 2004).

Das Konzept schulischen Leitungshandelns, wie es im internationalen Schuleffektivitäts- und Schulentwicklungsdiskurs aber auch im deutschen, organisations- und managementtheoretisch orientierten Schulentwicklungsverständnis zum Ausdruck kommt, bezieht sich bewusst oder unbewusst auf Vorstellungen von Führung, wie sie im Modell der »Instructional Leadership Role« fixiert sind. Hiernach fallen der Schulleitung *zwei Aufgaben* zu: erstens die Verbesserung der Schülerleistungen als Zielpunkt schulischen Handelns, zweitens die Implementation bildungspolitischer und/oder mikropolitischer Reformen in der Schule als Antwort auf Anforderungen einer sich tiefgreifend verändernden schulischen Umwelt einerseits, als Antwort auf eine als neuordnungsbedürftig angesehene schulische Organisation andererseits (Hallinger, Taraseina & Miller, 1994). Neben einer ausdrücklichen Orientierung schulischen Leitungshandelns auf Unterricht und die Verbesserung der Schülerleistungen zielt das Modell auf Führungsstrategien, Instrumente und Maßnahmen, die die berufsbegleitende Professionalisierung der Lehrer/innen eines Kollegiums zum Ziel haben. Schulleitungspersonen sind als »Dreh- und Angelpunkt« der Organisation informellen fachlichen Austausches unter den Lehrpersonen eines Kollegiums konzeptualisiert, werden als Bezugsperson pädagogischer Reflexion und Weiterbildung gesehen und Schulleitungshandeln hat erkennbar erwachsenenpädagogischen Charakter.

4   Neue Steuerung

Fragen der Schulqualität sind in Deutschland lange umfassender bearbeitet worden als im anglo-amerikanischen Sprachraum. Insbesondere hatte im deutschen Diskurs, der sich seit den 1980er Jahren ausdifferenziert hat, der Ansatz Kritik gefunden, die Schülerleistungen zum vorrangigen Maßstab für Schulerfolg zu machen und damit Schulqualität vorrangig auf die Frage der Wirksamkeit zurückzuführen. Eine »Brücke« zwischen angloamerikanischen Modellvorstellungen und deutschen, die von Anfang an auch mikropolitische Gesichtspunkte einbrachten, »schlägt« z. B. das Modell zur Beschreibung und Analyse von Schulqualität von Ulrich Steffens und Tino Bargel (1993), das folgende Aspekte zusammenführte: Personaspekt, Beziehungsaspekt, Inhaltsaspekt, Strukturaspekt.

Seit dem unzureichenden Abschneiden deutscher Schülerinnen und Schüler in der PISA-Studie Anfang 2000 avanciert auch in Deutschland ›Schulleistung‹

zum Leitkriterium für Schulqualität, Schulgestaltung und -entwicklung. Ziel ist es, die Lernleistungen der Schüler/innen zu verbessern. Das Modell der Qualitätssicherung und Qualitätsentwicklung von Hartmut Ditton (2000), das sich in bildungspolitischen Denkweisen und z. B. in der theoretischen Begründung der Schulinspektion in Hessen durchgesetzt hat (Hessisches Kultusministerium, 2008), rückt entsprechend Prozess-Merkmale in den Mittelpunkt der Aufmerksamkeit der Beschreibung und Analyse schulischer Organisation und Arbeit. Neben »Adäquatheit der Lehrinhalte und -materialien« und »Qualität des Lehrens und Lernens« als Qualitätsmerkmale der Unterrichtsebene werden mit »Schulkultur«, »Schulmanagement«, »Kooperation und Koordination« sowie »Personalentwicklung« Qualitätsmerkmale auf Schulebene herausgestellt (Ditton, 2000, S. 79).

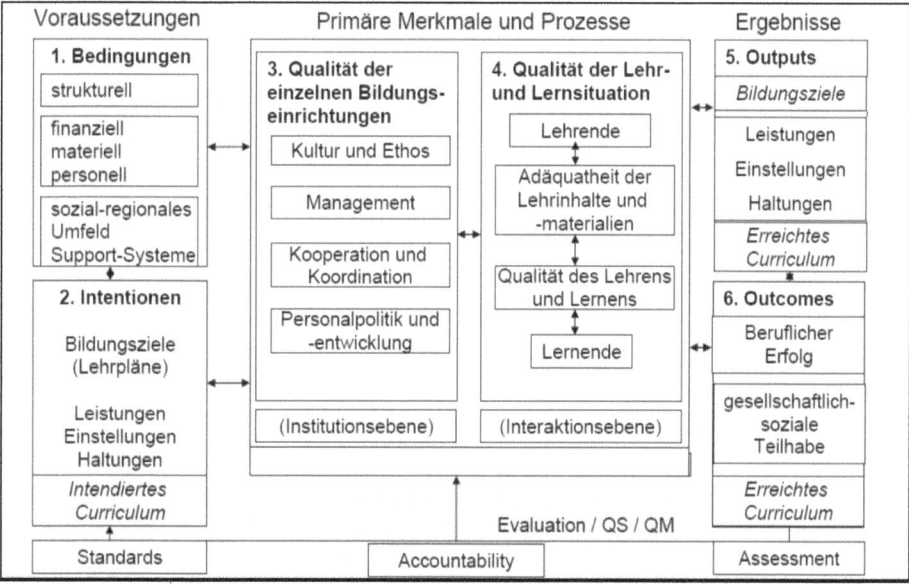

Abb. 1: Qualitätskontrolle und -sicherung in Schule und Unterricht nach Ditton (2000)

Fragen der Verbesserung der Schulqualität werden im Kontext des PISA-Schocks zu Fragen der systematischen Qualitätssicherung und -entwicklung in der Schule. Ihre Bearbeitung wird nicht allein den professionellen Akteuren in der Schule anheimgestellt, sondern sie wird zunehmend von steuerungspolitischen Initiativen und Maßnahmen bestimmt. Maßnahmen der sog. ›Neuen Steuerung‹ setzen a) auf Deregulierung und Dezentralisierung staatlicher Steuerung, und, damit verbunden, die Erweiterung der Handlungs- und Gestaltungsspielräume der Schule (Avenarius, Kimmig & Rürup, 2003), sie setzen b) mit der Einführung von Schulinspektionen auf Evaluation sowie mit zentralen Abschlussprüfungen, Bildungsstandards und Lernleistungsuntersuchungen auf zentralisierte staatliche Kontrolle (Altrichter & Maag Merki, 2010; Hornberg & Parreira do Amaral, 2012; Wacker, Maier & Wissinger, 2012a).

Es gibt Hinweise darauf, dass Neue Steuerung »für die Schulkultur konse-
quenzenreich« ist (Fuchs, 2009, S. 369) und nicht nur intendierte, sondern auch
nicht intendierte Wirkungen hat (Wissinger, 2007; Bellmann & Weiß, 2009; Brüsemeister u. a., 2013). Neue Steuerung artikuliert sich in Erwartungen und Anforderungen an die Veränderungsfähigkeit der Schule als Handlungseinheit und an
die Tätigkeit, das Selbstverständnis, an Fähigkeiten, Kenntnissen und Fertigkeiten
von Lehr- *und* Leitungspersonen. Insbesondere müssen Lehrpersonen für sich
erkennen, dass die Schulorganisation ein »Unterstützungs- und Ermöglichungs-
raum für gelungene Lernprozesse ihrer Schüler« darstellt (Haeffner, 2012, S. 362).
Rein rechtlich rekurriert sie auf die »Schule mit erweiterter Eigenverantwortung«,
konzeptionell z. B. auf die *Selbständige Schule* (Feldhoff, Kanders & Rolff, 2008).
Neue Steuerung baut auf der Mesoebene des Mehrebenensystems Schule auf einen
Wandel der institutionell gewachsenen Organisations- und Entscheidungsstruk-
turen und kalkuliert dabei mit einer schulischen Führung, wie sie sich im Modell
der »Transformational Leadership Role« abbildet. Die Transformational Leadership Role ist organisations- und führungstheoretisch fundiert. In seiner Adaption
für die Schulentwicklungsforschung ist das Modell darauf ausgelegt, organisationsbedingte Managementaufgaben mit den pädagogischen Inhalten, Fragen und
Anforderungen an die Problemlösung im Unterricht und in der Schule in einem
Handlungsmodell zu integrieren (Wissinger, 2011).

Neue Steuerung und Schulentwicklung wird bislang relativ unberührt von
Widersprüchen zwischen institutionell gewachsenen schulischen Aufbau- und
Ablaufstrukturen sowie schulischem Selbstverständnis einerseits und rationalis-
tischem Management-Konzept andererseits diskutiert (Wissinger, 2013). So wird
kaum thematisiert, dass sich die Struktur einer Professionellen-Organisation, als
solche die Schule organisationstheoretisch gesehen werden kann, von der einer
Management-Organisation grundsätzlich unterscheidet (vgl. Thillmann, 2012,
S. 100 f.). Im Hinblick auf schulisches Leitungshandeln bleiben die funktions- und
rollenbedingten Anforderungen und Belastungen, die unter den Bedingungen
der Neuen Steuerung mit der Ausübung des Schulleitungsamtes verbunden sind,
außer Acht. Diese sind in der Führung der professionellen Akteure in der Schule,
der Lehrpersonen, unter den Bedingungen der Gleichzeitigkeit organisations- und
arbeitsstruktureller Veränderungen in der Bildungsinstitution Schule und der Bewältigung pädagogischer Herausforderungen zu sehen, die dem gesellschaftlichen
Wandel geschuldet sind und einen Legitimationsdruck erzeugen, der in der Erwartung an die Verbesserung der Entwicklung der Basiskompetenzen von Schülerinnen und Schülern oder in der Bearbeitung von Fragen der sozialen, ethnischen
oder geschlechtsrollenspezifischen Bildungsbenachteiligung liegt, wie sie sich z. B.
in Phänomen wie Schulabsentismus oder Dropout niederschlagen (Wissinger,
2012).

Zu denken ist im Rahmen Neuer Steuerung vor allem an ein zentrales Merkmal
schulischer Führung: die Initiierung von Kooperation unter den Lehrkräften eines

Kollegiums, die über die Nutzung der gesetzlich vorgegebenen Formen, wie sie mit dem Konferenzsystem strukturell verankert sind, hinausgeht und die, wie nur eine subjektwissenschaftliche Beschreibung und Analyse zeigen kann, vom professionellen Selbst, von der Perzeption, von Einstellungen und Interessen sowie von beruflichen Erfahrungen abhängt (Haeffner, 2012, S. 287 ff.; auch Keller-Schneider & Albisser, 2012). Mit Kooperation unter Lehrpersonen eines Kollegiums verbindet sich die Erwartung, dass sie positive Wirkungen auf die Leistungen und Leistungszuwächse der Schüler/innen hat, dass sie das Arbeitsklima positiv beeinflussen und individuelle Kräfte gegen Arbeitsunzufriedenheit mobilisieren kann, dass sie positiv auf den Umgang mit den Schülerinnen und Schülern wirken (Aufmerksamkeit, gemeinsame Verantwortung für das Lernen) und zur Übernahme und Umsetzung von Innovationen beizutragen vermag.

Befunde der Schulbegleitforschung weisen darauf hin, dass Kooperation unter Lehrpersonen für den Erfolg schulischer Entwicklungsprojekte bedeutsam ist (Holtappels, 2013). Kooperation steht im Rahmen der Begleitforschung synonym z. B. für Kommunikation und gemeinsame Planung des Unterrichts und der Lernkontrolle, für die Überprüfung des Lernfortschritts der Schülerinnen und Schüler oder den Austausch über Bildungs- und Erziehungsziele sowie über unterrichtliche Erfahrungen, Verbesserungsmöglichkeiten des Unterrichts und Professionalisierungsmaßnahmen. Die Intensität der Lehrerkooperation gilt als Einflussfaktor einer »differenzierten« oder »entwickelten Lernkultur« (Holtappels, 1997, S. 157 ff., 2013). Insbesondere Schulen, die z. B. auf der Basis eines Schulprogramms und/ oder der Ergebnisse einer Selbstevaluation professionelles Handeln systematisch reflektieren und Maßnahmen der Schulentwicklung ergreifen, fallen durch eine intensive Kooperation unter Lehrpersonen auf. Kooperationsbereitschaft von Lehrpersonen und eine kooperationsförderliche Schulkultur von Kollegien scheinen sich wechselseitig zu bedingen (Keller-Schneider & Albisser, 2013).

Zu den Prämissen des Schulentwicklungsdiskurses und den Befunden der Schulbegleitforschung, und auch zur Normativität, die der Strategie der Neuen Steuerung Richtung und Ziel gibt, kontrastieren Ergebnisse der jüngeren, empirischen Forschung zur Kooperation unter Lehrpersonen. Diese hat im dyadischen Verhältnis der Lehrpersonen drei Formen der Zusammenarbeit von Lehrpersonen extrahiert (Gräsel, Fussangel & Pröbstel, 2006): Austausch (zur wechselseitigen Information), Arbeitsteilung (zur Effizienzsteigerung) und Kokonstruktion (zur Steigerung der Schulqualität und professionellen Weiterentwicklung; zur Differenzierung des Konzepts der Kokonstruktion vgl. Keller-Schneider & Albisser, 2013), und im Hinblick auf die Beschreibung des Entwicklungsstandes von Kooperation auf Schulebene die Niveaustufen »Fragmentierung«, »Differenzierung«, »Koordination«, »Interaktion« und »Integration« unterschieden (Steinert u. a., 2006). Die Befunde zur Anwendung der genannten Kooperationsformen zeigen, dass Lehrer/innen nur in geringem Maß miteinander kooperieren, dass unterrichtsnahe Kooperation in der Schule kaum zu finden ist, große Schulen ungünstigere

Bedingungen für die Kooperation aufweisen und der intensivste Austausch über den Unterricht in integrierten Schulen stattfindet (Gräsel, Fussangel & Pröbstel, 2006; auch Steinert u. a., 2006; zum aktuellen Stand der Kooperationsforschung: Keller-Schneider, Albisser & Wissinger, 2013). Angesichts der Uneindeutigkeit der empirischen Ergebnisse über die Realisierung wünschbarer Kooperationserwartungen und die Veränderungsfähigkeit der Schule (auch Kanders & Rösner, 2006, S. 32 ff.) wird in jüngerer Zeit verstärkt die strukturelle Absicherung und nachhaltige Wirkung thematisiert (Townsend, 2010). In diesem Zusammenhang wäre auch der Frage nach den theoretischen Bezügen der leitenden Modelle im Schulentwicklungsdiskurs sowie der Frage nach den Möglichkeiten und Grenzen des Handelns von Schulleitungen nachzugehen.

5   Fazit: Dezentrale Führungsstrukturen als Bedingung der Schulentwicklung und Herausforderung pädagogisch orientierten Leitungshandelns

Was lässt sich nun vor dem Hintergrund der Veränderung der Steuerungsstrukturen im Schulsystem in Deutschland über den Zusammenhang zwischen Schulleitungshandeln und Schulentwicklung sagen? Die empirische Schulleitungsforschung (im Überblick: Wissinger, 2011) hat sich in den vergangenen 20 Jahren auf unterschiedliche Weise mit dem beruflichen Selbstverständnis, mit Fragen der Beanspruchung und Bewältigung (Wissinger, 1996; Warwas, 2009, 2012a, 2012b) sowie mit Rolle und Aufgaben der Schulleitung und ihren Wirkungen beschäftigt (Wissinger, 2000; Bonsen u. a., 2002; Bonsen, 2006; Wagner, 2011). In jüngerer Zeit geht sie schulischem Leitungshandeln unter dem Gesichtspunkt verschiedener Fragen des Managements und der Führung der Schule nach, und zwar mit Blick auf die individuelle Seite schulischen Leitungshandelns (Brauckmann & Pashiardis, 2011), unter der Anforderung des Aufbaus eines schulischen Qualitätsmanagements (Bonsen, 2003; Wagner, 2011), unter den Bedingungen verstärkter Eigenverantwortung der Schule (Wissinger, 2007; Harazd, 2010) oder der neuen Steuerung unter der Berücksichtigung der verschiedenen Entscheidungsebenen im Mehrebenensystem (Bonsen, 2010; Brauckmann, 2012; Preuß, Brüsemeister & Wissinger, 2012).

Zu den wichtigsten, hier relevanten Ergebnissen gehört zunächst sehr allgemein, dass Schulleiter/innen im Prozess der Schulreform und Schulentwicklung eine Schlüsselrolle einnehmen (Rolff, 1991a). Im Rückgriff auf die oben angesprochenen, international diskutierten zwei Führungsmodelle, das Modell der Instructional Leadership Role und das Modell der Transformational Leadership Role (hierzu ausführlich Wissinger, 2000), können mittlerweile auch deutsche Studien zur Klärung beitragen, worin die Schlüsselrolle besteht und wie sie unter den Bedingungen der Selbständigen Schule und der Neuen Steuerung ausgestaltet wird.

So gibt es empirische Hinweise darauf, dass Schulleiter/innen die ihnen zugewiesene Rolle im Sinne des Modells der Transformational Leadership Role verstehen, die Interpretation und Ausgestaltung aber vom Selbst- und Führungsverständnis sowie von der Einschätzung der Möglichkeiten abhängt, die Lehrpersonen eines Kollegiums auf Kooperation und systematische Schulentwicklung hin zu orientieren und zu aktivieren, und zwar bis in den Unterricht hinein (Preuß, Brüsemeister & Wissinger, 2012).

Während die Vorstellung schulischer Führung, wie sie in der Instructional Leadership Role formuliert ist, von einem schulpädagogischen Konzept bestimmt ist, das aus der Praxis des Primarstufenbereichs kommt und schulisches Leitungshandeln an einem auf Unterricht und auf die Lernleistungen der Schüler orientierten Führungsverständnis ausrichtet, ist die Transformational Leadership Role organisations- und führungstheoretisch fundiert. In seiner Adaption für die Schulentwicklungsforschung ist dieser Denkansatz darauf ausgelegt, organisationsbedingte Managementaufgaben mit den pädagogischen Inhalten, Fragen und Anforderungen an die Problemlösung im Unterricht und in der Schule in einem Handlungsmodell zu integrieren (Wissinger, 2011; siehe auch Beitrag von Townsend im selben Band). Bezogen auf die Ergebnisse ihrer Untersuchung des Zusammenhangs zwischen Schulleitungshandeln und Schulqualität an »selbständigen Schulen« in Nordrhein-Westfalen, die auf diesen beiden Führungsmodellen aufbaut, hält Bea Harazd (2010, S. 275 ff.) fest, dass sich empirisch keine Schulleitungstypen identifizieren lassen, die dem einen oder dem anderen Modell entsprechen. Vielmehr scheint es Mischtypen zu geben, die, gemessen an diesen beiden Führungsmodellen, unterschiedliche Akzente in der Ausgestaltung der Führungsfunktion setzen – ein Ergebnis, das sich auch im Zusammenhang mit der Einführung von Schulinspektionen und deren Wirkung auf schulisches Leitungshandeln zeigt (Preuß, Wissinger & Brüsemeister, 2013).

Unter den Bedingungen der eigenverantwortlichen Schule und der Neuen Steuerung wird die Funktion der Schulleitung bei der innerschulischen Verarbeitung für die Schul- und Unterrichtsentwicklung bereitgestellter Daten betont, die im Zuge von Vergleichsarbeiten, Leistungsrückmeldungen, Evaluations- und Inspektionsberichten usw. erhoben werden (Wacker, Maier & Wissinger, 2012b). Innovations- und outputbezogene Führung ist individuum- und/oder strukturorientiert und zeichnet sich z. B. durch Unterrichtsbesuche, Feedback und Zielvereinbarungsgespräche einerseits (z. B. durch Schulprogrammarbeit, Curriculumplanung, Evaluation) oder die Organisation der Lehrpersonen in professionellen Lerngemeinschaften andererseits aus. Im Rahmen von Aufgabenbeschreibungen der Schulleitung wird die Personalführung als zentrales Element des Handelns genannt (Tenberg & Pfister, 2012, S. 37). Die Untersuchung der Umsetzung von Personalfördermaßnahmen durch Schulleiter/innen zeigt, dass sich neben der Akzeptanz der Personalentwicklung durch Lehrpersonen die Führungskompetenz der Schulleitung, finanzielle und zeitliche Ressourcen, die Führungsspanne der

Schulleitung, konzeptionelle Planung der Personalentwicklung, Priorität der Personalentwicklung sowie fixe Fenster für Personalentwicklung als Prädiktoren der Entwicklung der Kooperation unter den Lehrpersonen eines Kollegiums sowie der Schulentwicklung überhaupt erweisen (Appius u. a., 2012, S. 136; auch Haeffner, 2012).

Weniger aus einer schulpädagogischen oder unterrichtstheoretischen als vielmehr aus einer organisations- und steuerungstheoretischen Perspektive sind vor diesem Hintergrund Ergebnisse aus Begleitstudien zur Implementation von Schulreformen zu lesen. Sie deuten darauf hin, dass feste Teamformen intensives Kooperationsverhalten befördern und mit einer differenzierten Lernkultur einhergehen (Holtappels & Voss, 2006, S. 255). Befunde z. B. der Evaluation des Modellvorhabens »Selbständige Schule« in Nordrhein-Westfalen können zeigen, dass die Einführung von schulischen Steuerungsgruppen die strukturelle Verankerung sowohl der Beteiligung der Lehrpersonen an der Leitung einer Schule als auch der Kooperation unter den Lehrpersonen befördert (Holtappels, Klemm & Rolff, 2008). Das Projekt macht zugleich deutlich, dass die Kooperation zwischen Schulleitung und Lehrpersonen sowie unter den Lehrpersonen der Umsetzung der Gestaltungsautonomie der Schule dient, zu der, aufbauend auf dem Konzept Organisationalen Lernens, die systematische Implementierung und Koordinierung der Unterrichtsentwicklung gehört (Feldhoff & Rolff, 2008, S. 293 ff.).

Nicht zufällig wird in jüngerer Zeit das Führungsmodell des *Distributed Leadership* diskutiert (Gronn, 2002; Harris, 2004), das auf eine gelingende Kommunikation kompetenter Interaktionsteilnehmer rekurriert, wie sie im Hinblick auf die schulische und professionelle Verarbeitung schulentwicklungsrelevanter Daten sowie die Implementation unterrichts- und lernleistungsbezogener Kooperationsstrukturen unter Lehrpersonen vorausgesetzt wird. Es steht gegen Führungsmodelle, die den charismatischen Führer, den »great man«, propagieren. Bei Distributed Leadership handelt es sich um ein Führungsmodell, das von der »einsamen« Führungsperson abstrahiert, das Gemeinsame der professionellen Akteure betont und zunächst dem Umstand Rechnung zu tragen versucht, dass eine einzelne Person mit der Komplexität der Schulleitungsaufgabe und den vielschichtigen professionellen Anforderungen überfordert sein kann (Wissinger, 2011). Einmal abgesehen davon, dass Lehrpersonen immer wieder mit der im Zuge der Stärkung schulischer Eigenverantwortung und der Einführung der Neuen Steuerung durch die Gesetzgeber herausgehobenen und gestärkten Führungsfunktion der Schulleitung Probleme haben und den Schulleiter/die Schulleiterin als Primus inter pares sehen wollen, dass sie zugleich froh sind, wenn sie durch die Arbeit der Schulleitung von Verwaltungsaufgaben verschont bleiben (ebd.), gibt es Hinweise aus angloamerikanischen Studien darauf, dass Lehrpersonen insbesondere dann keine Ambitionen haben, Führungsaufgaben zu übernehmen, wenn dadurch die Beziehungen zu den Schüler/inne/n wie zu den Kolleg/inn/en belastet werden könnten. Auch sind sie am ehesten zur Führung anderer auf Schulebene bereit, wenn sie sich von den damit verbundenen Aufgaben eine Verbesserung ihres Unterrichts und ihrer Lage versprechen (Anderson, 2004; Silins & Mulford, 2004).

Aus der Sicht von Spillane (2005) wird Distributed Leadership oft und fälschlicherweise mit ›shared leadership‹, ›team leadership‹ oder ›democratic leadership‹ synonym gebraucht. Auch wird aus seiner Sicht dem Sachverhalt von Distributed Leadership nicht gerecht, wer dieses Führungsmodell vom Standpunkt einer Vorgesetztenfunktion, d. h. von Rollen, Aufgaben und Routinen, gar von Handlungen von Individuen her bestimmt, oder wer darin eine Legitimation zur Übertragung der Schulleitungsfunktion auf mehrere Personen vermutet, Distributed Leadership gar mit einem Führungsinstrument wie z. B. Delegation verwechselt. In seiner Konzeptualisierung ist Distributed Leadership als Führungspraxis definiert, die sich in Interaktionen konstituiert, situationsabhängig und durch Interdependenz gekennzeichnet ist.

Distributed Leadership im Verständnis von Spillane ist anschlussfähig an die institutionelle Entwicklung der Schule (Wissinger, 2013) und ihre Ausdifferenzierung als professionelle Organisation (hierzu Thiel, 2007, 2008), die u. a. dadurch gekennzeichnet ist, dass im gesetzlich gegebenen Rahmen die professionellen Entscheidungen bei der operativen Ebene liegen (hierzu Kuper, 2008). Distributed Leadership erlaubt, Führung im Kontrast zu einer Steuerungsstruktur zu verstehen, die die Handlungs- und Entscheidungsebene voneinander trennt, die die Verantwortung über die Leistungsergebnisse aber der operativen Ebene zuschreibt. Möglicherweise eröffnet dieses Führungsmodell Handlungsperspektiven im Kontext der Neuen Steuerung und Schulentwicklung, die mit der Struktur der professionellen Organisation Schule und dem professionellen Selbstverständnis der Lehrpersonen theoretisch und auch ideologisch kompatibel sind.

Literatur

Albisser, S., Keller-Schneider, M., & Wissinger, J. (2013). Zusammenarbeit von Kollegien in Schulen unter dem Anspruch von Professionalität. In M. Keller-Schneider, S. Albisser & J. Wissinger (Hrsg.), *Professionalität und Kooperation in Schulen. Beiträge zur Diskussion über Schulqualität* (9–29). Bad Heilbrunn: Klinkhardt.

Altrichter, H., Brüsemeister, T., & Wissinger, J. (Hrsg.) (2007). *Educational Governance. Handlungskoordination und Steuerung im Bildungssystem*. Wiesbaden: VS Verlag für Sozialwissenschaften.

Altrichter, H., & Maag Merki, K. (Hrsg.) (2010). *Neue Steuerung im Bildungswesen. Ein Handbuch*. Wiesbaden: VS Verlag für Sozialwissenschaften.

Anderson, K. (2004). The Nature of Teacher Leadership in Schools as Reciprocal Influences Between Teacher Leaders and Principals. *School Effectiveness and School Improvement, 15(1)*, 97–113.

Appius, S., Steger Vogt, E., Kansteiner-Schänzlin, K., & Bach-Blattner, T. (2012). Personalentwicklung an Schulen – Eine Bestandsaufnahme aus Sicht deutscher und schweizerischer Schulleitungen. *Empirische Pädagogik, 26(1)*, 123–141.

Avenarius, H., Kimming, T., & Rürup, M. (2003). *Die rechtlichen Regelungen der Länder in der Bundesrepublik Deutschland zur erweiterten Selbständigkeit der Schule. Eine Bestandsaufnahme.* Berlin: Berliner Wissenschafts-Verlag.

Becker, R., & Lauterbach, (Hrsg.) (2007). *Bildung als Privileg. Erklärungen und Befunde zu den Ursachen der Bildungsungleichheit* (2., aktualisierte Auflage). Wiesbaden: VS Verlag für Sozialwissenschaften.

Bellmann, J., & Weiß, M. (2009). Risiken und Nebenwirkungen Neuer Steuerung im Schulsystem. Theoretische Konzeptualisierung und Erklärungsmodelle. *Zeitschrift für Pädagogik, 55(2)*, 286–308.

Bonsen, M. (2003). *Schule, Führung, Organisation. Eine empirische Studie zum Organisations- und Führungsverständnis von Schulleiterinnen und Schulleitern.* Münster: Waxmann.

Bonsen, M. (2005). Professionelle Lerngemeinschaften in der Schule. In H. G. Holtappels & K. Höhmann (Hrsg.), *Schulentwicklung und Schulwirksamkeit. Systemsteuerung, Bildungschancen und Entwicklung der Schule* (S. 180–205). Weinheim: Juventa.

Bonsen, M. (2006). Wirksame Schulleitung. In. H. Buchen & H.-G. Rolff (Hrsg.), *Professionswissen Schulleitung* (S. 193–228). Weinheim: Beltz.

Bonsen, M. (2010). Schulleitungshandeln. In H. Altrichter & K. Maag Merki (Hrsg.), *Neue Steuerung im Bildungswesen. Ein Handbuch* (S. 277–294). Wiesbaden: VS Verlag für Sozialwissenschaften.

Bonsen, M., Bos, W., & Rolff, H.-G. (2008). Zur Fusion von Schuleffektivitäts- und Schulentwicklungsforschung. In W. Bos, H. G. Holtappels, H. Pfeiffer, H.-G. Rolff & R. Schulz-Zander (Hrsg.), *Jahrbuch der Schulentwicklung, Band 15* (S. 11–39). Weinheim: Juventa.

Bonsen, M., von der Gathen, J., Iglhaut, C., & Pfeiffer, H. (2002). *Die Wirksamkeit von Schulleitung. Empirische Annäherungen an ein Gesamtmodell schulischen Leitungshandelns.* Weinheim: Juventa.

Brauckmann, S. (2012). Schulleitungshandeln zwischen erweiterten Rechten und Pflichten (SHaRP) im internationalen Forschungskontext. Beschreibungen und empirische Befunde. In S. Hornberg & M. Parreira do Amaral (Hrsg.), *Deregulierung im Bildungswesen* (S. 223–247). Münster: Waxmann.

Brauckmann, S., & Pashiardis, P. (2011). A validation study of the leadership styles of a holistic leadership theoretical framework. *International Journal of educational Management, 25(1)*, 11–32.

Brüsemeister, T., Böhm-Kasper, O., Heinrich, M., Rürup, M., & Wissinger, J. (2013). *Schulinspektion als Steuerungsimpuls zur Schulentwicklung und seine Realisierungsbedingungen auf einzelschulischer Ebene.* Arbeitsbericht, BMBF-Verbundprojekt, Gießen, Bielefeld, Hannover und Wuppertal.

Dalin, P., Rolff, H.-G., & Buchen, H. (1995). *Institutioneller Schulentwicklungsprozess* (2., völlig neu bearbeitete Auflage). Soest: Verlag für Schule und Weiterbildung.

Ditton, H. (2000). Qualitätskontrolle und Qualitätssicherung in Schule und Unterricht. Ein Überblick zum Stand der empirischen Forschung. In A. Helmke, W. Hornstein & E. Terhart (Hrsg.), *Qualität und Qualitätssicherung im Bildungsbereich: Schule, Sozialpädagogik, Hochschule* (Zeitschrift für Pädagogik, 41. Beiheft, S. 73–92). Weinheim: Beltz.

Feldhoff, T., Kanders, M., & Rolff, H.-G. (2008). Schulleitung und innere Schulorganisation. In H. G. Holtappels, K. Klemm & H.-G. Rolff (Hrsg.), *Schulentwicklung durch Ge-*

staltungsautonomie. *Ergebnisse der Begleitforschung zum Modellvorhaben ›Selbständige Schule‹ in Nordrhein-Westfalen* (S. 146–173). Münster: Waxmann.

Feldhoff, T., & Rolff, H.-G. (2008). Einfluss von Schulleitungs- und Steuergruppenhandeln. In H. G. Holtappels, K. Klemm & H.-G. Rolff (Hrsg.), *Schulentwicklung durch Gestaltungsautonomie. Ergebnisse der Begleitforschung zum Modellvorhaben ›Selbständige Schule‹ in Nordrhein-Westfalen* (S. 293–303). Münster: Waxmann.

Fend, H. (1986). »Gute Schulen – schlechte Schulen«. Die einzelne Schule als pädagogische Handlungseinheit. *Die Deutsche Schule 78(3)*, 275–293.

Fuchs, H.-W. (2009). Neue Steuerung – neue Schulkultur? *Zeitschrift für Pädagogik, 55(3)*, 369–380.

Gräsel, C., Fussangel, K., & Pröbstel, Chr. (2006). Lehrkräfte zur Kooperation anregen – eine Aufgabe für Sisyphos? *Zeitschrift für Pädagogik, 52(2)*, 205–219.

Gronn, P. (2002). Distributed Leadership. In K. Leithwood & P. Hallinger, P. (Hrsg.), *Second International Handbook of Educational Leadership and Administration* (S. 653–696). Dordrecht/NL: Kluwer.

Haeffner, J. (2012). *Professionalisierung durch Schulentwicklung. Eine subjektwissenschaftliche Studie zu Lernprozessen von Lehrkräften an evangelischen Schulen.* Münster: Waxmann.

Hallinger, P., & Heck, R. H. (1998). Exploring the Principal's Contribution to School Effectiveness: 1980–1995. *School Effectiveness and School Improvement , 9(2)*, 157–191.

Hallinger, P., Taraseina, P., & Miller, J. (1994). Assessing the Instructional Leadership of Secondary School Principals in Thailand. *School Effectiveness and School Improvement, 5(4)*, 321–348.

Harazd, B. (2010). Schulleitungstypen in eigenverantwortlichen Schulen und ihr Zusammenhang zur Schulqualität. In N. Berkemeyer, W. Bos, H. G. Holtappels, N. McElvany & R. Schulz-Zander, R. (Hrsg.), *Jahrbuch der Schulentwicklung, Band 16* (S. 261–288). Weinheim: Juventa.

Harris, A. (2004). Distributed Leadership and School Improvement. Leading or Misleading? *Educational Management Administration & Leadership, 32(11)*, 11–24.

Hessisches Kultusministerium (2008). *Hessischer Referenzrahmen Schulqualität.* Wiesbaden: Institut für Qualitätsentwicklung.

Holtappels, H. G. (1997). *Grundschule bis mittags. Innovationsstudie über Zeitgestaltung und Lernkultur.* Weinheim: Juventa.

Holtappels, H. G. (2010). Schule als Lernende Organisation. In T. Bohl, W. Helsper, H. G. Holtappels & C. Schelle (Hrsg.), *Handbuch Schulentwicklung* (S. 99–105). Bad Heilbrunn: Klinkhardt.

Holtappels, H. G. (2013). Schulentwicklung und Lehrerkooperation. In N. McElvany & H. G. Holtappels (Hrsg.), *Empirische Bildungsforschung* (S. 35–62). Münster: Waxmann.

Holtappels, H. G., Klemm, K., & Rolff, H.-G. (Hrsg.) (2008). *Schulentwicklung durch Gestaltungsautonomie. Ergebnisse der Begleitforschung zum Modellvorhaben ›Selbständige Schule‹ in Nordrhein-Westfalen.* Münster: Waxmann.

Holtappels, H. G., & Voss, A. (2006). Organisationskultur und Lernkultur. Zusammenhänge zwischen Schulorganisation und Unterrichtsgestaltung am Beispiel selbständiger Schulen. In W. Bos, H. G. Holtappels, H. Pfeiffer, H.-G. Rolff & R. Schulz-Zander (Hrsg.), *Jahrbuch der Schulentwicklung, Band 14* (S. 247–275). Weinheim: Juventa.

Hornberg, S., & Parreira do Amaral, M. (Hrsg.) (2012). *Deregulierung im Bildungswesen.* Münster: Waxmann.

Kanders, M., & Rösner, E. (2006). Das Bild der Schule im Spiegel der Lehrermeinung – Ergebnisse der 3. IFS-Lehrerbefragung 2006. In W. Bos, H. G. Holtappels, H. Pfeiffer, H.-G. Rolff & R. Schulz-Zander, R. (Hrsg.), *Jahrbuch der Schulentwicklung, Band 14* (S. 11–48). Weinheim: Juventa.

Keller-Schneider, M., & Albisser, S. (2012). Einschätzungen der Schulleitungsqualität – eine Frage der individuellen Ressourcen der Einschätzenden? *Zeitschrift für Empirische Pädagogik, 26(1),* 160–179.

Keller-Schneider, M., & Albisser, S. (2013). Kooperation von Lehrpersonen und die Bedeutung von individuellen und kollektiven Ressourcen. In M. Keller-Schneider, S. Albisser & J. Wissinger (Hrsg.), *Professionalität und Kooperation in Schulen. Beiträge zur Diskussion über Schulqualität* (S. 33–56). Bad Heilbrunn: Klinkhardt.

Keller-Schneider, M., Albisser, S., & Wissinger, J. (Hrsg.) (2013). *Professionalität und Kooperation in Schulen. Beiträge zur Diskussion über Schulqualität.* Bad Heilbrunn: Klinkhardt.

Kuper, H. (2008). Entscheiden und Kommunizieren. Eine Skizze zum Wandel schulischer Leitungs- und Partizipationsstrukturen und den Konsequenzen für die Lehrerprofessionalität. In W. Helsper, S. Busse, M. Hummrich & R. T. Kramer (Hrsg.), *Pädagogische Professionalität in Organisationen. Neue Verhältnisbestimmungen am Beispiel Schule* (S. 149–162). Wiesbaden: VS Verlag für Sozialwissenschaften.

Preuß, B., Brüsemeister, T., & Wissinger, J. (2012). Einführung der Schulinspektion und die Rolle der Schulleitung aus governanceanalytischer Perspektive. *Empirische Pädagogik, 26(1),* 103–122.

Preuß, B., Wissinger, J., & Brüsemeister, T. (2014). Einführung der Schulinspektion: Struktur und Wandel regionaler Governance im Schulsystem. In H. J. Abs, T. Brüsemeister, M. Schemmann & J. Wissinger (Hrsg.), *Governance im Bildungssystem – Analysen zur Marktebenenperspektive, Steuerung und Koordination.* Wiesbaden: Springer VS (im Druck).

Reh, S. (2008). »Reflexion der Organisation« und Bekenntnis. Perspektiven der Lehrerkooperation. In W. Helsper, S. Busse, M. Hummrich & R. T. Kramer (Hrsg.), *Pädagogische Professionalität in Organisationen. Neue Verhältnisbestimmungen am Beispiel Schule* (S. 163–183). Wiesbaden: VS Verlag für Sozialwissenschaften.

Rolff, H.-G. (1991a). Wege der Verwirklichung schulischer Kooperation. Schulgestaltung durch Organisationsentwicklung – Schulleitungen als »Agenten« des Wandels. In J. Wissinger & H. S. Rosenbusch (Hrsg.), *Motivation durch Kooperation. Schulleiter-Handbuch, Band 58* (S. 57–68). Braunschweig: SL Verlag.

Rolff, H.-G. (1991b). Schulentwicklung als Entwicklung von Einzelschulen? *Zeitschrift für Pädagogik, 37,* 865–886.

Scheerens, J., & Bosker, R. (1997). *The foundations of educational effectiveness.* Oxford: Pergamon.

Silins, H. C., & Mulford, B. (2002). Leadership and School Results. In K. Leitwood & P. Hallinger (Hrsg.) *Second International Handbook of Educational Leadership and Administration* (pp. 561–612). Dordrecht/NL: Springer.

Silins, H. C., & Mulford, B. (2004). Schools as Learning organizations – Effects on Teacher Leadership and Student Outcomes. *School Effectiveness and School Improvement, 15(3–4)*, 443–466.

Spillane, J. P. (2005). Distributed Leadership. *The Educational Forum, 69(2)*, 143–150.

Stamm, M. (2007). Abgang, Abschluss, Abbruch. Ein neuer Blick auf die Schuleffektivität. *Zeitschrift für Sozialpädagogik, 5(4)*, 338–357.

Steffens, U. (1991). Empirische Erkundungen zur Effektivität und Qualität von Schule. In C. Berg & U. Steffens (Hrsg.), *Schulqualität und Schulvielfalt. Das Saarbrücker Schulgütesymposium '88* (S. 51–71). Wiesbaden: Hessisches Institut für Bildungsplanung und Schulentwicklung (HIBS).

Steffens, U., & Bargel, T. (1987). *Beiträge aus dem Arbeitskreis »Qualität von Schule«, Heft 1–7.* Wiesbaden: Hessisches Institut für Bildungsplanung und Schulentwicklung (HIBS).

Steffens, U., & Bargel, T. (1993). *Erkundungen zur Qualität von Schule.* Neuwied: Luchterhand.

Steinert, B., Klieme, E., Maag Merki, K., Döbrich, P., Halbheer, U., & Kunz, A. (2006). Lehrerkooperation in der Schule: Konzeption, Erfassung, Ergebnisse. *Zeitschrift für Pädagogik, 52(2)*, 185–204.

Tacke, V. (2004). Organisation im Kontext der Erziehung. Zur soziologischen Zugriffsweise auf Organisationen am Beispiel der Schule als »lernender Organisation«. In W. Böttcher & E. Terhart (Hrsg.), *Organisationstheorie in pädagogischen Feldern* (S. 19–42). Wiesbaden: VS Verlag für Sozialwissenschaften.

Tenberg, R., & Pfister, N. (2012). Welche Erwartungen und Ansprüche stellen Berufschullehrer an ihre Schulleiter als Führungspersonen? Empirische Untersuchung an beruflichen Schulen. *Empirische Pädagogik, 26(1)*, 33–55.

Thiel, F. (2007). Profession als Lebensform. Entwürfe des neuen Lehrers nach 1900. *Zeitschrift für Pädagogik, 53(1)*, 74–91.

Thiel, F. (2008). Die Organisation der Bildung – eine Zumutung für die Profession? In Y. Ehrenspeck, G. de Haan & F. Thiel (Hrsg.), *Bildung: Angebot oder Zumutung?* (S. 211–228). Wiesbaden: VS Verlag für Sozialwissenschaften.

Thillmann, K. (2012). *Schulentwicklung und Schulorganisation. Eine empirische Untersuchung schulischer Organisationsgestaltung vor dem Hintergrund der Neuen Steuerung im Bildungssystem.* Dissertation. Fachbereich Erziehungswissenschaft und Psychologie der Freien Universität Berlin.

Timmermann, D. (1996). Qualitätsmanagement an Schulen. *Wirtschaft und Erziehung, 48(10)*, 327–333.

Townsend, T. (1993). *School Effectiveness: Identifying the complexities.* Paper presented at the International Congress for School Effectiveness and Improvement, Norrköping/Sweden, January 3–6.

Townsend, T. (1997). What Makes Schools Effective? A Comparison between School Communities in Australia and the USA. *School Effectiveness and School Improvement, 8(3)*, 311–326.

Townsend, T. (2010). Thinking and Acting both Locally and Globally: New Issues for School Development Planning. In N. Berkemeyer, W. Bos, H. G. Holtappels, N. McElvany & R. Schulz-Zander, R. (Hrsg.), *Jahrbuch der Schulentwicklung, Band 16* (S. 13–36). Weinheim: Juventa.

Wacker, A., Maier, U., & Wissinger, J. (Hrsg.) (2012a). *Schul- und Unterrichtsreform durch ergebnisorientierte Steuerung. Empirische Befunde und forschungsmethodische Implikationen.* Wiesbaden: Springer VS.

Wacker, A., Maier, U., & Wissinger, J. (2012b). Ergebnisorientierte Steuerung. Bildungspolitische Strategie und Verfahren zur Initiierung von Schul- und Unterrichtsreformen. In A. Wacker, U. Maier & J. Wissinger (Hrsg.), *Schul- und Unterrichtsreform durch ergebnisorientierte Steuerung. Empirische Befunde und forschungsmethodische Implikationen* (S. 9–33). Wiesbaden: Springer VS.

Wagner, C. (2011). *Führung und Qualitätsmanagement in beruflichen Schulen. Triangulative Fallstudien zum Führungsverständnis und Führungshandeln einzelschulischer Führungskräfte.* Frankfurt am Main: Peter Lang.

Warwas, J. (2009). Berufliches Selbstverständnis und Beanspruchung in der Schulleitung. *Zeitschrift für Erziehungswissenschaft, 12(3),* 475–498.

Warwas, J. (2012a). Prädiktoren der Arbeitszufriedenheit schulischer Führungskräfte. *Empirische Pädagogik, 26(1),* 56–77.

Warwas, J. (2012b). *Berufliches Selbstverständnis, Beanspruchung und Bewältigung in der Schulleitung.* Wiesbaden: Springer VS.

Wissinger, J. (1996). *Perspektiven schulischen Führungshandelns. Eine Untersuchung über das Selbstverständnis von SchulleiterInnen.* Weinheim: Juventa.

Wissinger, J. (2000). Rolle und Aufgaben der Schulleitung bei der Qualitätssicherung und -entwicklung von Schulen. *Zeitschrift für Pädagogik, 46(6),* 851–865.

Wissinger, J. (2007). Does School Governance matter? Herleitungen und Thesen aus dem Bereich »School Effectiveness and School Improvement«. In H. Altrichter, T. Brüsemeister & J. Wissinger (Hrsg.), *Educational Governance. Handlungskoordination und Steuerung im Bildungssystem* (S. 105–129). Wiesbaden: VS Verlag für Sozialwissenschaften.

Wissinger, J. (2011). Schulleitung und Schulleitungshandeln. In E. Terhart, H. Bennewitz & M. Rothland (Hrsg.), *Handbuch der Forschung zum Lehrerberuf* (S. 98–115). Münster: Waxmann.

Wissinger, J. (2012). Schulaversives Verhalten von Jugendlichen: Anforderungen an die Schulpädagogik. In J. Ecarius & M. Eulenbach (Hrsg.), *Jugend und Differenz. Aktuelle Debatten der Jugendforschung* (S. 127–146). Wiesbaden: Springer VS.

Wissinger, J. (2013). Schulleitungshandeln und Förderung der Professionalität unter Lehrpersonen. Eine Analyse institutioneller und struktureller Entwicklungsbedingungen. In M. Keller-Schneider, S. Albisser & J. Wissinger (Hrsg.), *Professionalität und Kooperation in Schulen. Beiträge zur Diskussion über Schulqualität* (S. 185–208). Bad Heilbrunn: Klinkhardt.

Katja Scharenberg & Wilfried Bos

Schulstruktur und Kompetenzentwicklung

Zur Bedeutung von Schulkomposition und
Schulformgliederung für die Entwicklung des
Leseverständnisses in der Hamburger Sekundarstufe

1 Schulstruktur und Schulumwelten

Das zentrale Strukturmerkmal des deutschen Schulsystems in der Sekundarstufe ist die externe Leistungsdifferenzierung. Die intendierte leistungsbasierte Zuweisung der Schülerinnen und Schüler zu institutionell getrennten Bildungsgängen stützt sich dabei auf die Annahme, dass der Unterricht in Lerngruppen mit einer homogeneren Leistungszusammensetzung einfacher an die jeweiligen Lernvoraussetzungen der Schülerinnen und Schüler anzupassen sei, um diese leichter individuell und ihrem Leistungsniveau angemessen fördern zu können (z. B. Barr & Dreeben, 1983; Hallinan, 1994; Harker & Tymms, 2004; Hattie, 2002; Slavin, 1990). Verschiedene Studien haben jedoch mittlerweile vielfach gezeigt, dass die Leistungsdifferenzierung nicht ausschließlich aufgrund der erzielten schulischen Leistungen erfolgt, sondern auch eng mit der sozialen Herkunft der Schülerinnen und Schüler zusammenhängt (Baumert & Schümer, 2001; Baumert, Stanat & Watermann, 2006). Dies führt – trotz deutlicher Unterschiede im durchschnittlichen Leistungsniveau – zu beträchtlichen Überlappungen der Leistungsverteilungen zwischen Schulen verschiedener Schulformen. Eine faire Leistungshomogenisierung der Schülerschaft gelingt somit nicht (vgl. z. B. auch Artelt, Stanat, Schneider & Schiefele, 2001; Bos & Scharenberg, 2010; Scharenberg, 2012, 2013).

Vielmehr geht mit der Leistungsdifferenzierung in verschiedene Bildungsgänge immer auch eine starke soziale Segregation einher (Baumert et al., 2006; Baumert, Trautwein & Artelt, 2003). Dies zeigt sich bereits zu Beginn der Sekundarstufe I, wo der Zusammenhang zwischen der sozialen Zusammensetzung und dem am Ende der Jahrgangsstufe 6 durchschnittlich erzielten Leistungsniveau auch an den Hamburger Schulen sehr eng ausfällt (vgl. Abbildung 1). Auffällig ist die Konzentration bestimmter Schulformen in unterschiedlichen Bereichen der Verteilung: Während sich einerseits die Haupt- und Realschulen durch eine unterdurchschnittliche soziale Zusammensetzung sowie ein niedrigeres Leistungsniveau in der Kompetenzdomäne Leseverständnis auszeichnen, ist die Schülerschaft an den Gymnasien andererseits sozial und leistungsmäßig günstiger zusammengesetzt und liegt insgesamt auf einem überdurchschnittlich hohen Niveau. Die Schüler-komposition an den integrierten Gesamtschulen deckt sich hingegen überwiegend mit derjenigen an den Haupt- und Realschulen, reicht allerdings auch bis in den typisch gymnasialen Bereich hinein. Gerade im mittleren Bereich der leistungsbe-zogenen und sozialen Zusammensetzung der Schülerschaften überschneiden sich die verschiedenen Schulformen erheblich.[1] Neben einer starken Differenzierung unterschiedlicher Schulformen lässt sich also auch eine breite und bemerkenswer-te Überlappung erkennen. Insgesamt können zu Beginn der Sekundarstufe I rund drei Viertel der Varianz im Leseverständnis zwischen den Hamburger Schulen durch deren soziale Zusammensetzung erklärt werden. Der Zusammenhang zwi-schen sozialer Herkunft und Leseverständnis fällt somit auf institutioneller Ebene noch enger aus als auf individueller Ebene (siehe hierzu auch Baumert, Maaz, Sta-nat & Watermann, 2009).

Nicht nur auf aggregierter Ebene der Schulen, sondern auch auf individueller Ebene steht mit der sozialen Herkunft der Schülerinnen und Schüler eine Reihe weiterer Herkunftsmerkmale in Zusammenhang, wie z. B. ihre ethnisch-kulturelle Herkunft (Geburtsland, deutsch als Familiensprache), das Bildungsniveau ihrer Eltern oder weitere individuelle und familiäre Lernvoraussetzungen. Daraus ergibt sich ein schulformspezifisches »Syndrom an Kompositionsmerkmalen« (Baumert et al., 2006, S. 97), aus dem eine kumulative Privilegierung oder Benachteiligung von Schulen aufgrund einer unterschiedlichen Verfügbarkeit an ökonomischen, kulturellen oder sozialen Ressourcen resultieren kann. Damit stellen sich auch Fragen nach der Gerechtigkeit und Chancengleichheit des deutschen Bildungssys-tems (siehe hierzu z. B. Berkemeyer, Bos & Manitius, 2012; Berkemeyer & Mani-tius, 2013) sowie nach der Bedeutung verschiedener Lernkontexte für bestehende Bildungsungleichheiten (Ditton, 2013).

---

1   Dies gilt bezogen auf die aggregierte Ebene von Schulen. Dass sich auch auf individuel-ler Ebene die Leistungen der Schülerinnen und Schüler an verschiedenen Schulformen stark überschneiden, ist ebenfalls hinreichend belegt (z. B. Baumert et al., 2003; Bonsen, Gröhlich, Rau & Bos, 2009; Lehmann, Gänsfuß & Peek, 1999).

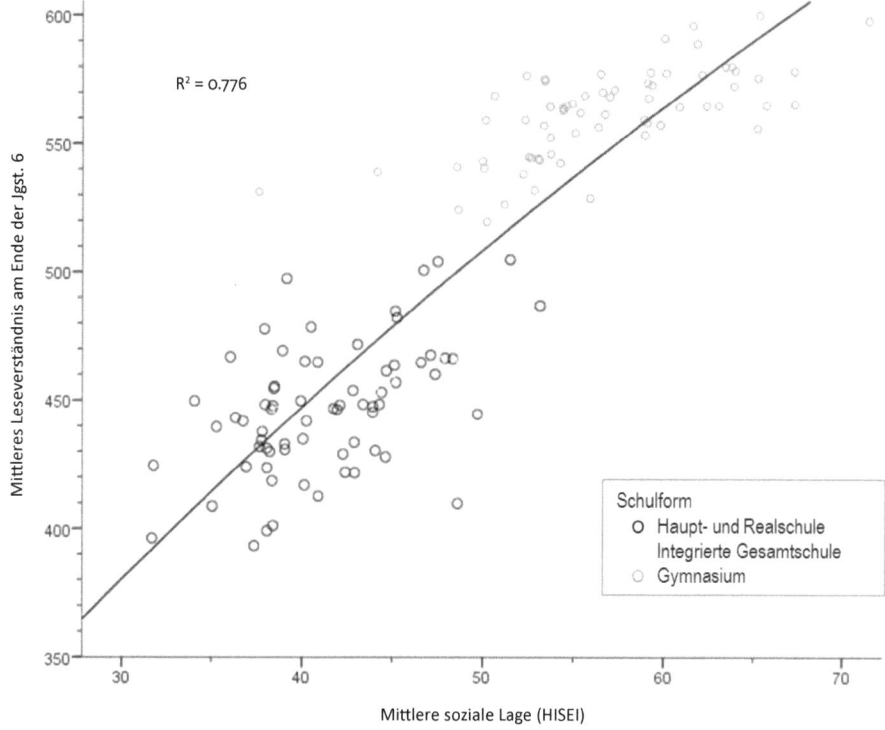

Abb. 1: *Zusammenhang zwischen sozialer und leistungsbezogener Zusammensetzung an Hamburger Schulen zu Beginn der Sekundarstufe I*

2 Schulformen als differenzielle Lern- und Entwicklungsmilieus

Neben Familie und Peers ist die Schule ein besonders relevanter Entwicklungskontext im Kindes- und Jugendalter (ebd.). Die spezifischen Kompositionsprofile von Schulen unterschiedlicher Schulformen lassen vermuten, dass diese »differenzielle Lern- und Entwicklungsmilieus« (Baumert & Schümer, 2001, S. 462) darstellen: Für Schülerinnen und Schüler bestehen *unabhängig von und zusätzlich zu* ihren persönlichen, d.h. intellektuellen, kulturellen, sozialen und ökonomischen, Ressourcen je nach besuchter Schulform unterschiedliche Lern- und Entwicklungschancen (Baumert et al., 2006). Diese sind durch das Schulmilieu bedingt und einerseits auf die institutionelle Differenzierung, andererseits auf unterschiedliche Lern- und Arbeitsbedingungen für die Schüler- und Lehrerschaft sowie die pädagogisch-didaktischen Traditionen der verschiedenen Schulformen zurückzuführen (ebd.): So berichten z. B. Mathematiklehrkräfte an Gymnasien von einer höheren kognitiven Aktivierung als ein Merkmal von Unterrichtsqualität, während der Anregungsgehalt im Unterricht an Hauptschulen niedriger auszufallen und ein geringeres Potenzial zur Förderung verständnisvoller Lernprozesse zu besitzen scheint (Kunter et al., 2005). Differenzielle Lern- und Entwicklungsmilieus kön-

nen so dazu führen, dass die individuelle Lern- und Persönlichkeitsentwicklung
der Schülerinnen und Schüler – neben ihren fachlichen Leistungen ist hiervon
z. B. auch die Entwicklung motivationaler Aspekte und sozialer Kompetenzen
betroffen – unterschiedlich verläuft, erschwert oder sogar verhindert wird. An-
fängliche Leistungsunterschiede aufgrund sozialer Disparitäten werden durch die
Schulformgliederung im Verlauf der Sekundarstufe I somit noch weiter verstärkt.
Zudem übt die Sekundarstufe I eine »zentrale Zubringerfunktion für die Ausbildung im dualen System« (Trautwein, Lüdtke, Becker, Neumann & Nagy, 2008,
S. 92) aus, so dass durch die Schulformgliederung auch ungleiche Chancen beim
Übergang in postobligatorische Ausbildungen der Sekundarstufe II und darüber
hinaus erzeugt werden können. Schulformspezifische Entwicklungsunterschiede
können bedingt sein durch:

1. differenzielle Lernraten, d. h., dass Schülerinnen und Schüler je nach ihren individuellen Lernausgangslagen unterschiedliche Lernfortschritte erzielen (*individueller Matthäuseffekt*), an welche die Lehrkräfte didaktisch unterschiedlich
   anschließen,
2. *institutionelle Unterschiede*, die durch unterschiedliche Lehrpläne, Stundenta-
   feln und Unterrichtsinhalte sowie schulformspezifische Traditionen in Didaktik und Lehrerbildung entstehen können (Kunter et al., 2005), sowie
3. Kompositionseffekte, die auf Unterschiede in der soziokulturellen und leistungsbezogenen Zusammensetzung der Schülerschaft zurückzuführen sind
   und sich auf die Charakteristika der jeweiligen Lerngruppe beziehen (*institutioneller Matthäuseffekt*).

Erst wenn Kompositions- und/oder Institutionseffekte vorliegen, spricht man von
differenziellen Lern- und Entwicklungsmilieus (Baumert et al., 2009).

International sind die Auswirkungen der Leistungsdifferenzierung in institutionell getrennte Bildungsgänge – in der angloamerikanischen Forschungsliteratur
wird dies unter dem Begriff *tracking* diskutiert – und der Zusammensetzung der
Schülerschaft breit erforscht, wobei hier vor allem die soziale Komposition von
Schulen im Mittelpunkt steht (z. B. Harker & Tymms, 2004; Hattie, 2002; Oakes,
1990; Opdenakker & van Damme, 2001; Thrupp, Lauder & Robinson, 2002; für
einen aktuellen und differenzierten Überblick über den nationalen und internationalen Forschungsstand zu Effekten der Zusammensetzung der Schülerschaft
auf die Schulleistungen siehe auch Dumont, Neumann, Maaz & Trautwein, 2013).
Auch für das deutsche Schulsystem wurde das Zusammenspiel schulformspezifi-

scher Schereneffekte[2] und kompositioneller Effekte der Schulzusammensetzung[3] bereits vielfach untersucht: So zeigen z. B. Baumert et al. (2006) anhand der nationalen Ergänzungsstichprobe im Rahmen von PISA 2000, dass 15-Jährige an Gymnasien unter ansonsten identischen individuellen und schulischen Gegebenheiten um mehr als ein Fünftel einer Standardabweichung höhere Lesekompetenzwerte am Ende der Pflichtschulzeit erreichen als Gleichaltrige an Hauptschulen. Darüber hinaus belegen sie eine starke Konfundierung von Kompositions- und Institutionsmerkmalen: Rund 40 Prozent der zwischenschulischen Leistungsvarianz im Leseverständnis werden gemeinsam durch die soziale und fähigkeitsbezogene Komposition sowie die Schulformzugehörigkeit erklärt. Die spezifischen Varianzanteile von Kompositions- und Institutionsmerkmalen fallen dagegen deutlich geringer aus: Das Fähigkeitsniveau der Schülerschaft scheint das wichtigste Kompositionsmerkmal zu sein (3.9 % spezifischer Erklärungsbeitrag), während die soziale Zusammensetzung[4] nur einen kleinen spezifischen, aber signifikanten Effekt auf die Lesekompetenz ausübt (1.0 % spezifischer Erklärungsbeitrag).

Empirische Evidenz für differenzielle Entwicklungsverläufe in den verschiedenen Schulformen der Sekundarstufe I wurde nicht nur für die sprachlichen, sondern auch für mathematische Kompetenzen erbracht. So zeigen z. B. Becker, Lüdtke, Trautwein & Baumert (2006) im Rahmen einer Reanalyse der nationalen längsschnittlichen Erweiterung der dritten internationalen Mathematik- und Naturwissenschaftsstudie (TIMSS) anhand von Mehrgruppen-Strukturgleichungsmodellen, dass die latenten, d. h. um Messfehler bereinigten, Lernzuwächse zwischen dem Ende der 7. und dem Ende der 8. Jahrgangsstufe an Gymnasien und Realschulen mehr als doppelt so hoch ausfallen wie an Hauptschulen und mit Effektstärken in mittlerer Höhe von praktischer Relevanz sind. Für den Stadtstaat Hamburg fallen die Befunde hingegen anders aus: Im Unterschied zu den von Baumert et al. (2006) für die Lesekompetenz vorgelegten Analysen können Gröhlich, Guill, Scharenberg & Bos (2010b) für die Entwicklung der Mathematikleistung in

---

2 Effekte auf die domänenspezifischen Kompetenzen von Schülerinnen und Schülern stehen dabei im Fokus. Darüber hinaus gibt es auch Hinweise auf Schereneffekte bei der Entwicklung domänenübergreifender, (non)verbaler kognitiver Grundfähigkeiten (Becker, Lüdtke, Trautwein, Köller & Baumert, 2012; Schneider & Stefanek, 2004), die jedoch nicht eindeutig sind.

3 In der Zusammenschau fokussieren die meisten Forschungsarbeiten dabei auf den Sekundarschulbereich. Auch für den Grundschulbereich ist eine differenzielle Effektivität von Schulklassen hinsichtlich kompositioneller – vor allem leistungsbezogener – und unterrichtlicher Merkmale für die Kompetenzentwicklung in den Bereichen Leseverständnis und Mathematik belegt worden. Die Befunde legen den Schluss nahe, dass bereits Grundschulklassen differenzielle Lern- und Entwicklungsmilieus darstellen können (z. B. Bellin, 2009, 2010; Ditton & Krüsken, 2006; Nikolova, 2011; Tiedemann & Billmann-Mahecha, 2004).

4 Als Indikator für die soziale Zusammensetzung der Schulen wird in den Analysen der Prozentanteil der Eltern ohne abgeschlossene Berufsausbildung verwendet.

den Jahrgangsstufen 7 und 8 unter Kontrolle individueller und kompositioneller Merkmale keine höhere Lerneffektivität an Gymnasien feststellen. Allerdings lässt sich an Realschulen eine signifikant höhere Lernentwicklung im Vergleich zu Hauptschulen beobachten. Institutionelle Effekte der Schulformgliederung scheinen sich hingegen bereits zu einem früheren Zeitpunkt zu manifestieren: Nicht erst gegen Ende der Sekundarstufe I, sondern bereits nach den ersten beiden Sekundarschuljahren werden insbesondere an Gymnasien im Vergleich zu anderen Schulformen signifikant höhere Lernstände in Mathematik erzielt, die sich nicht allein auf eine günstigere leistungsbezogene und soziale Komposition der Schülerschaft zurückführen lassen (Bonsen, Gröhlich & Bos, 2009). Bereits in der Beobachtungsstufe wird also die unterschiedliche Förderwirksamkeit verschiedener Schulformen sichtbar und relevant für die weitere Kompetenzentwicklung, da sich diese Effekte über einen längeren Zeitraum kumulieren können, wenn die Schülerinnen und Schüler über viele Jahre in unterschiedlichen Schulformen verbleiben (vgl. auch Dumont et al., 2013). In der Zusammenschau der Befunde (Gröhlich et al., 2010b) scheinen die bis zum Ende der Jahrgangsstufe 6 erzielten Lernstände in Mathematik also stärker von institutionellen Merkmalen abhängig zu sein, während in den Jahrgangsstufen 7 und 8 die leistungsbezogene Komposition der Schülerschaft stärker entwicklungsrelevant ist. Für die gesamte Verweildauer vom Beginn der Sekundarstufe I bis zum Ende der Jahrgangsstufe 8 scheint es jedoch sowohl auf die leistungsbezogene und soziale Schulkomposition als auch auf die Schulstruktur anzukommen. Auch bei direkter Modellierung des Leistungs*zuwachses* in Mathematik als abhängige Variable zeigen sich im Drei-Ebenen-Modell Schereneffekte beim Besuch verschiedener Bildungsgänge (Guill & Gröhlich, 2013): An Hamburger Gymnasien und Realschulen werden unter ansonsten gleichen individuellen und schulischen Rahmenbedingungen signifikant höhere Lernraten verzeichnet als an Hauptschulen, und auch die leistungsbezogene Schulkomposition ist für unterschiedliche Wissenszuwächse ausschlaggebend. Anhand einer weiteren regionalen Stichprobe in Nordrhein-Westfalen kann die Annahme von Schereneffekten bei der Entwicklung der Mathematikleistung zu Beginn der Sekundarstufe I aufgrund schulformspezifischer Zuwachsraten vom Ende der Grundschulzeit bis zum Ende der Jahrgangsstufe 6 zuungunsten der Gesamt- und Hauptschulen bestätigt werden, wobei soziodemografische Kompositions- und auch Unterrichtsmerkmale wie z. B. Überforderung, Disziplin und Schülerorientierung stark mit der Schulformzugehörigkeit konfundiert sind (van Ophuysen & Wendt, 2009). Im Rahmen einer Reanalyse der Münchener LOGIK-Studie können hingegen Schneider & Stefanek (2004) für die Entwicklung von Kompetenzen in Lesen und Mathematik keinen Schereneffekt zwischen Hauptschulen und Gymnasien nachweisen.

Auch für die Schweiz wurden institutionelle Effekte der Schulformgliederung auf schulische Kompetenzen analysiert: Ramseier & Brühwiler (2003) untersuchen in vertiefenden Analysen im Rahmen von PISA 2000 die Lese- und Mathematikleistungen von Schülerinnen und Schülern in den Kantonen Bern und St. Gallen. In verschiedenen Pfadmodellen zeigen sich dabei unter Kontrolle der non-verbalen kognitiven Grundfähigkeit vergleichsweise hohe, signifikante Vorteile beim Besuch von Schultypen mit erweiterten oder hohen Anforderungen gegenüber Schultypen mit Grundanforderungen. Die Schultypen erweisen sich ihrerseits als vermittelnde Variable zwischen personalen, kulturellen und vor allem sozialen Herkunftsmerkmalen einerseits sowie den Lese- und Mathematikleistungen andererseits, sind allerdings größtenteils mit diesen konfundiert. Neumann et al. (2007) zeigen mehrebenenanalytisch anhand einer Vollerhebung von Schülerinnen und Schülern der 8. Jahrgangsstufe in den deutschsprachigen Regionen der Kantone Wallis und Fribourg, dass auch die Lernzuwächse im Fach Französisch als Fremdsprache unter Berücksichtigung zentraler Merkmale der Eingangsselektivität je nach Bildungsgang unterschiedlich ausfallen: Demnach werden an Schultypen mit erweiterten Anforderungen um etwa ein Drittel (Fribourg) bis eine halbe (Wallis) Standardabweichung signifikant höhere Lernzuwächse erzielt als an Schultypen mit Grundanforderungen. Gleichzeitig sind aber die Effekte von Bildungsgang und Leistungsniveau stark konfundiert.

Zusammenfassend zeigen diese ausgewählten Forschungsbefunde, dass der mit der Schulformgliederung einhergehende Anspruch einer optimalen Förderung *aller* Schülerinnen und Schüler nicht realisiert werden kann und »im Endergebnis [...] oft eher das Gegenteil erreicht wird« (Ditton, 2013, S. 197). Die Effektivität der Leistungsdifferenzierung hängt einerseits von individuellen Lernvoraussetzungen ab, wobei Leistungsstärkere dabei am meisten zu profitieren scheinen. Andererseits lassen sich neben institutionellen Effekten auch Kompositionseffekte der leistungsbezogenen und sozialen Zusammensetzung der Schülerschaft beobachten, wobei diese durchaus domänenspezifisch auftreten. Zwar ist hinreichend bekannt, dass aufgrund der intendierten leistungsbezogenen Differenzierung mit Beginn der Sekundarstufe I einerseits Leistungsniveau und Schulform in Zusammenhang stehen und andererseits aber aufgrund der sozialen Stratifizierung von Bildungsgängen auch die soziale und leistungsbezogene Komposition der Schülerschaft miteinander einhergehen. Die empirische Evidenz differenzieller Lernentwicklungen ist jedoch über verschiedene Kompetenzdomänen hinweg, und gerade auch für den Bereich Leseverständnis, nicht eindeutig (Baumert et al., 2009). Darüber hinaus ist selten auch das konkrete Ausmaß ihrer gemeinsamen Konfundierung analysiert worden, um Aussagen über ihre relative Bedeutsamkeit für die Kompetenzentwicklung treffen zu können (Guill & Gröhlich, 2013). Zudem fehlt es an längsschnittlichen Analysen, die auch längerfristig über institutionelle Schnittstellen hinaus Effekte der Schulstruktur auf die Kompetenzentwicklung von Schülerinnen und Schülern prüfen. Mit den hier präsentierten Analysen soll deshalb ein weiterer Beitrag zu dieser Forschungsdebatte geleistet werden.

3   Fragestellung

Basierend auf diesen theoretischen Überlegungen und den bislang hierzu vorliegenden Forschungsbefunden sollen folgende Fragestellungen mit Blick auf die Kompetenzentwicklung im Leseverständnis in der Sekundarstufe I beantwortet werden:

1. Unterscheidet sich die Entwicklung des Leseverständnisses in den ersten vier Jahren der Sekundarstufe I zwischen Schulen verschiedener Bildungsgänge im gegliederten Hamburger Schulsystem?
2. Sind auch die soziale und leistungsbezogene Komposition der Schulen verantwortlich für differenzielle Entwicklungsverläufe?
3. Inwieweit sind soziale und leistungsbezogene Kompositionseffekte sowie Effekte der Schulformgliederung miteinander konfundiert?
4. Sind Kompositions- und Institutionseffekte innerhalb der ersten vier Schuljahre der Sekundarstufe I für die Entwicklung des Leseverständnisses gleichermaßen und konstant bedeutsam?

Auch wenn eine verbindliche externe Leistungsdifferenzierung in Hamburg erst ab der Jahrgangsstufe 7 einsetzt, so deuten bereits deskriptiv die je nach Bildungsgang unterschiedlichen Lernentwicklungen der Schülerinnen und Schüler auf eine leistungsbezogene Stratifizierung der Schülerschaft ab der Jahrgangsstufe 5 hin (Gröhlich, Bonsen & Bos, 2009). Anhand der vorliegenden Datengrundlage ist es einerseits möglich, Effekte differenzieller Lernmilieus bereits zu einem früheren Zeitpunkt im Bildungsverlauf der Schülerinnen und Schüler zu identifizieren und somit zu bestimmen, wie früh die Schulformgliederung bereits die schulische Kompetenzentwicklung beeinflusst. Andererseits können mit der gewählten Datenbasis diese Effekte auch über einen längeren Zeitraum hinweg analysiert werden.

4   Daten und Methoden

Die Analysen basieren auf Daten der Hamburger KESS-Studie (Abschnitt 4.1). Diese umfassen individuelle soziodemografische und leistungsbezogene Merkmale der Schülerinnen und Schüler sowie auf der Schulebene aggregierte kompositionelle und institutionelle Merkmale (Abschnitt 4.2). Für die Analysen liegen Daten eines kompletten Hamburger Schülerjahrgangs vor, der im Jahr 1999 eingeschult wurde (Abschnitt 4.3). Die Analyse des um fehlende Werte bereinigten Längsschnittdatensatzes erfolgt anhand eines mehrebenenanalytischen Vorgehens (Abschnitt 4.4).

4.1   Die Hamburger KESS-Studie

Datengrundlage bildet die Hamburger Schulleistungsstudie »Kompetenzen und Einstellungen von Schülerinnen und Schülern« (KESS). Im Rahmen von KESS wurden die Lernstände der Schülerinnen und Schüler u. a. in den Kompetenzdomänen Leseverständnis und Mathematik am Ende der Jahrgangsstufe 4 (KESS 4, 2003, Bos et al., 2006), zu Beginn der Jahrgangsstufe 7 (KESS 7, 2005, Bonsen, Bos, Gröhlich & Rau, 2009) und am Ende der Jahrgangsstufe 8 (KESS 8, 2007, Bos, Gröhlich, Guill, Scharenberg & Wendt, 2010) erfasst.[5] Die Teilnahme an den Schulleistungstests war verpflichtend. Darüber hinaus wurden die Schülerinnen und Schüler, Eltern, Lehrkräfte und Schulleitungen gebeten, Hintergrundfragebögen zu individuellen und kontextspezifischen Rahmenbedingungen des schulischen Lehrens und Lernens auszufüllen.

Abbildung 2 stellt das für die Analysestichprobe geltende Hamburger Schulsystem dar (vgl. hierzu Bos, Gröhlich, Guill et al., 2010).[6] Der Übergang von der Grundschule in die weiterführende Schule erfolgt in Hamburg nach dem Ende der Jahrgangsstufe 4. Die Schülerinnen und Schüler erhalten von den Grundschullehrkräften eine Schullaufbahnempfehlung, die Entscheidung über den weiterführenden Bildungsgang treffen jedoch die Eltern.

In den Jahrgangsstufen 5 und 6 ist an den Hamburger Haupt- und Realschulen eine Beobachtungsstufe im Klassenverband ohne externe Leistungsdifferenzierung eingerichtet, um den Grundschulübergang zu entschärfen und die Schulformentscheidung auch zu einem späteren Zeitpunkt noch korrigieren zu können. Ab der Jahrgangsstufe 7 werden die Schülerinnen und Schüler dort dann jedoch verbindlich je nach ihren individuellen Leistungen in getrennte Hauptschul- oder Realschulklassen überwiesen. An den integrierten Haupt- und Realschulen erfolgt hingegen eine gemeinsame Unterrichtung aller Schülerinnen und Schüler im Klassenverband mit innerer Differenzierung je nach individuellem Leistungsniveau. Darüber hinaus gibt es in Hamburg Kooperative Gesamtschulen, die nach einer zweijährigen Beobachtungsstufe ab der Jahrgangsstufe 7 als getrennte Hauptschul-, Realschul- oder Gymnasialzweige fortgeführt werden.

---

5 Weitere Befragungen und Kompetenzmessungen des KESS-Jahrgangs erfolgten im Sommer 2009 am Ende der Sekundarstufe I (Jahrgangsstufe 10) bzw. zu Beginn der gymnasialen Oberstufe (Jahrgangsstufe 11), im Frühjahr 2011 am Ende der so genannten Studienstufe an den achtstufigen Gymnasien (Jahrgangsstufe 12) sowie ein Jahr später am Ende der Studienstufe der dreijährigen Oberstufe (Jahrgangsstufe 13) an den integrierten Gesamtschulen, Aufbaugymnasien und beruflichen Gymnasien (Ivanov, Nikolova & Vieluf, 2011).

6 Die Angaben beziehen sich auf die geltenden Regelungen zum Zeitpunkt der Durchführung der gesamten KESS-Studie. Auf die Besonderheiten, die sich durch die Einführung der Stadtteilschulen im Rahmen der Hamburger Schulstrukturreform zum Schuljahr 2010/11 ergeben haben, wird nicht näher eingegangen (vgl. hierzu z. B. Scharenberg, 2012).

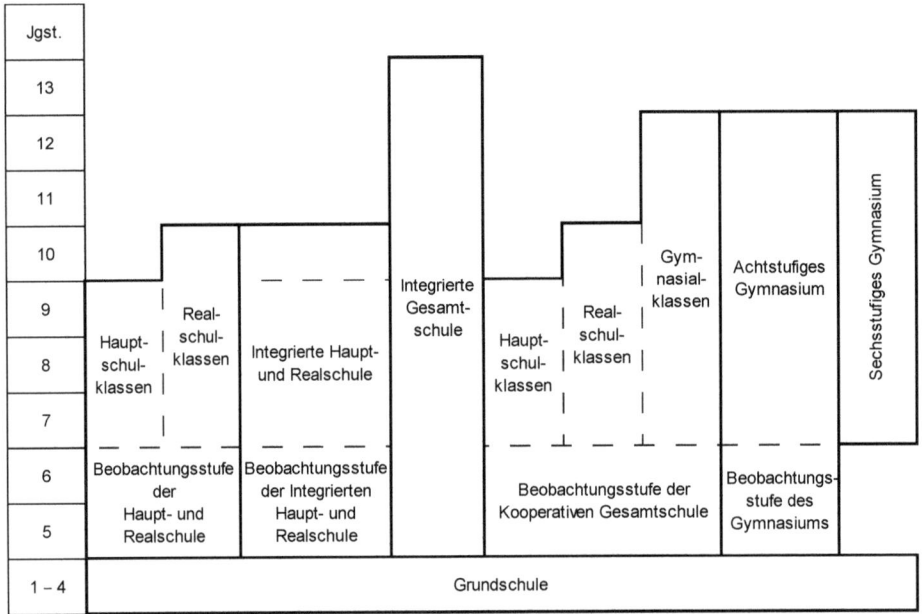

Abb. 2: *Das Hamburger Schulsystem*
BSB/IFS/LI: Kompetenzen und Einstellungen von Schülerinnen und Schülern,
© KESS 8

Der Erwerb des Abiturs ist an den regulären Gymnasien nach acht Schuljahren möglich. Besonders leistungsstarke Schülerinnen und Schüler der (integrierten) Haupt- und Realschulen können nach der Beobachtungsstufe auf das sechsstufige Gymnasium wechseln und dort ebenfalls das Abitur erreichen. An den integrierten Gesamtschulen werden die Schülerinnen und Schüler in den Jahrgangsstufen 5 und 6 gemeinsam im Klassenverband unterrichtet. Ab der 7. Jahrgangsstufe erfolgt an den integrierten Gesamtschulen zunehmend eine jahrgangsweise Leistungsdifferenzierung in ein leistungsstärkeres Kursniveau I und ein leistungsschwächeres Kursniveau II. Im Anschluss an die Sekundarstufe I können die integrierten Gesamtschulen eine gymnasiale Oberstufe führen und den Schülerinnen und Schülern den Erwerb des Abiturs als höchsten Schulabschluss nach der Jahrgangsstufe 13 offenhalten.

4.2 Messinstrumente und Operationalisierung

Für die Analysen stellt die individuelle Testleistung im Leseverständnis die abhängige Variable dar. Da Leistungsdaten für drei Messzeitpunkte vorliegen, lässt sich die Kompetenzentwicklung der Schülerinnen und Schüler vom Beginn der Jahrgangsstufe 5 bis zum Ende der Jahrgangsstufe 8 nachzeichnen. Zur Erfassung des Leseverständnisses wurden hierbei verschiedene Testaufgaben eingesetzt, die auch schon in anderen nationalen und internationalen Schulleistungsstudien

(PISA, IGLU, LAU) verwendet worden sind und sich dort als reliable und valide Testinstrumente erwiesen haben. Durch ein *Anker-Item-Design*, das mehrere
Messzeitpunkte miteinander verbindet (*Fixed-parameters*-Methode, von Davier &
von Davier, 2007), und die Skalierung der Leistungsdaten anhand des *einparame-
trigen Raschmodells* lassen sich die Testleistungen der Schülerinnen und Schüler
zu allen Messzeitpunkten auf einer gemeinsamen Metrik abbilden (Bos, Gröhlich,
Guill et al., 2010). Für eine anschaulichere Darstellung wurden die so ermittelten
Kompetenzwerte für die KESS7-Population auf einen Mittelwert (M) von 500 und
eine Standardabweichung (SD) von 100 Skalenpunkten standardisiert.

An nur einem Längsschnittdatensatz wird nachfolgend für dieselbe Schüler-
population in einem zweischrittigen Vorgehen zunächst die Kompetenzentwicklung in den Jahrgangsstufen 5 und 6 und dann in den Jahrgangsstufen 7 und 8
analysiert.[7] Da schulische Kompetenzen durch eine Vielzahl von Determinanten
bestimmt werden, welche die Rahmenbedingungen für individuelle Lernprozesse
bilden (Helmke & Weinert, 1997), werden zur Vorhersage der Kompetenzentwicklung in den Mehrebenenmodellen individuelle Schülermerkmale und Prädiktoren
auf der Schulebene hinzugezogen.

Prädiktoren auf individueller Ebene der Schülerinnen und Schüler

Das *Geschlecht* wurde über die Schülerteilnahmeliste in KESS 8 erfasst (Referenzkategorie: *Junge*). Der *Migrationshintergrund* wird über die Elternangaben
zu ihrem Geburtsland als dichotome Variable operationalisiert und differenziert
danach, ob kein Elternteil (Referenzkategorie) oder mindestens ein Elternteil im
Ausland geboren wurde. Die *soziale Lage* wird über den höchsten sozioökonomischen Status (HISEI, Ganzeboom & Treiman, 1996) in der Familie operationalisiert, der auf den Angaben der Eltern zu ihrer beruflichen Tätigkeit basiert. Auf
die Notwendigkeit korrekt spezifizierter Schätzmodelle, die ausleserelevante Leis-
tungsmerkmale auf individueller und schulischer Ebene berücksichtigen, haben
bereits Baumert & Schümer (2001) hingewiesen. Es wird deshalb auch das domä-
nenspezifische *Vorwissen* der Schülerinnen und Schüler kontrolliert, welches über
die Testleistung zum jeweils vorangegangen Messzeitpunkt operationalisiert und
als Lernausgangslage für die weitere Kompetenzentwicklung verstanden wird. Da
KESS 4 unmittelbar am Ende der Jahrgangsstufe 4 kurz vor dem Übergang in die

---

7   Streng genommen wird dabei der Kompetenz*stand* am Ende der Jahrgangsstufe 6 bzw.
    8 unter Berücksichtigung der Testleistung zum vorherigen Messzeitpunkt vorgesagt.
    Dies kann jedoch auch als Kompetenz*entwicklung* zwischen zwei Messzeitpunkten in-
    terpretiert werden. Analysen zur Entstehung von Schereneffekten bei der Kompetenz-
    entwicklung z. B. im Bereich Mathematik bestätigen prinzipiell Befunde zur schulform-
    spezifischen Fördereffektivität, die bereits für Kompetenz*stände* bekannt sind (Guill &
    Gröhlich, 2013).

weiterführende Schule durchgeführt wurde, können die erzielten Lernstände auch als Lernausgangslage zu Beginn der Jahrgangsstufe 5 für die weitere Kompetenz-entwicklung in der Sekundarstufe I verstanden werden. KESS 7 wurde hingegen direkt zu Beginn der Jahrgangsstufe 7 durchgeführt, so dass die Leistungswerte zu-gleich als Lernstände am Ende der Jahrgangsstufe 6 interpretiert werden können. Neben der domänenspezifischen Kompetenz wird auch die *non-verbale kognitive Grundfähigkeit* als allgemeine domänenübergreifende Kompetenz in den Analy-sen berücksichtigt, die sprachfrei anhand von figuralen Analogien erfasst wurde (KFT, Heller & Perleth, 2000).[8] Für die Mehrebenenanalysen werden alle konti-nuierlichen Prädiktoren auf der Individualebene z-standardisiert ($M = 0$; $SD = 1$).

Prädiktoren auf aggregierter Ebene der Schulen

Als Kompositionsmerkmale werden die *soziale* und *leistungsbezogene Zusammen-setzung* der Schulen berücksichtigt, die als Durchschnittswerte des Vorwissens zum jeweils vorangegangenen Messzeitpunkt bzw. der sozialen Lage (HISEI) über die Schulzugehörigkeit aggregiert werden. Als institutionelles Merkmal fließt die *Schulform* mit ein. Am Ende der Jahrgangsstufe 6 wird dabei zwischen Hauptschu-len (Referenzkategorie), Realschulen und Gymnasien unterschieden. Aufgrund der weiteren Differenzierung des Hamburger Schulsystems ab der Jahrgangsstufe 7 werden die Haupt- bzw. Realschulschulklassen der Haupt- und Realschulen sowie die beiden Kursniveaus an den integrierten Gesamtschulen als eigene Schulformen modelliert, da sie sich aufgrund der externen Differenzierung in ihrer Schüler-schaft und den Curricula unterscheiden. Dadurch werden z. B. Schülerinnen und Schüler der Haupt- und Realschulen je nach Kursstatuszugehörigkeit verschiede-nen »Schulen«, also entweder einer Hauptschule (Referenzkategorie) oder Real-schule, zugeordnet.[9] Schülerinnen und Schüler der Kooperativen Gesamtschulen werden je nach Schulzweig den entsprechenden Schulformen des gegliederten Schulsystems zugewiesen.

4.3   Beschreibung der Stichprobe

Insgesamt haben 9 628 Schülerinnen und Schüler im Längsschnitt an den drei hier zugrunde gelegten Messzeitpunkten (KESS 4, KESS 7, KESS 8) teilgenommen. Von den ursprünglich rund 14 000 Schülerinnen und Schülern, die als Vollerhebung eines kompletten Schülerjahrgangs zu jedem Messzeitpunkt befragt wurden, sind

---

8   Neben figuralen Analogien wurden zur Messung der kognitiven Grundfähigkeit verba-le Analogien ausschließlich in KESS 4 eingesetzt.

9   Die Schulformzuordnung erfolgt analog zu bisherigen Analysen im Rahmen von KESS 8 (Gröhlich, Guill, Scharenberg & Bos, 2010a; Wendt, Gröhlich, Guill, Scharenberg & Bos, 2010).

in der Längsschnittstichprobe vor allem Leistungsschwächere ausgeschieden (Bos, Gröhlich, Guill et al., 2010).

Für die Analysen werden von der Längsschnittstichprobe diejenigen Schülerinnen und Schüler ausgeschlossen,

- für die keine Angaben zur Schulform- bzw. Kursstatuszugehörigkeit am Ende der Jahrgangsstufe 6 bzw. 8 vorliegen (n = 437),
- die integrierte Haupt- und Realschulen besuchen (n = 370), da diese eine Besonderheit des Hamburger Schulsystems zum Zeitpunkt der Datenerhebung darstellten, aber in diesen Schulen keine äußere Differenzierung stattfand, und
- deren Schulen weniger als zehn Schülerinnen und Schüler zugeordnet werden können (n = 138), damit die auf der Schulebene aggregierten Variablen hinreichend valide Indikatoren für die Schulkomposition darstellen.

Als Analysestichprobe verbleiben damit 8 683 Schülerinnen und Schüler. Diese verteilen sich am Ende der Jahrgangsstufe 6 auf 158 Schulen. Aufgrund der Besonderheiten des Hamburger Schulsystems (vgl. Abschnitt 4.1) werden die Haupt- und Realschulklassen sowie die beiden nach dem Leistungsstand der Schülerinnen und Schüler differenzierten Kursniveaus der integrierten Gesamtschulen für die Analysen jeweils als getrennte Schulen modelliert. Die Anzahl der »Schulen« für die Analyse der Kompetenzentwicklung in den Jahrgangsstufen 7 und 8 fällt deshalb mit 224 »Schulen« höher aus als die Anzahl der insgesamt 170 Schulen der Sekundarstufe I, die an KESS 8 teilgenommen haben. Die Schülerinnen und Schüler verteilen sich am Ende der Jahrgangsstufe 6 auf 56 Haupt- und Realschulen, 36 integrierte Gesamtschulen und 66 Gymnasien. Am Ende der Jahrgangsstufe 8 befinden sich in der Analysestichprobe 43 Hauptschulen, 48 Realschulen, 33 integrierte Gesamtschulen mit einem leistungshöheren Kursniveau I und 32 integrierte Gesamtschulen mit einem leistungsschwächeren Kursniveau II sowie 68 Gymnasien.

4.4 Analysemethoden und Umgang mit fehlenden Werten

Zur Schätzung von Kompositions- und Institutionseffekten auf die Kompetenzentwicklung im Leseverständnis wird ein Mehrebenenmodell mit zwei Ebenen spezifiziert: Auf der ersten Ebene werden individuelle Schülermerkmale (Geschlecht, Migrationshintergrund, soziale Lage, kognitive Grundfähigkeit und Vorwissen) berücksichtigt. Auf der zweiten Ebene fließen auf der Schulebene aggregierte Kompositions- und Institutionsmerkmale ein. Die Modelle sind auf der untersten Ebene identisch spezifiziert, auf der Aggregatebene jedoch sukzessive aufgebaut: In Modell 1 wird zunächst nur die leistungsbezogene und soziale Komposition der Schülerschaft berücksichtigt.[10] In Modell 2 werden institutionelle Effekte der Schulformgliederung in der Sekundarstufe I geschätzt. Modell 3 ist schließlich komplett spezifiziert. Durch dieses Analysevorgehen lässt sich bereits das Zusammenwirken von Kompositions- und Institutionseffekten erkennen.

Die Berechnungen erfolgen mit der Software HLM 6.08 (Raudenbush, Bryk & Congdon, 2009). Prädiktoren werden als feste Effekte geschätzt, sofern ihre Residualvarianz nicht signifikant von Null verschieden ist (Raudenbush & Bryk, 2002). Metrische Prädiktoren werden zuvor auf individueller Ebene am Gesamtmittelwert z-standardisiert ($M = 0$; $SD = 1$) und dann ohne erneute Standardisierung aggregiert, um Kompositionseffekte direkt schätzen zu können. Bei dummykodierten Individualmerkmalen beziehen sich die Koeffizienten auf den Unterschied im Vergleich zur Referenzkategorie.

Für das vollständig spezifizierte Gesamtmodell lässt sich z. B. zur Vorhersage der individuellen Testleistung im Leseverständnis am Ende der Jahrgangsstufe 6 folgende Gleichung aufstellen:

$$lesen6_{ij} = \gamma_{00} + \gamma_{10} \cdot Geschlecht + \gamma_{20} \cdot Migrationshintergrund + \gamma_{30} \cdot KFT + \gamma_{40} \cdot soziale$$
$$Lage + \gamma_{50} \cdot Vorwissen + u_{0j} + u_{1} \cdot Geschlecht + u_{2} \cdot Migrationshintergrund +$$
$$u_{3} \cdot KFT + u_{4} \cdot soziale\ Lage + u_{5} \cdot Vorwissen + r_{ij} + \gamma_{01} \cdot mittleres\ Vorwissen +$$
$$\gamma_{02} \cdot mittlerer\ HISEI + \gamma_{03} \cdot Gesamtschule + \gamma_{04} \cdot Gymnasium$$

mit

$lesen6_{ij}$	Lernstand des Schülers i in Schule j im Leseverständnis am Ende der Jahrgangsstufe 6
γ_{00}	Gesamtmittelwert des Leseverständnisses am Ende der Jahrgangsstufe 6
u_{0j}	Abweichung von der Regressionskonstanten für eine Schule j vom Gesamtmittelwert
r_{ij}	Abweichung von der Regressionskonstanten für einen Schüler i in der Schule j

Die Güte der so spezifizierten Modelle wird über den Anteil der erklärten Varianz der abhängigen Variable bestimmt. Das Individualmodell, das auf der untersten Ebene vollständig spezifiziert ist, dient dabei als Referenzmodell:

$$R^2 = \frac{(u_{0_{Modell}} - u_{0_{Individualmodell}})}{u_{0_{Modell}}}$$

---

10 Die simultane Berücksichtigung beider Kompositionsmerkmale wird durch frühere Analysen (z. B. Bonsen et al., 2009) gestützt, die zeigen, dass Effekte der sozialen Komposition größtenteils über die Leistungszusammensetzung der Schülerschaft vermittelt wirken.

Kommunalitätenanalyse

Die uniquen, d. h. spezifischen, und konfundierten, also gemeinsamen, Varianzanteile der abhängigen Variable, die durch Kompositions- und Institutionsmerkmale erklärt werden, werden mittels Kommunalitätenanalyse bestimmt (Cohen, West, Cohen & Aiken, 2003). Bei dieser Serie von auf der Aggregatebene unterschiedlich spezifizierten Modellen werden die Prädiktoren zunächst einzeln (mittleres Vorwissen, mittlere soziale Lage, Schulform), dann in verschiedenen Kombinationen zweier Variablen (mittleres Vorwissen und mittlere soziale Lage; mittleres Vorwissen und Schulform; mittlere soziale Lage und Schulform) und schließlich alle gemeinsam berücksichtigt. Anhand des vollständig spezifizierten Modells kann der maximal erklärbare Anteil der Varianz der Kriteriumsvariable sowie der Anteil der Residualvarianz bestimmt werden, der sich nicht durch die berücksichtigten Prädiktoren erklären lässt. Spezifische und konfundierte Varianzanteile werden dann durch einen Modellvergleich bestimmt.

Umgang mit fehlenden Werten

Fehlende Werte bei den Individualmerkmalen (Geschlecht, soziale Lage und Migrationshintergrund) werden – sofern vorhanden – durch deren Angaben zu früheren Messzeitpunkten ersetzt. Darüber hinausgehende fehlende Werte werden mit der Software NORM 2.03 (Schafer, 1999) in einem einfachen Imputationsverfahren auf Basis eines komplexen Hintergrundmodells geschätzt. Die Schätzung fehlender Werte beruht auf weiteren Variablen, für die sich inhaltliche Zusammenhänge und mittlere bis hohe Korrelationen mit den analyserelevanten Variablen beobachten lassen ($|r| \geq .30$).[11]

5   Ergebnisse

Tabelle 1 beschreibt die Zusammensetzung der Schülerschaft in den verschiedenen Bildungsgängen deskriptiv hinsichtlich soziodemografischer Merkmale, der mittleren kognitiven Grundfähigkeit, durchschnittlich erzielten Kompetenzniveaus und des mittleren Lernzuwachses zwischen zwei Messzeitpunkten.

---

11 Dabei handelt es sich um Variablen aus den Schülerfragebögen, wie z. B. Anzahl der Bücher im Haushalt, soziales Kapital, allgemeines oder fachspezifisches Selbstkonzept, Leistungsangst, Interessen und Fähigkeiten, Zufriedenheit mit der Schule, Schüler-Lehrer-Verhältnis, Interesse der Eltern an den Freunden und Aktivitäten des Kindes, Verhältnis der Schülerinnen und Schüler zu ihren Eltern (zur Dokumentation der Erhebungsinstrumente vgl. Bos, Bonsen, Gröhlich, Guill & Scharenberg, 2009; Bos, Gröhlich, Dudas, Guill & Scharenberg, 2010).

Tabelle 1: Zusammensetzung der Schülerschaft in den Bildungsgängen

1. Analyseschritt (Jahrgangsstufen 5 und 6)	Haupt- und Realschule (n = 56)	Gesamtschule (n = 36)	Gymnasium (n = 66)	Gesamt (n = 158)
Mädchenanteil[a]	46.5	50.1	54.3	50.6
Migrantenanteil[a]	50.6	44.8	32.1	41.5
Soziale Lage (HISEI)[b]	-0.53 (0.25)	-0.28 (0.33)	0.37 (0.35)	-0.10 (0.51)
Kognitive Grundfähigkeit (KFT)[b]	-0.44 (0.27)	-0.32 (0.24)	0.39 (0.15)	-0.07 (0.45)
Leseverständnis Jgst. 5[b]	388.4 (26.5)	402.6 (31.1)	491.7 (22.5)	434.8 (55.1)
Leseverständnis Jgst. 6[b]	448.7 (25.8)	467.7 (31.9)	561.6 (17.9)	500.2 (58.0)
Leistungszuwachs Jgst. 5–6[a]	60.3 (15.4)	65.1 (11.8)	69.9 (15.5)	65.4 (15.2)

2. Analyseschritt (Jahrgangsstufen 7 und 8)	Hauptschule (n = 43)	Realschule (n = 48)	Gymnasium (n = 68)	IGS (Kurs II) (n = 32)	IGS (Kurs I) (n = 33)	Gesamt (n = 224)
Mädchenanteil[c]	40.5	50.5	55.1	42.1	60.4	50.2
Migrantenanteil[d]	52.9	47.1	33.1	52.4	38.9	43.5
Soziale Lage (HISEI)[d]	-0.68 (0.25)	-0.42 (0.26)	0.35 (0.37)	-0.44 (0.25)	-0.05 (0.37)	-0.18 (0.51)
Kognitive Grundfähigkeit (KFT)[d]	-0.78 (0.29)	-0.33 (0.31)	0.43 (0.21)	-0.51 (0.20)	-0.06 (0.28)	-0.17 (0.52)
Leseverständnis Jgst. 7[b]	405.8 (23.1)	478.8 (20.7)	561.9 (23.7)	435.7 (24.7)	506.3 (26.6)	487.9 (63.0)
Leseverständnis Jgst. 8[b]	489.2 (25.4)	560.4 (26.6)	638.5 (24.9)	514.4 (25.3)	584.1 (24.7)	567.4 (61.7)
Leistungszuwachs Jgst. 7–8[e]	83.4 (30.2)	81.6 (21.8)	76.6 (16.3)	78.7 (12.2)	77.8 (16.4)	79.5 (20.5)

Mädchen- und Migrantenanteil: Angaben in Prozent.

Soziale Lage, kognitive Grundfähigkeit und Leistungsindikatoren: Angabe von Mittelwert und Standardabweichung (in Klammern).

Soziale Lage und kognitive Grundfähigkeit auf der Individualebene z-standardisiert.

[a] Unterschiede zwischen Haupt- und Realschulen und Gymnasien signifikant (p < .05).

[b] Unterschiede zwischen allen Schulformen signifikant (p < .05).

[c] Signifikante Unterschiede (p < .05) im Wesentlichen zwischen Hauptschulen, Realschulen und den leistungsstärkeren Kursen an den IGS (Kursniveau I).

[d] Keine signifikanten Unterschiede zwischen Realschulen und IGS (Kursniveau II).

[e] Keine signifikanten Unterschiede zwischen den Schulformen.

Hinsichtlich der soziodemografischen Merkmale zeigt sich, dass in den Jahrgangsstufen 5 und 6 (1. Analyseschritt) an den Gymnasien signifikant mehr Mädchen vertreten sind als an den Haupt- und Realschulen (54.3 % vs. 46.5 %). Der Anteil der Schülerinnen und Schüler mit Migrationshintergrund fällt an den Haupt- und Realschulen signifikant höher aus als an den Gymnasien (50.6 % vs. 32.1 %). Signifikante Unterschiede in der sozialen Zusammensetzung lassen sich hingegen zwischen allen drei Schulformen beobachten (M_{HR} = -0.53; M_{IGS} = -0.28; M_{GYM} = 0.37), wobei das Gymnasium die privilegierteste Schülerschaft rekrutiert. Hinsichtlich der Leistungsindikatoren zeigen die Schülerinnen und Schüler an den Haupt- und Realschulen die geringsten kognitiven Grundfähigkeiten (M_{HR} = -0.44) und sowohl zu Beginn der Jahrgangsstufe 5 als auch am Ende der Jahrgangsstufe 6 die niedrigsten Lernstände im Leseverständnis (M_{HR} = 388.4 bzw. M_{HR} = 448.7). Die Schülerinnen und Schüler an den integrierten Gesamtschulen weisen signifikant höhere, wenngleich unterdurchschnittliche Werte zu beiden Messzeitpunkten auf (M_{IGS} = 402.6 bzw. M_{IGS} = 467.7). Die Gymnasiastinnen und Gymnasiasten erzielen die höchsten Testleistungen und weisen insgesamt deutlich überdurchschnittliche Werte zu Beginn und am Ende der Beobachtungsstufe auf (M_{GYM} = 491.7 bzw. M_{GYM} = 561.6). Beim Lernzuwachs in den Jahrgangsstufen 5 und 6 lässt sich deskriptiv ein signifikanter Schereneffekt nur zwischen den Haupt- und Realschulen einerseits und den Gymnasien andererseits beobachten (M_{HR} = 60.3; M_{GYM} = 69.9), und zwar zuungunsten der ohnehin schon leistungsschwächeren Schülerinnen und Schüler. Der durchschnittliche Lernzuwachs an den integrierten Gesamtschulen unterscheidet sich nicht signifikant von den anderen beiden Schulformen.

In den Jahrgangsstufen 7 und 8 (2. Analyseschritt) stellen sich die Unterschiede in der Zusammensetzung der Schülerschaft zwischen den verschiedenen Bildungsgängen differenzierter dar: Signifikante Unterschiede in der Geschlechterzusammensetzung bestehen zwischen den Hauptschulen (40.5 % Mädchen), den Realschulen (50.5 % Mädchen) und den leistungsstärkeren Klassen der integrierten Gesamtschulen (Kursniveau I), in denen der Mädchenanteil mit rund 60 Prozent am höchsten ausfällt. Hinsichtlich des Migrantenanteils lassen sich nur zwischen den Realschulen (47.1 %) und den leistungsschwächeren Klassen (Kursniveau II) der integrierten Gesamtschulen (52.4 %) keine signifikanten Unterschiede nachweisen. Gleiches gilt für die soziale Komposition der Bildungsgänge, wobei hier festzuhalten ist, dass sich lediglich die Gymnasien durch eine besonders privilegierte Schülerschaft auszeichnen, bei der die soziale Lage insgesamt überdurchschnittlich hoch ausfällt (M_{GYM} = 0.35). Dagegen lassen sich zu Beginn der 7. und auch am Ende der 8. Jahrgangsstufe zwischen allen Schulformen signifikante Leistungsunterschiede im Leseverständnis beobachten, wobei überdurchschnittliche Lernstände nur an den Gymnasien (M_{GYM} = 561.9 bzw. 638.5) und den leistungsstärkeren Klassen (Kursniveau I) der integrierten Gesamtschulen (M_{IGS1} = 506.3 bzw. 584.1) erreicht werden. Bezüglich des Leistungszuwachses in den Jahrgangsstufen 7 und 8 zeigen sich zwar deskriptiv keine signifikanten Unterschiede zwischen den verschiedenen Bildungsgängen. Insgesamt fällt jedoch der Lernfortschritt in diesen beiden Schuljahren nominell höher aus als noch unmittelbar zu Beginn der Sekundarstufe I und deutet darauf hin, dass die »differenzierende Wirkung der Schulformzugehörigkeit [...] im Laufe der Sekundarschulzeit in frappierender Weise zuzunehmen« scheint (Baumert et al., 2003, S. 284) und sich Effekte differenzieller Lernmilieus über die Zeit kumulieren können (Dumont et al., 2013; Gröhlich et al., 2010b).

Bezüglich der Kompetenzentwicklung im Leseverständnis lassen sich für die Gesamtstichprobe der Hamburger Schülerinnen und Schüler Lernfortschritte in einem Größenmaß beobachten, das auch in anderen Studien dokumentiert wurde (z. B. Baumert et al., 2003; Becker et al., 2006; Ehmke, Blum, Neubrand, Jordan & Ulfig, 2006; Köller & Baumert, 2001; van Ophuysen & Wendt, 2009). Allerdings deutet sich bereits deskriptiv an, dass bildungsrelevante Ressourcen im Elternhaus bei Schülerinnen und Schülern in verschiedenen Bildungsgängen ungleich verteilt sind und sich die differenzielle Eingangsselektivität der verschiedenen Schulformen nicht nur mit Blick auf leistungsbezogene Merkmale zeigt. Dies führt zu ungleichen Lern- und Arbeitsbedingungen, die zu einer kumulativen Privilegierung oder Benachteiligung auf individueller und aggregierter Ebene sowie zu wachsenden sozialen und ethnischen Disparitäten führen können (Baumert, Nagy & Lehmann, 2012). Bereits zu Beginn der Sekundarstufe I scheinen sich also an den Hamburger Schulen in Abhängigkeit der Schulformzugehörigkeit »sozialökologisch weitgehend unterschiedliche Schulumwelten« (Baumert et al., 2006, S. 98) zu etablieren.

Im Folgenden soll deshalb die Kompetenzentwicklung der Schülerinnen und Schüler in den Jahrgangsstufen 5 und 6 (Abschnitt 5.1) bzw. in den Jahrgangsstufen 7 und 8 (Abschnitt 5.2) unter Berücksichtigung individueller und schulischer Merkmale anhand von Mehrebenenmodellen näher analysiert werden. Im Fokus steht dabei zunächst die Frage, ob sich Unterschiede in der Kompetenzentwicklung neben individuellen Schülermerkmalen auch auf verschiedene Aspekte der Zusammensetzung der Schülerschaft sowie auf institutionelle Effekte der Schulformgliederung in der Sekundarstufe I zurückführen lassen. Abschließend wird gezeigt, in welchem Ausmaß Effekte der Schulkomposition und Schulformgliederung miteinander konfundiert sind (Abschnitt 5.3).

5.1 Kompetenzentwicklung in den Jahrgangsstufen 5 und 6

Zuerst wird in einem »leeren« Modell ohne weitere Prädiktoren überprüft, wie viel Prozent der Varianz der abhängigen Variable auf Unterschiede zwischen den Schülerinnen und Schülern bzw. auf Unterschiede zwischen den Schulen entfallen (*Brutto-Schuleffekt*, Scheerens & Bosker, 1997). 31.8 Prozent der Varianz des Leseverständnisses am Ende der Jahrgangsstufe 6 entfallen auf die Individualebene und 68.2 Prozent auf die Schulebene. Da für die Analyse von Kompositions- und

Institutionseffekten jedoch auch die differenzielle Eingangsselektivität der Schulen berücksichtigt werden muss, ist eine korrekte Spezifikation des Individualmodells erforderlich (Baumert et al., 2006, S. 129). Anhand eines um individuelle oder schulische Lernvoraussetzungen korrigierten Modells lassen sich *Netto-Schuleffekte* schätzen, die die leistungsbezogene Abweichung einer Schule von einem theoretischen Wert angeben, die allein aufgrund individueller Schülermerkmale oder des Schulkontextes zu erwarten wäre und als Wirkung von Schule interpretiert werden kann (Scheerens & Bosker, 1997; Willms, 1992). In einem weiteren Schritt fließen deshalb – analog zu bisherigen Analysen im Rahmen von KESS (Bonsen, Gröhlich & Bos, 2009; Gröhlich et al., 2010a, 2010b) – in das bei allen nachfolgenden Auswertungen konstant gehaltene Individualmodell die Merkmale Geschlecht, Migrationshintergrund, soziale Lage und kognitive Grundfähigkeit sowie das Vorwissen der Schülerinnen und Schüler zum vorherigen Messzeitpunkt mit ein, bevor dann in schrittweisen Modellen kompositionelle und institutionelle Merkmale auf der Schulebene hinzukommen.

Tabelle 2 zeigt für die Kompetenzentwicklung in den ersten beiden Sekundarschuljahren, dass Mädchen unter Berücksichtigung weiterer Individualmerkmale signifikant höhere Lernstände am Ende der Jahrgangsstufe 6 erzielen als Jungen. Ein Effekt in vergleichbarer Höhe lässt sich für die kognitive Grundfähigkeit beobachten. Vorteile bestehen zudem zugunsten von Schülerinnen und Schülern aus privilegierteren sozialen Lagen. Ist mindestens ein Elternteil im Ausland geboren, erzielen die Schülerinnen und Schüler dagegen signifikant niedrigere Kompetenzwerte. Insgesamt fallen diese Effekte jedoch klein aus. Der stärkste Prädiktor auf der Individualebene ist hingegen das Vorwissen: Schülerinnen und Schüler, deren Leseverständnis zu Beginn der Jahrgangsstufe 5 eine Standardabweichung über dem Durchschnitt liegt, erzielen am Ende der Jahrgangsstufe 6 um fast eine halbe Standardabweichung höhere Testleistungen. Die Spezifikation dieser Prädiktoren auf der Individualebene verringert die Intraklassenkorrelation auf ρ_{res} = 0.069. Ein Großteil der Varianz des Leseverständnisses zwischen den Schulen wird also bereits durch individuelle Schülermerkmale erklärt. Der verbleibende Varianzanteil zwischen den Schulen, der nicht durch diese Individualmerkmale erklärt wird, ist jedoch signifikant.

In Modell 1 werden neben den individuellen Merkmalen auch Prädiktoren auf der Schulebene zur Erklärung des Leseverständnisses am Ende der Jahrgangsstufe 6 berücksichtigt. Hierbei zeigt sich für die beiden Kompositionsmerkmale, dass bei deren simultaner Berücksichtigung lediglich die leistungsbezogene Zusammensetzung der Schulen für die Lernentwicklung in den ersten beiden Sekundarschuljahren relevant ist: Schülerinnen und Schüler, die eine Schule besuchen, in der das mittlere Vorwissen zum ersten Messzeitpunkt eine Standardabweichung über dem Durchschnitt liegt, erzielen zum zweiten Messzeitpunkt eine um etwa ein Drittel einer Standardabweichung höhere Testleistung. Der Effekt der sozialen

Zusammensetzung der Schulen ist unter Berücksichtigung des mittleren Vorwissens dagegen nicht signifikant.

Modell 2 schätzt auf der Aggregatebene anstelle der Kompositionseffekte institutionelle Effekte der Schulformgliederung. Es zeigt sich, dass die Schülerinnen und Schüler an den integrierten Gesamtschulen einen geringen, aber signifikanten Leistungsvorsprung im Leseverständnis am Ende der Jahrgangsstufe 6 gegenüber den Schülerinnen und Schülern an den Haupt- und Realschulen aufweisen. Bei den Gymnasiastinnen und Gymnasiasten fällt der Leistungsvorsprung noch größer aus und macht knapp eine halbe Standardabweichung aus. Da sich die beiden Konfidenzintervalle für die integrierten Gesamtschulen und Gymnasien nicht überschneiden, ist auch der Lernvorteil der Schülerinnen und Schüler an den Gymnasien gegenüber jenen an den integrierten Gesamtschulen signifikant.

Tabelle 2:   *Vorhersage des Leseverständnisses am Ende der Jahrgangsstufe 6*

	Modell 1	Modell 2	Modell 3
Mittelwert	**507.9** (1.5)	**484.0** (2.2)	**491.2** (2.8)
Individualebene			
Geschlecht[1]	**9.9** (1.6)	**9.8** (1.6)	**9.8** (1.6)
Migrationsstatus[2]	**-6.8** (1.7)	**-8.2** (1.7)	**-7.5** (1.7)
Kognitive Grundfähigkeit	**9.5** (0.9)	**9.4** (0.9)	**9.3** (0.9)
Soziale Lage	**5.0** (0.9)	**5.3** (0.9)	**4.9** (0.9)
Vorwissen	**47.6** (1.1)	**48.0** (1.1)	**47.5** (1.1)
Schulebene			
Mittleres Vorwissen	**38.6** (4.8)		**15.1** (5.7)
Mittlere soziale Lage	-6.2 (5.6)		-2.0 (5.2)
Schulform[3]			
Gesamtschule		**9.2** (2.7)	**7.1** (2.4)
Gymnasium		**45.9** (2.6)	**31.8** (4.5)
Erklärte Varianz (in %)[4]			
Individualebene	29.7	29.8	29.8
Schulebene	69.0	70.4	73.5

[1] Referenzkategorie: Junge.
[2] Referenzkategorie: beide Eltern in Deutschland geboren.
[3] Referenzkategorie: Haupt- und Realschule.
[4] Intraklassenkorrelation im Nullmodell: $\rho = 0.318$, unter Berücksichtigung individueller Merkmale $\rho_{res} = 0.069$.
Kontinuierliche Prädiktoren auf der Individualebene z-standardisiert.
Signifikante Koeffizienten fett (p < .05).

Modell 3 berücksichtigt zur Vorhersage des Leseverständnisses am Ende der Jahrgangsstufe 6 sowohl Kompositionsmerkmale als auch institutionelle Merkmale der Schulformgliederung. Unter Berücksichtigung der Schulform verringert sich der Effekt der leistungsbezogenen Zusammensetzung der Schulen deutlich, er lässt sich aber zufallskritisch absichern: An Schulen mit einem Leistungsniveau, das eine Standardabweichung über dem Durchschnitt liegt, erzielen die Schülerinnen und Schüler ein um knapp ein Siebtel einer Standardabweichung höheres Leseverständnis. Es lässt sich jedoch unter Kontrolle der anderen Variablen kein Effekt der sozialen Zusammensetzung nachweisen. Unter Berücksichtigung der Schulzusammensetzung liegen die Lernstände an den integrierten Gesamtschulen im Durchschnitt noch knapp 7 Skalenpunkte, aber signifikant über jenen an den Haupt- und Realschulen. Deutliche Vorteile lassen sich hingegen für die Gymnasien beobachten, an denen die Lernstände am Ende der Beobachtungsstufe um rund ein Drittel einer Standardabweichung höher ausfallen als an den Haupt- und Realschulen. Auch im Vergleich zu den integrierten Gesamtschulen schneiden Schülerinnen und Schüler an den Gymnasien signifikant besser ab. Insgesamt können durch die berücksichtigten Merkmale 29.8 Prozent der Varianz des Leseverständnisses auf der Individualebene und 73.5 Prozent der Varianz auf der Schulebene erklärt werden.

5.2   Kompetenzentwicklung in den Jahrgangsstufen 7 und 8

Analog zum ersten Analyseschritt erfolgt zunächst in einem vollständig unkonditionierten Modell die Varianzzerlegung des Leseverständnisses am Ende der Jahrgangsstufe 8. Dabei entfallen 43.3 Prozent der Varianz auf Schulunterschiede und 56.7 Prozent auf individuelle Unterschiede. Unter Berücksichtigung individueller Schülermerkmale reduziert sich der Varianzanteil des Leseverständnisses, der auf die Schulebene entfällt, um etwa die Hälfte (ρ_{res} = 0.189), er bleibt aber signifikant.

Hinsichtlich individueller Merkmale der Schülerinnen und Schüler lässt sich für die Kompetenzentwicklung ab der Jahrgangsstufe 7 (vgl. Tabelle 3) wiederum ein signifikanter Vorteil für die Mädchen beobachten, die ihren Leistungsvorsprung gegenüber den Jungen weiter ausbauen können. Weiterhin geht mit einer höheren kognitiven Grundfähigkeit eine größere Kompetenzentwicklung einher. Leichte Leistungsvorteile bestehen zudem für Schülerinnen und Schüler aus privilegierteren Herkunftsfamilien. Ist mindestens ein Elternteil im Ausland geboren, gelingt es hingegen nicht, gegenüber Mitschülerinnen und -schülern ohne Migrationshintergrund aufzuschließen. Die deutlichsten Effekte auf der Individualebene zeigen sich erneut für das Vorwissensniveau: Schülerinnen und Schüler, deren Leseleistung zu Beginn der Jahrgangsstufe 7 eine Standardabweichung über dem Durchschnitt liegt, erzielen am Ende der Jahrgangsstufe 8 um mehr als ein Drittel einer Standardabweichung höhere Testleistungen.

Auf der Aggregatebene zeigt Modell 1, dass die leistungsbezogene Zusammensetzung der Schulen ein bedeutsamer Prädiktor für die Kompetenzentwicklung ist, während der sozialen Zusammensetzung bei simultaner Berücksichtigung kein signifikanter Effekt zukommt. Berücksichtigt man in Modell 2 ausschließlich institutionelle Effekte der Schulformgliederung, so fällt die Kompetenzentwicklung an den Gymnasien im Vergleich zu den Hauptschulen unter Berücksichtigung individueller Schülermerkmale am höchsten aus und macht dort rund zwei Drittel einer Standardabweichung aus. Die durchschnittliche Lernentwicklung an den Realschulen und in den leistungsstärkeren Kursen der integrierten Gesamtschulen (Kursniveau I) fällt vergleichbar und signifikant höher aus als an den Hauptschulen. Auch in den leistungsschwächeren Kursen an den integrierten Gesamtschulen (Kursniveau II) werden am Ende der Jahrgangsstufe 8 signifikant höhere Lernstände im Leseverständnis erreicht als an den Hauptschulen, wenngleich die Lernentwicklung hier deutlich geringer ist als an den anderen Schulformen.

Tabelle 3: Vorhersage des Leseverständnisses am Ende der Jahrgangsstufe 8

	Modell 1	Modell 2	Modell 3
Mittelwert	**580.6** (1.7)	**536.5** (4.2)	**562.2** (6.9)
Individualebene			
Geschlecht[1]	**19.8** (1.6)	**19.8** (1.6)	**19.7** (1.6)
Migrationsstatus[2]	**-5.4** (1.4)	**-5.9** (1.4)	**-5.5** (1.4)
Kognitive Grundfähigkeit	**10.8** (0.8)	**10.7** (0.8)	**10.6** (0.8)
Soziale Lage	**3.6** (0.8)	**4.0** (0.7)	**3.6** (0.7)
Vorwissen	**38.5** (1.1)	**39.1** (1.1)	**38.5** (1.1)
Schulebene			
Mittleres Vorwissen	**41.5** (3.6)		**23.2** (6.6)
Mittlere soziale Lage	0.0 (4.3)		4.4 (4.8)
Schulform[3]			
Realschule		**34.5** (4.9)	**16.7** (6.9)
IGS - Kursniveau II		**13.8** (4.8)	4.9 (4.9)
IGS - Kursniveau I		**41.2** (4.8)	**15.6** (6.9)
Gymnasium		**67.2** (4.6)	**28.8** (9.1)
Erklärte Varianz (in %)[4]			
Individualebene	30.3	30.3	30.3
Schulebene	54.5	58.2	58.4

[1] Referenzkategorie: Junge.
[2] Referenzkategorie: beide Eltern in Deutschland geboren.
[3] Referenzkategorie: Hauptschule.
[4] Intraklassenkorrelation im Nullmodell: $\rho = 0.433$, unter Berücksichtigung individueller Merkmale $\rho_{res} = 0.189$.
Kontinuierliche Prädiktoren auf der Individualebene z-standardisiert.
Signifikante Koeffizienten fett (p < .05).

Bei gemeinsamer Berücksichtigung von Merkmalen der Schülerzusammensetzung und der Schulformzugehörigkeit zeigt sich in Modell 3 eine deutliche Verringerung sowohl der kompositionellen als auch institutionellen Effekte: In leistungsstärkeren Schulen fällt die Lernentwicklung im Leseverständnis insgesamt rund ein Viertel einer Standardabweichung höher aus als in Schulen mit einer durchschnittlichen Leistungszusammensetzung. Die soziale Komposition scheint bei gemeinsamer Berücksichtigung anderer Prädiktoren für die Kompetenzentwicklung in den Jahrgangsstufen 7 und 8 nicht mehr relevant zu sein. Nach wie vor deutliche Effekte in substanziellem Ausmaß zeigen sich hingegen für den Besuch unterschiedlicher Schulformen: Die höchsten Lernfortschritte im Vergleich zu den Hauptschulen werden unter ansonsten gleichen Voraussetzungen an den Gymnasien erzielt. Etwas schwächer fällt hingegen die Lernentwicklung der Schülerinnen und Schüler an den Realschulen und den leistungsstärkeren Kursen der integrierten Gesamtschulen (Kursniveau I) aus, wenngleich sie sich unter Berücksichtigung der anderen Variablen im Modell nicht mehr signifikant von den Gymnasiastinnen und Gymnasiasten unterscheiden, da sich die Konfidenzintervalle für die geschätzten Koeffizienten überlappen.

5.3   Schulkomposition oder Schulformgliederung – Was zählt?

Wie sich bereits bei der Beschreibung der Mehrebenenanalysen in den vorangegangenen beiden Abschnitten angedeutet hat, verändern sich Bedeutung und Größe der Effekte auf die Kompetenzentwicklung der Schülerinnen und Schüler, wenn kompositionelle und institutionelle Merkmale auf der Aggregatebene gemeinsam in die Schätzmodelle integriert werden. Anhand von sequentiellen Modellrechnungen, die auf der Aggregatebene jeweils unterschiedlich spezifiziert sind, kann die Varianz des Leseverständnisses, die unter Kontrolle individueller Schülermerkmale zwischen den Schulen verbleibt, in spezifische und konfundierte Komponenten unterteilt werden (Cohen et al., 2003). Abbildung 3 stellt das Ergebnis dieser Kommunalitätenanalyse für das Leseverständnis am Ende der Jahrgangsstufe 6 bzw. 8 dar.

Sowohl am Ende der Jahrgangsstufe 6 als auch am Ende der Jahrgangsstufe 8 entfallen nur geringe Anteile der Varianz des Leseverständnisses zwischen den Schulen spezifisch auf deren leistungsbezogene oder soziale Zusammensetzung (zwischen 0.1 und 3.0 Prozent). Ein größerer Varianzanteil entfällt hingegen spezifisch auf die Schulformzugehörigkeit als institutionelles Merkmal (zwischen 4.0 und 4.5 Prozent). Der Anteil der Varianz, der gemeinsam der leistungsbezogenen und sozialen Komposition der Schulen zuzuschreiben ist, fällt mit 3.1 Prozent am Ende der Jahrgangsstufe 6 größer aus als am Ende der Jahrgangsstufe 8 (0.2 Prozent).

Der Löwenanteil der Leistungsvarianz im Leseverständnis zwischen den Schulen wird hingegen durch eine konfundierte Varianzkomponente erklärt, zu der sowohl das durchschnittliche Leistungsniveau und die soziale Zusammensetzung der Schülerschaft als auch die Schulformzugehörigkeit gemeinsam beitragen. Diese macht nach zwei Sekundarschuljahren 62.8 Prozent und auch nach vier Jahren noch mehr als die Hälfte (53.7 Prozent) der Unterschiede zwischen den Schulen aus.

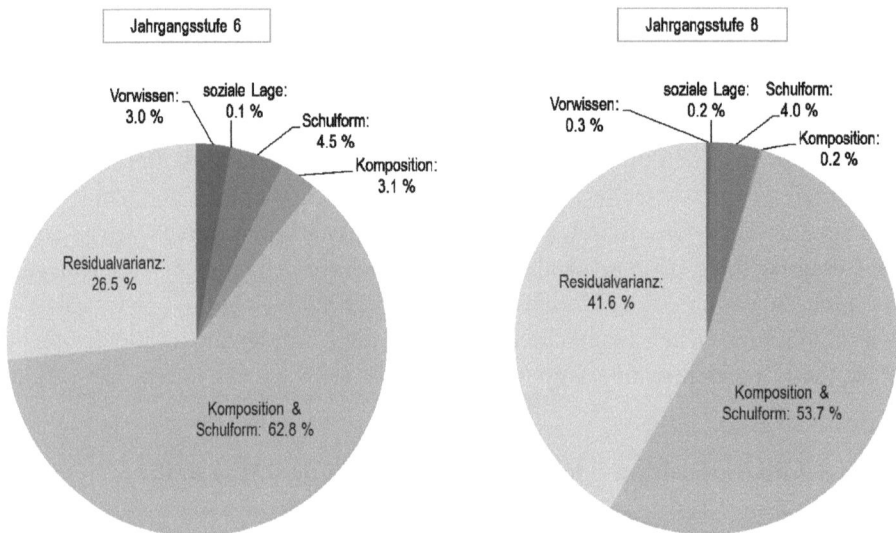

Abb. 3: *Zerlegung der zwischenschulischen Varianz des Leseverständnisses in spezifische und konfundierte Anteile (unter Kontrolle individueller Schülermerkmale)*

6   Diskussion und Ausblick

Dieser Beitrag hat anhand mehrebenenanalytischer Auswertungen von Längs-schnittdaten der Hamburger Schulleistungsstudie KESS gezeigt, dass auf indivi-dueller Ebene *differenzielle Lernentwicklungen* zu beobachten sind. Vor allem in Abhängigkeit ihrer leistungsbezogenen Lernausgangslagen zu Beginn der Sekun-darstufe I erzielen Schülerinnen und Schüler unterschiedliche Lernfortschritte im Leseverständnis bis zum Ende der Jahrgangsstufe 8. Es zeigen sich darüber hinaus *Institutionseffekte* der Schulformgliederung (Forschungsfrage 1), wobei die Gymna-sien besonders günstige, leistungsförderliche Schulumwelten für die Kompetenz-entwicklung darzustellen scheinen. Außerdem lassen sich auf aggregierter Ebene – über individuelle Voraussetzungen hinausgehende – *Kompositionseffekte* der Zusammensetzung von Schulen (Forschungsfrage 2) nachweisen, wobei sich über den hier betrachteten Zeitraum hinweg vor allem die Vorteile einer leistungsstar-ken Zusammensetzung der Schülerschaft kumulieren. Zusammenfassend legen die hier vorgelegten Befunde den Schluss nahe, dass sich bereits zu Beginn der Sekundarstufe I an den Hamburger Schulen *differenzielle Lern- und Entwicklungs-milieus* herausbilden, die sich bis zum Ende der Jahrgangsstufe 8 verhärten.

   Als problematisch erscheinen die Befunde insofern, als sich differenzielle Lern- und Entwicklungsmilieus bereits in der Hamburger Beobachtungsstufe heraus-bilden, also zu einem Zeitpunkt, wo die Bildungsoptionen der Schülerinnen und Schüler noch weitgehend offengehalten werden sollen. Die Befunde deuten jedoch unabhängig von individuellen Lernvoraussetzungen auf eine differenzielle Wirksamkeit unterschiedlicher Schulformen hin, die »letztlich Ausdruck einer nicht intendierten institutionellen Verstärkung ungleicher Bildungschancen« (Bonsen, Gröhlich & Bos, 2009, S. 116) ist. Eine höhere Kompetenzentwicklung an leistungsstärkeren Schulformen erschwert jedoch zusätzlich die Durchlässigkeit »nach oben«.

Außerdem wurde in diesem Beitrag geprüft, inwiefern nicht nur die Leistungszusammensetzung der Schülerschaft, sondern auch die soziale Komposition für die individuelle Lernentwicklung bedeutsam ist und inwiefern Kompositions- und Institutionseffekte miteinander konfundiert sind (Forschungsfrage 3). In der internationalen Schuleffektivitätsforschung wird in diesem Zusammenhang häufig die Bedeutung der sozialen Komposition von Schulen für die Kompetenzentwicklung betont (Baumert et al., 2006). Zwar kristallisiert sich in den vorliegenden Analysen zu Beginn der Sekundarschulzeit ein eigenständiger Varianzanteil des Leseverständnisses heraus, der auf die Schulzusammensetzung insgesamt zurückzuführen ist. Neben der Schulformzugehörigkeit ist aber vor allem die leistungsbezogene und weniger die soziale Komposition als eigenständige, unique Komponente entwicklungsrelevant. Das heißt, dass Effekte der sozialen Komposition über die Leistungszusammensetzung und Schulform vermittelt werden. Gleichzeitig wurde auch deutlich, dass die beiden Kompositionsmerkmale nicht nur untereinander, sondern auch mit institutionellen Merkmalen der Schulformgliederung in erheblichem Ausmaß konfundiert sind und sich wechselseitig verstärken können (vgl. auch Dumont et al., 2013; Guill & Gröhlich, 2013; Maaz, Trautwein, Lüdtke & Baumert, 2008). Die leistungsbezogene und soziale Zusammensetzung der Schülerschaft sowie die Schulformgliederung tragen somit gemeinsam zu differenziellen Entwicklungsverläufen bei. Komposition und Institution – beides zählt also für die Kompetenz*entwicklung* im Leseverständnis, und zwar vor allem bereits ab der Jahrgangsstufe 5 (Forschungsfrage 4), aber auch darüber hinaus.

Insgesamt stellen somit auch die Hamburger Schulen bereits ab Beginn der Sekundarstufe I »sozialökologisch weitgehend unterschiedliche Schulumwelten« (Baumert et al., 2006, S. 98) dar, die eine differenzierte »Verteilung personeller und materieller Ressourcen auf der Basis nachvollziehbarer und transparenter Kriterien« (Bos, Gröhlich & Bonsen, 2009, S. 124) notwendig erscheinen lassen. Offengeblieben ist hier jedoch die Frage, ob die verschiedenen Dimensionen der Schülerzusammensetzung an allen Schulformen gleichermaßen bedeutsam sind oder inwiefern Wechselwirkungen zwischen Schulkomposition und Schulform nachweisbar sind. Notwendig erscheinen deshalb vertiefende Schulformvergleiche zu den spezifischen Wirkungsmustern verschiedener Kompositionsmerkmale (siehe hierzu z. B. auch Baumert et al., 2006, 2009).

Für nachfolgende Analysen eröffnen sich aus den hier vorgestellten Befunden vielfältige *Anschlussmöglichkeiten*: In diesem Beitrag wurde als abhängige Variable der Lern*stand* im Leseverständnis unter Kontrolle der Testleistung zu einem früheren Messzeitpunkt vorhergesagt. Ebenso wäre es möglich, die individuelle Lern-

entwicklung anhand von linearen Wachstumskurven zu modellieren (für Analysen zur Mathematikleistung vgl. hierzu Guill & Gröhlich, 2013). Deskriptiv deuten sich in der hier genutzten Datenbasis jedoch auch nichtlineare Entwicklungsverläufe des Leseverständnisses in den ersten vier Sekundarschuljahren an, die in nachfolgenden Analysen z. B. anhand schulformspezifischer quadratischer Zeiteffekte zu modellieren wären.

Der Beitrag beschränkte sich auf das Leseverständnis als Kriterium. Effekte differenzieller Lernmilieus in der Sekundarstufe wurden darüber hinaus bereits u. a. für die Kompetenzbereiche Mathematik und Französisch als Fremdsprache (Gröhlich et al., 2010b; Neumann et al., 2007) sowie domänenübergreifend anhand eines allgemeinen Schulleistungsindex (Nikolova, 2010) aufgezeigt. Es stellt sich jedoch weiterhin die Frage nach der Domänenspezifität differenzieller Lernmilieus und der Konfundierung kompositioneller und institutioneller Effekte, d. h., ob sie in anderen Kompetenzbereichen oder bei anderen abhängigen Variablen wie z. B. motivationalen Aspekten ähnlich hoch ausfällt. Weiterhin wäre zu prüfen, ob es sich hierbei um ein bundeslandspezifisches Phänomen und eine Besonderheit des gegliederten Schulsystems in Deutschland handelt.

Zwar haben sich die hier vorliegenden Analysen theoretisch am Vermittlungsmodell für Kontexteffekte von Baumert et al. (2006) orientiert. Vermittelnde Prozesse, wie z. B. die normative Kultur im Elternhaus und in der Gruppe der Gleichaltrigen, Merkmale des konkreten Unterrichtsgeschehens und deren Bedeutsamkeit für den Lernerfolg (z. B. Neumann et al., 2007; van Ophuysen & Wendt, 2009) sowie die Unterschiedlichkeit des Unterrichts in den verschiedenen Schulformen durch curriculare oder didaktische Vorgaben, wurden jedoch ausgeklammert und sollen weiterführenden Analysen vorbehalten bleiben. Auch müssten motivationale Aspekte des Lernens als Prädiktoren integriert werden, um die Überschätzung von Effekten institutioneller Merkmale zu verringern.

Literatur

Artelt, C., Stanat, P., Schneider, W., & Schiefele, U. (2001). Lesekompetenz: Testkonzeption und Ergebnisse. In J. Baumert, E. Klieme, M. Neubrand, M. Prenzel, U. Schiefele, W. Schneider, P. Stanat, K.-J. Tillmann & M. Weiß (Hrsg.), *PISA 2000. Basiskompetenzen von Schülerinnen und Schülern im internationalen Vergleich* (S. 69–137). Opladen: Leske + Budrich.

Barr, R., & Dreeben, R. (1983). *How schools work*. Chicago: University of Chicago Press.

Baumert, J., Maaz, K., Stanat, P., & Watermann, R. (2009). Schulkomposition oder Institution – was zählt? Schulstrukturen und die Entstehung schulformspezifischer Entwicklungsverläufe. *Die Deutsche Schule, 101(1),* 33–46.

Baumert, J., Nagy, G., & Lehmann, R. H. (2012). Cumulative advantages and the emergence of social and ethnic inequality: Matthew effects in Reading and Mathematics development within elementary schools? *Child Development, 83(4),* 1347–1367.

Baumert, J., & Schümer, G. (2001). Schulformen als selektionsbedingte Lernmilieus. In J. Baumert, E. Klieme, M. Neubrand, M. Prenzel, U. Schiefele, W. Schneider, P. Stanat, K.-J. Tillmann & M. Weiß (Hrsg.), *PISA 2000. Basiskompetenzen von Schülerinnen und Schülern im internationalen Vergleich* (S. 454–467). Opladen: Leske + Budrich.

Baumert, J., Stanat, P., & Watermann, R. (2006). Schulstruktur und die Entstehung differenzieller Lern- und Entwicklungsmilieus. In J. Baumert, P. Stanat & R. Watermann (Hrsg.), *Herkunftsbedingte Disparitäten im Bildungswesen: Differenzielle Bildungsprozesse und Probleme der Verteilungsgerechtigkeit. Vertiefende Analysen im Rahmen von PISA 2000* (S. 95–188). Wiesbaden: VS Verlag für Sozialwissenschaften.

Baumert, J., Trautwein, U., & Artelt, C. (2003). Schulumwelten – institutionelle Bedingungen des Lehrens und Lernens. In J. Baumert, C. Artelt, E. Klieme, M. Neubrand, M. Prenzel, U. Schiefele, W. Schneider, K.-J. Tillmann & M. Weiß (Hrsg.), *PISA 2000 – Ein differenzierter Blick auf die Länder der Bundesrepublik Deutschland* (S. 261–331). Opladen: Leske + Budrich.

Becker, M., Lüdtke, O., Trautwein, U., & Baumert, J. (2006). Leistungszuwachs in Mathematik. Evidenz für einen Schereneffekt im mehrgliedrigen Schulsystem? *Zeitschrift für Pädagogische Psychologie, 20(4)*, 233–242.

Becker, M., Lüdtke, O., Trautwein, U., Köller, O., & Baumert, J. (2012). The differential effects of school tracking on psychometric intelligence: Do academic-track schools make students smarter? *Journal of Educational Psychology, 104(3)*, 682–699.

Bellin, N. (2009). *Klassenkomposition, Migrationshintergrund und Leistung. Mehrebenenanalysen zum Sprach- und Leseverständnis von Grundschülern.* Wiesbaden: VS Verlag für Sozialwissenschaften.

Bellin, N. (2010). Die soziale Zusammensetzung der Schulklasse. Zum Einfluss von Kompositionsmerkmalen auf die Leseleistungen von Grundschulkindern. In P. Mecheril, I. Dirim, M. Gomolla, S. Hornberg & K. Stojanov (Hrsg.), *Spannungsverhältnisse. Assimilationsdiskurse und interkulturell-pädagogische Forschung* (S. 135–152). Münster: Waxmann.

Berkemeyer, N., Bos, W., & Manitius, V. (2012). Chancenspiegel. Zur Leistungsfähigkeit und Chancengerechtigkeit der deutschen Schulsysteme. In Bertelsmann Stiftung und Institut für Schulentwicklungsforschung (Hrsg.), *Chancenspiegel. Zur Leistungsfähigkeit und Chancengerechtigkeit der deutschen Schulsysteme* (S. 1 192). Gütersloh: Verlag Bertelsmann Stiftung.

Berkemeyer, N., & Manitius, V. (2013). Gerechtigkeit als Kategorie der Analyse von Schulsystemen – das Beispiel Chancenspiegel. In K. Schwippert, M. Bonsen & N. Berkemeyer (Hrsg.), *Schul- und Bildungsforschung. Diskussionen, Befunde und Perspektiven. Festschrift für Wilfried Bos* (S. 223–240). Münster: Waxmann.

Bonsen, M., Bos, W., Gröhlich, C., & Rau, A. (2009). Ziele der Untersuchung KESS 7. In W. Bos, M. Bonsen & C. Gröhlich (Hrsg.), *KESS 7. Kompetenzen und Einstellungen von Schülerinnen und Schülern an Hamburger Schulen zu Beginn der Jahrgangsstufe 7* (HANSE – Hamburger Schriften zur Qualität im Bildungswesen: Bd. 5, S. 13–21). Münster: Waxmann.

Bonsen, M., Gröhlich, C., & Bos, W. (2009). Differentielle Lern- und Entwicklungsmilieus in der Hamburger Beobachtungsstufe? In W. Bos, M. Bonsen & C. Gröhlich (Hrsg.), *KESS 7 – Kompetenzen und Einstellungen von Schülerinnen und Schülern an Hamburger*

Schulen zu Beginn der Jahrgangsstufe 7 (HANSE – Hamburger Schriften zur Qualität im Bildungswesen: Bd. 5, S. 113–122). Münster: Waxmann.

Bonsen, M., Gröhlich, C., Rau, A., & Bos, W. (2009). Lernausgangslagen von Schülerinnen und Schülern zu Beginn der Jahrgangsstufe 7. In W. Bos, M. Bonsen & C. Gröhlich (Hrsg.), *KESS 7. Kompetenzen und Einstellungen von Schülerinnen und Schülern an Hamburger Schulen zu Beginn der Jahrgangsstufe 7* (HANSE – Hamburger Schriften zur Qualität im Bildungswesen: Bd. 5, S. 81–89). Münster: Waxmann.

Bos, W., Bonsen, M., Gröhlich, C., Guill, K., & Scharenberg, K. (2009). *KESS 7 – Skalenhandbuch zur Dokumentation der Erhebungsinstrumente* (HANSE – Hamburger Schriften zur Qualität im Bildungswesen: Bd. 4). Münster: Waxmann.

Bos, W., Brose, U., Bundt, S., Gröhlich, C., Hugk, N., Janke, N., May, P., Pietsch, M., Stubbe, T. C., & Voss, A. (2006). Anlage und Durchführung der Studie »Kompetenzen und Einstellungen von Schülerinnen und Schülern – Jahrgangsstufe 4 (KESS 4)«. In W. Bos & M. Pietsch (Hrsg.), *KESS 4 – Kompetenzen und Einstellungen von Schülerinnen und Schülern am Ende der Jahrgangsstufe 4 in Hamburger Schulen* (HANSE – Hamburger Schriften zur Qualität im Bildungswesen: Bd. 1, S. 9–32). Münster: Waxmann.

Bos, W., Gröhlich, C., & Bonsen, M. (2009). Der Belastungsindex für die Schulen der Sekundarstufe I in Hamburg. In W. Bos, M. Bonsen & C. Gröhlich (Hrsg.), *KESS 7. Kompetenzen und Einstellungen von Schülerinnen und Schülern an Hamburger Schulen zu Beginn der Jahrgangsstufe 7* (HANSE – Hamburger Schriften zur Qualität im Bildungswesen: Bd. 5, S. 123–131). Münster: Waxmann.

Bos, W., Gröhlich, C., Dudas, D.-F., Guill, K., & Scharenberg, K. (2010). *KESS 8 – Skalenhandbuch zur Dokumentation der Erhebungsinstrumente* (HANSE – Hamburger Schriften zur Qualität im Bildungswesen: Bd. 7). Münster: Waxmann.

Bos, W., Gröhlich, C., Guill, K., Scharenberg, K., & Wendt, H. (2010). Ziele und Anlage der Studie KESS 8. In W. Bos & C. Gröhlich (Hrsg.), *KESS 8 – Kompetenzen und Einstellungen von Schülerinnen und Schülern am Ende der Jahrgangsstufe 8* (HANSE – Hamburger Schriften zur Qualität im Bildungswesen: Bd. 6, S. 9–20). Münster: Waxmann.

Bos, W., & Scharenberg, K. (2010). Lernentwicklung in leistungshomogenen und -heterogenen Schulklassen. In W. Bos, E. Klieme & O. Köller (Hrsg.), *Schulische Lerngelegenheiten und Kompetenzentwicklung. Festschrift für Jürgen Baumert* (S. 173–194). Münster: Waxmann.

Cohen, J., West, S. G., Cohen, P., & Aiken, L. S. (2003). *Applied multiple regression/correlation analysis for the behavioral sciences* (3. Aufl.). London: Erlbaum.

Ditton, H. (2013). Kontexteffekte und Bildungsungleichheit: Mechanismen und Erklärungsmuster. In R. Becker & A. Schulze (Hrsg.), *Bildungskontexte. Strukturelle Voraussetzungen und Ursachen ungleicher Bildungschancen* (S. 173–206). Wiesbaden: Springer VS.

Ditton, H., & Krüsken, J. (2006). Sozialer Kontext und schulische Leistungen – zur Bildungsrelevanz segregierter Armut. *Zeitschrift für Soziologie der Erziehung und Sozialisation, 26(2)*, 135–157.

Dumont, H., Neumann, M., Maaz, K., & Trautwein, U. (2013). Die Zusammensetzung der Schülerschaft als Einflussfaktor für Schulleistungen. *Psychologie in Erziehung und Unterricht, 60(3)*, 163–183.

Ehmke, T., Blum, W., Neubrand, M., Jordan, A., & Ulfig, F. (2006). Wie verändert sich die mathematische Kompetenz von der neunten zur zehnten Klassenstufe? In PISA-Konsortium Deutschland (Hrsg.), *PISA 2003. Untersuchungen zur Kompetenzentwicklung im Verlauf eines Schuljahres* (S. 63–85). Münster: Waxmann.

Ganzeboom, H. B. G., & Treiman, D. J. (1996). Internationally comparable measures of occupational status for the 1988 International Standard Classification of Occupations. *Social Science Research, 25(3)*, 201–239.

Gröhlich, C., Bonsen, M., & Bos, W. (2009). Von KESS 4 zu KESS 7: Lernentwicklung in der Beobachtungsstufe. In W. Bos, M. Bonsen & C. Gröhlich (Hrsg.), *KESS 7. Kompetenzen und Einstellungen von Schülerinnen und Schülern an Hamburger Schulen zu Beginn der Jahrgangsstufe 7* (HANSE – Hamburger Schriften zur Qualität im Bildungswesen: Bd. 5, S. 91–105). Münster: Waxmann.

Gröhlich, C., Guill, K., Scharenberg, K., & Bos, W. (2010a). Differenzielle Lern- und Entwicklungsmilieus beim Erwerb der Lesekompetenz in den Jahrgangsstufen 7 und 8. In W. Bos & C. Gröhlich (Hrsg.), *KESS 8 – Kompetenzen und Einstellungen von Schülerinnen und Schülern am Ende der Jahrgangsstufe 8* (HANSE – Hamburger Schriften zur Qualität im Bildungswesen: Bd. 6, S. 100–106). Münster: Waxmann.

Gröhlich, C., Guill, K., Scharenberg, K., & Bos, W. (2010b). Kumulative Effekte differenzieller Lern- und Entwicklungsmilieus innerhalb der Sekundarstufe I am Beispiel der Mathematikleistung. In B. Schwarz, P. Nenniger & R. S. Jäger (Hrsg.), *Erziehungswissenschaftliche Forschung – nachhaltige Bildung. Beiträge zur 5. DGfE-Sektionstagung »Empirische Bildungsforschung«/AEPF-KBBB im Frühjahr 2009* (Erziehungswissenschaft: Bd. 28, S. 473–479). Landau: Verlag Empirische Pädagogik.

Guill, K., & Gröhlich, C. (2013). Individuelle Lernentwicklung im gegliederten Schulsystem der Bundesrepublik Deutschland. Fragen an die Sekundarstufe I. In K. Schwippert, M. Bonsen & N. Berkemeyer (Hrsg.), *Schul- und Bildungsforschung: Diskussionen, Befunde und Perspektiven. Festschrift für Wilfried Bos* (S. 51–69). Münster: Waxmann.

Hallinan, M. T. (1994). Further thoughts on tracking. *Sociology of Education, 67(2)*, 89–91.

Harker, R., & Tymms, P. (2004). The effects of student composition on school outcomes. *School Effectiveness and School Improvement, 15(2)*, 177–199.

Hattie, J. A. C. (2002). Classroom composition and peer effects. *International Journal of Educational Research, 37(5)*, 449–481.

Heller, K. A., & Perleth, C. (2000). *KFT 4–12+R. Kognitiver Fähigkeitstest für 4. bis 12. Klassen, Revision*. Göttingen: Beltz.

Helmke, A., & Weinert, F. E. (1997). Bedingungsfaktoren schulischer Leistungen. In F. E. Weinert (Hrsg.), *Psychologie des Unterrichts und der Schule* (Enzyklopädie der Psychologie, Themenbereich D, Serie I, Pädagogische Psychologie: Bd. 3, S. 71–176). Göttingen: Hogrefe.

Ivanov, S., Nikolova, R., & Vieluf, U. (2011). Einführung. In U. Vieluf, S. Ivanov & R. Nikolova (Hrsg.), *KESS 10/11. Kompetenzen und Einstellungen von Schülerinnen und Schülern an Hamburger Schulen am Ende der Sekundarstufe I und zu Beginn der gymnasialen Oberstufe* (HANSE – Hamburger Schriften zur Qualität im Bildungswesen: Bd. 10, S. 9–13). Münster: Waxmann.

Köller, O., & Baumert, J. (2001). Leistungsgruppierungen in der Sekundarstufe I. Ihre Konsequenzen für die Mathematikleistung und das mathematische Selbstkonzept der Begabung. *Zeitschrift für Pädagogische Psychologie, 15(2)*, 99–110.

Kunter, M., Brunner, M., Baumert, J., Klusmann, U., Krauss, S., Blum, W., Jordan, A., & Neubrand, M. (2005). Der Mathematikunterricht der PISA-Schülerinnen und -Schüler.

Schulformunterschiede in der Unterrichtsqualität. *Zeitschrift für Erziehungswissenschaft, 8(4)*, 502–520.

Lehmann, R. H., Gänsfuß, R., & Peek, R. (1999). *Aspekte der Lernausgangslage und der Lernentwicklung von Schülerinnen und Schülern an Hamburger Schulen – Klassenstufe 7. Bericht über die Untersuchung im September 1998*. Hamburg: Behörde für Schule, Jugend und Berufsbildung.

Maaz, K., Trautwein, U., Lüdtke, O., & Baumert, J. (2008). Educational transitions and differential learning environments: How explicit between-school tracking contributes to social inequality in educational outcomes. *Child Development Perspectives, 2(2)*, 99–106.

Neumann, M., Schnyder, I., Trautwein, U., Niggli, A., Lüdtke, O., & Cathomas, R. (2007). Schulformen als differenzielle Lernmilieus. Institutionelle und kompositionelle Effekte auf die Leistungsentwicklung im Fach Französisch. *Zeitschrift für Erziehungswissenschaft, 10(3)*, 399–420.

Nikolova, R. (2010). Schulischer Allgemeiner Fachleistungsindex unter mehrebenenanalytischer Betrachtung. In W. Bos & C. Gröhlich (Hrsg.), *KESS 8. Kompetenzen und Einstellungen von Schülerinnen und Schülern am Ende der Jahrgangsstufe 8* (HANSE – Hamburger Schriften zur Qualität im Bildungswesen: Bd. 6, S. 107–117). Münster: Waxmann.

Nikolova, R. (2011). *Grundschulen als differenzielle Entwicklungsmilieus. Objektive Kontextmerkmale der Schülerzusammensetzung und deren Auswirkung auf die Mathematik- und Leseleistungen* (Pädagogische Psychologie und Entwicklungspsychologie: Bd. 81). Münster: Waxmann.

Oakes, J. (1990). *Multiplying inequalities. The effects of race, social class, and tracking on opportunities to learn mathematics and science*. Santa Monica, CA: RAND Corporation.

Opdenakker, M.-C., & van Damme, J. (2001). Relationship between school composition and characteristics of school process and their effect on mathematics achievement. *British Educational Research Journal, 27(4)*, 407–432.

Ramseier, E., & Brühwiler, C. (2003). Herkunft, Leistung und Bildungschancen im gegliederten Bildungssystem: Vertiefte PISA-Analyse unter Einbezug der kognitiven Grundfähigkeiten. *Schweizerische Zeitschrift für Bildungswissenschaften, 25(1)*, 23–58.

Raudenbush, S. W., & Bryk, A. S. (2002). *Hierarchical linear models. Applications and data analysis methods* (2. Aufl., Advanced quantitative techniques in the social sciences series: Bd. 1). Thousand Oaks, CA: Sage Publications.

Raudenbush, S. W., Bryk, A. S., & Congdon, R. (2009). *HLM 6.08 for Windows [Computer software]*. Lincolnwood, IL: Scientific Software International, Inc.

Schafer, J. L. (1999). *NORM: Multiple imputation of incomplete multivariate data under a normal model, version 2. Software for Windows 95/98/NT*. http://www.stat.psu.edu/~jls/misoftwa.html. Zugegriffen am: 20. Januar 2014.

Scharenberg, K. (2012). *Leistungsheterogenität und Kompetenzentwicklung. Zur Relevanz klassenbezogener Kompositionsmerkmale im Rahmen der KESS-Studie* (Empirische Erziehungswissenschaft: Bd. 36). Münster: Waxmann.

Scharenberg, K. (2013). Heterogenität in der Schule – Definitionen, Forschungsbefunde, Konzeptionen und Perspektiven für die empirische Bildungsforschung. In N. McElvany, M. M. Gebauer, W. Bos & H. G. Holtappels (Hrsg.), *Jahrbuch der Schulentwicklung, Band 17. Sprachliche, kulturelle und soziale Heterogenität in der Schule als Herausforderung und Chance der Schulentwicklung* (S. 10–49). Weinheim: Beltz Juventa.

Scheerens, J., & Bosker, R. J. (1997). *The foundations of educational effectiveness*. Oxford: Pergamon.

Schneider, W., & Stefanek, J. (2004). Entwicklungsveränderungen allgemeiner kognitiver Fähigkeiten und schulbezogener Fertigkeiten im Kindes- und Jugendalter. Evidenz für einen Schereneffekt? *Zeitschrift für Entwicklungspsychologie und Pädagogische Psychologie, 36(3)*, 147–159.

Slavin, R. E. (1990). Achievement effects of ability grouping in secondary schools: A best-evidence synthesis. *Review of Educational Research, 60(3)*, 471–499.

Thrupp, M., Lauder, H., & Robinson, T. (2002). School composition and peer effects. *International Journal of Educational Research, 37(5)*, 483–504.

Tiedemann, J., & Billmann-Mahecha, E. (2004). Kontextfaktoren der Schulleistung im Grundschulalter. Ergebnisse aus der Hannoverschen Grundschulstudie. *Zeitschrift für Pädagogische Psychologie, 18(2)*, 113–124.

Trautwein, U., Lüdtke, O., Becker, M., Neumann, M., & Nagy, G. (2008). Die Sekundarstufe I im Spiegel der empirischen Bildungsforschung: Schulleistungsentwicklung, Kompetenzniveaus und die Aussagekraft von Schulnoten. In E. Schlemmer & H. Gerstberger (Hrsg.), *Ausbildungsfähigkeit im Spannungsfeld zwischen Wissenschaft, Politik und Praxis* (S. 91–107). Wiesbaden: VS Verlag für Sozialwissenschaften.

van Ophuysen, S., & Wendt, H. (2009). Zur Veränderung der Mathematikleistung von Klasse 4 bis 6. Welchen Einfluss haben Kompositions- und Unterrichtsmerkmale? *Zeitschrift für Erziehungswissenschaft* (Sonderheft 12), 302–327.

von Davier, M., & von Davier, A. A. (2007). A unified approach to IRT scale linking and scale transformations. *Methodology, 3(3)*, 115–124.

Wendt, H., Gröhlich, C., Guill, K., Scharenberg, K., & Bos, W. (2010). Die Kompetenzen der Schülerinnen und Schüler im Leseverständnis. In W. Bos & C. Gröhlich (Hrsg.), *KESS 8 – Kompetenzen und Einstellungen von Schülerinnen und Schülern am Ende Jahrgangsstufe 8* (HANSE – Hamburger Schriften zur Qualität im Bildungswesen: Bd. 6, S. 21–36). Münster: Waxmann.

Willms, J. D. (1992). *Monitoring school performance. A guide for educators*. Washington, D.C.: Falmer Press.

Wolfram Rollett

Ganztagsschulen im Spannungsfeld von konzeptuellem Anspruch und empirisch belegbarer Realität

Der Ausbau des Ganztagsschulangebotes stellt das umfangreichste Innovations-projekt im deutschen Bildungssystem der Gegenwart dar. Seit 2002 ist der Anteil der Ganztagsschulen bundesweit von 16 Prozent aller schulischen Verwaltungsein-heiten[1] auf 54 Prozent im Jahr 2011 gestiegen (KMK, 2006, 2013). Insgesamt haben damit in diesem Zeitraum über 10.000 der etwa 30.000 Schulen in Deutschland den Ganztagsbetrieb neu aufgenommen. Diese Entwicklung wurde maßgeblich durch die Veröffentlichung der – aus deutscher Sicht – nicht zufriedenstellenden Befunde von PISA 2000 angestoßen (vgl. Oelkers, 2003, S. 36; Tillmann, 2004, S. 196 ff.). Als Begründung für den bundesweit stattfindenden Ausbau der Ganztagsschulland-schaft werden die verschiedensten pädagogischen sowie gesellschafts-, familien- und bildungspolitischen Zielsetzungen und (erwarteten) Auswirkungen angeführt (s. dazu Holtappels, 1994). Sie lassen sich zu fünf Begründungslinien zusammen-fassen (Holtappels & Rollett, 2008a S. 291 ff., 2009, S. 19 ff.), auf die nachfolgend kurz eingegangen werden soll:

- Erweiterung von Lernzeit und Lernarrangements
- Individuelle Förderung insbesondere für Kinder und Jugendliche mit besonde-ren Förderbedarfen
- Verbesserung der soziokulturellen Infrastruktur
- Schaffung neuer Sozialisationsräume
- Sicherung einer qualifizierten Betreuung

Die klassische schulische Lernkultur durch neue, schülerorientierte und stärker in-dividualisierende Angebotselemente anzureichern, stellt eines der zentralen Anlie-gen des bundesweiten Ausbaus der Ganztagsschullandschaft dar. Damit verbindet sich unter anderem die Hoffnung, dass es den betroffenen Schulen besser gelingt, den veränderten Bildungserfordernissen einer modernen Wissensgesellschaft im 21. Jahrhundert gerecht zu werden. Dabei wird einerseits auf die Entwicklung der

---

1 Bei der Verwendung des Begriffes »Verwaltungseinheiten« werden alle verwaltungs-rechtlich eigenständigen Organisationseinheiten als »Schulen« gezählt. Dabei können mehrere Schularten in einer Verwaltungseinheit organisiert sein (vgl. KMK, 2011).

fachlichen Kompetenzen in Kernfächern wie Deutsch, Fremdsprachen, Mathematik und Naturwissenschaften fokussiert, andererseits auf Schlüsselqualifikationen wie Problemlösefähigkeit, soziale und interkulturelle Fähigkeiten, Medienkompetenz, Erwerb von Lernstrategien und Vorbereitung auf das Lernen als ein lebenslanger Prozess. Die Lernenden sollen vor diesem Hintergrund vermehrt zu höheren formalen Bildungsabschlüssen und einem erfolgreichen Berufseinstieg geführt werden (vgl. Holtappels & Rollett, 2008a, S. 294 f.).

Entscheidend dafür, dass Ganztagsschulen ihren gesellschaftlichen Auftrag in dieser Art und Weise erfüllen können, ist unter anderem, dass es ihnen gelingt, die Bildungsbeteiligung benachteiligter Schülerinnen und Schüler zu erhöhen, die individuellen Stärken und Schwächen der Lernenden aufzunehmen und an ihnen zu arbeiten, um das Bildungspotential von Kindern und Jugendlichen besser auszuschöpfen, als dies nach den Befunden der internationalen Bildungsforschungsstudien in Deutschland und insbesondere den Befunden von PISA (für einen Überblick s. Klieme et al., 2010) bisher gelungen ist. Dabei wird es auch darum gehen, die im internationalen Vergleich relativ hohe Koppelung von sozialer Herkunft und Schülerleistung (s. dazu Bos, Schwippert & Stubbe, 2007) und die in dieser Beziehung ebenfalls relativ deutlichen Nachteile, die Kinder und Jugendliche mit Migrationshintergrund erleiden (s. dazu Bos & Wendt, 2008), aufzubrechen. Die Einrichtung von neuen schulischen Lern-, Kultur- und Freizeitangeboten, die durch die Erweiterung des zeitlichen Rahmens im Ganztagsbetrieb möglich wird, kann hier einen wichtigen Beitrag leisten, von dem man sich auch eine Verbesserung der sozialen Chancengleichheit erwarten kann (vgl. Holtappels & Rollett, 2008a, S. 294 ff.; für einen Literaturüberblick zu empirisch nachweisbaren Effekten eines vergrößerten schulischen Zeitkontingentes s. Wheeler, 1987; Adelman, Haslam & Pringle, 1996 und Patall, Cooper & Allen, 2010).

Der Ausbau des Angebotsbereiches im Ganztag soll aber auch Sozialisationsräume schaffen, die den Lernenden erweiterte soziale Erfahrungen ermöglichen und Entwicklungsimpulse setzen, die im Hinblick auf soziale Integration, Selbstständigkeit, Übernahme sozialer Verantwortung und kulturelle Orientierung wirksam werden (Holtappels, 1994, S. 33 ff.; Holtappels & Rollett, 2008a S. 291 ff., 2009, S. 19 ff.).

Eine weitere wichtige Begründungslinie der Ganztagsschule stellt die Sicherstellung einer qualifizierten Betreuung für Kinder und Jugendliche dar, die es den Eltern ermöglicht, einer Erwerbstätigkeit nachzugehen bzw. diese auszubauen oder sich weiter zu qualifizieren. Dies verlangt die Bereitstellung eines organisatorisch und zeitlich verlässlichen Betreuungsangebotes durch die Schulen. Es gilt, im Ganztagsangebot den Erwartungen der Eltern hinsichtlich Inhalt und Qualität gerecht zu werden, so dass die Eltern ihre Kinder in den jeweiligen Schulen gut aufgehoben und gefördert wissen. In ihrer Betreuungsfunktion treten Ganztagsschulen dabei auch in Wettbewerb zu anderen Anbietern wie z. B. Horten, Vereinen, Jugendverbänden bzw. Einrichtungen der Kinder- und Jugendhilfe (s.

dazu z. B. Deutscher Bundesjugendring, 1992; Züchner, 2008, S. 333 f., zu neueren Befunden zu diesem Themenkreis s. Züchner & Arnoldt, 2011 und zu Barrieren für die Kooperation zwischen Schule und Jugendhilfe s. Tillmann, 2008, S. 381 ff.), aber auch zu familiären Betreuungsformen (Holtappels, 1997). Ein wichtiges Argument für die schulische Betreuung der Kinder und Jugendlichen im Ganztag stellt dabei die in diesem Rahmen angebotene Professionalität der Unterstützung bei der Erledigung von Haus- und Übungsaufgaben und beim Lernen allgemein dar. Für Lernende, die im häuslichen Umfeld keine entsprechende Förderung erfahren bzw. erfahren können, hat dieses Argument besondere Bedeutung. Darüber hinaus können Familien durch den Ganztagsschulbesuch ihrer Kinder aufgrund der dort realisierten Betreuungsstruktur auch in erzieherischen Belangen Unterstützung erfahren (vgl. Holtappels, 1994, S. 14 ff.; Holtappels & Rollett, 2008a, S. 291 ff., 2009, S. 19 ff.).

1 Die Ganztagsschule: Definition und Varianten der Umsetzung

Grundsätzlich stellt sich vor diesem Hintergrund die Frage, welche Eigenschaften eine Schule zu einer Ganztagsschule machen. Weite Verbreitung in der öffentlichen Diskussion wie auch in der Ganztagsschulforschung hat die Begriffsbestimmung der Kultusministerkonferenz der Länder gefunden. Sie stellt einen wichtigen Bezugspunkt für die Auseinandersetzungen mit dem Thema eines ganztägigen Schulbesuchs von Kindern und Jugendlichen dar. Nach dieser Definition sind Ganztagsschulen Schulen, bei denen

> »an mindestens drei Tagen in der Woche ein ganztägiges Angebot für die Schülerinnen und Schüler bereitgestellt wird, das täglich mindestens sieben Zeitstunden umfasst, an allen Tagen des Ganztagsschulbetriebs den teilnehmenden Schülerinnen und Schülern ein Mittagessen bereit gestellt wird, die Ganztagsangebote unter der Aufsicht und Verantwortung der Schulleitung organisiert und in enger Kooperation mit der Schulleitung durchgeführt werden sowie in einem konzeptionellen Zusammenhang mit dem Unterricht stehen.« (KMK, 2011, S. 9 f.). Diese Definition wird »auf alle verschiedenen Formen der Ganztagsschulen in den Ländern« (a. a. O., S. 5) angewendet.

Weitere Vorgaben bestehen von Seiten der KMK in organisatorischer und inhaltlicher Hinsicht nicht.

Die angesprochenen organisatorischen und konzeptuellen Kriterien stellen damit einen schulischen Mindeststandard dar. Begrifflich unterschieden werden zudem drei Formen der Ganztagsschule:

> »In der voll gebundenen Form sind alle Schülerinnen und Schüler verpflichtet, an mindestens drei Wochentagen für jeweils mindestens sieben Zeitstunden an den ganztägigen Angeboten der Schule teilzunehmen. In der teilweise gebundenen Form verpflichtet sich ein Teil der Schülerinnen und Schüler (z. B. einzelne Klassen oder Klassenstufen),

an mindestens drei Wochentagen für jeweils mindestens sieben Zeitstunden an den
ganztägigen Angeboten der Schule teilzunehmen. In der offenen Form können einzelne
Schülerinnen und Schüler auf Wunsch an den ganztägigen Angeboten dieser Schulform
teilnehmen. Für die Schülerinnen und Schüler ist ein Aufenthalt, verbunden mit einem
Bildungs- und Betreuungsangebot in der Schule, an mindestens drei Wochentagen im
Umfang von täglich mindestens sieben Zeitstunden möglich.« (a. a. O.).

Die drei Organisationsformen des Ganztagsbetriebes scheinen damit – zumindest auf den ersten Blick – gut voneinander abgegrenzt zu sein. Allerdings ist
die Verwendung der drei Begriffe »voll gebunden«, »teilgebunden« und »offen«
in den verschiedenen Ländern, Regionen, Kommunen und Schulen durchaus
unterschiedlich, so dass man mit dem Auftreten von changierenden Gebrauchs-
definitionen bzw. Gebrauchsbedeutungen (im Sinne von Wittgenstein, 1953/2003,
S. 40) im Feld rechnen muss. So bezeichnen Schulen ihren Ganztagsbetrieb u. U.
auch dann als »voll gebunden« oder auch »gebunden«, wenn das Kriterium einer
Teilnahme aller Schülerinnen und Schüler an mindestens drei Tagen nicht erfüllt
wird.[2] Auf der anderen Seite beschreiben sich Schulen auch als »teilgebunden«, die
an ein bis zwei Tagen der Woche ein verbindliches Angebot organisieren und an
den anderen Tagen Angebote zur Verfügung stellen, bei denen die Teilnahme frei-
willig ist. Die Heterogenität, die in der bundesdeutschen Ganztagsschullandschaft
besteht, ist deutlich größer, als es die Begriffsbestimmungen der KMK zunächst
vermuten lassen. Diese Vielfalt der Umsetzungen des Ganztagsschulgedankens
beruht auf einer ganzen Reihe von lokalen Bedingungen (personelle, räumliche
und materielle Ressourcen, Besonderheiten des Sozialraumes, verschiedene Inte-
ressenlagen der vom Ganztagsbetrieb betroffenen Personengruppen u. a. m.). Vor
diesem Hintergrund ist die Vielfalt der lokalen Lösungen bzw. Lösungsversuche
erklärlich.

Die Gestaltungsmöglichkeiten im schulischen Ganztagsbetrieb sind ausgesprochen vielfältig. Jede organisatorische Variante hat potentielle, mehr oder minder
starke Auswirkungen auf die in den Ganztagsangeboten geleistete pädagogische
Arbeit und damit auf die Wirkungen, die diese auf die Lernenden entfalten können, wie die nachfolgend aufgegriffenen Aspekte beispielhaft illustrieren sollen:

So kann die organisatorische, personelle und/oder zeitliche Trennung von
Unterricht und Ganztagsangeboten ihren konzeptuellen Zusammenhang beschä-
digen. Ähnliches gilt für den Einsatz von weiterem pädagogisch tätigen Personal,
von dem relativ viele von ihrem Ausbildungshintergrund her nicht pädagogisch
qualifiziert und/oder mit einem geringen Stundenvolumen an der betreffenden
Schule tätig sind (vgl. Tillmann & Rollett, 2010, 2011).

---

2   In diese Richtung weist auch der Abgleich der in StEG durch die Schulen genannten
    Organisationsform des jeweiligen Ganztagsbetriebes mit der durch die Schülerinnen
    und Schüler berichteten Teilnahme am Ganztagsbetrieb bzw. an den Angeboten sowie
    der Dauer des Aufenthaltes in der Schule.

Geringe Teilnahmequoten im Ganztagsbetrieb oder eine geringe Verbindlichkeit der Teilnahme an den Angeboten kann die Organisation der Ganztagsangebote deutlich erschweren. Häufig ist es z. B. aufgrund der zum Schulhalbjahresbeginn unsicheren Teilnehmerzahlen im offenen Modell lange Zeit unklar, ob bestimmte Angebote zustande kommen oder nicht. Vor diesem Hintergrund können Schulen aus Kostengründen externen Kräften, die im Ganztagsbetrieb tätig werden wollen, kaum feste Zusagen machen und mit ihnen verbindliche Verträge schließen.

Auch die unterschiedliche finanzielle Ausstattung der Schulen schafft ungleiche Ausgangsbedingungen für die Gestaltung eines qualitativ gehaltvollen Ganztagsangebotes. Die den Familien durch die Teilnahme am Ganztag entstehenden Kosten können dazu führen, dass sich Eltern – insbesondere aus sozial benachteiligten Familien – gegen die Teilnahme insgesamt, gegen die Nutzung des Mittagsangebotes oder bestimmter Angebote entscheiden.

Die eingangs dargestellten umfassenden und weitreichenden Zielstellungen der Ganztagsschule stehen in einem relativ deutlichen Widerspruch zu der durch die bisherigen Ausführungen deutlich werdenden organisatorischen Vielfalt in der Ganztagsschullandschaft. Der hohe Anspruch, der an die Schulform Ganztagsschule gestellt wird, verlangt nach einer passenden gemeinsamen konzeptuellen Fundierung und einer entsprechenden finanziellen Ausstattung, die hinsichtlich materieller, räumlicher und personeller Hinsicht vergleichbar gute Rahmenbedingungen schafft. Derartige Grundlagen fehlen bisher.

2 Gegenüberstellung von konzeptuellem Anspruch und empirischem Abbild: ausgewählte Befunde der Studie zur Entwicklung von Ganztagsschulen (StEG)

Im Folgenden soll der sehr weitreichende konzeptuelle Anspruch, der an die Ganztagsschule gestellt wird, mit jenem Abbild verglichen werden, das sich auf empirischer Ebene ergibt. Dabei wird auf ausgewählte schulische Eckdaten der Studie zur Entwicklung von Ganztagsschulen (StEG, www.projekt-steg.de, Holtappels et al., 2008; Fischer et al., 2011) zurückgegriffen:

• Inhalt und Breite des Ganztagsangebotes
• Teilnahmequote und Teilnahmeintensität
• Die Schülerkomposition in den Ganztagsangeboten
• Die Nutzung der Angebotsformen im Ganztag
• Die Beurteilung der Angebote durch die teilnehmenden Schülerinnen und Schüler
• Auswirkungen auf das Familienleben
• Die konzeptuelle Verbindung von Unterricht und Ganztagsangeboten

In StEG wurden bundesweit über 300 Schulen der Primar- und Sekundarstufe zu drei Messzeitpunkten (2005, 2007 und 2009) untersucht. Dabei wurden Schülerinnen und Schüler, Eltern, Lehrkräfte, weiteres pädagogisch tätiges Personal[3], außerschulische Kooperationspartner und die Schulleitungen befragt. Ein umfangreiches Fragebogeninventar diente der Erhebung der verschiedenen Aspekte des Ganztagsbetriebes, des ablaufenden Schulentwicklungsprozesses sowie von potentiell relevanten Entwicklungsbedingungen (zu Design und Anlage der Studie s. ausführlich Quellenberg, Carstens & Stecher, 2008; Furthmüller et al., 2011).

Die Datengrundlage für die im folgenden berichteten Analysen liefern dabei jene Schulen, die als Organisation an allen drei StEG-Erhebungswellen (2005, 2007 und 2009) teilgenommen haben und entsprechend als »Schulpanel« bezeichnet werden. In der Regel wird hier der 2009 erreichte Entwicklungsstand berichtet – es werden aber auch Rückgriffe auf die Befunde der früheren Erhebungswellen vorgenommen. Für die Bewertung der Befunde ist daran zu erinnern, dass etwa 90 Prozent der Schulen in der Stichprobe 2009 bereits über eine mindestens fünfjährige und etwa ein Drittel über eine mindestens zehnjährige Erfahrung im Ganztagsschulbetrieb verfügten.

3   Inhalt und Breite des Ganztagsangebotes

Die Realisierung eines inhaltlich vielfältigen außerunterrichtlichen Angebotes stellt ein zentrales schulisches Entwicklungsziel im Ganztagsbetrieb dar. Dies ist auch eine Folge der Mannigfaltigkeit der eingangs dargestellten pädagogischen sowie familien- und bildungspolitischen Zielsetzungen, die mit der Einrichtung von schulischen Ganztagsbetrieben erreicht werden sollen. Daher liegt die Frage nahe, ob die Umstellung auf den Ganztagsschulbetrieb und die damit einhergehende Erweiterung der von Kindern und Jugendlichen in den Schulen verbrachten Zeit auch von einer entsprechenden Ausweitung von außerunterrichtlichen Lern- und Erfahrungsmöglichkeiten begleitet wird.

Hier ergeben die Befragungen der Schulleitungen ein deutliches Bild (Holtappels, 2008a, S. 190 ff.; s. dazu auch Rollett & Holtappels, 2008; Rollett u. a., 2011): Das außerunterrichtliche Angebot hat nach der Einführung des schulischen Ganztagsbetriebes an den untersuchten Primar- und Sekundarstufenschulen eine bemerkenswerte Ausweitung erfahren und ist dabei inhaltlich auch deutlich vielfältiger geworden. Die Zuwächse betreffen sowohl die Bereiche der »Hausaufgabenbetreuung und Förderung«, der »fachspezifischen Angebote« und der »fächerübergreifenden Angebote« als auch den Bereich der »Freizeitangebote« und lassen sich für alle Ganztagselemente konstatieren, die in den genannten

---

3   Unter den Begriff »weiteres pädagogisch tätiges Personal« werden alle an den Schulen tätigen Personen gefasst, die nicht als Lehrkräfte angestellt sind.

vier Angebotssegmenten abgefragt wurden (s. Abbildung 1).[4] Die Befunde zeigen, dass es tatsächlich zu einer bedeutsamen Ausweitung von Lernarrangements gekommen ist. Dies betrifft auch Angebotselemente, die konzeptuell auf das Ziel einer stärker individualisierten Förderung ausgerichtet sind. Auch in Bezug auf eine Ausweitung der soziokulturellen Infrastruktur und den Ausbau von Möglichkeiten für Sozialisationserfahrungen stimmt der Entwicklungsschub, den die Schulen im Zuge der Aufnahme des Ganztagsbetriebes durch die Verbreiterung des außerunterrichtlichen Angebotes genommen haben, optimistisch. Die Daten des Untersuchungszeitraumes (von 2005 bis 2009) lassen darüber hinaus Weiterentwicklungsbemühungen der Schulen deutlich werden. Allerdings zeigt der Entwicklungsverlauf, dass Schulen in Bezug auf die Breite ihres Ganztagsangebotes nach einiger Zeit offensichtlich an gewisse Grenzen stoßen: So stagnieren die Zuwächse an Grundschulen nach einem Anstieg von 2005 zu 2007. An den Sekundarstufenschulen lässt sich für 2005 und 2007 ebenfalls eine Ausweitung der Ganztagselemente beobachten – allerdings fallen die Schulen 2009 wieder auf den bereits 2005 erreichten Entwicklungsstand zurück. Das ist umso bedauerlicher, da es Angebotstypen gibt, für die man sich einen weitergehenden Ausbau wünschen würde. Dies gilt in den Primarstufenschulen für Angebote zum sozialen Lernen, zu Gemeinschaftsaufgaben bzw. der Intensivierung der Schülermitbestimmung sowie Angebote zu Fremdsprachen und Förderangebote, insbesondere aber für die ausgesprochen selten auftretenden Angebote zum interkulturellen Lernen. Ähnliches lässt sich auch für den Bereich der Förderangebote konstatieren. Für die Gruppe der Sekundarstufenschulen wäre ebenfalls ein weiterer Ausbau bei den Förderangeboten, den fachbezogenen Angeboten und Angeboten zu Themen wie Schülermitbestimmung, Gemeinschaftsaufgaben sowie sozialem und interkulturellem Lernen wünschenswert. Die Weiterentwicklung der Angebotsstruktur ist allerdings auch von lokalen Rahmenbedingungen abhängig. Zu nennen sind hier neben den verfügbaren materiellen, räumlichen und personellen Ressourcen insbesondere auch der Anteil der Schülerschaft, der das Ganztagsangebot nicht oder nur eingeschränkt nutzt.

---

4 Erfragt wurde, ob die genannten Ganztagselemente zum Befragungszeitpunkt mindestens einmal an der Schule angeboten wurden.

> **Hausaufgabenbetreuung und Förderung:**
> *Hausaufgabenhilfe/Hausaufgabenbetreuung; Förderunterricht für Schülerinnen und Schüler mit niedrigen oder hohen Fachleistungen; spezifische Fördermaßnahmen für Schülerinnen und Schüler nichtdeutscher Muttersprache/Herkunft*
>
> **Fachbezogene Angebote:**
> *Mathematische Angebote; naturwissenschaftliche Angebote; Angebote im Bereich Deutsch/ Literatur; Fremdsprachen-Angebote; sportliche Angebote; musisch-künstlerische Angebote*
>
> **Fächerübergreifende Angebote:**
> *Handwerkliche/Hauswirtschaftliche Angebote; technische Angebote/Neue Medien; Gemeinschaftsaufgaben und Formen von Schülermitbestimmung; Formen sozialen Lernens; Formen interkulturellen Lernens; Dauerprojekte*
>
> **Freizeitangebote:**
> *Freizeitangebote in gebundener Form; freiwillig zu nutzende Freizeitangebote; Beaufsichtigung von Schülerinnen und Schülern in der Freizeit*

Abb. 1:   Die vier Angebotsbereiche und die ihnen zugeordneten Angebotselemente

4   Teilnahmequote und Teilnahmeintensität

Teilnahmequote und Teilnahmeintensität stellen ein weiteres Ausbaukriterium dar: Echte systemrelevante Veränderungen im oben dargestellten Sinne sind im deutschen Bildungssystem durch die Einführung der Ganztagsschule nur dann zu erwarten, wenn ein nennenswerter Anteil der Schülerschaft das ganztägige schulische Angebote wahrnimmt und auch die Intensität der Teilnahme und ihre Persistenz über die Zeit hinaus entsprechend sind.

Betrachtet man die Teilnahmequoten, die von den untersuchten Schulen erreicht werden (s. dazu Holtappels, 2008a, S. 199 ff.; Züchner, Arnoldt & Vossler, 2008; Rollett & Holtappels, 2010; Holtappels, Jarsinski & Rollett, 2011) lässt sich bezogen auf den letzten, 2009 erhobenen Entwicklungsstand feststellen, dass in den Primarstufenschulen ca. zwei Drittel der Schülerschaft der dritten Klassen am Ganztagsbetrieb ihrer Schule teilnehmen. In den Sekundarstufenschulen ist der Anteil insgesamt fast ebenso hoch. Allerdings nehmen die Quoten in höheren Jahrgangsstufen ab: Werden an den Schulen in der fünften Schulstufe noch 71 Prozent erreicht, so sind es in der siebenten 63 und in den neunten nur noch 55 Prozent. Der zu beobachtende Abfall der Teilnahmequoten in den höheren Jahrgängen ist insbesondere mit Blick auf die Aufgaben, die gerade die Ganztagsschulen bezüglich der Unterstützung der Berufsorientierung und des beruflichen Übergangs zugewiesen werden (s. dazu z. B. Spieß, 2008 und Christe, 2008), unerfreulich. An der Teilstichprobe der offenen Ganztagsschulen, an denen die Teilnahme am Ganztag auf freiwilliger Basis erfolgt, tritt dieser Effekt noch deutlicher zu Tage: Hier werden in den fünften Klassen noch 56 Prozent der Schülerinnen und Schüler erreicht, in den siebenten Klassen 43 und in den neunten lediglich noch 32 Prozent.

Die an den Ganztagsangeboten teilnehmenden Kinder und Jugendlichen wurden im Rahmen von StEG auch dahingehend befragt, an wie vielen Tagen pro Woche sie am Nachmittag in der Schule sind (s. Holtappels, Jarsinski & Rollett, 2011). 2009 gaben 82 Prozent der Primarschülerinnen und -schüler der dritten Klassen an, an mindestens drei Tagen auch am Nachmittag in der Schule zu sein. Für 61 Prozent trifft dies an allen fünf Schultagen der Woche zu. Für die Sekundarstufenschulen ergibt sich bereits in den fünften Klassen ein deutlich anderes Bild. Hier sind lediglich 36 Prozent der Schülerinnen und Schüler an drei oder mehr Tagen einer Woche am Nachmittag in ihrer Schule und nur 4 Prozent an fünf Tagen. Zwar nutzt der Großteil der Schülerschaft in diesem Jahrgang das Ganztagsangebot ihrer Schulen (s. o.), die Intensität der Teilnahme (erfasst als zeitlicher Umfang) ist jedoch eingeschränkt. In der siebenten Schulstufe fällt der Anteil der Ganztagsschülerinnen und -schüler, die das Ganztagsangebot an mindestens drei Tagen nutzen, auf 30 Prozent und bleibt in der neunten Schulstufe etwa auf diesem Niveau.

Auch die aus der Sekundarstufenschulstichprobe vorliegenden Daten zur Teilnahmepersistenz sind mit Blick auf die erhofften Wirkungen der Ganztagsteilnahme als weniger günstig einzuschätzen: Von den Kindern, die 2005 in der fünften Schulstufe angaben, die Ganztagsangebote zu nutzen, tun dies in der siebenten Schulstufe 2007 nur 62 Prozent und in der neunten Schulstufe sogar nur noch 36 Prozent.[5]

5   Die soziale Zusammensetzung in den Ganztagsangeboten

Für die erwarteten Wirkungen einer ganztägigen Beschulung ist auch die soziale Zusammensetzung der an den Ganztagsangeboten teilnehmenden Schülerinnen und Schüler von Bedeutung. Es ist wünschenswert, mit den extracurricularen Angeboten genau jene Kinder und Jugendlichen zu erreichen, die in Bezug auf ihr ökonomisches, soziales und/oder kulturelles Kapital (Bourdieu, 1983) benachteiligt sind bzw. einen besonderen Förderbedarf aufweisen. Gleichzeitig ist aber nicht auszuschließen, dass z. B. durch eine geringere Bildungsaspiration der Herkunftsfamilien oder den Kostendruck, der durch die Teilnahme am Ganztagsbetrieb insgesamt oder an einzelnen Angeboten entstehen kann, benachteiligte Kinder und Jugendliche von der Wahrnehmung des schulischen Ganztagsangebotes abgehalten werden (vgl. Holtappels, Jarsinski & Rollett, 2011).

Die vorliegenden Analysen (s. dazu auch Holtappels 2008a, Züchner, Arnoldt & Vossler, 2008; Rollett & Holtappels, 2010; Holtappels, Jarsinski & Rollett, 2011) zeigen jedenfalls, dass an den untersuchten Grundschulen das Quartil der Schülerschaft, das in Bezug auf den höchsten beruflichen Status der Eltern als sozioöko-

---

5   Datenbasis sind hier jene Schülerinnen und Schüler, die an allen drei StEG-Erhebungswellen teilgenommen haben.

nomisch benachteiligt einzuschätzen ist, eher unterrepräsentiert ist, während das in dieser Hinsicht bevorteilte Quartil überrepräsentiert ist. Die Teilnahmequoten unterscheiden sich 2009 um 11 Prozent.[6] Der Effekt zeigt sich zu allen drei Erhebungszeitpunkten. Auch wenn man die Schülerstichprobe nach dem Vorliegen eines Migrationshintergrundes[7] trennt, ergibt sich in der Primarstufe eine gewisse Verwerfung der Teilnahmequoten: Unter den Kindern mit Migrationshintergrund ist die Ganztagsteilnahmequote etwas geringer. Auch dies lässt sich zu allen drei Erhebungswellen nachweisen. 2009 nahmen 60 Prozent der Schülerinnen und Schüler mit Migrationshintergrund am Ganztagsbetrieb teil, während dies zu demselben Zeitpunkt für 70 Prozent derjenigen ohne Migrationshintergrund galt. Die Befunde zeigen, dass es den Ganztagsschulen offenbar noch nicht in ausreichendem Maß gelungen ist, jene Gruppen mit dem schulischen Ganztag zu erreichen, die nach den Ergebnissen der nationalen Bildungsforschung in ihrem Bildungserfolg benachteiligt sind. Die ermittelten Unterschiede in den Teilnahmequoten sprechen dafür, dass sich auch in diesem Bereich Schereneffekte manifestieren können. Dieses Ergebnis steht allerdings in einem gewissen Widerspruch zu der Befundlage, die eine Reanalyse der Daten aus IGLU 2006 (Holtappels, Radisch, Rollett & Kowoll, 2010, S. 189) erbrachte, aus der hervorgeht, dass die an Ganztagsangeboten teilnehmenden Schülerinnen und Schüler etwas stärker aus sozial benachteiligten Bevölkerungsgruppen (hinsichtlich der Kriterien *höchster sozioökonomischer Index des beruflichen Status der Eltern* (HISEI), Sozialindex und Migrationsstatus) stammen.

Für die fünften Klassen der Sekundarstufenschulen zeigte sich auch in den StEG-Daten 2005 eine etwas stärkere Beteiligung am Ganztag durch jenes Quartil der Schüler und Schülerinnen mit den niedrigsten HISEI-Werten. Die Teilnahmequote war hier mit 68 Prozent um etwa 10 Prozent höher als jene für das Quartil mit den höchsten HISEI-Werten. Dieser Unterschied hat sich bis 2009 allerdings dadurch nivelliert, dass die letztgenannte Gruppe ihre Teilnahme ausbaute.[8]

6   Die Nutzung der Angebotsformen im Ganztag

Hinsichtlich der Nutzung der verschiedenen Angebotsformen im Ganztag (s. dazu Rollett, Holtappels & Bergmann, 2008, S. 905, Holtappels, Jarsinski & Rollett, 2011) zeigt sich, dass an Grundschulen Arbeitsgemeinschaften die dominierende Angebotsform sind. Hier geben 2009 fast achtzig Prozent der Kinder an, an diesen

---

6   Teilnahmequoten Primarstufe 3. Klasse 2009: Quartil 1 = 62%; Quartil 2 = 67%; Quartil 3 = 69%; Quartil 4 = 73%

7   Kriterium für die Einteilung des Migrationsstatus: Das Kind bzw. der Jugendliche selbst oder mindestens ein Elternteil ist nicht in Deutschland geboren.

8   Teilnahmequoten Sekundarstufe 5. Klasse 2009: Quartil 1 = 70%; Quartil 2 = 73%; Quartil 3 = 70%; Quartil 4 = 70%

teilzunehmen. Darüber hinaus berichten 42 Prozent, an regelmäßigen Themen-
angeboten (wie Chor oder Schulgartenpflege) teilzunehmen. Mit 47 Prozent nutzt
fast die Hälfte die Hausaufgabenbetreuung und mit 26 Prozent etwa ein Viertel
fachbezogene Förderangebote.

Auch in der Sekundarstufe zeigt sich mit fast 70 Prozent eine Dominanz im
Bereich von Arbeitsgemeinschaften und ähnlichen Angeboten. Projektspezifische
Angebotselemente werden von 37 Prozent genutzt. Angebote, die sich klarer am
schulischen Curriculum orientieren wie z. B. Förderunterricht/-gruppen (29%),
fachbezogene Angebote (26%) und Hausaufgabenbetreuung (35%) werden jeweils
nur von einem kleineren Teil der Kinder besucht.

In Bezug auf die Nutzung der verschiedenen Angebotsformen sind zwei Dinge auffällig: Zum einen werden Angebote, die eher einen fachunabhängigen bzw.
fächerübergreifenden Charakter haben, vergleichsweise häufig wahrgenommen.
Hier scheint das Ziel, die schulische Lernkultur anzureichern, Früchte zu tragen.
Zum anderen wird der »Angebotsklassiker« Hausaufgabenbetreuung von weniger Schülerinnen und Schülern genutzt, als man dies erwartet hätte. Die Vorstellung, dass die überwiegende Mehrheit der an Ganztagsangeboten teilnehmenden
Kinder und Jugendlichen die Hausaufgabenbetreuung wahrnimmt, spiegelt sich
in den Daten jedenfalls nicht wider. Auch der vergleichsweise geringe Anteil der
Lernenden, die an fachbezogenen Förderangeboten teilnimmt, mag überraschen.

7   Die Beurteilung der Angebote durch die teilnehmenden Schülerinnen und Schüler

Ein zentraler Aspekt, in dem sich der Erfolg schulischer Ganztagsangebote aus-
drückt, stellt ihre Beurteilung durch die Schülerinnen und Schüler dar (Holtappels
& Rollett, 2008a, S. 302 f.; Rollett, 2008, S. 283 f.). Die Befragung der Lernenden
über das Zustandekommen der Teilnahmeentscheidung an Ganztagsangeboten
(s. dazu auch Fischer, Radisch & Stecher, 2008; Rollett, Holtappels & Bergmann,
2008, S. 905 f.) zeigt, dass etwa drei Viertel der Schülerinnen und Schüler angeben, an der Entscheidung, an Ganztagsangeboten teilzunehmen, beteiligt gewesen
zu sein. Dies gilt für alle Schulstufen und Erhebungswellen gleichermaßen. Die
Schülerinnen und Schüler beurteilten die Angebote außerdem hinsichtlich ihres
subjektiven Nutzens, hinsichtlich der Aspekte Valenz, des sozialen Nutzens sowie
des Lernnutzens (Radisch, Stecher, Klieme & Kühnbach, 2008). Das »Erleben von
Spaß« im Rahmen der Ganztagsangebote bekunden 2009 95 Prozent der Schülerinnen und Schüler der Primarstufe. Eine Ausweitung ihres Freundschaftsnetz-
werkes berichtet jeder Zweite.[9] Nutzen in Bezug auf ihren Lernerfolg bzw. ihren

---

9   Item: »In den Angeboten habe ich neue Freunde/Freundinnen kennengelernt«.

akademischen Erfolg[10] in der Schule äußern 49 bzw. 44 Prozent. Zudem geben 52 Prozent der Kinder, die an der Hausaufgabenbetreuung teilnehmen, an, dass diese ihnen sehr helfe. Die hohe Ausprägung der Valenzkomponente Spaß ist erfreulich, die Aspekte sozialer Nutzen und Lernnutzen scheinen aus Sicht der Schülerinnen und Schüler aber noch nicht zufriedenstellend erfüllt zu werden.

Ein ähnliches Bild zeichnet sich für die Sekundarstufe ab: Auf einer vierstufigen Skala[11] bewerten die Schülerinnen und Schüler der fünften Klassen 2009 den Spaß mit 3.6 relativ hoch. Die Angaben zum sozialen Nutzen bzw. Lernnutzen fallen mit Werten von 2.4 und 2.6 dagegen deutlich ab und liegen in der neutralen Mitte der Skala. Die Hilfestellungen, die durch die Hausaufgabenbetreuung geleistet werden, werden von den teilnehmenden Lernern mit 3.1 etwas besser beurteilt.

Dass die Bewertung des Lernnutzens auch von der Art der Angebote abhängt, die die Schülerinnen und Schüler besuchen, zeigt ein regressionsanalytischer Befund, den Holtappels und Rollett (2008a, S. 303 f.) auf Schulebene für Sekundarstufenschulen berichten: Ein höherer Anteil der Schülerschaft, der angibt, an Hausaufgabenhilfe und -betreuung, Fördergruppen bzw. -unterricht oder fachbezogenen Angeboten teilzunehmen, steigert jeweils mit einem eigenständigen Varianzbeitrag den von den Schülerschaften der Schulen berichteten Lernnutzen.

Die Bewertungen des Lernnutzens weisen darüber hinaus auch eine gewisse Korrespondenz mit der Teilnahmeintensität auf: Während Schülerinnen und Schüler, die das Ganztagsangebot ihrer Grundschule nur an einem Tag in Anspruch nehmen, zu 37 Prozent angeben, dass sie dort Dinge lernen, die ihnen beim Lernen im Unterricht helfen, ist dies bei denjenigen, die an fünf Tagen das Angebot nutzen, zu 52 Prozent der Fall. Ein vergleichbarer Effekt zeigt sich auch an den Sekundarstufenschulen. Fasst man die zustimmenden Angaben (»stimmt eher«, »stimmt genau«) zusammen, dann berichten 43 Prozent der eintägigen, aber 60 Prozent der fünftägigen Angebotsnutzer von entsprechenden Lerneffekten.

8   Die konzeptuelle Verbindung von Unterricht und Ganztagsangeboten

Ob die Ganztagsschule die weitreichenden Erwartungen in Bezug auf die schulische Entwicklung der Schülerinnen und Schüler erfüllen kann, hängt maßgeblich davon ab, inwieweit es gelingt, Angebote und Unterricht inhaltlich und konzeptuell aufeinander zu beziehen (Tillmann & Rollett, 2007). Dementsprechend wird der konzeptuelle Zusammenhang von der KMK in den Vordergrund gerückt, indem er als eines der bestimmenden Merkmale in die Ganztagsschuldefinition aufge-

---

10 Items: »Ich lerne in den Angeboten Dinge, die mir beim Lernen im Unterricht helfen«, »Ich lerne in den Angeboten Dinge, die meine Noten verbessern«.

11 Antwortkategorien: »stimmt gar nicht«, »stimmt eher nicht«, »stimmt eher«, »stimmt genau«.

nommen wurde. Konzeptuelle Verbindungen können dabei auf sehr unterschiedliche Weise durch die Beteiligten hergestellt werden (s. dazu die umfangreichen qualitativen Analysen für den Grundschulbereich von Haenisch, 2009). Es lassen sich eine Reihe von organisatorischen Bedingungen anführen, die den Aufbau und Erhalt derartiger Bezüge unterstützen. Eine entscheidende Voraussetzung bildet der Informationsaustausch zwischen den im unterrichtlichen und außerunterrichtlichen Bereich Tätigen sowie die Schaffung personeller Überschneidungen in den beiden Bereichen. Für die pädagogische Arbeit müssen gemeinsame konzeptuelle Grundlagen entwickelt werden. Die Umsetzung und Aufrechterhaltung konzeptueller Verbindungen erfordert außerdem Möglichkeiten, sich über den pädagogischen Umgang mit den Lernenden, die Gestaltung der Lern- und Erfahrungsmöglichkeiten, die zu vermittelnden Inhalte, aber auch die Belange und Bedarfe von einzelnen Schülerinnen und Schülern zu verständigen. Die dafür notwendige Zusammenarbeit bedarf entsprechender Zeitfenster, die im Schulalltag aufgrund der an allgemeinbildenden Schulen zu erbringenden Lehrverpflichtung der Lehrkräfte (je nach Bundesland und Schultyp in der Regel zwischen 25 und 29 Pflichtstunden) nicht einfach zu finden sind. Verstärkt wird dieses Problem durch die unterschiedlichen Beschäftigungsverhältnisse und Stundenkontingente des weiteren pädagogisch tätigen Personals (s. dazu Rollett & Tillmann, 2009, S. 134 f.): So waren 2005 im Primarbereich 21 Prozent nebenberuflich und 8 Prozent ehrenamtlich tätig und haben dabei 6.3 bzw. 4.0 Stunden pro Woche an den Schulen gearbeitet. An den Sekundarstufenschulen waren 39 Prozent nebenberuflich und 17 Prozent ehrenamtlich im Umfang von 5.5 bzw. 4.6 Stunden tätig. Personen, die angaben, hauptberuflich tätig zu sein, berichteten im Durchschnitt 23.7 Stunden an den Grundschulen und 20.3 Stunden an Sekundarstufenschulen zu arbeiten.

Zudem wird das weitere pädagogisch tätige Personal häufig nur für die Zeiten, das es mit der pädagogischen Arbeit in den Angeboten bzw. im Unterricht verbringt, entlohnt. Vor- und Nachbereitung oder der Austausch mit der Kollegenschaft und den Lehrkräften werden dabei oft nicht in die finanziell honorierte Arbeitszeit eingerechnet. Gleichzeitig ist der für die Herstellung konzeptueller Verbindungen zwischen den Personengruppen zu leistende Koordinierungsaufwand erheblich: Im Mittel waren im Untersuchungszeitraum an Grundschulen 12 und an Sekundarstufenschulen 8 Personen aus dem Kreis des weiteren pädagogischen Personals tätig und waren dabei mit Lehrerkollegien mit einer durchschnittlichen Größe von 15 bzw. 47 Lehrkräften konfrontiert (a. a. O.).

Eine Herausforderung für die konzeptuelle Arbeit stellt die Heterogenität des weiteren pädagogisch tätigen Personals dar (Rollett & Tillmann, 2009, S. 134 ff.; Tillmann & Rollett, 2010, 2011, für eine ausführlichen Diskussion des Themas multiprofessioneller Teams an Ganztagsschulen s. den Sammelband von Speck, Olk, Böhm-Kasper & Wiezorek, 2011): So haben 34 Prozent der Kräfte aus dem Kreis des weiteren pädagogisch tätigen Personals an Grundschulen und 68 Prozent jener an Sekundarstufenschulen einen akademischen Abschluss. In Bezug auf ihren

Ausbildungs- bzw. Studienhintergrund pädagogisch qualifiziert sind 52 Prozent in der Primarstufe und 66 Prozent in der Sekundarstufe. Allerdings gilt dies vor allem für die hauptberuflich tätigen Personen, für den Kreis der nebenberuflich und ehrenamtlich Tätigen trifft dies nur zu einem Viertel zu.

Tillmann und Rollett (2009) konnten in diesem Zusammenhang zeigen, dass an Schulen, an denen die Kooperation zwischen Lehrkräften und dem weiteren pädagogischen Personal aus Sicht beider Gruppen weniger gut gelingt, im Ganztag mit einem vergleichsweise hohen Anteil an pädagogisch nicht qualifizierten Kräften gearbeitet wird sowie mit relativ vielen Personen, die nur wenige Stunden pro Woche an den Schulen tätig sind.

Schulen gehen auch sehr unterschiedlich damit um, in welchen Angebotsformen das weitere pädagogisch tätige Personal eingesetzt wird (s. dazu auch Diekmann, Höhmann & Tillmann, 2008, S. 176 f. und Rollett & Tillmann, 2009, S. 136 f.). So geben 53 Prozent der Schulleitungen der Primarstufe an, dass Fördermaßnahmen vor allem durch Lehrkräfte durchgeführt werden, bei 36 Prozent erfolgt dies durch das weitere pädagogisch tätige Personal. An Sekundarstufenschulen ist dies mit 83 Prozent (gegenüber 7 Prozent) eine klare Domäne der Lehrkräfte. Dies gilt mit 64 Prozent auch für Hausaufgabenbetreuung/-hilfe bzw. Lernzeiten. An 72 Prozent der Grundschulen werden diese aber überwiegend bzw. ausschließlich vom weiteren pädagogisch tätigen Personal angeleitet.

Hinsichtlich der Einbindung der Lehrerkollegien in den Ganztagsbetrieb zeigt die Befragung der Schulleitungen 2009, dass an Grund- und Sekundarstufenschulen etwa 40 Prozent an der konzeptuellen Entwicklung des Ganztags beteiligt waren bzw. sind. Über 40 Prozent wirken darüber hinaus aktiv an den Ganztagsangeboten mit. Gemessen an der durchschnittlichen Größe der Kollegien (s. o.) wird demnach ein nicht unerheblicher Teil der Ganztagsangebote von Lehrkräften gestaltet bzw. mitgestaltet.

Besonders interessant sind in diesem Zusammenhang die Ergebnisse der Befragung der außerschulischen Kooperationspartner. Im Primarbereich geben 2009 64 Prozent und im Sekundarbereich 53 Prozent an, dass es zwischen ihrem Angebot und dem Unterricht keinerlei Verknüpfungen gäbe. 40 Prozent berichten, dass Inhalte der Angebote und Unterricht inhaltlich abgestimmt seien.

Auch das weitere pädagogisch tätige Personal wurde im Hinblick auf die konzeptuelle Verbindung zwischen Ganztagsangeboten und Unterricht danach gefragt, wie häufig sie sich mit Lehrkräften bzw. der Schulleitung austauschen. Überraschenderweise erklärten 13 Prozent der an Grundschulen und 20 Prozent der an Sekundarstufenschulen Tätigen, dass dies »überhaupt nicht« stattfinde. Alle anderen berichten – unabhängig von der Schulform –, dass Absprachen mit der Schulleitung, aber auch solche mit Lehrkräften nur »seltener als monatlich« vorkämen.

Dass die Art und Weise, wie das weitere pädagogische Personal im Ganztagsschulbetrieb eingebunden wird, die Intensität, mit der diese Gruppe mit den

Lehrkräften kooperiert, beeinflusst, zeigen die Kausalanalysen von Tillmann und Rollett (2011). An Schulen in denen das weitere pädagogische Personal im Ganztagsschulbetrieb in einem höheren Maß strukturell in die Entscheidungsprozesse und die Organisation des Ganztagsbetriebes einbezogen ist, entwickelt sich die multiprofessionelle Kooperation mit den Lehrkräften besser.

Insgesamt betrachtet ergibt sich somit ein durchaus widersprüchliches Bild. An den einen Schulen scheinen Absprachen über die konzeptuellen Bezüge zwischen den die Ganztagsangebote gestaltenden Personen und Lehrkräften zu bestehen, an anderen gibt es hier offensichtlich deutliche Defizite. Die Antworten des weiteren pädagogisch tätigen Personals zeigen, dass der fortlaufende Austausch, der zur praktischen Ausgestaltung der konzeptuellen Verbindung notwendig ist, im pädagogischen Tagesgeschäft offensichtlich zu kurz kommt. Insofern wird das Kriterium der Ganztagsschuldefinition der KMK (s. o.), dass die Ganztagsangebote »in enger Kooperation mit der Schulleitung durchgeführt« und »in einem konzeptuellen Zusammenhang mit dem Unterricht« stehen sollten, an vielen Schulen nicht erfüllt.

9   Auswirkungen auf das Familienleben

Die folgenden Befunde geben Hinweise, ob bzw. inwieweit es den untersuchten Ganztagsschulen gelingt, die familien- und beschäftigungspolitischen Ziele zu erreichen, die sich mit der Einführung des Ganztags verbinden (s. dazu auch Züchner, 2008, S. 321 f., 2011). 2009 berichteten 40 Prozent der Mütter der Schülerinnen und Schüler der dritten und 19 Prozent jener der fünften Schulstufe, dass sie aufgrund des Ganztagsschulbesuches ihrer Kinder eine Berufstätigkeit aufnehmen bzw. wieder aufnehmen konnten. 38 bzw. 27 Prozent gaben an, aufgrund der Nutzung des Ganztagsangebotes ihre Berufstätigkeit ausgeweitet und 12 bzw. 7 Prozent eine Ausbildung, Weiterbildung oder ein Studium aufgenommen oder fortgesetzt zu haben. Auch bei den Vätern konnten entsprechende Ergebnisse festgestellt werden, allerdings fallen sie etwas weniger deutlich aus. So haben 18 Prozent der Väter der Schülerinnen und Schüler der dritten Schulstufe eine Berufstätigkeit aufnehmen, 20 Prozent diese ausweiten und 6 Prozent Aus- bzw. Weiterbildungen oder ein Studium beginnen bzw. fortsetzen können. Für die Väter der Kinder der fünften Schulstufe lauten die entsprechenden Prozentsätze 8, 11 und 4 Prozent. Beschäftigungs- und arbeitsmarktpolitisch sind die genannten Zahlen angesichts der über 2.3 Millionen Kinder und Jugendlichen, die laut KMK (2013, S. 30) 2011 bereits am Ganztagsbetrieb ihrer Schule teilnahmen, hoch bedeutsam. In dieser Hinsicht erfüllt die Ganztagsschule offensichtlich die in sie gesteckten Erwartungen.

Dies lässt sich auch für zwei weitere Aspekte feststellen. 2009 berichten 19 Prozent der Mütter und 15 Prozent der Väter der Grundschulkinder der dritten Schulstufe, durch die Schule Unterstützung bei erzieherischen Problemen erhalten zu haben, bei den Müttern und Vätern, deren Kinder die fünfte Schulstufe besuchen, sind es 20 und 15 Prozent. Gleichzeitig geben in diesen Schuljahrgängen 54 Prozent der Mütter und 40 Prozent der Väter an Grundschulen und 49 Prozent der Mütter und 35 Prozent der Väter an Sekundarstufenschulen an, durch die Hausaufgabenbetreuung im Ganztag eine Entlastung bei der Unterstützung ihres Kindes bei den Hausaufgaben erfahren zu haben.

10   Resümee

Die umfassenden bildungspolitischen Initiativen zur flächendeckenden Einführung der Ganztagsschule in Deutschland verbinden sich mit der Erwartung, dass durch sie ein breites Spektrum notwendiger Reformen im Bildungsbereich realisiert werden können: Durch die erweiterte Lernzeit und ihre konzeptuell wohlüberlegte Nutzung können Ziele wie z. B. die Schaffung einer inhaltlich differenzierteren Lernkultur, die Verbesserung der Chancengleichheit für Schüler und Schülerinnen mit einem bildungsfernen sozioökonomischen Hintergrund oder verschiedenen, den Bildungserfolg beeinträchtigenden Defiziten erreicht werden. Der vorliegende Beitrag vergleicht den daraus abgeleiteten konzeptuellen Anspruch der Ganztagsschule anhand der Daten der »Studie zur Entwicklung von Ganztagsschulen« (StEG) mit den empirischen Realisationen bezüglich einiger für den Erfolg des Ganztagsschulausbaus besonders relevanter Aspekte.

Insgesamt lässt sich feststellen, dass sich die Ganztagsschule als in diesem Sinn vielversprechende Schulform gut etabliert hat, dass sich aber noch eine Reihe von Gestaltungsbereichen verorten lassen, denen zukünftig im Ganztagsschulentwicklungsprozess vermehrt Rechnung getragen werden sollte.

Lücken im Angebotsspektrum bestehen nach den berichteten Befunden generell in den Bereichen »Förderangebote« und »fachbezogene« Angebote und (vor allem an Grundschulen) bei den Angeboten zum sozialen und interkulturellen Lernen. Ein weiterer Bereich, in dem noch Entwicklungsarbeit geleistet werden muss, betrifft die Teilnahmequoten sowie die Intensität der Teilnahme in Tagen pro Woche sowie die Persistenz der Teilnahme über die Schuljahre hinweg. Nach diesen Befunden erreichen Ganztagsschulen im Sekundarbereich nur einen kleinen Teil der Schülerschaft in einem Ausmaß, das die erhofften positiven Wirkungen ermöglicht. Dies gilt insbesondere für die älteren Schülerjahrgänge an den Sekundarstufenschulen.

An Grundschulen ist die Beteiligung der Kinder aus sozioökonomisch benachteiligten Familien bzw. solchen mit Migrationshintergrund zu steigern. Hier wird es neben der notwendigen Überzeugungsarbeit und der Gestaltung eines ansprechenden Programms auch darum gehen, der sich in der Elternbefragung andeutenden Kostenproblematik zu begegnen.

Die Bewertungen der Ganztagsangebote durch die Schülerschaft zeigen, dass die erreichte Prozessqualität den Ansprüchen nicht immer genügt. Hier bestehen offensichtlich noch Entwicklungsbedarfe. In diesem Zusammenhang stellen sich natürlich auch Fragen, die die verfügbaren finanziellen, räumlichen und personellen Ressourcen betreffen. Angesichts der Ziele, die sich mit der Implementation und der Weiterentwicklung von Ganztagschulbetrieben verbinden, erscheint eine entsprechende Ausweitung geboten.

Auch in Bezug auf die Ausgestaltung der konzeptuellen Verbindung zwischen Unterricht und Angeboten haben sich zum Teil deutliche Entwicklungsbedarfe gezeigt: Die Befundlage hat deutlich gemacht, dass die konzeptuelle Verbindung zwischen den verschiedenen unterrichtlichen und außerunterrichtlichen Lerngelegenheiten nicht in dem Maße funktioniert, wie dies mit Blick auf die Umsetzung eines ernst zu nehmenden Ganztagschulkonzeptes notwendig wäre. Die schulorganisatorischen Möglichkeiten, inhaltlich-konzeptuelle Verbindungen zu schaffen bzw. zu stärken, sollten daher ausgebaut werden. Dabei wird es auch darum gehen Strukturen zu schaffen, die geeignet sind, die Kooperation zwischen den Lehrkräften und dem weiteren pädagogisch tätigen Personal zu unterstützen. Gleichzeitig sollte das weitere pädagogisch tätige Personal stärker in den Schulbetrieb eingebunden werden. Die von Tillmann & Rollett (2009) geschilderten Befunde weisen darauf hin, dass auch die Gestaltung der Personalstruktur eine bedeutsame Komponente für die Entwicklung der innerschulischen Kooperationskultur an Ganztagsschulen darstellt und dies bei der Personalrekrutierung, der Vertragsgestaltung und dem Personaleinsatz im Ganztagsbetrieb berücksichtigt werden sollte.

Literatur

Adelman, N. E., Haslam, M. B., & Pringle, B. A. (1996). *Studies of education reform: The uses of time for teaching and learning.* Washington, DC: U.S. Department of Education, Office of Educational Research and Improvement.

Bos, W., Schwippert, K., & Stubbe, T. C. (2007). Die Koppelung von sozialer Herkunft und Schülerleistung im internationalen Vergleich. In W. Bos, S. Hornberg, K.-H. Arnold, G. Faust, L. Fried, E.-M. Lankes, K. Schwippert & R. Valtin (Hrsg.), *IGLU 2006. Lesekompetenzen von Grundschulkindern in Deutschland im internationalen Vergleich* (S. 225–247). Münster: Waxmann.

Bos, W., & Wendt, H. (2008). Bildungsungerechtigkeit in Deutschland. Zur Situation von Kindern und Jugendlichen mit Migrationshintergrund. In Bertelsmann Stiftung (Hrsg.), *Integration braucht faire Bildungschancen* (S. 47–65). Gütersloh: Bertelsmann Stiftung.

Bourdieu, P. (1983). Ökonomisches Kapital – Kulturelles Kapital – Soziales Kapital. In R. Kreckel (Hrsg.), *Soziale Ungleichheiten* (S. 183–198). Göttingen: Schwartz.

Christe, G. (2008). Übergänge in den Beruf für benachteiligte Jugendliche. In T. Coelen & H.-U. Otto (Hrsg.), *Grundbegriffe Ganztagsbildung. Das Handbuch* (S. 358–366). Wiesbaden: VS.

Deutscher Bundesjugendring (Hrsg.) (1992). *Die Zeit wird knapp – Jugendarbeit und Ganztagsschule – Kooperation oder Konkurrenz.* Bonn: Deutscher Bundesjugendring.

Diekmann, K., Höhmann, K., & Tillmann, K. (2008). Schulorganisation, Organisationskultur und Schulklima. In H. G. Holtappels, E. Klieme, T. Rauschenbach & L. Stecher (Hrsg.), *Ganztagsschule in Deutschland. Ergebnisse der Ausgangserhebung der »Studie zur Entwicklung von Ganztagsschulen« (StEG)* (2. korr. Aufl., S. 164–185). Weinheim: Juventa.

Fischer, N., Holtappels, H. G., Klieme, E., Rauschenbach, T., Stecher, L., & Züchner (Hrsg.) (2011). *Ganztagsschule: Entwicklung, Qualität, Wirkungen. Längsschnittbefunde der Studie zur Entwicklung von Ganztagsschulen.* Weinheim: Juventa.

Fischer, N., Radisch, F., & Stecher, L. (2008). Wer nutzt Ganztagsangebote? Ein Erklärungsmodell auf der Basis individueller und institutioneller Merkmale. In H. G. Holtappels, E. Klieme, T. Rauschenbach & L. Stecher (Hrsg.), *Ganztagsschule in Deutschland. Ergebnisse der Ausgangserhebung der »Studie zur Entwicklung von Ganztagsschulen« (StEG)* (2. korr. Aufl., S. 261–282). Weinheim: Juventa.

Furthmüller, P., Neumann, D., Quellenberg, H., Steiner, C., & Züchner, I. (2011). Die Studie zur Entwicklung von Ganztagsschulen. Beschreibung des Designs und Entwicklung der Stichprobe. In N. Fischer, H. G. Holtappels, E. Klieme, T. Rauschenbach, L. Stecher, & I. Züchner (Hrsg.), *Ganztagsschule: Entwicklung, Qualität, Wirkungen* (S. 30–56). Weinheim: Juventa.

Haenisch, H. (2009). Verzahnung zwischen Unterricht und außerunterrichtlichen Angeboten im offenen Ganztag. Eine qualitative Studie zu praktischen Ansätzen der Verzahnung in ausgewählten Schulen. *Der GanzTag in NRW – Beiträge zur Qualitätsentwicklung, 11*(5). http://nrw.ganztaegig-lernen.de/sites/default/files/GanzTag_2009_11.pdf. Zugegriffen: 06. März 2014.

Holtappels, H. G. (1994). *Ganztagsschule und Schulöffnung. Perspektiven für die Schulentwicklung.* Weinheim: Juventa.

Holtappels, H. G. (1997). Ganztagsschule: Konkurrenz oder Entlastung für Familien? *Pädagogik, 49*(7–8), 30–33.

Holtappels, H. G. (2008a). Angebotsstruktur, Schülerteilnahme und Ausbaugrad ganztägiger Schulen. In H. G. Holtappels, E. Klieme, T. Rauschenbach & L. Stecher (Hrsg.), *Ganztagsschule in Deutschland. Ergebnisse der Ausgangserhebung der »Studie zur Entwicklung von Ganztagsschulen« (StEG)* (2. korr. Aufl., S. 186–206). Weinheim: Juventa.

Holtappels, H. G. (2008b). Ziele, Konzepte, Entwicklungsprozesse. In H. G. Holtappels, E. Klieme, T. Rauschenbach & L. Stecher (Hrsg.), *Ganztagsschule in Deutschland. Ergebnisse der Ausgangserhebung der »Studie zur Entwicklung von Ganztagsschulen« (StEG)* (2. korr. Aufl., S. 139–163). Weinheim: Juventa.

Holtappels, H. G., Jarsinski, S., & Rollett, W. (2011). Teilnahme als Qualitätsmerkmal für Ganztagsschulen? Entwicklung von Schülerteilnahmequoten auf Schulebene. In N. Fischer, H. G. Holtappels, E. Klieme, T. Rauschenbach, L. Stecher & I. Züchner (Hrsg.*), Ganztagsschule: Entwicklung, Qualität, Wirkungen. Längsschnittbefunde der Studie zur Entwicklung von Ganztagsschulen* (S. 97–119). Weinheim: Juventa.

Holtappels, H. G., Klieme, E., Rauschenbach, T., & Stecher, L. (Hrsg.) (2008). *Ganztagsschule in Deutschland. Ergebnisse der Ausgangserhebung der »Studie zur Entwicklung von Ganztagsschulen« (StEG)* (2. korr. Aufl.). Weinheim: Juventa.

Holtappels, H. G., Radisch, F., Rollett, W., & Kowoll, M. (2010). Bildungsangebot und Schü-
    lerkompetenzen in Ganztagsgrundschulen. In W. Bos, S. Hornberg, K.-H. Arnold, G.
    Faust, L. Fried, E.-M. Lankes, K. Schwippert, I. Tarelli & R. Valtin (Hrsg.), *IGLU 2006.
    Vertiefende Analysen. Band 3* (S. 165–198). Münster: Waxmann.
Holtappels, H. G., & Rollett, W. (2008a). Individuelle Förderung an Ganztagsschulen. In
    I. Kunze & C. Solzbacher (Hrsg.), *Individuelle Förderung in der Sekundarstufe I und II*
    (S. 291–308). Baltmannsweiler: Schneider Verlag Hohengehren.
Holtappels, H. G., & Rollett, W. (2008b). Organisationskultur, Entwicklungsprozesse und
    Ganztagsschulausbau. In H. G. Holtappels, E. Klieme, T. Rauschenbach & L. Stecher
    (Hrsg.), *Ganztagsschule in Deutschland. Ergebnisse der Ausgangserhebung der »Studie
    zur Entwicklung von Ganztagsschulen« (StEG)* (2. korr. Aufl., S. 209–226). Weinheim:
    Juventa.
Holtappels, H. G., & Rollett, W. (2009). Schulentwicklung in Ganztagsschulen. Zur Bedeu-
    tung von Zielorientierungen und Konzeption für die Qualität des Bildungsangebots.
    Zeitschrift für Pädagogik, 54. Beiheft, 18–39.
Klieme, E., Artelt, C., Hartig, J., Jude, N., Köller, O., Prenzel, M. Schneider, W. & Stanat, P.
    (2010) (Hrsg.). *PISA 2009. Bilanz nach einem Jahrzehnt*. Münster: Waxmann.
Kultusministerkonferenz (2006). *Bericht über die allgemein bildenden Schulen in Ganztags-
    form in den Ländern in der Bundesrepublik Deutschland – 2002 bis 2004*. Berlin: Se-
    kretariat der Ständigen Konferenz der Kultusminister der Länder der Bundesrepublik
    Deutschland.
Kultusministerkonferenz (2011). *Definitionenkatalog zur Schulstatistik 2011*. Berlin: Sekre-
    tariat der Ständigen Konferenz der Kultusminister der Länder der Bundesrepublik
    Deutschland.
Kultusministerkonferenz (2013). *Allgemein bildende Schulen in Ganztagsform in den Län-
    dern in der Bundesrepublik Deutschland – Statistik 2007 bis 2011*. Berlin: Sekretariat der
    Ständigen Konferenz der Kultusminister der Länder der Bundesrepublik Deutschland.
Oelkers, J. (2003). Ganztagsschulen, Gesamtschulen und demokratische Schulkultur.
    Überlegungen zur Schulreform in Deutschland. *Pädagogik, 55(12)*, 36–40.
Patall, E. A., Cooper, H., & Allen A. B. (2010). Extending the School Day or School Year:
    A Systematic Review of Research (1985–2009). *Review of Educational Research, 80(3)*,
    401–436.
Quellenberg, H., Carstens, R., & Stecher, L. (2008). Hintergrund, Design und Stichprobe.
    In H. G. Holtappels, E. Klieme, T. Rauschenbach & L. Stecher (Hrsg.), *Ganztagsschule in
    Deutschland. Ergebnisse der Ausgangserhebung der »Studie zur Entwicklung von Ganz-
    tagsschulen« (StEG)* (2. korr. Aufl., S. 51–68). Weinheim: Juventa.
Radisch, F., Stecher, L., Klieme, E., & Kühnbach, O. (2008). Unterrichts- und Angebots-
    qualität aus Schülersicht. In H. G. Holtappels, E. Klieme, T. Rauschenbach & L. Stecher
    (Hrsg.), *Ganztagsschule in Deutschland. Ergebnisse der Ausgangserhebung der »Studie
    zur Entwicklung von Ganztagsschulen« (StEG)* (2. korr. Aufl., S. 227–260). Weinheim:
    Juventa.
Rollett, W. (2008). Schulzufriedenheit und Zufriedenheit mit dem Ganztagsbetrieb und
    deren Bedingungen. In H. G. Holtappels, E. Klieme, T. Rauschenbach & L. Stecher
    (Hrsg.), *Ganztagsschule in Deutschland. Ergebnisse der Ausgangserhebung der »Studie
    zur Entwicklung von Ganztagsschulen« (StEG)* (2. korr. Aufl., S. 283–312). Weinheim:
    Juventa.

Rollett, W., & Holtappels, H. G. (2008). Die Entwicklung der außerunterrichtlichen Angebotsstruktur an Ganztagsschulen und ihre Determinanten. In W. Bos, H. G. Holtappels, H. Pfeifer, H.-G. Rolff & R. Schulz-Zander (Hrsg.), *Jahrbuch der Schulentwicklung,
Band 15* (S. 195–224). Weinheim: Juventa.

Rollett, W., & Holtappels, H. G. (2010). Entwicklung von Ganztagsschulen in Deutschland
– Analysen zum Ausbaustand der Ganztagsschullandschaft und zu Entwicklungsbedingungen der Schülerteilnahme. In N. Berkemeyer, W. Bos, H. G. Holtappels, N. McElvany & R. Schulz-Zander (Hrsg.), *Jahrbuch der Schulentwicklung, Band 16* (S. 99–129).
Weinheim: Juventa.

Rollett, W., Holtappels, H. G., & Bergmann, K. (2008). Anspruch und Wirklichkeit von
Ganztagsschulen. In T. Coelen & H.-U. Otto (Hrsg.), *Grundbegriffe Ganztagsbildung.
Das Handbuch* (S. 899–909). Wiesbaden: VS.

Rollett, W., Lossen, N., Jarsinski, S., Luepschen, N., & Holtappels, H. G. (2011). Entwick-
lungstrends und Entwicklungsbedingungen der außerunterrichtlichen Angebotsstruktur an Ganztagsschulen. In N. Fischer, H. G. Holtappels, E. Klieme, T. Rauschenbach,
L. Stecher & I. Züchner (Hrsg.), *Ganztagsschule: Entwicklung, Qualität, Wirkungen.
Längsschnittbefunde der Studie zur Entwicklung von Ganztagsschulen* (S. 76–96). Weinheim: Juventa.

Rollett, W., & Tillmann, K. (2009). Personaleinsatz an Ganztagsschulen. In I. Kamski, H. G.
Holtappels & T. Schnetzer (Hrsg.), *Qualität von Ganztagsschule: Konzepte und Orientierungen für die Praxis* (S. 132–143). Münster: Waxmann.

Speck, K., Olk, T., Böhm-Kasper, O., & Wiezorek, C. (Hrsg.) (2011). *Ganztagsschulische
Kooperation und Professionsentwicklung. Studien zu multiprofessionellen Teams und so-
zialräumlicher Vernetzung.* Weinheim: Juventa.

Spieß, A. (2008). Beruf und Arbeit. In T. Coelen & H.-U. Otto (Hrsg.), *Grundbegriffe Ganztagsbildung. Das Handbuch* (S. 280–288). Wiesbaden: VS.

Steiner, C. (2011). Teilnahme am Ganztagsbetrieb. Zeitliche Entwicklung und mögliche Se-
lektionseffekte. In N. Fischer, H. G. Holtappels, E. Klieme, T. Rauschenbach, L. Stecher,
& I. Züchner (Hrsg.), *Ganztagsschule: Entwicklung, Qualität, Wirkungen* (S. 57–75).
Weinheim: Juventa.

Tillmann, K., & Rollett, W. (2007). Ganztagsschule als Chance für die Entwicklung des
Unterrichts. *Pädagogik, 15*(4), 42–47.

Tillmann, K., & Rollett, W. (2010). Die Bedeutung personeller Ressourcen für innerschulische Kooperation an Ganztagsschulen in Deutschland. In B. Schwarz, P. Nenniger &
R. Jäger (Hrsg.), *Erziehungswissenschaftliche Forschung – Nachhaltige Bildung. Beiträge
zur 5. DGfE-Sektionstagung »Empirische Bildungsforschung«/AEPF-KBBB, im Frühjahr
2009, Erziehungswissenschaft, Band 28* (S. 114–120). Landau: Verlag Empirische Pädagogik.

Tillmann, K., & Rollett, W. (2011). Multiprofessionelle Kooperation und Partizipation an
Ganztagsschulen. Welche Auswirkung hat die strukturelle Einbindung des weiteren pädagogisch tätigen Personals auf die berufsgruppenübergreifende Zusammenarbeit? In
K. Speck, T. Olk, O. Böhm-Kasper & C. Wiezorek (Hrsg.), *Ganztagsschulische Kooperation und Professionsentwicklung. Studien zu multiprofessionellen Teams und sozialräum-
licher Vernetzung* (S. 29–47). Weinheim: Juventa.

Tillmann, K.-J. (2004). Schulpädagogik und Ganztagsschule. In H.-U. Otto & T. Coelen (Hrsg.), *Grundbegriffe der Ganztagsbildung. Beiträge zu einem neuen Bildungsverständnis in der Wissensgesellschaft* (S. 193–198). Wiesbaden: VS.

Tillmann, K.-J. (2008). Kooperation von Schule und Jugendhilfe – die schulpädagogische Perspektive. In Bielefelder Arbeitsgruppe 8 (Hrsg.), *Soziale Arbeit in Gesellschaft* (S. 381–390). Wiesbaden: VS.

Wheeler, P. (1987). The relationship between grade six test scores and the length of the school day. *Educational Research Quarterly, 11*(3), 10–17.

Wittgenstein, L. (2003). *Philosophische Untersuchungen.* Frankfurt a.M.: Suhrkamp. (Original erschienen 1953: Philosophical investigations. Oxford: Blackwell.)

Züchner, I. (2008). Ganztagsschule und Familie. In H. G. Holtappels, E. Klieme, T. Rauschenbach & L. Stecher (Hrsg.), *Ganztagsschule in Deutschland. Ergebnisse der Ausgangserhebung der »Studie zur Entwicklung von Ganztagsschulen« (StEG)* (2. korr. Aufl., S. 314–332). Weinheim: Juventa.

Züchner, I. (2011). Ganztagsschulen und Familienleben. Auswirkungen des ganztägigen Schulbesuchs. In N. Fischer, H. G. Holtappels, E. Klieme, T. Rauschenbach, L. Stecher & I. Züchner (Hrsg.), *Ganztagsschule: Entwicklung, Qualität, Wirkungen* (S. 291–311). Weinheim: Juventa.

Züchner, I., & Arnoldt, B. (2011). Zusammenspiel oder Konkurrenz? Wechselwirkungen schulischer und außerschulischer Freizeit- und Bildungsaktivitäten. In N. Fischer, H. G. Holtappels, E. Klieme, T. Rauschenbach, L. Stecher & I. Züchner (Hrsg.), *Ganztagsschule: Entwicklung, Qualität, Wirkungen. Längsschnittbefunde der Studie zur Entwicklung von Ganztagsschulen* (S. 267–290). Weinheim: Juventa.

Züchner, I., Arnoldt, B., & Vossler, A. (2008). Kinder und Jugendliche in Ganztagsangeboten. In H. G. Holtappels, E. Klieme, T. Rauschenbach & L. Stecher (Hrsg.), *Ganztagsschule in Deutschland. Ergebnisse der Ausgangserhebung der »Studie zur Entwicklung von Ganztagsschulen« (StEG)* (2. korr. Aufl., S. 106–122). Weinheim: Juventa.

Hans-Günter Rolff

Professionelle Lerngemeinschaften als Königsweg von Unterrichtsentwicklung?

Es gibt kaum einen Reformbereich, über dessen Priorität man sich so einig ist wie bei der Unterrichtsentwicklung. Dessen ungeachtet kommt die Praxis der Unterrichtsentwicklung (künftig mit UE abgekürzt) nur mühsam voran. Das liegt vermutlich daran, dass die Konzepte zwar langsam klarer werden, aber es verborgene Widerstände in der Schulorganisation und im Lehrerbewusstsein gibt, die UE erschweren, wenn nicht gar behindern.

1   Trends und Probleme der Unterrichtsentwicklung

Im Folgenden sollen deshalb die Konzepte von UE beschrieben und die Probleme analysiert werden, um am Schluss ein komplexes Modell von UE zu skizzieren, das einen Teil der genannten Probleme zu lösen verspricht.

1.1   Trends

Die Richtung der UE scheint durch die internationalen Schulleistungs-Vergleichsstudien vorgegeben zu sein. Aus TIMSS, PISA und IGLU resultiert in überzeugender Weise die Notwendigkeit einer Modernisierung des Unterrichts, die durch zwei Musterwechsel gekennzeichnet werden kann: vom Lehren zum Lernen und von Stoffen zu Kompetenzen.

1.1.1   Vom Lehren zum Lernen

Die internationalen Schulleistungsvergleiche haben den Stand der Unterrichtsforschung aufgearbeitet, z.T. weiterentwickelt und zudem neue Studien angeregt. Folgt man den dort erkennbaren Trends, die von Helmke (2003) in hervorragender Weise aufgearbeitet und zusammengefasst wurden, so ist moderner Unterricht vor allem am Lernen der Schülerinnen und Schüler orientiert. Das Lehren durch Lehrpersonen wird nicht überflüssig, sondern verliert an Zentralität. Lehrer sollen anleitend und anregend lehren, dabei weniger belehren und nicht nur den Unterrichtsablauf moderieren, vielmehr die Schülerinnen und Schüler zu selbstständigem und kooperativem Lernen befähigen.

Zur Modernisierung von Unterricht gehört auch die regelmäßige Evaluation der Ergebnisse und – was neu ist – auch der Lernprozesse. Angestrebt wird letztlich, dass die Schüler selber in die Lage versetzt werden, ihren Lernprozessen Ziele zu geben und die Zielerreichung regelmäßig zu überprüfen.

1.1.2   Von Stoffen zu Kompetenzen

Mit den internationalen Vergleichsstudien ging auch ein Wandel der inhaltlichen Grundrichtung einher. Nicht mehr eine wie gut auch immer begründete Stofforientierung gibt der UE jetzt die Richtung, sondern eine Orientierung an funktionalen Anforderungen. Sie beziehen sich auf die Bewältigung künftiger Lebens- und Berufssituationen, die sich angesichts des raschen sozialen Wandels inhaltlich nicht mehr spezifizieren lassen. Die OECD, die die PISA-Studien entworfen hat, spricht in diesem Zusammenhang von »life skills«, die die Schule den Heranwachsenden vermitteln soll. Die pädagogische Psychologie und mit ihr die neuere Curriculumtheorie zieht den Begriff der Kompetenzen vor. Weinert definiert Kompetenzen als

> »die bei Individuen verfügbaren oder durch sie erlernbaren kognitiven Fähigkeiten und Fertigkeiten, um bestimmte Probleme zu lösen, sowie die damit verbundenen motivationalen, volitionalen und sozialen Bereitschaften und Fähigkeiten, um die Problemlösungen in variablen Situationen erfolgreich und verantwortungsvoll nutzen zu können« (zitiert nach Klieme, 2004, S. 11 f.).

Von Weinert wird auch der Hinweis überliefert, dass man Kompetenzen nur über Inhalte erwerben kann. Kompetenz »stellt die Verbindung zwischen Wissen und Können her und ist als Befähigung zur Bewältigung unterschiedlicher Situationen zu sehen«, heißt es bei Klieme (2004, S. 11) weiter. Inhalte werden also nicht obsolet, schon gar nicht Wissensinhalte in der Wissensgesellschaft, wohl aber bloße Stoffsystematiken.

1.2   Phasen und Wirkungen der Unterrichtsentwicklung

Mag die Richtung der Unterrichtsentwicklung auch noch so klar und zudem akzeptiert sein, sie lässt sich nicht leicht umsetzen, vielmehr erscheint die Implementierung der aufgezeigten Trends eine harzige Angelegenheit zu sein. Im deutschsprachigen Raum werden mindestens 20 Konzepte von UE praktiziert, einige davon auch evaluiert. Diese Konzepte kann man zu drei Phasen klassifizieren und im Hinblick auf die dahinter liegenden Konzepte und deren Wirkung analysieren.

1.2.1 Phase 1: Methodentraining und Entwicklung des Fachunterrichts

Hier lassen sich eher methodische und eher fachliche Konzepte unterscheiden:

(i) Methodische Konzepte

Zu den methodischen Konzepten zählt zunächst und auch zuerst das von Klippert entwickelte Methodentraining, das seit der Jahrhundertwende in fast allen Bundesländern eingeführt wurde und um Teamentwicklung und Kommunikationstraining ergänzt wurde. In NRW wurde es im Rahmen des großen Modellvorhabens »Selbstständige Schule« mit fast 300 Schulen weiterentwickelt zum Konzept »Lehren und Lernen« (Höfer & Madelung, 2006).

Zu den methodischen Konzepten zählen ferner Kooperatives Lernen (Green & Green) und »Selbstorganisiertes Lernen (SOL)« nach Herzog und Herzog (2011). Auch zahlreiche Konzepte der individuellen Förderung gehören in die Rubrik der ersten Linie methodisch orientierter Konzepte.

(ii) Fachliche Konzepte

Klippert selbst hat sein zuvörderst rein methodisch, d. h. allgemein-didaktisches Konzept weiterentwickelt zu SegeL (=Selbstgesteuertes Lernen im Fach), also zum fachlichen Lernen. Ebenso fachlich orientiert ist SINUS (Steigerung der Effizienz des mathematisch-naturwissenschaftlichen Unterrichts) oder auch ChiK (Chemie im Kontext). Zudem existieren zahlreiche fachlich-überfachliche Konzepte zur Weiterentwicklung des Deutschunterrichts und der Lese- wie Schreibförderung.

Es ist also viel geschehen in der Unterrichtsentwicklung und es geschieht weiterhin viel. Die Frage nach den Effekten oder Wirkungen ist allerdings noch weitgehend offen.

(iii) Wirkungen

Es existieren zwei umfangreiche und vielbeachtete Evaluationen der Wirkung von Unterrichtsentwicklung, einmal der methodischen und zum anderen der fachlichen.

Im Rahmen des o.g. Modellvorhabens »Selbstständige Schule« wurden die Effekte der Unterrichtsentwicklung auf Schülerleistungen nach dem Konzept »Lehren und Lernen« evaluiert und zwar in den Domänen Lesen und Rechnen in der 4. Klasse von 12 Grundschulen (vgl. Holtappels, Klemm & Rolff, 2008, S. 130 ff.). Es gab drei Messzeitpunkte: 2003, 2005 und 2007. Die Schülerleistungen stiegen im Lesen wie in Mathematik von 2003 bis 2005 in bedeutsamen Ausmaß – aber sie langten 2007 wieder dort an, wo sie 2003 gemessen wurden. Einschränkend

muss gesagt werden, dass es sich bei der Untersuchung nicht um einen Längsschnitt handelt (und auch nicht handeln konnte), sondern um drei Querschnitte,
bei denen immerhin die kognitiven Grundfähigkeiten (Intelligenz) und die soziale
Zusammensetzung der Schülerschaft kontrolliert wurden (es handelt sich an allen
drei Messzeitpunkten um dieselben Schulen). Festzuhalten ist jedoch, dass auch
nach fünf Jahren UE keine Verbesserung der Schülerleistung durch Methodentraining erreicht wurde und dass mindestens drei Messzeitpunkte nötig sind, um eini-
germaßen robuste Trends zu identifizieren (was Statistiker schon seit Jahrzehnten
betonen). Nicht gerade festzuhalten, aber immerhin doch festzustellen ist, dass
die untersuchte Schülerschaft vermutlich doch dazugelernt hat, wenngleich nicht
in den Lese- und Mathekompetenzen, die zum selbstständigen Lernen vonnöten
sind.

Für die fachlichen Konzepte liegt eine frühe großangelegte Evaluation des
SINUS-Konzepts durch Prenzel und Mitarbeiter vor (Prenzel u. a., 2005, S. 341 ff.).
SINUS ist vor allem gekennzeichnet durch »Bearbeitung von Problembereichen
durch Module«. Es wurden insgesamt 11 Module entworfen und durch Hand-
reichungen für die Weiterentwicklung des Unterrichts konkretisiert. Ein Modul
beinhaltet »Weiterentwicklung der Aufgabenkultur«, ein anderes »Lernen aus
Fehlern« und ein drittes »Naturwissenschaftliches Arbeiten«, wobei die Rolle des
Experiments thematisiert wird. Ein letztes Beispiel für die Module ist »Kooperatives Arbeiten von Schülerinnen und Schülern«.

SINUS zielte die Fachgruppen als Adressat an, arbeitete anfangs nur mit je zwei
Fachlehrern pro Schule unmittelbar zusammen, wobei allerdings eine schulform-
übergreifende Zusammenarbeit dieser Fachlehrer in kleinen Schulnetzwerken organisiert wurde (sog. Schulsets), die auch didaktisch und wissenschaftlich betreut
wurden.

Der Projektträger in Kiel, der auch Projektträger von PISA 2003 war, führte
selbst die Evaluation durch, wobei er mit avancierten wissenschaftlichen Methoden arbeitete. Er setzte die PISA-Tests bei den 180 SINUS-Schulen ein und ver-
glich diese mit den Normalschulen aus der PISA-Stichprobe, wobei allerdings 36
SINUS-Schulen nicht mitmachten. Die Ausgangserhebung fand im Jahre 2000
statt, der zweite Messzeitpunkt lag im Jahre 2003, so dass Veränderungen über
drei Jahre untersucht werden konnten. Einbezogen in die SINUS-Erhebung waren
Hauptschulen, Schulen mit mehreren Bildungsgängen, Integrierte Gesamtschulen,
Realschulen und Gymnasien.

Die Ergebnisse dieser methodisch anspruchsvollen Evaluation sind von hohem
Interesse für eine empirisch fundierte Unterrichtsentwicklung. Die Autoren der
Evaluationsstudie selbst fassen sie wie folgt zusammen:

»Die Ergebnisse der Abschlusserhebung im Jahr 2003 zeigen, dass SINUS im Verlauf
der Programmzeit auf allen untersuchten Ebenen Wirkungen entfaltet hat. Dies betrifft
die erfolgreiche Umsetzung der Projektinhalte auf Seiten der Lehrkräfte, die positive
Wahrnehmung des Unterrichts auf Seiten der Schülerschaft sowie die Interessen, Hal-

tungen und Kompetenzen der Schülerinnen und Schüler an SINUS-Schulen (…) In erster Linie scheinen die Hauptschulen, die Schulen mit mehreren Bildungsgängen und die Integrierten Gesamtschulen profitiert zu haben« (Prenzel u. a., 2005, S. 540).

Schaut man sich die Ergebnisse genauer an, stellt sich heraus, dass im Schülerleistungs-Bereich *nur* die genannten Schulformen profitiert haben, aber die Realschulen und Gymnasien nicht, was ein erstaunliches und bemerkenswertes Ergebnis ist, zielt doch SINUS letztlich auf die Verbesserung der Kompetenzen der Schülerschaft in den Fächern Mathematik und Naturwissenschaften ab (Prenzel u. a., 2005, S. 559) und machen die Realschulen und Gymnasien sowohl in der Stichprobe (61,8% s. S. 548) als auch in Deutschland insgesamt das Gros aller Schülerinnen und Schüler aus (Prenzel u. a., 2005, S. 556).

Die Fachleistungen der Schülerschaft haben bei den Realschulen und Gymnasien offensichtlich nicht von SINUS profitiert und bei den Gymnasien sind sie in Mathematik sogar zurückgegangen (und zwar mit einer Effektstärke von -0.17, die bei den Zuwächsen in Hauptschulen und Gesamtschulen bei 0.18 liegt und dort durchaus gewürdigt wird).

Auch wenn dies nicht gerade als Erfolg von SINUS bezeichnet werden darf, ist SINUS als sinnvolles und durchaus verheißungsvolles Projekt der UE anzusehen, vor allem hinsichtlich der damit verbundenen Modernisierung des Unterrichts und der Aufgabenkultur. Aber SINUS hat offensichtlich das Potential nicht ausgeschöpft, das in einer schulentwicklerischen Mobilisierung der Fachkonferenzen läge (bei SINUS waren ja nur zwei Fachlehrer die Projektpartner) und bei einer systematischen Steuerung und Unterstützung durch die Schulleitung.

Insgesamt ist aus diesen beiden prominenten Studien zur UE zu ersehen, dass auf Schülerleistung bezogene Wirkungen kaum, wenn gar nicht festgestellt werden konnten. Es ist nicht untersucht, aber viel debattiert worden, woran das liegen mag. Die plausibelste Erklärung ist, dass die genannten Konzepte zur Unterrichtsentwicklung zu verengt bis einseitig, nämlich hauptsächlich technisch ausgerichtet sind, aber die pädagogisch-soziale Seite, vor allem die Erziehungs- und Beziehungsebene zu kurz kommt. Die steht allerdings in der 2. Phase der Unterrichtsentwicklung und -forschung zunehmend im Fokus.

1.2.2 Phase 2: Überzeugung, Werte und Haltungen, Wirkungen

Die Schule ist eine personenbezogene Organisation. Unterricht spielt sich in der Interaktion von Lehrern und Schülern ab. Ohne überzeugende Lehrpersonen kann es keinen überzeugenden Unterricht geben. Der pädagogische Prozess ist im Kern ein zwischenmenschlicher, er beruht mehr als andere Interaktionszusammenhänge auf persönlicher Begegnung. Insofern ist es keine Phrase, wenn Pädagogen immer wieder betonen, dass im Mittelpunkt der Schule lebendige Menschen stehen, in erster Linie die Schüler/innen sowie die Lehrpersonen. Deshalb ist es plausibel, die Überzeugungen und die Veränderung der Werte und Haltungen der in den Schulen handelnden Personen zum konstitutiven Bestandteil von UE zu machen. Lehrpersonen werden dann zu reflektierenden Praktikern.

(i) Überzeugungen

Eine Forschergruppe unter der Leitung von J. Baumert (vgl. Dubberke u. a., 2008) hat am Beispiel des Mathematikunterrichts festgestellt, »dass die Überzeugungen der Lehrkräfte (...) bedeutsam für die Unterrichtsgestaltung und die Mathematikleistung der Schülerinnen und Schüler waren« (S. 203). Die Autoren unterschieden transmissive lerntheoretische Überzeugungen von schüleraktivierenden, konstruktivistischen Überzeugungen.

> »Einige Lehrkräfte fassen mathematisches Wissen eher als eine statische und unveränderbare Sammlung von algorithmischen Werkzeugen auf und sind davon überzeugt, dass Lernen ein Prozess der »Transmission« des Wissens von der Lehrperson zu dem Lernenden ist, in welchem der Lernende eine eher passive Rolle einnimmt, wohingegen andere Lehrkräfte mathematisches Wissen als eine subjektive Konstruktion verstehen und stärker problemlöseorientierte Auffassungen vertreten. Diese inhaltlichen Ausrichtungen spiegeln unterschiedliche zugrunde liegende Lerntheorien wider. Im ersten Fall dominiert ein transmissives assoziationspsychologisch-behavioristisches Lernkonzept und im zweiten Fall liegen eher konstruktivistische Lerntheorien zugrunde.
>   Bisherige empirische Befunde stimmen weitestgehend darin überein, dass Lehrkräfte stärker transmissive als konstruktivistische Überzeugungen aufweisen, was häufig mit der in der Unterrichtspraxis vorherrschenden Dominanz enggeführter, lehrerzentrierter Unterrichtsformen in Zusammenhang gebracht wird. In der vorliegenden Studie werden daher sowohl epistemologische Überzeugungen als auch Überzeugungen über das Mathematiklernen untersucht, die an assoziationspsychologischen Lernkonzepten orientiert sind und im Folgenden als »Transmissions-Überzeugungen« (oder transmissive lerntheoretische Überzeugungen) bezeichnet werden« (Dubberke u. a., 2008, S. 194).

In der genannten Untersuchung erweisen sich die Transmissions-Überzeugungen

> »als prädiktiv für zwei der drei untersuchten Qualitätsmerkmale der Unterrichtsgestaltung: Wie angenommen, scheinen Lehrkräfte, die stark transmissive Überzeugungen aufweisen, im Unterricht weniger herausfordernde und zur aktiven Auseinandersetzung mit den Lerngegenständen auffordernde Lerngelegenheiten zu bieten und gleichzeitig eher fehlervermeidend als konstruktiv unterstützend vorzugehen. Im Hinblick auf die Mediationsannahmen fanden sich dabei insbesondere Hinweise auf eine vermittelnde Rolle der kognitiven Aktivierung: Lehrkräfte mit stark ausgeprägten Transmissions-Überzeugungen gestalteten ihren Unterricht wenig kognitiv herausfordernd, und das geringe kognitive Aktivierungsniveau erwies sich als nachteilig für den Lernerfolg der Schülerinnen und Schüler. Die oft implizite und unzureichend überprüfte Annahme, dass lerntheoretische Überzeugungen von Lehrkräften bedeutsam für deren Handeln

im Unterricht sind, konnte demnach in der vorliegenden Untersuchung in Bezug auf in der Unterrichtsforschung etablierte Merkmale zur Charakterisierung der Lehr-Lernprozesse bestätigt werden.

Die Klassenführung stand demgegenüber nicht in Zusammenhang mit den lerntheoretischen Überzeugungen der Lehrkräfte: Das Ausmaß der Zeit, die für Störungen und Disziplinprobleme aufgebracht werden musste, variierte demnach unabhängig von den Überzeugungen der Lehrkräfte über das mathematische Wissen und Lernen.

Die eher grundlegenden Aspekte der Klassenführung scheinen somit bedeutsam zu sein, unabhängig davon, nach welchen lerntheoretischen Prinzipien der Lehrer oder die Lehrerin sich primär richtet« (Dubberke u. a., 2008, S. 203).

Die grundlegenden Aspekte der Klassenführung haben offensichtlich eher mit Werten und Haltungen zu tun, wozu es ebenfalls empirische Untersuchungen gibt.

(ii) Werte und Haltungen

Schon im o.g. Modellvorhaben »Selbstständige Schule« in NRW hat sich gezeigt, dass Methodentraining allein nicht ausreicht, die Schülerleistung zu verbessern. Methodentraining ist nötig und nützlich, verkürzt aber die Lernumgebung von Schülerinnen und Schülern auf die technische Dimension. Die Schülerleistungen werden indes nur besser, wenn die Lerngelegenheiten für Schüler besser, d. h. umfassend gestaltet werden, und die Haltungs- und Wertdimensionen mit einbezogen werden (Hattie, 2009). Der Autor dieses Aufsatzes hat das in der Formel ausgedrückt »Wer den Unterricht verändern will, muss sich auch selbst verändern« (Rolff, 2006, S. 227). Eine der ersten Studien, die diesen Zusammenhang untersucht hat, stammt von Robert Evans und trägt den bezeichnenden Titel »The human side of school change« (Evans, 1996). Darin geht es um die Veränderung von Überzeugungen, Werten und Handlungen, was laut Evans ohne Coaching nicht nachhaltig gelingen kann.

(iii) Wirkungen

Robuste Belege für den Einfluss und den Impact von Werten, Haltungen und Interaktionsbeziehungen liefern in letzter Zeit vor allem die Studien von Barber und Mourshad (2007) und Michael Fullan (2010). Bei Barber und Mourshad, die die 10 PISA-Länder mit den besten Testergebnissen untersucht haben, heißt es:

»All top systems, including the rapidly improving ones, recognize that if you want good teachers, you need to have good teachers train them, and this requires focused one-on-one coaching in the classroom. Expert teachers are sent into the classroom to observe and provide one-on-one coaching in terms of feedback, modelling better instruction, and in helping teachers to reflect upon their own practice. In England, teachers with a track record of excellent instruction are given reduced teaching loads in order to allow them to spend more time coaching their colleagues. In Chicago and Boston, literacy coaches work one-on-one with teachers in classrooms to help them to improve their instruction. (...). Finally, some of the best systems have found ways to enable teachers to learn from each other. Teachers in most schools work alone. In a number of the top systems, particularly those in Japan and Finland, teachers work together, plan their lessons jointly, observe each others' lessons, and help each other improve. These systems create a culture in their schools in which collaborative planning, reflection on instruction, and peer coaching are the norm and constant features of school life. This enables teachers to develop continuously« (Barber & Mourshed 2007, S. 28).

Wenn Werte und Haltungen (bei Barber & Mourshed »norms« genannt) eine Rolle spielen, dann ist Coaching angesagt. Explizit heißt es unter der Überschrift »Placing coaches in schools to support teachers in the classroom:

The next challenge is to make in-service training an effective tool to improve instruction. Several of the systems do this through on-the-job coaching. Expert teachers, trained in how to coach other teachers, enter classrooms to observe teachers, give feedback, model instruction, and share in planning. In some cases the experts arefull-time coaches employed by the district or ministry, in others they are experienced teachers with a track record of excellent instruction who have been given a reduced teaching load so that they can support and coach other teachers. Singapore appoints senior teachers and master teachers to lead the coaching and development of the teachers in each of its schools.

Coaching interventions can lead to a substantial improvement in outcomes in a short time. Through its National Literacy and Numeracy Strategies, England has trained numeracy and literacy coaches in every primary school. It developed a network of national experts to train these coaches, focusing both on effective pedagogies to be used to improve student outcomes and on the techniques to get teachers to employ them. The result has been a significant improvement in outcomes over just three years. Several of the Middle Eastern systems have used coaching strategies to effect significant changes in instruction in their schools, bringing in coaches from foreign school systems to quickly train large numbers of teachers in different teaching styles« (Barber & Mourshed, 2007, S. 29).

In Japan, das zu den erfolgreichen »PISA-Ländern« gehört, gehört Coaching als integraler Teil zur Lehrerausbildung:

»The teacher preparation programs at Japan's universities focus mainly on building the intrinsic capabilities and the content and pedagogical knowledge of aspirant teachers. In 1989, Japan introduced an intense training program for first-year teachers during which trainees develop their practical teaching skills. In this program, trainee teachers work full-time in schools and during their first year are provided with up to two days of one-on-one coaching and support each week from ›guidance teachers‹. Guidance teachers coach and mentor but do not evaluate new teachers during their first year in the classroom« (Barber & Mourshed, 2007, S. 29).

Fullan und Knight haben bei ihren zahlreichen und vielfältigen Projekten die Erfahrung gemacht, dass Coaching eine unverzichtbare Voraussetzung für ergebnisorientierte Schulentwicklung ist, aber dass die Arbeit von Coaches verschwendet wird, wenn sie nicht fachgerecht gemacht wird und die Schulleitungen nicht mitspielen und sich nicht als unterrichtsbezogene Führungspersonen (»instructional leaders«) verstehen. Insgesamt schlussfolgern sie, dass alle Reformen (auch Coaching) ins Leere laufen, die sich nicht in einem Gesamtzusammenhang bewegen, in dessen Zentrum die Verbesserung des Schülerlernens steht:

> »We discovered the crucial role that literacy coaches played 10 years ago when one of us, in conjunction with the superintendent of curriculum and instruction, worked with 17 lowperforming schools in this district. In the schools that improved significantly, literacy coaches worked closely with principals to implement 14 key parameters. The coaches typically spent their day planning lessons with classroom teachers, modeling lessons, observing instruction, facilitating meetings, reviewing student data, and leading the collaborative marking of student work. We eventually brought all the schools in the district into the change process. The system improved dramatically by more than 20 percent on most measures. School leaders saw themselves as part of a systemwide effort« (Fullan & Knight, 2011, S. 50).

Damit rückt eine 3. Phase der UE in den Blick.

1.2.3   Phase 3: holistische UE oder Ganzheitlichkeit statt Stückwerk

Fasst man das bisher Dargelegte zusammen, ergibt sich ein mehrfacher Dreiklang: Unterrichtsentwicklung ist erstens systematisch, teamförmig und schulweit. Zum zweiten müssen Fachwissen und Fachdidaktik berücksichtigt werden. Drittens sollten in Zukunft Lernorientierung, Reflexion des Lernverständnisses und des Unterrichts und Veränderung von Haltungen und Werten stärker in den Blick kommen.

In Deutschland laufen seit Jahren zahlreiche Schulentwicklungsprojekte, bei denen viele Ideen, Ressourcen und Energien investiert werden. Schulen haben sich in den letzten Jahren fraglos entwickelt und dieses in fast allen Dimensionen: vom Führungsstil der Schulleitungen und dem Lehrerengagement in den Klassen bis hin zu veränderten Curricula und Unterrichtsformen, allerdings ohne dass bedeutsame und nachhaltige Verbesserungen der Schülerleistungen nachzuweisen sind, was zu Belastungen und Enttäuschungen geführt hat. Dabei sind fast alle Elemente, die zur Entwicklung von besseren Lerngelegenheiten und besseren Leistungen von Schülerinnen und Schülern nötig sind, in fast allen Schulen vorhanden. Fragt man sich, wieso es trotzdem nicht zu besseren Schülerleistungen gekommen ist, mehren sich die Anzeichen, dass der Hauptgrund dafür in der Fragmentierung liegt, also in dem Umstand, dass die Maßnahmen der UE zu unverbunden geplant und zu gestückelt implementiert wurden.

Es wird immer deutlicher (und vor allem in den Publikationen von Michael Fullan (2010) und Michael Barber (s. Mourshed et al., 2011 belegt)), dass wirksame und nachhaltige UE aus einem Guss, d. h. ganzheitlich im Rahmen von Schulentwicklung (SE) konzipiert und implementiert werden muss. Das läuft auf ein Konzept holistischer Entwicklung hinaus.

Die genannten Studien identifizieren ein ganzes Bündel von Maßnahmen erfolgreicher UE, die zu nachweisbaren Verbesserungen von Schülerleistungen führen. Diese Maßnahmen gruppieren die Studien nach Kernideen, Elementen erfolgreicher Reformen, innerschulischen Parametern, Anreizen für Lehrer, resoluter Schulleitung und regionaler Vernetzung. Diese Maßnahmen bilden ein ziemlich komplexes Ensemble. Viele Faktoren, die zum Großteil bekannt sind, spielen dabei eine Rolle. Das Besondere dabei ist allerdings das Systemische, dass die einzelnen Faktoren kohärent sind und auf einer Linie liegen, also einer ganzheitlichen Gestaltungsformel folgen (alignment) und unter- bzw. miteinander vernetzt sind.

Coachings und Hospitationen sind dazu geeignet, Unterrichts- und Personalentwicklung zu verknüpfen, ebenso wie Schüler-Lehrer-Feedbacks. Beides findet indes bisher oft folgenlos statt, indem sich Lehrkräfte Feedbacks von Kollegen oder Schülern holen, diese jedoch nicht zum Anlass systematischer UE nehmen, manchmal mit den Schülern auch nicht über die Ergebnisse sprechen. Hospitationen beruhen häufig auf Freundschaftsbeziehungen über die Fächergrenzen hinweg. Sie sind dann nicht mit Projekten der UE verkoppelt und von Schülerfeedback getrennt. Wenn Maßnahmen der UE lernwirksam sein sollen, dann müssen sie dicht und konzis aufeinander bezogen und ganzheitlich sein.

UE muss sich deshalb an einem ganzheitlichen Konzept orientieren und Lernen in den Mittelpunkt stellen. UE betrifft jeden Akteur, jede Arbeitseinheit und bestimmt letztlich die Qualität einer Schule. Qualität ist eine Systemeigenschaft. Alle sind für Qualität verantwortlich, die Lehrer, die Schulleitung, die Eltern und auch die Schüler, bei Berufsbildenden Schulen auch die dualen Partner. Externe Evaluation gehört dazu.

Einige der genannten Komponenten sind – mehr oder weniger vollzählig – inzwischen in vielen Schulen vorhanden. Ob sie allerdings ein System des QM abgeben, hängt ganz davon ab, wie gut die Komponenten zusammenspielen: Ob beispielsweise die Jahresziele mit dem Leitbild übereinstimmen, ob sich die Hospitation an den Jahreszielen orientiert und ob aus der Hospitation tatsächlich Unterrichtsentwicklung entsteht (vgl. Rolff, 2011).

Schulen, die nachhaltig ihre Qualität verbessern möchten, müssen sich also bemühen, nach einem (Gesamt-)System des QM zu fahnden. Die Forschung zur UE hat bisher nur wenige ganzheitliche Konzepte hervorgebracht, z. B. das unterrichtsbezogene Qualitätsmanagement (UQM) mit den drei Treibern Zielorientierung, reziprokes Feedback und Teamarbeit (als Basis kooperativer Unterrichtsentwicklung) (vgl. dazu Rolff, 2011). Und sie ist auch dabei, sog. Interventionsstudien durchzuführen, z. B. die Wirksamkeit verschiedener Konzepte und Strategien der

Leseförderung miteinander zu vergleichen. Nicht die Qualität des Konzepts, sondern die Umsetzung (Implementation) entscheidet, was dabei herauskommt (»implementation dominates the outcome« war schon 1975 ein zentrales Ergebnis der Schulentwicklungsforschung, vgl. Berman & McLaughlin, 1974). Wie eine Strategie der Leseförderung umgesetzt wird, entscheidet in erster Linie die Einzelschule. Und die Einzelschulen unterscheiden sich wesentlich voneinander, wie Barber u. a. anhand von Entwicklungsstadien der Schulen und Hallinger und Heck anhand von Entwicklungspfaden (»trajectories«) eindrucksvoll belegen. Schulen sind also sehr verschieden. Kann man trotzdem Ganzheitlichkeit herstellen? Davon handeln die folgenden Ausführungen am Beispiel von Professionellen Lerngemeinschaften.

2.   Professionelle Lerngemeinschaften (PLG) als Momentum

Forschungen aus den USA geben gewichtige Hinweise dafür, dass Professionelle Lerngemeinschaften (PLG) besonders effektiv für Personalentwicklung der Lehrkräfte und das Lernen der Schüler zugleich sind. Sie verbinden und vereinigen – wie kein anderer Ansatz – das Lehrerlernen mit dem Schülerlernen bzw. PE mit UE. Sie sind sozusagen ein Momentum für holistische UE im Sinne von Impuls, Schwungrad oder Drehmoment.

2.1   Begriffsklärung

PLG sind seit einigen Jahren auch in Deutschland (vgl. Rolff, 2001) in aller Munde. Schulforscher und Schulentwickler belegen mit diesem Begriff engagierte Arbeitsgruppen oder produktive Fach- oder Jahrgangskonferenzen in Schulen, aber auch ganze Kollegien im Aufbruch und sogar umfassende Netzwerke mehrerer innovativer Schulen. Der Begriff droht zu diffundieren. Aber er wird auch immer attraktiver, weil er die Hoffnung weckt, den Königsweg für Qualitätsverbesserung von Schulen und Unterricht weisen zu können.

Bewusst werden PLG nicht als Lerngruppen oder Teams verstanden, sondern als Gemeinschaften. DuFour und Eaker verstehen unter einer Gemeinschaft (community) eine Gruppe von Menschen (Lehrpersonen) mit gemeinsamen geteilten Werten und Interessen. In ihrem Kontext ist die Gemeinschaft eine wesentliche Grundlage für Kooperation und gegenseitige Unterstützung, auch für emotionale Unterstützung.

Bei PLG kommen vor allem Hilfekultur (vgl. Rosenholtz, 1991) und Fehlertoleranz (Kahl, 1999) als Kernwerte in Frage. Fehler nicht als zu tabuisierendes Missgeschick, sondern als Chance zum Lernen zu betrachten, ist seit Jahren ein Plädoyer von Reinhard Kahl (1999). Schon Aristoteles begründete die Fehlertoleranz mit der Aussage: »Wer keine Fehler machen will, kann sich auch nicht entwickeln.«

Hilfekultur hat mit Wertschätzung zu tun und geht davon aus, dass nicht nur Schüler, sondern auch Lehrkräfte hilfebedürftig sind und um Hilfe bitten können.

Es lässt sich zuspitzen: Unter *Gemeinschaften* ist eine Gruppe von Menschen zu verstehen, die durch gemeinsames Fühlen, Streben und Urteilen verbunden sind. Sie sind personenzentriert und befriedigen Bedürfnisse wie Vertrauen, Fürsorge, Anteilnahme, Besorgtheit sowie Bindung, Verpflichtung und Verbindlichkeit.

Professionalität bedeutet qualifizierte Ausbildung und Orientierung an hohen Standards der Berufsausübung, die zumeist von einer Berufsorganisation gesichert werden, sowie Interesse an Weiterqualifikation und vor allem an Reflexion der eigenen Arbeit.

Die Kombination von Gemeinschaft und Professionalität, die für PLG charakteristisch ist, geht davon aus, dass berufliches Lernen in Zeiten turbulenten Wandels immer auch experimentelles Ausprobieren von Neuem bedeutet, deshalb mit Risiken behaftet ist, sich diskontinuierlich vollzieht und dabei gelegentlich Minikrisen unvermeidbar sind, weshalb es mit einem Kontinuität und Solidarität verbürgenden stabilen Rahmen verbunden sein sollte.

Bei der Bestimmung von Kriterien, die geeignet sind, PLG zu kennzeichnen und zu identifizieren, unterscheiden sich die Autoren allerdings. Der Autor dieses Beitrages schlägt die folgenden fünf Kriterien vor:

1. Gemeinsam geteilte Normen und Werte / gemeinsame handlungsleitende Ziele
2. Deprivatisierung der Praxis (Unterrichten ist eine persönliche, aber keine private Angelegenheit)
3. Gemeinsamer Fokus auf Schülerlernen (wobei der Fokus vom Lehren auf Lernen verschoben wird)
4. Zusammenarbeit
5. Reflektierender Dialog (im Sinne von Schöns »Reflective practitioner« (1987))

Um als PLG zu gelten, reicht es nicht aus, ein oder auch vier dieser Kriterien zu erfüllen. Im Sinne holistischer Unterrichtsentwicklung müssen alle fünf erfüllt sein, wenn auch nicht alle in ausgeprägtester Form. Wenn alle fünf Kriterien in ihrer Ausgestaltung auch zueinander passen, entsteht Kohärenz, was, nach allem, was wir wissen, zu wirksamer UE führt.

2.2 Lehrkräfte als reflektierende Praktiker

Lehrer sind Praktiker. In PLG müssen sie sich gemäß des 5. Kriteriums zu reflektierenden Praktikern weiterentwickeln, um die komplexen Situationen beruflicher Praxis qualifiziert zu meistern, über Handlungswissen (knowing-in-action) sowie die Fähigkeit zur Routine in der Handlung zu verfügen. Diethelm Wahl (2006) hat ermittelt, dass Lehrkräfte in einer Stunde ca. 400 Entscheidungen treffen müssen. Handlungswissen muss also sofort präsent sein, ist aber häufig unbewusst.

D.h., dass sie auf die Spezifität der sich entwickelnden Situation und ihrer eigenen Handlung reflektieren können müssen, auch ohne aus dem Handlungsfluss herauszutreten.

Sie tun dies mit Hilfe eines Repertoires von Fallbeispielen, Bildern, Analogien, Interpretationen und Handlungen, wobei sie ihre interaktiven Reflexionsergebnisse nachträglich nur mit Mühe verbalisieren zu können.

Die Notwendigkeit, die eigene Unterrichtspraxis regelmäßig zu reflektieren und gegebenenfalls zu verändern, sehen Dufour und Eaker (1998) im professionellen Anspruch der Lehrertätigkeit begründet. Sie argumentieren, dass sowohl die Erziehungswissenschaft als auch die Fachwissenschaften ständig neues »technologisches« Wissen produzieren oder neue Standards diskutieren, weshalb sich die Angehörigen der Profession über aktuelle Entwicklungen auf dem Laufenden halten müssen. Da ein abgeschlossenes Studium nicht Garant für ein längerfristig aktuelles und umfassendes »Professionswissen« von Lehrkräften sein kann, ist – wie in anderen Berufen auch – das fortwährende Lernen unabdingbar. (Weiter-) Lernen und stetiges Üben sowie systematische Reflexion werden im Konzept der PLG als Grundlage für kontinuierliche Verbesserungsarbeit betrachtet. Diese Form des Lernens können Lehrerinnen und Lehrer im Schulalltag kaum als Einzelkämpfer und isoliert voneinander realisieren. Aus diesem Grund betonen einige Autoren die Überwindung der allzu losen Koppelung der Schulorganisation als notwendige Grundlage für eine effektive, weil kooperative Unterrichtsentwicklung (vgl. Sergiovanni, 1999; Darling-Hammond, 1997).

Insbesondere das »Team-Lernen« ist in der Lernenden Organisation von zentraler Bedeutung. Sowohl das Konzept der Lernenden Organisation als auch die Idee der PLG gehen davon aus, dass Wissen und Kompetenzen einer Gruppe in der Regel größer sind als die Summe der tatsächlichen individuellen Talente und Fähigkeiten (vgl. Senge, 1996, S. 6 f.).

2.3   Forschungen zu PLG

Eine Zusammenfassung erster empirischer Befunde zur Wirksamkeit von PLG in der Schule gibt Hord (1997 und 2004). Die aktuelle Metaanalyse von Lomos u. a. (2011) bestätigt diese Befunde. In Schulen, die sich als PLG bezeichnen lassen, zeigt sich demnach im Kollegium

- ein erfolgreiches Lernen neuer Unterrichtstechniken und eine Erweiterung des professionellen Wissens,
- damit einhergehend eine höhere Wahrscheinlichkeit, dass die Lehrkräfte über aktuelle fachliche Innovationen informiert sind und ein tieferes Verständnis des Unterrichtsstoffes,
- ein Verständnis der Bedeutsamkeit der eigenen Lehrer-Rolle bei der Unterstützung und Förderung der Schülerinnen und Schüler,

- eine signifikant höhere Kapazität, sich auf die besonderen Bedürfnisse der Schüler einzustellen und den eigenen Unterricht entsprechend zu adaptieren,
- eine höhere Berufszufriedenheit und weniger Fehltage der Lehrerinnen und Lehrer,
- eine höhere Motivation an nachhaltigen und systematischen Veränderungen mitzuwirken und diese als Lehrkraft mitzutragen (vgl. Hord, 1997, 29 f., Lomos, u. a., 2011, S. 121 ff.).

PLG sind inzwischen gut erforscht. Weitere Studien zeigen, dass PLG auf mehreren Gebieten außerordentlich positive Wirkungen haben. Lehrkräfte, die in PLG arbeiten,

- zeigen größere Innovationsbereitschaft (Gräsel, Jäger & Wilke, 2006),
- bringen höhere Unterrichtsqualität hervor (Holtappels, 2013),
- sind eher zur Selbstreflexion bereit (Halbheer & Kunz, 2009),
- haben eine höhere Effektivitätsüberzeugung (Miskel, McDonald und Bloom, 1983),
- geben eine positivere Wahrnehmung hinsichtlich Schulleitung, Schulklima, Kollegium an (Halbheer & Kunz, 2009),
- geben eine höhere Arbeitszufriedenheit an (Körner, 2003, Halbheer & Kunz, 2009),
- können besser auf individuelle Bedürfnisse der Schüler eingehen (Seashore Louis, Kruse & Marks, 1996),
- nehmen eine Entlastung der Arbeit wahr (Fussangel, 2008),
- erkranken seltener an Burn-out (Johnson & Johnson, 2003) und
- erfahren emotionale Entlastung (Fussangel, 2008).

PLG haben auch einen besonderen Nutzen für den Einstieg von Berufsanfängern (Oesterreich, 1988); sie werden schneller und situationsgerechter in ein Kollegium mit PLG integriert.

3   Fragen zur Praxis Professioneller Lerngemeinschaften

Um die Praxis, also die Verankerung und die Arbeitsinhalte der PLG, zu klären, kann man einige Leitfragen stellen und durch deren Beantwortung die Handlungsorientierungen bestimmen, die in jeder Schule ähnlich, aber durchaus auch unterschiedlich aussehen. Dieses Vorgehen empfiehlt sich in ähnlicher Weise für die konkrete Entwicklungsarbeit in den einzelnen Schulen: Die Schulleitung und/ oder die Steuergruppe stellt die Fragen und das Kollegium beantwortet sie. Dann entstehen Klarheit und Akzeptanz zugleich. Als erste Leitfrage bietet sich an:

3.1   Welche institutionelle Basis sollen PLG haben?

Zur Beantwortung dieser Frage müssen zunächst die Zielgruppen für die Arbeit in PLG gesucht bzw. die schon vorhandenen innerschulischen Arbeitsstrukturen geklärt werden. In Frage kommen in erster Linie:

*   Fachgruppen,
*   Klassenteams, also die drei bis fünf Lehrer einer Klasse, die das Gros des Unterrichts »abdecken« (nur in Sekundarschulen möglich),
*   komplette Jahrgangsgruppen (die dann überfachlich arbeiten).

Die Fachteams bestehen aus Lehrern eines Faches. Sie behandeln eher fachinhaltliche und fachdidaktische Fragen und entwickeln den Unterricht (und sich selbst) in dieser Hinsicht weiter. Ihre Arbeit bezieht sich im Prinzip auf alle Schüler eines Faches. Die Klassen- oder Jahrgangsteams bestehen aus Lehrern mehrerer Fächer, sie unterrichten jedoch dieselben Schüler. Deshalb steht bei ihnen eher das Lernen im Mittelpunkt ihrer Arbeit: Verbesserung der Lernmethodik, Unterstützung der Schüler beim Selbstlernen, Evaluation des Unterrichts u. ä. Jede Lehrperson könnte sich mithin in zwei PLG engagieren, was einen Idealzustand bezeichnet, der unter den heutigen Arbeitsbedingungen von Lehrern jedoch kaum zumutbar ist.

Zur Institutionalisierung im Sinne von »Aufdauerstellung« gehört auch, dass sich die Lehrpersonen nicht verzetteln, sondern nur in einer, nicht aber in zwei oder gar drei PLG aktiv mitarbeiten. In einem späteren reifen Stadium wird es sowohl PLG geben, die horizontal organisiert sind, also in Klassen- oder Jahrgangsteams vor allem Unterrichtsentwicklung betreiben, und solche, die horizontal nach Fachgruppen organisiert sind. In Fachkonferenzen sitzen Lehrpersonen zusammen, die »unten«, z. B. in der 5. Klasse, und »oben«, z. B. in der 10. oder 13. Klasse, unterrichten. Die Evaluation des Projektes »Schule und Co« hat ergeben, dass offenbar eine Kombination von Klassen- bzw. Jahrgangsteams zum einen und Fachteams zum anderen die wirksamste Konstellation für umfassende und nachhaltige Unterrichtsentwicklung darstellt. Es ergibt sich dann ein »Kreuz der Unterrichtsentwicklung«, bei dem die horizontale mit der vertikalen Entwicklungsachse zusammenspielt. Das Zusammenspiel stellt allerdings eine komplizierte Koordinierungsaufgabe, die nur durch die Schulleitung und in großen Schulen am besten durch eine Steuergruppe bewältigt werden kann (vgl. Bastian & Rolff, 2001).

3.2   Welche konkreten Aktivitäten finden in einer PLG statt?

Es liegt nahe, dass Mitglieder einer PLG sich auf Beispiele eigener, gelungener Unterrichtspraxis (»good practice«) besinnen, die sie sich gegenseitig vorstellen und auf mutmaßliche Folgen für das Lernen der Schüler hin überprüfen. Das bedeutet

auch einen Einstieg in Unterrichtsevaluation, die im gelungenen Fall zur Dauer-
einrichtung wird. Zu nennen wären ferner:

- Führen und gemeinsames Auswerten von Lerntagebüchern,
- gegenseitige Vertretung im Unterricht, um eine konkrete Basis für Erfahrungs-
  austausch in der eigenen Schule zu finden,
- Anbahnung, Durchführung und Auswertung von Hospitationen,
- Entwicklung und Austausch von Arbeitsmitteln,
- Organisation und Auswertung von Schülerfeedback,
- Klärung und Überprüfung von Leistungsstandards,
- Austausch und Auswertung von Klassenarbeiten sowie Parallelarbeiten,
- Erstellen von Förderplänen,
- Erfahrungsaustausch mit Kollegen aus anderen Schulen.

Fachkonferenzen, die sich als PLG verstehen, müssen deutlich häufiger als bisher
tagen; sie treffen sich bisher üblicherweise einmal zu Beginn des Schulhalbjahres,
vier- bis sechsmal im Schuljahr wäre angemessen. Sie beschäftigen sich in erster
Linie mit fachinhaltlichen und fachdidaktischen Themen. Sie können allerdings
auch überfachliche oder allgemeindidaktische Themen bearbeiten wie z. B. Leis-
tungsbeurteilung, Teamentwicklung, Schülerorientierung oder Handlungsorien-
tierung. Fachkonferenzen als PLG könnten auch Orte für fachbezogene kollegiale
Beratung sein, wobei der Reihe nach einzelne Unterrichtsbeispiele beraten würden,
die entweder problembeladen sind oder sich als Modell für weiterentwickelten Unterricht eignen. In dem Maße, wie sich derartige Beratungsverhältnisse verdichten,
entsteht eine Beziehungsform, die als gegenseitiges Coaching verstanden werden
kann.

Fachbezogene PLG können auch gemeinsame Projekte planen und durchführen, Konzepte der reflexiven Koedukation entwickeln oder mit Unterrichtsbeurtei-
lung durch Schülerinnen und Schüler experimentieren. Die PLG bieten die Chance, auf freiwilliger Basis Erfahrungen auszutauschen, Instrumente und Verfahren
zu sammeln und weiterzuentwickeln sowie mit Varianten zu arbeiten.

Selbstverständlich können PLG dieses nicht alles gleichzeitig tun. Die Konzentration auf ein oder zwei Aktivitäten ist besonders am Anfang wichtig.

3.3   Wie können PLG ihre Professionalität erhöhen?

Joyce und Showers haben bereits 1995 anhand der Auswertung von empirischen
Untersuchungen und Erfahrungsberichten belegt, dass »peer coaching study
teams« die intensivste und effektivste Form der Lehrerfortbildung und der Unterrichtsentwicklung darstellen. Fachkonferenzen, Klassen- und Jahrgangsteams
entsprechen solchen »peer coaching study teams«, wenn sie wie PLG arbeiten. Sie
stellen Lerngruppen dar, bei denen Berufskollegen (»peers«) sich gegenseitig an-

regen und voneinander lernen. Sie planen gemeinsam z. B. Sequenzen von Unterricht, führen ihn durch und werten die Erfahrungen und Ergebnisse gemeinsam aus. Professionalisierung geschieht auch, wenn eine Lehrkraft eine andere bittet, zu bestimmten Aspekten ihres Unterrichts einen Videofilm zu drehen, den sich beide dann gemeinsam ansehen und auswerten.

Kollegien entwickeln dabei eine gemeinsame Sprache. So ist beispielsweise Schülerorientierung in den meisten Kollegien ein wohl positiv besetztes, aber leeres Wort, in das jeder hineinpackt, was gerade passt. Arbeit in PLG, vor allem die Erstellung von Arbeitsmaterialien und die Einigung auf gemeinsame Ziele, veranlasst indes alle, mit klaren Begriffen zu arbeiten und diese miteinander abzustimmen. Es geht nicht nur um die Verabschiedung von Stoffverteilungsplänen, sondern auch um das Erarbeiten und Teilen von Zielvorstellungen, Problemsichten und Normen der Zusammenarbeit.

Aus *Lehrerkollegien* werden dann *Lernkollegien*. Dazu bedarf es allerdings etlicher Fortbildungen, die am besten gemeinsam durchgeführt werden. Gegenstand der Fortbildungen können u. a. sein:

- Moderationstechniken,
- Feedback und Beratungsgespräche,
- Konfliktmanagement,
- Konstruktion von Qualitätsindikatoren,
- Selbstevaluation,
- Videodokumentation.

Hinzu kommen Fortbildungen zu fachlichen und fachdidaktischen Fragen. Die Fortbildung der PLG kann einerseits extern und andererseits intern durchgeführt werden. Die PLG müssten versuchen, eine Feedback-Kultur aufzubauen, untereinander und im Verhältnis zu den Schülerinnen und Schülern. Darüber hinaus wäre eine Vernetzung mit (Fach-)Lehrpersonen anderer Schulen dem professionellen Lernen zuträglich, vor allem eine Zusammenarbeit mit PLG anderer Schulen.

3.4   Wie können PLG eingeführt werden?

Fast alle Schulen, die den Deutschen Schulpreis gewonnen haben, verfügen über PLG oder bestehen sogar ganz aus PLG. Aber obwohl diese Schulen hoch anerkannt sind, gibt es relativ wenige davon. Deshalb werden im Folgenden einige Strategien zur Einführung und zur möglichst schulweiten Etablierung von PLG beschrieben.

Nützlich für die Ableitung von Strategien für die schulweite Einführung von PLG ist die Diagnose des Ist-Zustandes. In der Schulentwicklung gilt wie in der OE und im Change Management: keine Maßnahme ohne vorherige gemeinsame Diagnose. Es gibt Instrumente, mit denen diagnostiziert werden kann, wieweit PLG in der Schule schon vorhanden sind, wieweit sie verbreitet sind und wie vertieft darin gearbeitet wird. Hinsichtlich der *Verbreitung* könnte beispielsweise ermittelt werden:

- Wie viel Fach- oder Jahrgangsteams arbeiten bereits als PLG?
- Arbeitet das Schulleitungsteam als PLG?
- Versteht sich die Steuergruppe als PLG?
- Werden gelungene Beispiele dokumentiert und für alle zugänglich gemacht?

Hinsichtlich der *Vertiefung* könnte eruiert werden:

- Beziehen sich die Aktivitäten auf Unterricht und Schülerlernen?
- Werden die Ziele evaluiert?
- Sind die Aktivitäten nachhaltig?
- u. a.

Die Diagnose sollte eine gemeinsame sein, um die im Kollegium und der Schulleitung schon vorhandenen Ideen zu nutzen und um Akzeptanz (»ownership«) zu erreichen. Sie könnte von der erweiterten Schulleitung durchgeführt werden, von der Steuergruppe oder dem ganzen Kollegium. Optimal ist eine Diagnose, an der alle beteiligt sind.

Die Diagnose hilft, Schwachpunkte zu identifizieren, aber auch Prioritäten zu setzen und daran Entwicklungsschwerpunkte zu knüpfen. Entwicklungsschwerpunkte variieren von Schule zu Schule im Umfeld von UE, Personal- und Organisationsentwicklung. Die Vielfalt ist so groß, dass es keinen Sinn macht, über Patentlösungen oder gar Rezepte nachzudenken.

Es gibt also bereits eine Reihe von Antworten auf die aufgeworfenen Fragen. Aber es sind Antworten aus frischer Praxis. Sie sind noch nicht durch empirische Studien wissenschaftlich untersucht. Hier tut sich ein beachtliches Feld für künftige Bildungsforschung auf, die UE als Schulentwicklung versteht.

3.5   Welche Rolle haben die Schulleitungen?

Schulleitungen sind besonders wichtig bei der Einführung und »Pflege« von PLG. Die Rolle von Schulleitungen variiert allerdings nicht so stark wie der bunte Strauß von Entwicklungsschwerpunkten. Deshalb kann sie angesichts ihrer Bedeutung wenigstens in den Grundzügen skizziert werden.

Der Kern der Rolle der Schulleitung ist Instructional Leadership (Sergiovannie, 1999). Instructional Leadership bedeutet unterrichtsbezogene Führung, d. h.:

- Entwicklung einer UE-Strategie,
- ein Gesamtkonzept auswählen und/oder entwerfen,

- Personal an die richtigen Stellen bringen,
- einen passenden Zeitrahmen schaffen usw.

Wichtig ist, dass die PLG durch Schulleitungen unterstützt werden, symbolisch wie organisatorisch. Beispielsweise könnte die Schulleitung mit dem Sprecher bzw. den Mitgliedern einer PLG Zielvereinbarungen treffen, die auch die Unterstützung regeln. Vor allem müsste die Schulleitung die stundenplantechnischen Voraussetzungen treffen und auch Entlastungen schaffen, indem sie z. B. zulässt, dass hin und wieder eine 6. oder 7. Stunde »abgehängt« wird, zu der dann die PLG tagen kann.

Um Doppelstrukturen zu vermeiden, ist es sinnvoll, die bestehenden Arbeitsstrukturen zu nutzen und nur im Notfall neue zu etablieren. Die naheliegenden Strategien sind:

- Fachkonferenzen aktivieren
- Jahrgangsteams auf UE orientieren
- Klassenteams anregen und stützen
- Unterrichtsbezogenes Feedback einführen, um die Praxis zu reflektieren
- Mit einer Steuergruppe arbeiten usw.

4   Perspektive

Die Perspektive der Entwicklung und Etablierung Professioneller Lerngemeinschaften lässt sich noch deutlich ausweiten. Die Entwicklungsrichtung würde in drei Schritten ablaufen:

Erster Schritt: Fachkonferenzen und Jahrgangsteams zu Professionellen Lerngemeinschaften weiterentwickeln (interne Vernetzung)

Zweiter Schritt: von Einzelschulen als Professionelle Lerngemeinschaften zu Netzwerken von Einzelschulen (externe Vernetzung)

Dritter Schritt: von externer Vernetzung zur ganzheitlichen regionalen Schulentwicklung (Vernetzung mit außerschulischen Bildungseinrichtungen).

Schon wenn der erste Schritt getan ist, kann die Ausgangsvermutung bestätigt werden: PLG erweisen sich mit großer Wahrscheinlichkeit als Königsweg zur Unterrichtsentwicklung, nicht unbedingt als *der* Königsweg, aber sicherlich als *ein* Königsweg.

Dabei darf man nicht vergessen, dass Entwicklung eine Tür ist, die sich nur von innen öffnen lässt. Solche Türen sind besonders schwierig bei vernetzter ganzheitlicher Schulentwicklung zu öffnen. Aber es gibt Fälle, die bereits gelungen sind, und diese sollte Bildungsforschung genauer identifizieren und durch Interventions- und Wirkungsstudien untersuchen.

Literatur

Barber, M., & Mourshed, M. (2007). *How the world's best-performing school systems come out on top*. New York : McKinsey.

Bastian, J., & Rolff, H.-G. (2001). *Vorabevaluation des Projektes »Schule & Co«*. Gütersloh: Bertelsmann-Stiftung.

Berman, P., & McLaughlin, M. (1974). *Federal programs supporting educational change*. Santa Monica, Ca: Rand.

Blömeke, S., Eichler, D., & Müller, Ch. (2003). Rekonstruktion kognitiver Strukturen von Lehrpersonen. *Unterrichtswissenschaft, 31(2)*, 103–121.

Bolam, R. (2008). Professional learning communities and teachers' professional development. In D. Johnson & R. Maclean (Eds.), *Teaching: Professionalization, development and leadership* (pp. 159–179). Heidelberg: Springer.

Bonsen, M. (2005). Professionelle Lerngemeinschaften in der Schule. In H. G. Holtappels & K. Höhmann (Hrsg.), *Schulentwicklung und Schulwirksamkeit* (S. 180–195). Weinheim: Juventa.

Bonsen, M., & Rolff, H.-G. (2008). Professionelle Lerngemeinschaften von Lehrerinnen und Lehrern. *Zeitschrift für Pädagogik, 52(2)*, 167–184.

Bryk, A., Camborn, E., & Louis, K. S. (1999). Promoting school improvement through professional communities: An analysis of Chicago elementary schools. *Educational Administration Quarterly, 35(4)*, 707–750.

Darling-Hammond, L. (1997). Restructuring Schools for Student Success. In A. H. Halsey (Ed.), *Education – Culture, Economy, and Society* (pp. 323–353). Oxford: University Press.

Dubberke, Th., Kunter, M., McElvany, N., Brunner, M., & Baumert, J. (2008). Lerntheoretische Überzeugungen von Mathematiklehrkräften. *Zeitschrift für Pädagogische Psychologie, 22(3–4)*, 193–206.

Dufour, R., & Eaker, R. (1998). *Professional Learning Communities at Work. Best Practices for Enhancing Student Achievement*. Bloomington: National Education Service.

Evans, R. (1996). *The Human Side of School Change*. San Francisco: Jossey-Bass.

Fullan, M. (2010). *All Systems Go – The Change Imperative for Whole System Reform*. London: Sage.

Fullan, M., & Knight, J. (2011). Coaches as System Leaders. *Educational Leadership, 69(2)*, 50–53.

Fussangel, K. (2008). *Subjektive Theorien von Lehrkräften zur Kooperation – Eine Analyse der Zusammenarbeit von Lehrerinnen und Lehrern in Lerngemeinschaften. Dissertation*. Wuppertal: Bergische Universität Wuppertal.

Gräsel, C., Jäger, M., & Wilke, H. (2006). Konzeption einer übergreifenden Transferforschung und Einbeziehung des internationalen Bildungsstandards. Expertise II zum Transferforschungsprogramm. In R. Nickolaus & C. Gräsel (Hrsg.), *Innovation und Transfer. Expertisen zur Transferforschung* (S. 445–566). Hohengehren: Schneider Verlag.

Green, N., & Green, C. (2005). *Kooperatives Lernen*. Seelze-Velber: Kallmeyer.

Groeben, N., Wahl, D., Schlee, J., & Scheele, B. (1988). *Das Forschungsprogramm Subjektive Theorien*. Tübingen: Francke.

Gudjons, H. (1982). *Didaktik zum Anfassen. Lehrer/in-Persönlichkeit und lebendiger Unterricht*. Bad Heilbrunn: Klinkhardt.

Halbherr, U., & Kunz, A. (2009). Mehr Schulqualität dank Kooperation? Eine quantitativ-qualitative Beschreibung von Kooperation zwischen Lehrpersonen. In K. Maag Merki (Hrsg.), *Kooperation und Netzwerkbildung – Strategien zur Qualitätsentwicklung in Schulen* (S. 66–77). Seelze-Velber: Kallmeyer.

Hattie, J. (2009). *Visible Learning.* London: Routledge.

Helmke, A. (2003). *Unterrichtsqualität und Lehrerprofessionalität.* Seelze: Kallmeyer.

Höfer, Chr., Madelung, P. (2006). *Lehren und Lernen für die Zukunft. Unterrichtsentwicklung in selbstständigen Schulen.* Köln: Bildungsverlag Eins.

Holtappels, H. G. (2013). Schulentwicklung und Lehrerkooperation. In N. McElvany & H. G. Holtappels (Hrsg.), *Empirische Bildungsforschung* (S. 35–62). Münster: Waxmann.

Holtappels, H. G., Klemm, K., & Rolff, H.-G. (Hrsg.) (2008). *Schulentwicklung durch Gestaltungsautonomie. Ergebnisse der Begleitforschung.* Münster: Waxmann.

Hord, S. M. (1997). *Professional Learning Communities: Communities of Continuous Inquiry and Improvement.* Austin: Southwest Educational Development Laboratory.

Hord, S. M. (Ed.) (2004). *Learning together, leading together. Changing schools through professional learning communities.* New York: Teachers College Press.

Hord, S. M. (2008). *Leading professional learning communities.* Thousand Oaks, C.a.: Corwin Press.

Horster, L., & Rolff, H.-G. (2001). *Unterrichtsentwicklung: Grundlegung – Praxis – Steuerung.* Weinheim: Beltz.

Johnson, D. W., & Johnson, R. T. (2003). Training for cooperative group work. In M. A. Tjosvold & K. G. Smith (Eds.), *International Handbook of Organizational Teamwork and Cooperative Working* (pp. 167–184). West Sussex: Wiley.

Joyce, B. & Showers, B. (1995). *Student Achievement through Staff Development.* London: Longmans.

Kahl, R. (1999). *Lob des Fehlers.* Weinheim: Beltz

Kempfert, G., & Rolff, H.-G. (2005). *Qualität und Evaluation.* Weinheim: Beltz

Klieme, Eckhard (2004). Was sind Kompetenzen und wie lassen sie sich messen? *Pädagogik, 56*(6), 10-13.

Klippert, H. (1995). *Methodentraining. Übungsbausteine für den Unterricht.* Weinheim: Beltz.

Körner, S. C. (2003). *Das Phänomen Burnout am Arbeitsplatz Schule.* Berlin: Logos.

Kruse, S., Louis, K. S., & Bryk, A. (1995). An emerging framework for analyzing school-based professional community. In K. S. Louis & S. Kruse (Eds.), *Professionalism and community: Perspectives on reforming urban schools* (pp. 23–42). Thousand Oaks, CA: Corwin Press.

Leithwood, K., & Louis, K. S. (Eds.) (1998). *Organizational Learning in Schools.* Lisse: Swets & Zeitlinger.

Lomos, C., Hofman, R. H., & Bosker, R. J. (2011). Professional communities and student achievement – a meta-analysis. *School Effectivness and School Improvement, 22(2),* 121–148.

Lortie, D. (1972). *Schoolteacher: A sociological analysis.* Chicago: University of Chicago Press.

Louis, K. S., Kruse, S., & Marks, H. M. (1996). Schoolwide Professional Community. In F. M. Newmann (Eds.), *Authentic Achievement. Restructuring Schools for Intellectual Quality* (pp. 179–203). San Francisco: Jossey-Bass.

Miskel, C., McDonald, D., & Bloom, S. (1983). Structural and expectancy linkages within schools and organizational effectiveness. *Educational Administration Quarterly, 19,* 49–82.

Morrissey, M. S. (2000). *Professional Learning Communities – An Ongoing Exploration.* Austin/Texas: Southwest Educational Development Laboratori.

Mourshed, M., Chijioke, C., & Barber, M. (2011). How the world's most improved school systems getting better. http://www.learningteacher.eu/sites/learningteacher.eu/files/ how-the-worlds-most-improved-school-systems-keep-getting-better_download-ver sion_final.pdf. Accessed: January 20, 2014.

Mutzek, W. (1988). *Von der Absicht zum Handeln. Rekonstruktion und Analyse subjektiver Theorien.* Weinheim: Studienverlag.

Newman, F. M. (1994). School-wide Professional Community. *Issues in restructuring schools, 6,* 1–3.

Newman, F. M. et al. (1996). *Authentic Achievement – Restructering Schools for Intellectual Quality.* San Francisco: Jossey-Bass.

Oesterreich, D. (1988). *Lehrerkooperation und Lehrersozialisation.* Weinheim: Beltz.

Prenzel, M., Carstensen, C. H., Senkbeil, M., Ostermeier, C., & Seidel, T. (2005). Wie schnei-den SINUS-Schulen bei PISA ab? *Zeitschrift für Erziehungswissenschaft, 8(4),* 540–562.

Projektleitung (2004). *Lehren und Lernen für die Zukunft. Projekt »Selbstständige Schule«.* Gütersloh: Bertelsmann-Stiftung.

Realschule Enger (2001). *Lernkompetenzen I und II.* Berlin: Cornelsen/Scriptor .

Rolff, H.-G. (2001). Professionelle Lerngemeinschaften. Eine wirkungsvolle Synthese von Unterrichts- und Personalentwicklung. In H. Buchen, L. Horster & H.-G. Rolff (Hrsg.), *Schulleitung und Schulentwicklung* (S. 1–14). Berlin: Raabe.

Rolff, H.-G. (2006). Schulentwicklung, Schulprogramm und Steuergruppe. In H. Buchen & H.-G. Rolff (Hrsg.), *Professionswissen Schulleitung.* Weinheim/Basel: Beltz.

Rolff, H.-G. (2007). *Unterrichtsentwicklung als Schulentwicklung.* In H.-G. Rolff (Hrsg.), *Studien zu einer Theorie der Schulentwicklung* (S. 131–154). Weinheim: Beltz.

Rolff, H.-G. (Hrsg.) (2011). *Qualität mit System. Ein Arbeitsbuch Unterrichtsbezogenen Qua-litätsmanagements (UQM).* Köln: Link.

Rolff, H.-G. (2013). *Schulentwicklung kompakt.* Weinheim: Beltz.

Rolff, H.-G., & Steinweg, A. (1980). Realität und Entwicklung von Lehrerkooperation. In H.-G. Rolff (Hrsg.). *Soziologie der Schulreform* (S. 113–129). Weinheim: Beltz.

Rosenholtz, S. J. (1991). *Teacher's Workplace: The Social Organization of Schools.* New York: Teachers College Press.

Schank, R. C., & Abelson, R. P. (1977). *Scripts, Plans, Goals and Understanding. Hillsdate.* N.Y.: Erlbaum.

Schnurer, K., & Mandl, H. (2002). Wissensmanagement durch Lerngemeinschaften lernen. *Grundlagen der Weiterbildung, 1,* 14–17.

Schön, D. A. (1987). *Educating the Reflective Practioner.* San Francisco: Jossey-Bass.

Seashore Louis, K., Marks, H., & Kruse, S. (1996). Teachers' professional community in restructuring schools. *American Educational Research Journal,* 33(4), 757-798.

Senge, P. (1996). *Die fünfte Disziplin.* Stuttgart: Klett-Cotta.

Sennett, R. (2002). *Respekt im Zeitalter der Ungleichheit.* Berlin: Berliner Taschenbuchverlag.

Sergiovannie, T. (1999). *Building community in schools.* San Francisco: Jossey-Bass.

Steinert, B. & Klieme, E. (2003). *Levels of teacher cooperation: A new aproach to the evaluation of school development.* Paper presented at the international Congress for School Effectiveness and Improvement. Sydney, Australia.

Stoll, L., Bolman, R., McMahon, A., & Wallace, M. (2006). Professional learning communities: A review of the literatur. *Journal of Educational Change, 7,* 221–258.

Terhart, E. (1995). Lehrerprofessionalität. In H.-G. Rolff (Hrsg.), *Zukunftsfelder von Schulforschung* (S. 225–266). Weinheim: Deutscher Studien Verlag.

Tschekan, K. (2002). Guter Unterricht und der Weg dorthin. In H. Buchen, L. Horster & H.-G. Rolff (Hrsg.), *Schulleitung und Schulentwicklung* (S. 1–16). Berlin: Raabe.

Wahl, D. (2006). *Lernumgebungen erfolgreich gestalten.* Bad Heilbrunn: Klinkhardt.

Wenger, E. (1999). *Communities of practice: Learning, meaning and identity.* Cambridge: Cambridge University Press.

Weniger, E. & Snyder, W. (1988). Communities of Practice. *Harvard Business Review 78(1),* 139–145.

Martin Goecke & Klaus-Jürgen Tillmann

Wenn Berater in die Schulen kommen – Schulentwicklungsberatung als Stütze innovativer Schulen?

Dass Schulen, die sich engagiert um eine Weiterentwicklung ihrer Organisation und ihrer pädagogischen Arbeit bemühen, dabei auf erprobte Verfahren der Schulentwicklung zurückgreifen, ist inzwischen eine weit verbreitete Praxis. Wer diese Entwicklungsarbeit in Einzelschulen seit längerem beobachtet, ist in den letzten Jahren immer häufiger auf einen zunächst neuen Sachverhalt gestoßen: Schulen betreiben ihre Schulentwicklung nicht mehr nur allein aus eigener Kraft, sondern sie engagieren häufig Experten »von außen«, um sich beraten und anleiten zu lassen. Das bedeutet zugleich: Immer mehr Menschen (mit ganz unterschiedlichen Ausbildungen) bieten sich den Schulen als Schulentwicklungsberater an. Hier ist inzwischen ein Markt entstanden, auf dem nicht nur staatliche Einrichtungen (z. B. Fortbildungsinstitute), sondern auch kommerzielle Beratungsfirmen als Anbieter auftreten.

Systematisch gesehen steht diese externe Schulentwicklungsberatung in einer Reihe mit anderen Steuerungsinstrumenten – so den Schulprogrammen, der Schulinspektion und den Lernstandserhebungen. All diese Verfahren sind darauf ausgerichtet, durch systematische Entwicklungsarbeit die Schulqualität zu verbessern. Auffällig ist allerdings, dass es über die externe Schulentwicklungsberatung im deutschsprachigen Bereich bisher kaum gesicherte empirische Erkenntnisse gibt. Während über Schulprogrammarbeit (vgl. z. B. Holtappels, 2004, Heinrich & Kussau, 2010), über Schulinspektionen (vgl. z. B. Dedering, 2012) und auch über Rückmeldung bei Leistungsvergleichen (vgl. z. B. Altrichter, 2010) inzwischen eine umfassende Forschungsliteratur vorliegt, ist der Forschungsstand zur externen Schulentwicklungsberatung recht dürftig: Die deutschsprachige Literatur dazu argumentiert vor allem konzeptionell und handlungsanleitend (vgl. z. B. Dalin u. a., 1990, Rolff u. a., 2000, Berkemeyer, 2011), gesicherte Erkenntnisse über die Praxis der Schulberatung liegen bisher kaum vor und können deshalb in die Argumentationen auch nicht einfließen. Die wenigen empirischen Aussagen entstammen entweder den eigenen Beratungsaktivitäten der erziehungswissenschaftlichen Autoren (vgl. z. B. Philipp, 2007) oder aber der Evaluation von Beratungsaspekten in einigen schulischen Modellvorhaben (vgl. Bastian & Rolff, 2001, Holtappels, Klemm & Rolff, 2008, Horstkemper u. a., 2012). Im Unterschied etwa zur Schulinspektion wurde die externe Schulentwicklungsberatung im deutschsprachigen

Bereich bisher nicht zum Gegenstand einer systematischen empirischen For-schung gemacht, so dass »gesicherte Aussagen über die Häufigkeit, mit der ex-terne Beratung in Schulentwicklungsprozessen praktiziert wird, ... ebenso wenig möglich (sind) wie Aussagen über Effekte« (Arnold & Reese, 2010, S. 302)[1]. Diese empirische Kenntnislücke ist der Ausgangspunkt eines Forschungsprojekts, über deren Ergebnisse hier berichtet wird.[2]

1   Forschungsansatz und methodisches Vorgehen

Wir verstehen unter externer Schulentwicklungsberatung die Unterstützung von Schulen durch Personen, die nicht zum Kollegium gehören. Dabei handelt es sich um professionelle Formen der Beratung, die sich durch eine theoriegeleitete, überprüfbare und transparente Gestaltung des Vorgehens auszeichnen. Beratung verstehen wir dabei als eine Oberkategorie für verschiedene Unterstützungsfor-men (vgl. Rolff u. a., 2000); dazu gehören Fortbildung, Supervision und Coaching genauso wie die Moderation von Problemanalysen und die Hilfe bei der Aufstel-lung von Handlungsprogrammen. Gemeint ist somit eine »entwicklungsfördernde Beratung, die in der einzelnen Schule die zu beratende Einheit sieht« (Schönig, 2000, S. 94).

Weil wir es hier mit einem Verfahren der Schulentwicklung zu tun haben, das zwar recht weit verbreitet ist (s.u.), über das aber bisher kaum gesicherten wis-senschaftlichen Erkenntnisse vorliegen, setzt unsere Forschung explorativ an: Wir wollen das Feld erkunden und zunächst einmal feststellen, welche Formen von Beratung in unseren Schulen wie häufig anzutreffen sind. Hierzu haben wir 2011 in Nordrhein-Westfalen einen standardisierten Fragebogen an alle Schulleitungen der allgemeinbildenden Sekundarstufenschulen (Hauptschulen, Realschulen, Gymna-sien, Integrierte Gesamtschulen) versandt. Von insgesamt 2.042 angeschriebenen Schulleitungen haben 957 (47%) einen ausgefüllten Fragebogen zurückgeschickt, so dass wir hier eine gute Datenbasis für unsere deskriptiven Aussagen haben. Doch wir haben uns bei unserer explorativen Forschung nicht nur für die eher »äußeren« Merkmale (Häufigkeit, Dauer, Finanzierung etc.), sondern auch für die internen Prozessverläufe der Beratung interessiert: Wie verläuft die Kommunika-tion zwischen dem Berater und den schulischen Akteuren? Wie zufrieden sind die Beteiligten mit den Ergebnissen? Diese und andere Fragen wurden in umfangrei-

---

1   Die anglo-amerikanische Forschung zur Arbeit von »change agents«, die für die deut-sche Situation nur eine begrenzte Bedeutung hat, haben wir an anderer Stelle (vgl. Till-mann u. a., 2013) dargestellt.

2   Es handelt sich um das DFG-geförderte Forschungsprojekt »Wie beraten Berater?« (WIBB), das von 2009 bis 2012 an der Universität Bielefeld durchgeführt wurde. Eine ausführliche Darstellung des methodischen Vorgehens und die Präsentation der Gesamtergebnisse finden sich in Dedering, Tillmann, Goecke & Rauh, 2013.

chen Fallstudien bearbeitet, die wir zwischen 2010 und 2012 an sechs systematisch ausgewählten Schulen durchgeführt haben. Als Erhebungsverfahren haben wir dabei mit themenzentrierten Interviews (bei Schulleitungen, Lehrkräften und Beratern), Dokumentenanalysen und standardisierten Lehrerbefragungen gearbeitet.

2   Wie verbreitet ist externe Schulentwicklungsberatung?

Auf der Basis der Schulleiterbefragung können wir eine quantitative Übersicht über Schulentwicklungsberatung an allgemeinbildenden Schulen (Sek. I) in NRW geben. Die Frage, ob sie in den letzten fünf Jahren mindestens ein Mal mit einem externen Berater zusammengearbeitet haben, wird von 46 Prozent (n = 440) der nordrhein-westfälischen Schulleitungen bejaht. Dabei reicht das schulformspezifische Spektrum von 42 Prozent Beratungen an Hauptschulen bis zu 48 Prozent an Gesamtschulen. Diese Unterschiede sind nicht signifikant. Wir haben es hier somit mit einem relativ weit verbreiteten Instrument der Schulentwicklung zu tun, das in allen Schulformen eingesetzt wird. Solche Beratungen gestalten sich in Ablauf und Intensität höchst unterschiedlich. Das geht von einmaligen Beratungs- und Fortbildungsaktivitäten bis hin zu einer Zusammenarbeit, die drei oder vier Jahre dauern kann. Einmalige Aktivitäten eines Beraters (z. B. ein Vortrag bei einem Schulentwicklungstag) sind eher selten (19 Prozent), deutlich häufiger sind Kooperationen, die mehr als zwei Jahre dauern (38 Prozent), am häufigsten dauern Beratungen ein bis zwei Jahre (43 Prozent). Je länger der Beratungsprozess dauert, desto vielfältiger sind die dabei praktizierten Arbeitsformen: Bei einmaligen Kontakten handelt es sich in der Regel um eine Fortbildung, bei einer längerfristigen Zusammenarbeit kommen z. B. gezielte Beratungen (etwa bestimmter Fachgruppen), Supervision von Schulleitungsmitgliedern, Workshops zu Problemanalysen, Coaching bestimmter Lehrergruppen, aber auch Feedback von Evaluationsergebnissen hinzu.

Bei den Aktivitäten zur Schulentwicklung sind in Nordrhein-Westfalen seit vielen Jahren große Modellprojekte bedeutsam, die von Stiftungen initiiert und finanziert werden. So waren von den 957 Schulen unserer Befragung 117 (12 Prozent) an dem umfassenden Modellvorhaben »Selbstständige Schule« beteiligt (vgl. Bertelsmann Stiftung, 2004).

3   Fragestellung und Argumentationsgang

Sowohl die soeben skizzierten quantitativen Daten als auch die Ergebnisse der bereits angesprochenen sechs Fallstudien erlauben es, in differenzierter Weise Inhalte, Abläufe und Ergebnisse solcher Beratungsprozesse nachzuzeichnen. In diesem Beitrag wollen wir einen spezifischen Aspekt herausnehmen und differenziert analysieren: Es geht um den Zusammenhang zwischen dem Organisationsgrad (dem »Niveau«) der Schulentwicklung an einer Schule und der Bedeutung, die die Beratung dort Schulen einnimmt. Dies bedarf der Erläuterung:

Wenn man fragt, in welcher Weise denn Einzelschulen mit Verfahren der Schulentwicklung vertraut sind, stößt man auf sehr unterschiedliche Situationen. Es gibt Schulen, die mit systematischen Verfahren der Schulentwicklung (z. B. Selbstevaluation) noch nie gearbeitet haben, die innerhalb ihrer Schule auch keine Infrastruktur für Schulentwicklung (z. B. Steuergruppen) aufgebaut haben, die im Kollegium dazu bisher auch kaum Kompetenzen vorweisen. Solche Schulen befinden sich in unserer Einordnung auf einem »geringen Niveau« der Schulentwicklung. Aber es gibt gar nicht so selten auch das genaue Gegenteil: Schulen mit umfassenden Erfahrungen in Schulentwicklungsaktivitäten, mit einer spezifisch ausgebauten Infrastruktur für solche Tätigkeiten – und mit einer größeren Zahl von Personen mit guten Kenntnissen in diesem Feld. Solchen Schulen bescheinigen wir ein »hohes Niveau« der Schulentwicklung, man kann sie auch als »innovative Schulen« bezeichnen.

Uns interessiert nun, wie dieses »Niveau der Schulentwicklung« zusammenhängt mit der Häufigkeit und dem Verlauf einer externen Schulentwicklungsberatung. Konkret: Greifen innovative Schulen häufiger zu dem Instrument der externen Schulentwicklungsberatung? Werden Inhalte und Dauer der Beratung, wird die Wahl der Berater durch das Entwicklungsniveau beeinflusst? Wird der Nutzen der Beratung unterschiedlich bewertet? Und schließlich interessiert uns, ob hierbei der in NRW weit verbreitete Modellversuch »Selbstständige Schule« von Bedeutung ist: Weisen Schulen, die sich daran beteiligt haben, eine höheres Schulentwicklungsniveau als andere auf?

Zur Bearbeitung dieser Fragestellungen soll zunächst die bereits angesprochene quantitative Befragung nordrhein-westfälischer Schulleitungen betrachtet werden. Hier wird das Niveau der Schulentwicklung anhand von vier Items zu einem »Schulentwicklungsindex« zusammengefasst. Dieser wird dann sowohl mit institutionellen Faktoren (Schulform, Modellversuchsteilnahme) als auch mit Merkmalen des Beratungsprozesses (Häufigkeit, Bewertung) in Beziehung gesetzt, so dass sich ein erster Überblick über die Zusammenhänge ergibt.

In einem zweiten Schritt werden Beratungsprozesse an zwei Schulen genauer betrachtet. Dabei greifen wir auf die Ergebnisse unserer (vorwiegend qualitativ angelegten) Fallstudien zurück. Die Schulen in den beiden dargestellten Beratungsprozessen ähneln sich stark in ihren äußeren Merkmalen (Schulform, lokale Einbindung, Teilnahme am Modellversuch), sie unterscheiden sich jedoch entscheidend in einem Merkmal: dem Niveau der Schulentwicklung zu Beginn des Beratungsprozesses.

4 Überblicksstudie: Schulentwicklungsindex und externe Beratung

Wie bereits angesprochen unterscheiden wir zwischen Schulen, die bereits eine personelle und organisatorische Infrastruktur aufgebaut haben, um Schulentwicklung systematisch betreiben zu können – und solchen, bei denen eine solche Infrastruktur nicht existiert. Um diese Unterscheide zu messen, wurden in der Schulleitungsbefragung die folgenden Items verwandt:

a) »*Aktivitäten der Schulentwicklung finden an unserer Schule überwiegend als Einzelmaßnahmen/-projekte statt.*«
b) »*Aktivitäten der Schulentwicklung finden an unserer Schule nur statt, wenn einzelne Lehrkräfte Interesse an einer Thematik/einem Projekt haben.*«
c) »*Für Aktivitäten der Schulentwicklung gibt es an unserer Schule ein Konzept mit konkreten Schwerpunkten und/oder Maßnahmen.*«
d) »*An unserer Schule gibt es Personen, die für Aktivitäten bei der Schulentwicklung zuständig sind.*«

Diese Items spiegeln wichtige Aspekte der Schulentwicklung als systematischen, zielgerichteten und selbstreflexiven Prozess in Schulen wider. Aus den Antworten zu den vier Items wurde eine Gesamtskala gebildet, die im Folgenden als »Schulentwicklungsindex« bezeichnet wird. Die Items a) und b) wurden dazu in ihren Antworten invertiert, da die Aussagen inhaltlich dem Ziel einer systematischen Schulentwicklung entgegenstehen. Die befragten Schulleitungen konnten zu diesen Items auf einer vierstufigen Antwortskala von »(1) *trifft nicht zu*« bis zu »(4) *trifft zu*« Stellung nehmen. Als Schulentwicklungsindex wird der Mittelwert dieser vier Items betrachtet. Die Reliabilität dieser Skala ist mit einem Ergebnis für Cronbachs Alpha von .760 ausreichend hoch. Die Einzelergebnisse der Schulen haben wir entsprechenden Gruppen zugeordnet. Ein Mittelwert von < 3,0 entspricht einem »eher geringen« Schulentwicklungsniveau, ein Mittelwert von 3,0 bis 3,5 wird als ein »mittleres« und ein Mittelwert von > 3,5 wird als »hohes« Entwicklungsniveau bezeichnet.

4.1 Schulentwicklungsindex – Verteilung nach Schulformen

In einem ersten Zugriff interessiert uns, ob sich das Niveau der Schulentwicklung in den verschiedenen Schulformen der Sekundarstufe unterschiedlich darstellt (vgl. Tab. 1).

Tabelle 1: Schulentwicklungsindex nach Schulformen

Schulform	Schulentwicklungsindex			
	eher gering (in %)	mittel (in %)	hoch (in %)	N (100%)
Hauptschule	*36,6*	*34,6*	*28,9*	*246*
Realschule	*29,2*	*39,5*	*31,3*	*233*
Gymnasium	*23,2*	*33,3*	*43,5*	*285*
Gesamtschule	*11,6*	*31,6*	*56,8*	*95*
Gesamt	*27,3*	*35,2*	*37,5*	*866*

$\chi^2\,(6, N = 859) = 39{,}80, p = .000$

Tabelle 1 zeigt deutlich, dass Gymnasien und Gesamtschulen insgesamt ein höheres Niveau der Schulentwicklung aufweisen als Haupt- und Realschulen. Als ein verursachender Faktor dafür dürfte die organisatorische Komplexität dieser Schulen, die alle auch über eine gymnasiale Oberstufe verfügen, infrage kommen. Dabei erleichtern die an den Gymnasien und Gesamtschulen vorzufindenden Aufgabendifferenzierungen auf der Leitungsebene (vgl. u. a. Holtappels, 2005) ein systematisches und arbeitsteiliges Vorgehen. Denn Schulen mit einer größeren Zahl von Lehrkräften in Funktionsstellen werden eine personelle Zuordnung zu Schulentwicklungsaufgaben eher vornehmen können, woraus sich dann ein höherer Indexwert ergibt. Dennoch gibt es aber auch kleinere Schulen (Haupt- und Realschulen) mit hohem Index und größere Schulen (Gymnasien und Gesamtschulen) mit niedrigem Index.

4.2   Beratungshäufigkeit

Von ganz besonderem Interesse ist die Frage, ob es einen Zusammenhang zwischen dem Schulentwicklungsindex und der Inanspruchnahme von Beratung gibt. Nehmen Schulen mit einem eher geringen Entwicklungsstand häufiger Beratung in Anspruch (sie hätten es besonders nötig) – oder greifen Schulen mit höherem Entwicklungsstand häufiger zu externer Beratung (sie hätten die direkteren Zugänge)?

Tabelle 2 zeigt, dass die zweite Annahme zutrifft: Es besteht ein signifikanter Zusammenhang zwischen dem Schulentwicklungsindex und der externen Beratung von Schulen. Denn je höher der Schulentwicklungsindex ausfällt, desto häufiger finden wir Beratungsaktivitäten.

Tabelle 2: Beratungshäufigkeit nach Schulentwicklungsindex

Schulentwicklungsindex	Beratung		
	Ja (in %)	Nein (in %)	N (100%)
Eher gering	35,9	64,1	237
Mittel	43,5	56,5	306
Hoch	53,5	46,5	327
Gesamt	45,2	54,8	870

$\chi^2 (2, N = 870) = 17,84, p = .000$

Dieser Zusammenhang kann dadurch begründet sein, dass eine strukturierte Entwicklung der Einzelschule häufig durch eine zuvor durchgeführte externe Schulentwicklungsberatung befördert wurde. Dann wäre die Beratung verursachend für das Entwicklungsniveau. Es kann aber auch sein, dass das Hinzuziehen eines Beraters die Folge eines hohen Entwicklungsstadiums der Schule und ihrer Innovationsfreudigkeit ist. Dann wäre das Entwicklungsniveau verursachend für die Beratungsaktivitäten. Auf der Basis der vorliegenden Querschnittdaten kann die Richtung dieses Zusammenhangs nicht aufgeklärt werden. Wir werden diese Frage bei der Präsentation der Fallstudienergebnisse (Kap. 5) wieder aufnehmen.

4.3   Projektbezug der Beratung

Da sich unsere Untersuchungen auf die Situation in Nordrhein-Westfalen beziehen, gilt es, eine Besonderheit mit zu berücksichtigen: Bei allen Aktivitäten zur Schulentwicklung stehen immer wieder die großen Modellprojekte zur Schulentwicklung im Mittelpunkt, die von der Bertelsmann Stiftung initiiert und mitfinanziert wurden. Insbesondere geht es um die Modellvorhaben »Schule & Co.« sowie »Selbstständige Schule«. Ob und in welchem Maße das Projekt »Selbstständige Schule« mit dem Niveau der Schulentwicklung, aber auch mit der Anlage von Beratungsaktivitäten in Beziehung steht, soll im Folgenden geklärt werden. Dabei wird unterschieden in Teilnehmerschulen und Korrespondenzschulen. Teilnehmerschulen gelten von Beginn an als reguläre Projektteilnehmer, Korrespondenzschulen wurden im Projektverlauf zusätzlich aufgenommen, um einige, aber nicht alle Bestandteile des Projekts (z. B. die Bildung und Fortbildung von Steuergruppen, Maßnahmen zur Unterrichtsentwicklung) an möglichst vielen weiteren Schulen zu implementieren (vgl. z. B. Bertelsmann Stiftung, 2004).

Tabelle 3: Schulentwicklungsindex und Teilnahme am Projekt Selbstständige Schule

Teilnahme an Projekt Selbstständige Schule	Schulentwicklungsindex			
	eher gering (in %)	mittel (in %)	hoch (in %)	N (100%)
Nein	28,4	35,7	35,9	754
Ja, als Korrespondenzschule	23,1	30,8	46,2	65
Ja, als Teilnehmerschule	12,8	34,0	53,2	47
Gesamt	27,1	35,2	37,6	866

χ^2 (4, N = 866) = 9,68, p = .046

Tabelle 3 macht deutlich, dass die Unterschiede im Schulentwicklungsniveau zwischen am Projekt beteiligten und nicht beteiligten Schulen signifikant sind. Teilnehmer- und Korrespondenzschulen verfügen im Mittel über ein deutlich höheres Niveau als Schulen, die nicht am Projekt teilgenommen haben. Dieser Zusammenhang kann nicht verwundern. Denn die im Schulentwicklungsindex erhobenen Merkmale der koordinierten, konzeptgestützten und an Personen delegierten Aufgaben sind zugleich Teil der Projektkonzeption (vgl. z.B. Weisker, 2004; Holtappels, 2005; Feldhoff, 2011). Durch die verpflichtende Einrichtung von Steuergruppen und deren Fortbildung, durch die Implementierung einer mittleren Managementebene (bei Teilnehmerschulen) sowie durch koordinierte Fortbildungen im Bereich der Unterrichtsentwicklung wird eine solche Institutionalisierung betrieben, die dann auch zu einem höheren Schulentwicklungsindex führt.

Unsere Befragung zeigt aber auch (ohne Tab.), dass *innerhalb* des Projekts »Selbstständige Schule« die Beratungen zu 68 Prozent von Unternehmensberatern und nur zu 32 Prozent von Pädagogischen Beratern durchgeführt wurden. Bei Beratungen außerhalb dieses Bertelsmann-Projekts wurden in den Schulen hingegen zu 67 Prozent Pädagogische Berater – und nur zu 33 Prozent Unternehmensberater tätig[3]. Damit lässt sich empirisch belegen, dass die überregionalen Modellvorhaben (und die dahinter stehenden Stiftungen) sich in den Schulen als »Türöffner« für Unternehmensberatungen betätigen (vgl. Dedering, 2013). Deutlich wird ihr Einfluss auch, wenn man sich die unterschiedliche Dauer anschaut: Von den Beratungen, die *innerhalb* solcher Projekte stattgefunden haben, haben 73 Prozent länger als zwei Jahre gedauert, bei Beratungen *außerhalb* solcher Projekte waren dies nur 31 Prozent. Dies liegt auch an den besonderen Finanzierungsmöglichkeiten, die den Stiftungen zur Verfügung stehen.

---

3   Wir unterscheiden hier nach der beruflichen Herkunft der Berater: Kommen sie aus dem Schuldienst, der Lehrerfortbildung, den Studienseminaren etc., so bezeichnen wir sie als »Pädagogische Berater«. Arbeiten sie hingegen hauptberuflich in Beratungsfirmen oder als selbständige Berater, so bezeichnen wir sie als »Unternehmensberater« (vgl. Tillmann u. a., 2013).

Inwiefern das Projekt »Selbstständige Schule« auch einen Einfluss auf die Beratungshäufigkeit (nach unserer Fragestellung »seit 2005«) hat, soll im Folgenden dargestellt werden.

Tabelle 4: Beratungshäufigkeit und Teilnahme am Projekt Selbstständige Schule

Teilnahme am Modellvorhaben Selbstständige Schule	Beratung		
	Ja (in %)	Nein (in %)	N (100%)
Nein	43,6	56,4	832
Ja, als Korrespondenzschule	58,6	41,4	70
Ja, als Teilnehmerschule	55,3	44,7	47
Gesamt	45,3	54,7	949

χ^2 (2, N = 949) = 7,81, p = .020

In Tabelle 4 wird deutlich, dass Schulen, die am Projekt »Selbstständige Schule« teilgenommen haben, signifikant häufiger beraten worden sind als andere Schulen. Überraschend ist jedoch, dass die Unterschiede deutlich geringer sind als erwartet. Da die Fortbildung der Steuergruppen und die Beratungen zur Unterrichtsentwicklung verpflichtender Teil des Projekts waren (vgl. z. B. Weisker, 2004), konnte erwartet werden, dass der Anteil der beratenen Schulen hier bedeutend höher anzusiedeln ist. Die im Vergleich dazu relativ niedrigen Beratungsquoten von gut 55 bzw. knapp 59 Prozent können durch den zeitlichen Verlauf zustande gekommen sein, da das Projekt ab 2002 und die Korrespondenzschulen ab 2004 starteten. Unsere Befragung bezieht sich jedoch explizit auf Beratungsprozesse erst seit 2005.

4.4 Nutzen der Beratung

Abschließend wurde den Schulleitungen die Frage gestellt: »*Wie schätzen Sie den Nutzen ein, den die Arbeit des Beraters gebracht hat?*« Es wurde hier auf einer Skala von 1 = »sehr hoch« bis 4 = »gering« geantwortet; der theoretische Mittelwert beträgt somit 2,5. Diese Bewertung des Nutzens soll nun nach den Kategorien des Schulentwicklungsindex differenziert betrachtet werden.

Abbildung 1 zeigt, dass die Bewertung des Nutzens stark nach dem Entwicklungsstand der Schulen variiert: Je höher der Schulentwicklungsindex ist, desto positiver ist die Bewertung des Nutzens der Beratung für die Schule. Ist der Index »hoch«, so liegt der Bewertungsmittelwert bei 1,80, bei eher geringem Entwicklungsstand der Schule beträgt der Wert 2,09.

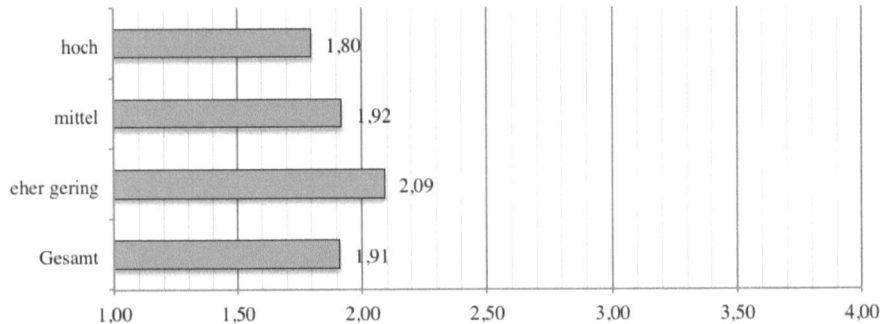

Abb. 1: *Bewertung des Nutzens der Beratung nach Schulentwicklungsindex, Skala: 1 = sehr*
          hoch bis 4 = gering; F (2, 375) = 4,92, p = .008

Eine einfaktorielle Varianzanalyse mit angeschlossenem Tamhane-post-hoc-Test
zeigt, dass sich die Differenzen zwischen diesen Kategorien signifikant (.008) unterscheiden. Die Effektstärke η^2 beträgt .026. Kurz: Schulen, die in ihrer Entwicklung gut vorangeschritten sind, schätzen den Wert der Beratung deutlich positiver
ein.

4.5   Zwischenfazit

Anhand der quantitativen Erhebung an Schulen der Sekundarstufe I in NRW
konnten Zusammenhänge zwischen dem Niveau der Schulentwicklung und der
Inanspruchnahme von Beratung festgestellt werden: Je höher der Schulentwicklungsindex ausfällt, desto häufiger findet Beratung statt – und umgekehrt. Eine
Wirkrichtung lässt sich dabei auf der Basis der vorliegenden Querschnittsdaten
nicht festmachen. Gleiches gilt für das Ergebnis, dass Schulen mit höherem Schulentwicklungsindex den Nutzen der Beratung signifikant höher einschätzen. Vertiefende Ergebnisse dazu sollen anhand der anschließend darzustellenden Fallstudi-
en gewonnen werden. Außerdem zeigt sich, dass die Teilnahme am Modellversuch
»Selbstständige Schule« einhergeht mit einem höheren Schulentwicklungsindex,
einer größeren Beratungshäufigkeit und einem besonders häufigen Einsatz von
Unternehmensberatern. Die spezifischen Ausprägungen der hiermit verbundenen
Beratungsprozesse werden ebenfalls in den Fallstudien genauer betrachtet.

5   Zwei Fallstudien: Beratungsprozesse und Entwicklungsniveau

Die beiden Schulen, die hier genauer in den Blick genommen werden, haben einige Gemeinsamkeiten: Es sind beides Gymnasien im ländlichen Raum, die am
Modellversuch »Selbstständige Schule« teilgenommen haben. Der jeweilige Entwicklungsstand (Niveau der Schulentwicklung) zu Beginn des Beratungsprozesses

ist jedoch höchst unterschiedlich und – das wird zu zeigen sein – die Beratungsprozesse selbst unterscheiden sich in Inhalten und Verlauf massiv voneinander.
Unsere Absicht besteht darin, aus einem systematischen Vergleich solcher Fälle
übergreifende Erkenntnisse über Schulentwicklungsprozesse zu gewinnen.

5.1   Grundinformationen zu den Schulen

Das Gymnasium *Dingtrup*[4] ist mit 1.700 Schülern und etwa 120 Lehrkräften eine
sehr große Schule. Sie ist in der Sekundarstufe I siebenzügig ausgebaut und verfügt
dort über ca. 40 Klassen. Die Schule hat eine differenzierte Leitungsstruktur, zu
der neben dem Schulleiter und seinem Stellvertreter weitere neun Lehrkräfte auf
Funktionsstellen (A15) gehören. Sie gilt als das führende Gymnasium in einer Stadt
mit knapp 100.000 Einwohnern, die Teil einer ländlichen Region ist.

Das Gymnasium *Schilftal* ist das einzige Gymnasium in einer Kleinstadt, dort
werden ca. 950 Schüler von etwa 75 Lehrkräften unterrichtet. Auch diese Schule
verfügt über eine differenzierte Leitungsstruktur von insgesamt sechs Personen in
einer erweiterten Schulleitung und einem nochmals um die Fachkoordinatoren
erweiterten Koordinatorenrat. Der mittelständisch strukturierte Einzugsbereich
der Schule umfasst neben der kleinen Stadt die ländlichen Gebiete der Umgebung.
Das Gymnasium *Schilftal* ist in fast allen Jahrgängen vierzügig ausgebaut, es verfügt somit in der Sekundarstufe I über ca. 24 Klassen.

5.2   Entwicklungsstand und Einstieg in die Beratung

Am Gymnasium *Dingtrup* begann 2001 ein neu berufener Schulleiter seine Arbeit. Zu diesem Zeitpunkt gab es weder Überlegungen zu einer systematischen
Schulentwicklung noch Vorstellungen zur pädagogischen Qualitätssicherung. Es
existierten an der Schule zwar etliche Projekte (z.B. Wettbewerbe wie »Jugend
forscht«) und kleinere Programme (etwa zum individuellen Lernen in einzelnen
Klassen), diese waren aber immer an einzelne Personen – deren Interesse und
Engagement – gebunden. Wenn die entsprechende Lehrkraft nicht mehr zur Verfügung stand, brachen die auf den Weg gebrachten Initiativen häufig ab. Es fehlte
demnach die Nachhaltigkeit der Entwicklungsaktivitäten. Schulentwicklung, so
das Steuergruppenmitglied Frau D. – »*war ein leeres Blatt vorher ... Man hatte seine
Richtlinien und machte da seinen Unterricht*«. Aktivitäten, die zu einer Profilierung
der Schule hätten beitragen können, blieben so aus. Dabei fehlte es an der Schule
auch an dem erforderlichen Prozesswissen:

---

4   Die Namen der Schulen und die Namen der in den Fallstudien zitierten Personen wur-
     den verfremdet.

»*Also, ich würde sagen, im Bereich der Schulentwicklung, wie man sie auch definiert, waren wir auf dem Stand ›null‹. Das heißt, ... wie man diese Prozesse angeht, um überhaupt sie nachhaltig und systematisch in einer Schule zu etablieren, hatten wir kaum Kenntnisse*« (Frau C., Sprecherin der Steuergruppe).

Es existierte zu dieser Zeit auch noch kein Verständnis für die Notwendigkeit einer Qualitätssicherung: Jeder Kollege – so Frau D. – kochte »*sein eigenes Süppchen*«. Dies alles sind nach unserem Verständnis klare Hinweise darauf, dass an diesem Gymnasium im Jahr 2001 – also vor Beginn der Beratung – ein extrem niedriges Schulentwicklungsniveau anzutreffen war. Der neue Schulleiter und etliche seiner Mitstreiter wollten dies ändern und befürworteten deshalb eine Teilnahme der Schule an dem Modellversuch »Selbstständige Schule«. Dies wurde nach längeren Diskussionen im Kollegium beschlossen, so dass das Gymnasium 2002 dem Modellversuch als Vollmitglied beitrat. Mit der Regionalen Steuergruppe des Modellversuchs wurde eine Kooperationsvereinbarung geschlossen, zu dem u. a. ein Programm zur Qualifizierung der Funktionsträger (Mitglieder der Schulleitung und der neu eingerichteten Steuergruppe) gehörte. Die Schule verpflichtete sich, an diesen Fortbildungs- und Beratungsaktivitäten teilzunehmen; die entsprechenden Fortbildungsreihen wurden als Teil des Gesamtprogramms vom Projekt geliefert. Mit der Teilnahme am Projekt (und den damit verbundenen Beratungen) verband die Schule das Ziel, umfassende Kenntnisse und Kompetenzen im Bereich des Schulmanagements sowie der Organisations- und Personalentwicklung zu erwerben. Sie wollte das eigene Schulentwicklungsniveau deutlich erhöhen, um künftig bei der Entwicklungsarbeit auf »eigenen Füßen« stehen zu können.

Das Gymnasium *Schilftal* stellt sich auf seiner Homepage und in den Interviews nicht nur als ein traditionsreiches Gymnasium (gegründet im 18. Jahrhundert), sondern auch als eine reformorientierte Einrichtung dar. Es wird betont, dass sich das Kollegium intensiv um seine Schüler/innen, die oft nicht aus bildungsbürgerlichen Verhältnissen stammen, bemüht. Dazu gehören ein eigenständiges Konzept zur individuellen Förderung, ein spezielles Methodencurriculum und ein Schwerpunkt in der musikalischen Bildung (Bläserklassen). All diese Aktivitäten lassen erkennen, dass sowohl in der Schulleitung wie im Kollegium eine reformorientierte Grundeinstellung vorhanden ist. Mehrere der von uns interviewten Lehrkräfte (Herr P., Frau O., Frau B.) stellen dar, dass es schon Ende der 1990er Jahre im Kollegium verschiedene Initiativen und Aktivitäten gegeben habe, die man als Elemente einer schülerorientierten Schulentwicklung bezeichnen kann. Hierzu Frau O., Mitglied der Steuergruppe:

»*Ich bin 1999 in die Schule gekommen und habe ... damals empfunden, die Schule ist offen für Neues ... Hier war schon viel im Hinblick auf Schulentwicklung angestoßen worden*«.

Frau O. sieht hier einen Zusammenhang mit der Arbeit des damals noch relativ neuen Schulleiters. Mit seinem Erscheinen 1995 wurden »*im Grunde pädagogische*

Aufgaben in den Vordergrund gestellt. Und von dort aus entwickelte sich ganz vieles Andere« (ebd.). Sowohl einzelne schon in den 1990er Jahren systematisch durchgeführte Projekte, die mehrfach mit Preisen ausgezeichnet wurden, als auch die bereits im Jahr 2000 erfolgte Erarbeitung eines Schulprogramms (dies wurde in NRW erst 2005 verpflichtend) und die damit verbundene Einrichtung einer Steuergruppe lassen erkennen: Beim Gymnasium *Schilftal* lag schon vor der Teilnahme am Projekt »Selbstständige Schule« und der damit verbundenen Beratung ein durchgängig hohes Niveau der Schulentwicklung vor.

Die Lehrer/innen berichten, dass im Kollegium die Beteiligung an dem Modellvorhaben durchaus kontrovers diskutiert wurde. Dabei wurde von einigen die Rolle der Bertelsmann Stiftung kritisch in den Blick genommen. Doch hat eine solche Thematisierung nicht verhindert, dass das Kollegium 2001 mit großer Mehrheit beschloss, an dem Modellvorhaben »Selbstständige Schule« teilzunehmen. Das Gymnasium *Schilftal* trat in diesen Modellversuch ein, um die im Schulprogramm selbst gesetzten Ziele (u. a. die Erstellung eines Förderkonzepts) mit den zusätzlichen Ressourcen besser erreichen zu können. Dazu gehörte auch die Absicht, die Lehrerkooperation zu verstärken, um die pädagogische Arbeit in den Klassen zu verbessern. Hierzu wurde in umfangreicher Weise externe Beratung (gekoppelt mit Fortbildung) in Anspruch genommen.

5.3   Umgang mit dem Projekt »Selbstständige Schule«

An die Teilnahme am Modellversuch »Selbstständige Schule« war die Verpflichtung der Schulen geknüpft, Entwicklungsbereiche zu benennen, die sie in den nächsten vier Jahren zu bearbeiten gedachten. Außerdem mussten sie – falls noch nicht vorhanden – eine Steuergruppe einrichten und sich verpflichten, an systematisch angelegten Fortbildungen teilzunehmen. Zugleich wurden ihnen Ressourcen zugesagt, um Fortbildungsmaßnahmen und Beratungsaktivitäten durchführen zu können.

Die Schulen verpflichteten sich zur Teilnahme, der Projektträger finanzierte die Qualifizierungen. Dabei lassen sich zwei Qualifizierungslinien unterscheiden:

1. *Qualifizierungsmaßnahmen für Funktionsträger*: In stark auf Schulmanagement-Probleme ausgerichteten, zentral angebotenen Schulungen (an denen stets Personen aus mehreren Schulen teilnahmen) wurden die Funktionsträger (Schulleitungen, Steuergruppen und Evaluationsberater) ausgebildet.
2. *Qualifizierungsmaßnahmen für das Lehrerkollegium*: In schulinternen Fortbildungen, die auf Unterrichtsentwicklung ausgerichtet waren, wurden alle Lehrer der teilnehmenden Schulen qualifiziert.

Die Fortbildungsveranstaltungen in der Region um *Dingtrup* wurden von dem Inhaber der Unternehmensberatungsfirma »*Garge & Co.*«[5], Herrn G. (oder in Ausnahmefällen von einem seiner Mitarbeiter) durchgeführt – und zwar jeweils für mehrere benachbarte Schulen gemeinsam. Zusätzlich wurde am Gymnasium *Dingtrup* (ebenfalls von Herrn G.) eine Schulung des so genannten »mittleren Managements« (der Inhaber von Funktions- und Koordinierungsstellen mit A15-Besoldung) durchgeführt. Im Gymnasium *Dingtrup* bestand somit der Kern der externen Beratung in systematischen

> »*Fortbildungen auf der Metaebene ... Das heißt: Die Schulleitung, die Steuergruppe und auch die Evaluationsberater haben das Basiswissen ›Wie betreibe ich Schulentwicklung?«*« *erlernt*« (Herr A., Schulleiter).

Von 2003 bis 2005 fanden insgesamt zwölf Fortbildungstage statt, an denen aus *Dingtrup* die Mitglieder der Steuergruppe (einschließlich der Schulleitungsmitglieder) teilnahmen. Von 2006 bis 2008 folgten acht Fortbildungstage nur für Mitglieder der Schulleitungen. Dies wurde ergänzt durch drei Fortbildungsveranstaltungen für das »mittlere Management«. Auf diesen Fortbildungen wurden immer auch konkrete Entwicklungsprobleme des Gymnasiums *Dingtrup* zum Thema gemacht.

Inhaltlich bezogen sich die Veranstaltungen sehr stark auf managementtheoretische und organisationssoziologische Verfahren der Projektsteuerung und des Qualitätsmanagements. Herr G. versteht sich dabei als »Entwicklungsbegleiter«, der sich gezielt an die Multiplikatoren in den Schulen wendet. Sie sollen durch diese Qualifizierung in die Lage versetzt werden, Entwicklungsprozesse an ihrer Schule zu initiieren und zu steuern. Anhand von Beispielen (so etwa der Teamentwicklung im Jahrgang 5) lässt sich zeigen, dass auf diese Weise in *Dingtrup* anschließend Schulentwicklungsprozesse angestoßen und erfolgreich zu Ende geführt wurden.

Wir haben es im Fall *Dingtrup* mit Beratungsaktivitäten zu tun, die ganz eng in das Modellvorhaben »Selbstständige Schule« eingebunden sind. All die angesprochenen Beratungen und Schulungen wurden von dem Unternehmensberater G. durchgeführt – sie waren jeweils auf eine Qualifizierung des Leitungspersonals im Bereich des Schulmanagements und der Steuerung ausgerichtet. Es ging darum, den Funktionsträgern »Meta-Kompetenzen« zu vermitteln, mit denen sie anschließend im Kollegium Schulentwicklungsaktivitäten anstoßen und begleiten sollten. Kurz: Die Erhöhung der individuellen Kompetenzen und der institutionellen Kapazitäten zur Anleitung systematischer Schulentwicklungsprozesse (also die Erhöhung des Schulentwicklungsniveaus) war das zentrale Ziel der Beratung und Fortbildung. Genau dies wurde durch das Modellvorhaben »Selbstständige Schule« auch intendiert.

---

5   Name verfremdet

Ebenfalls einen starken Projektbezug finden wir im Gymnasium *Schilftal*, allerdings in deutlich anderer Weise. In der Schule wurde schon länger (spätestens ab 2001) die Frage diskutiert, wie man den pädagogischen Umgang mit den Schülern verbessern und wie man soziale Bezüge stabilisieren könne. Diese Absicht wurde überwiegend auf die unteren Jahrgänge (5 bis 8) bezogen. Hierzu wurden die Zielvorstellungen von der damals bereits existierenden Steuergruppe wie folgt benannt:

> *»Schule muss einer frühen Abstraktion und ›Verkopfung‹ entgegentreten und ihre Gestaltung des Unterrichts stärker vom Entwicklungsstand und einer ganzheitlichen Sichtweise des Schülers ausgehen … daraus folgt zwingend eine stärkere pädagogische Zusammenarbeit der Unterrichtenden«* (Steuergruppenprotokoll v. 25.11.2002).

Mit dieser pädagogisch anspruchsvollen, aber organisatorisch eher diffusen Vorstellung schaute sich die Steuergruppe nach einem passenden Fortbildungs- und Beratungsangebot um.

In dieser Situation wurde dem Gymnasium *Schilftal* (wie allen anderen Schulen des Modellvorhabens) im Januar 2003 eine Fortbildung der Firma *Garge & Co.* zum Thema »Teamentwicklung« angeboten. Dieses Angebot wurde Anfang 2003 in der Steuergruppe diskutiert und inhaltlich als viel zu eng empfunden. Viele Lehrer hatten bei diesem Angebot den Eindruck, dass ihre pädagogischen Intentionen dabei überhaupt nicht aufgenommen wurden. Der Schulleiter formuliert es zugespitzt: »*Die Schule wollte bei pädagogischen Fragestellungen nicht von einer Unternehmensberatungsfirma beraten werden*« (Herr S.). Der Verlauf und die Struktur dieser Diskussion machen deutlich, dass am Gymnasium *Schilftal* schon lange vor Eintritt in den Modellversuch ein hohes Schulentwicklungsniveau vorhanden war.

Angesichts der skizzierten Situation begann die Schule, nach Alternativen zu der zentral angebotenen *Garge*-Fortbildung zu suchen. Im November 2002 hatten zwei Lehrkräfte der Schule an einer Tagung »Chancen der Waldorfpädagogik an öffentlichen Schulen« teilgenommen und dabei Professor C. von einer benachbarten Universität als Fortbildner erlebt. Sie schlugen vor, Herrn C. als Berater zu gewinnen. Dieser Personalvorschlag muss für die Mitglieder der Steuergruppe sehr plausibel gewesen sein, denn ab Januar 2003 wurden intensive Gespräche mit Herrn C. geführt. Bei diesen Gesprächen trat er nicht alleine auf, sondern gemeinsam mit Herrn A., seinem früheren Assistenten (der sich soeben als Berater selbständig gemacht hatte). Am Ende stand die Verabredung, dass C. und A. – beginnend mit einer ersten schulinternen Lehrerfortbildung zur Teamentwicklung im März 2003 – die Beratung übernehmen werden. Mit dieser Entscheidung der Schule für die Herren C. und A. als Berater und Fortbildner war allerdings ein Problem verbunden: Die Regionale Steuergruppe aus dem Projekt »Selbstständige Schule« hatte der Schule ja ihr »Normalprogramm«, und damit einen anderen Berater (*Garge & Co.*) mit einem anderen Schwerpunkt angeboten. Das Gymnasium

Schilftal hat dies abgelehnt und eigene Berater vorgeschlagen – und zwar in der Erwartung, dass das Projekt »Selbstständige Schule« auch diese finanzieren werde. Es ging also um die Akzeptierung eines *Schilftaler* Sonderwegs. Die Diskussion über diesen »Sonderweg« (und seine Finanzierung) zog sich noch einige Monate hin, bis im Juli 2003 endgültig die Genehmigung durch die Gremien des Modellvorhabens erfolgte.

Auch die Beratung im Fall *Schilftal* ist somit eng in das Modellvorhaben »Selbstständige Schule« eingebunden. Zugleich ist aber deutlich geworden, dass in *Schilftal* nicht das Standardprogramm einer Management orientierten Schulentwicklung und Beratung abgelaufen ist, sondern dass sich diese Schule auf einen ganz eigenständigen Weg gemacht hat; dabei hat sie sich an Konzepten der Waldorfpädagogik orientiert. Das Modellvorhaben wurde somit Mittel zum Zweck, die vorher definierten, pädagogisch umfassenden Zielvorstellungen der Schule besser realisieren zu können. Dabei hat die Schule mit der Installierung eines Modells der Lehrerkooperation eine Schulentwicklung vollzogen, in die das gesamte Kollegium einbezogen wurde.

5.4   Nutzen und Bewertung der Beratung

In *Dingtrup* äußern sich nach Ablauf der Beratung zunächst einmal die Funktionsträger, die an den verschiedenen Maßnahmen, die Herr G. veranstaltet hat, unmittelbar teilgenommen haben. Sie bewerten diese Schulungen und Beratungen durchgängig positiv und loben den Wissens- und Kompetenzzuwachs, den sie vor allem im Bereich des Schulmanagements und der Projektsteuerung erworben haben. Zugleich verweisen sie auf konkrete schulische Veränderungen als Ergebnis der externen Beratung. So konnten eigene Funktionen und Aufgaben geklärt und die Lehrkräfte aus dem »mittleren Management« stärker in die Verantwortung gezogen werden. Und schließlich wurden – angeleitet durch Mitglieder von Schulleitung und Steuergruppe – etliche Reformkonzepte entworfen und dann auch realisiert (z. B. Teamentwicklung, individuelle Förderung). Somit wurde als Ergebnis und Nutzen der Beratung im zweiten Schritt auch eine höhere Schulqualität erreicht. Insgesamt wird von den Funktionsträgern, die an dem Beratungsprozess beteiligt waren, dieser als sehr erfolgreich und für die Schule von großem Nutzen beschrieben.

Bei diesem Beratungsansatz hat nur ein vergleichsweise kleiner Teil der Lehrerschaft intensiver mit Herrn G. gearbeitet. Fragt man nun das Kollegium insgesamt, so fällt die Bewertung der Beratung eher negativ aus. Gründe für diese distanzierte Haltung, die viele Lehrkräfte Herrn G. gegenüber zeigen, sehen die Funktionsträger in seinem professionellen Hintergrund als Unternehmensberater und seiner damit verbundenen Sicht auf Schule, die sich auch in dem von ihm verwendeten Vokabular manifestiere. Herr G. selbst bewertet den Beratungsprozess am Gymnasium *Dingtrup* ausgesprochen positiv. Dies macht er an der Nachhaltigkeit der

Schulentwicklungsaktivitäten fest, die sich – ausgehend von seiner Leitungsquali-
fizierung – inzwischen auf die ganze Schule ausgedehnt haben.

Die unterschiedlichen Sichtweisen der Funktionsträger, des Lehrerkollegiums
sowie des Beraters selbst zeigen, dass die Einschätzung und Wahrnehmung des
Einsatzes von Berater G. am Gymnasium *Dingtrup* sehr heterogen ist. Sie reichte
auf der Seite der schulischen Akteure »*von Zustimmung bis wirklich Ablehnung*«
(Frau C.). Dabei wird vor allem deutlich, dass die Funktionsträger, die viel mit
Herrn G. gearbeitet haben, zu einer erheblich positiveren Einschätzung gekom-
men sind als die »normalen« Lehrer, die in diesem Fall den Berater nur selten zu
Gesicht bekommen haben.

Im Unterschied dazu finden wir im Gymnasium *Schilftal* eine uneingeschränkt
positive Bewertung des Beratungsprozesses. Dies zeigt sich auch in den Lehrer-
interviews – und wird dort differenzierter ausgeführt. Dass das jetzt durchgängig
praktizierte Modell der Klassenteams ein Ergebnis dieses Beratungsprozesses ist,
wird von allen Interviewpartnern so gesehen. Wichtig erscheint dabei aber, dass
dieses Modell erst im Laufe der Beratung konkretisiert wurde: »*Das Konzept hat
sich entwickelt ... Es ist durch die Beratung gewachsen*« (Frau O.).

Mehrere Interviewpartner betonen, dass aus ihrer Sicht nicht nur die Einführung des Teammodells, sondern vor allem der damit verbundene Mentalitäts- und
Einstellungswandel im Kollegium von großer Bedeutung sei. Der Schulleiter be-
ruft sich auf inzwischen stattgefundene Evaluationen, wenn er feststellt:

> »*Die nachhaltigste Wirkung, die ich sehe, ist, dass sich ein überwiegender Teil des Kollegi-
> ums als Teamer versteht ... und diese Haltung, als Einzelkämpfer durchs Lehrerdasein zu
> stolpern, hinter sich gelassen hat*« (Herr S.).

Mehrere Lehrer sehen eine deutlich verbesserte Lehrerkooperation, die auch die
Zusammenarbeit außerhalb des Kernteams einschließe. Zugleich führe diese
intensivere Lehrerkommunikation auch zu einer sensibleren Schülerwahrneh-
mung. Dies alles habe »*eine deutliche Nachhaltigkeit gehabt*« (Frau B.), auch weil
bestimmte Strukturen (z. B. Teamsitzungen mit Protokollführung) verpflichtend
gemacht wurden.

Im August 2010 haben wir bei den Lehrern des Gymnasiums *Schilftal* mit
einem Fragebogen deren Erfahrungen und Einschätzungen zum abgelaufenen
Beratungsprozess ermittelt. Hier zeigt sich eine durchgängig positive Bewertung
sowohl des Beratungsprozesses selbst als auch der dabei erarbeiteten Ergebnisse.

5.5   Vergleichende Betrachtung der Fälle

Es werden hier zwei Fälle beschrieben, die sich in wichtigen äußeren Merkmalen
(Schulform, regionale Einbindung, Projektteilnahme) gleichen, die aber ganz verschiedene Wege bei der Beratung und Schulentwicklung gehen.

Das Gymnasium *Dingtrup* als Schule mit einem vergleichsweise starken Entwicklungsdefizit steigt mit Beginn der Amtszeit eines neuen Schulleiters in Aktivitäten zur systematischen Schulentwicklung ein. Dazu dient der Eintritt in den Modellversuch »Selbstständige Schule«. Hier wird vom Unternehmensberater G. das »Normalprogramm« des Projekts – die Qualifizierung von Funktionsträgern – durchgeführt. Ziel ist es, diese Funktionsträger im Bereich des Schulmanagements so zu qualifizieren, dass sie eigenständig und effektiv in ihrer Schule Entwicklungsprozesse anleiten können. Die Bewertung der Beratung und der Beratungsergebnisse durch die beteiligten Funktionsträger ist ausgesprochen positiv. Dies wird von dem kaum beteiligten Gesamtkollegium deutlich kritischer betrachtet. Als Ergebnis lässt sich festhalten, dass das Gymnasium *Dingtrup* durch die Beratungsmaßnahmen auf der Ebene der Schulorganisation und des Schulmanagements deutlich an Kompetenzen gewonnen hat. Dies lässt erwarten, dass von nun an die Schule aus eigener Kraft eine systematische Schulentwicklung betreiben kann.

Anders der Fall *Schilftal*: Hier hat eine Schule, die bereits vor der Beratung ein gutes Schulentwicklungsniveau erreicht hatte, für die Arbeit im Modellversuch ein anspruchsvolles pädagogisches Entwicklungsprogramm (Verstärkung der Erziehungsarbeit durch klassenbezogene Lehrerkooperation) entworfen und dafür gezielt nach Entwicklungsberatung und Fortbildung gesucht. Zu dessen Umsetzung und Implementierung kam das Modellvorhaben »Selbstständige Schule« dem Gymnasium sehr gelegen. Da diese Ziele nach Meinung der schulischen Akteure mit dem Normalprogramm des Modellvorhabens nur bedingt zu erreichen gewesen wären, sticht *Schilftal* durch eine Besonderheit hervor: Hier wollte die Schule keinen Berater mit betriebswirtschaftlichem Hintergrund engagieren, sondern suchte Experten mit pädagogischen Qualifikationen. An dieser Stelle – bei der Wahl des Beraters – hat die Schule dann einen Konflikt mit der Regionalen Steuergruppe des Modellvorhabens ausgefochten und »gewonnen«: Sie durfte (statt der Standardfortbildung von *Garge & Co.*) den von ihr ausgesuchten Waldorfpädagogen Professor C. und seinen Assistenten als Berater engagieren. Hier wird auf der Basis eines bereits zu Beginn vorhandenen hohen Schulentwicklungsniveaus ein schulspezifischer Weg kreiert und beschritten. Die Bewertung dieser Beratung ist ganz überwiegend positiv: Ihre Ergebnisse, nämlich die Installierung von Teamstrukturen im Kollegium und die Etablierung einer »Pädagogischen Schülerberatung«, werden als sehr erfolgreich betrachtet. Insgesamt lässt sich erkennen, dass hier eine Schule, die bereits zahlreiche Aktivitäten einer systematischen Schulentwicklung durchgeführt hatte, gezielt die Beratung nutzt, um in wichtigen Bereichen weitere pädagogische Qualitätsverbesserungen vorzunehmen.

6   Zusammenfassung und Fazit

Eine zentrale Erkenntnis der Schulleitungsbefragung ist, dass das gemessene Niveau der Schulentwicklung signifikant mit äußeren Rahmenbedingungen der Schulen korreliert. So ist ein solcher Zusammenhang mit der Schulform (und indirekt auch mit der Schulgröße) festzustellen. Ursache dafür ist vor allem, dass an größeren Schulen – insbesondere an Gymnasien und Gesamtschulen – ein höherer Bedarf an strukturierter Schulentwicklung besteht, und dass sich deshalb auch eine arbeitsteiliges Vorgehen häufiger finden lässt.

Anschließend wurden anhand zweier Fallstudien zwei verschiedene Typen von Beratung kontrastiert, bei denen einige äußere Merkmale übereinstimmen (Schulform, Projekteinbindung), andere Merkmale sich jedoch unterscheiden. Dies gilt insbesondere für das Schulentwicklungsniveau am Anfang der Beratung. Bei Typ A finden wir die Beratung einer Schule mit einem relativ niedrigen Entwicklungsstand (*Dingtrup*), bei Typ B hingegen eine Schule mit einem relativ hohen Entwicklungsniveau zu Beginn der Beratung (*Schilftal*).

In der konkreten Ausgestaltung finden wir dann zwei sehr verschiedene Beratungsprozesse, die bei Schulen mit ganz unterschiedlichem Entwicklungsstand ansetzen. Doch darf nicht übersehen werden, dass trotz aller Unterschiedlichkeiten beide Beratungsprozesse erfolgreich verlaufen sind; denn sie halfen der jeweiligen Schule, die Qualität ihrer Arbeit zu verbessern. Aus der Gegenüberstellung dieser beiden Fälle lässt sich eine theoretische Perspektive gewinnen, wenn man sie nicht als gegensätzliche, gar einander ausschließende Varianten versteht, sondern als zeitlich aufeinander folgende Abschnitte: Abgebildet wird damit der Prozess einer Einzelschul-Entwicklung, bei dem die externen Beratungen in zwei aufeinander folgenden Phasen in je unterschiedlichen, aber jeweils »passenden« Erscheinungsformen auftritt:

- In der *Phase 1* geht es darum, die Infrastruktur zur Schulentwicklung in einer Schule von einem niedrigen auf ein gutes bis sehr gutes Niveau zu bringen. Dabei richten sich die Aktivitäten darauf, die Schulmanagementkompetenzen der Akteure zu stärken und Organisationsstrukturen zur Stützung von Innovationen (z. B. Steuergruppen) zu installieren. Der Fall *Dingtrup* ist das konkrete Beispiel für einen solchen Prozess.
- In *Phase 2* hat die Schule das zuvor angestrebte hohe Niveau der Schulentwicklung erreicht. Es geht nun darum, die vorhandene Infrastruktur und die vorhandenen Kompetenzen zu nutzen, um in gezielter Weise weitere Verbesserungen der Schulqualität zu erreichen. Der Fall *Schilftal* ist das konkrete Beispiel für einen solchen Prozess.

Für die weiter vorn gestellte Frage nach den »Ursachen« und den »Wirkungen« im Schulentwicklungsprozess erlauben die beiden Fallstudien eine vorläufige Antwort: Schulentwicklungsberatung kann als verursachender Faktor wenig entwickelte Schulen »aufwecken« und die Kompetenzen dieser Schulen zur Realisierung systematischer Schulentwicklungsaktivitäten deutlich stärken. Hat eine Schule dann ein gutes Schulentwicklungsniveau erreicht, so kann externe Beratung als ein zusätzliches, thematisch gebündeltes Instrument (neben anderen Aktivitäten) hinzutreten, um die Schulqualität in einzelnen Bereichen zu verbessern. Sie ist dann nicht (mehr) ein allein-verursachender Faktor, sondern *ein* Element im »Konzert« der Schulentwicklungsaktivitäten. Für beide Phasen ist die Schulentwicklungsberatung jedoch ein geeignetes Instrument, um die Handlungskompetenzen einer Schule zu verbessern und ihre pädagogische Qualität zu erhöhen.

Literatur

Altrichter, H. (2010). Schul- und Unterrichtsentwicklung durch Datenrückmeldung. In H. Altrichter & K. Maag Merki (Hrsg.), *Handbuch neue Steuerung im Schulsystem* (S. 219–254). Wiesbaden: VS Verlag für Sozialwissenschaften.

Arnold, E., & Reese, M. (2010). Externe Beratung. In T. Bohl, W. Helsper, H. G. Holtappels & C. Schelle (Hrsg.), *Handbuch Schulentwicklung* (S. 298–302). Bad Heilbrunn: Klinkhardt.

Bastian, J., & Rolff, H.-G. (2001). *Vorabevaluation des Projekts «Schule & Co.«*. Gütersloh: Bertelsmann Stiftung.

Berkemeyer, N. (2011). Unterstützungssysteme der Schulentwicklung zwischen Konkurrenz, Kooperation und Kontrolle. In H. Altrichter & C. Heim (Hrsg.), *Akteure und Instrumente der Schulentwicklung* (S. 115–130). Baltmannsweiler: Schneider.

Bertelsmann Stiftung (2004). Regelungen zur Ausweitung und zum Transfer im Modellprojekt »Selbstständige Schule«. http://www.bertelsmann-stiftung.de/cps/rde/xbcr/ SID-E113B8FC-8D63B764/bst/xcms_bst_dms_25275_25276_2.pdf. Zugegriffen: 30. Juli 2012.

Dalin, P., Rolff, H.-G., & Buchen, H. (1990). *Institutionelles Schulentwicklungsprogramm. Eine neue Perspektive für Schulleiter, Kollegium und Schulaufsicht*. Soest: Soester Verlagskontor.

Dedering, K. (2012). Schulinspektion als wirksamer Weg der Systemsteuerung? *Zeitschrift für Pädagogik, 58(1),* 69–88.

Dedering, K. (2013). Staat, Stiftungen und Schulentwicklungsberater – Zur Handlungskoordination alter und neuer Akteure im Bildungsbereich. *Bildung und Erziehung, 66(3),* 331–348.

Dedering, K., Tillmann, K.-J., Goecke, M., & Rauh, M. (2013). *Wenn Experten in die Schulen kommen. Externe Schulentwicklungsberatung, empirisch betrachtet*. Wiesbaden: VS Verlag für Sozialwissenschaften.

Feldhoff, T. (2011). *Schule organisieren. Der Beitrag von Steuergruppen und Organisationalem Lernen zur Schulentwicklung*. Wiesbaden: VS Verlag für Sozialwissenschaften.

Heinrich, M., & Kussau, J. (2010). Das Schulprogramm zwischen schulischer Selbstregelung und externer Steuerung. In H. Altrichter & K. Maag Merki (Hrsg.), *Handbuch neue Steuerung im Schulsystem*. (S. 171–194). Wiesbaden: VS Verlag für Sozialwissenschaften.

Holtappels, H. G. (2004). *Schulprogramme – Instrumente der Schulentwicklung*. Weinheim: Juventa.

Holtappels, H. G. (2005). Bildungsqualität und Schulentwicklung. In H. G. Holtappels & K. Höhmann (Hrsg.), *Schulentwicklung und Schulwirksamkeit. Systemsteuerung, Bildungschancen und Entwicklung der Schule* (S. 27–47).Weinheim: Juventa.

Holtappels, H. G., Klemm, K., & Rolff, H.-G. (Hrsg.) (2008). *Schulentwicklungsforschung und Gestaltungsautonomie. Ergebnisse der Begleitforschung zum Modellvorhaben »Selbständige Schule« in Nordrhein-Westfalen.* Münster: Waxmann.

Horstkemper, M., Killus, D., Gottmann, C., & Carl, F. (2012). Wie kommen Innovationen in die Schule? Schulinterne und schulübergreifende Transferstrategien im Schulnetzwerk »Reformzeit«. In S. G. Huber & F. Ahlgrimm (Hrsg.), *Kooperation. Aktuelle Forschung zur Kooperation in und zwischen Schulen sowie mit anderen Partnern* (S. 299–322). Münster: Waxmann.

Philipp, E. (2007). Die Steuergruppe steuert – und irritiert. Problemskizze und Strategieempfehlungen aus Beratersicht. In N. Berkemeyer & Holtappels, H. G. (Hrsg.), *Schulische Steuergruppen und Change Management* (S. 85–95). Weinheim. Juventa.

Rolff, H.-G., Buhren, C. G., Lindau-Bank, D., & Müller, S. (2000). *Manual Schulentwicklung. Handlungskonzept zur pädagogischen Schulentwicklungsberatung (SchuB).* Weinheim: Beltz.

Schönig, W. (2000). *Schulentwicklung beraten. Das Modell mehrdimensionaler Organisationsberatung der einzelnen Schule.* Weinheim: Juventa.

Tillmann, K.-J., Dedering, K., Goecke, M., & Rauh, M. (2013). Unternehmensberater und -beraterinnen in öffentlichen Schulen. *Die Deutsche Schule, 105(3)*, 258–274.

Weisker, K. (2004). Innovationen wirkungsvoll umsetzen. Steuerungsstrukturen im Projekt »Selbstständige Schule«. In Projektleitung »Selbstständige Schule« (Hrsg.), *Beiträge zu »Selbstständige Schule«. Verantwortung für Qualität. Band 1: Grundlagen des Projekts* (S. 46–59). Troisdorf: Bildungsverlag EINS.

Tobias Feldhoff, Lisa Gromala & Thomas Brüsemeister

Organisationales Lernen von Schulen im Kontext datenbasierter Steuerung

Im Rahmen der Umgestaltung von Bildungs- und Schulsystemen von einer eher bürokratischen Inputsteuerung hin zu einer evidenzbasierten Outputsteuerung (Altrichter & Maag Merki, 2010) sind Schulen mit einer Reihe von bildungspolitischen Maßnahmen zur Qualitätsentwicklung und -sicherung im Bildungswesen – wie z. B. zentrale Abschlussprüfungen, landesweite Vergleichsarbeiten, Schulinspektion – konfrontiert. Diese Instrumente adressieren die Schule entweder implizit oder explizit als lernende Organisation/Schule (z. B. im Hessischen Referenzrahmen Schulqualität, IQ, 2011). Eine kritische Reflexion, inwieweit die Schulen über die entsprechenden Voraussetzungen im Sinne einer Kapazität organisationalen Lernens verfügen, die für den Erfolg der jeweiligen Maßnahme von Nöten sind, erfolgt im Rahmen der bildungspolitischen Programme und Maßnahmen jedoch nicht. Da insbesondere die Schulinspektion auf die Beförderung einer Schulentwicklung abstellt, wählen wir sie im Folgenden als exemplarisches Beispiel, um zu problematisieren, wie Verarbeitungsprozesse in Schulen im Kontext einer evidenzbasierten Steuerung aussehen könnten. Diesen Verarbeitungsprozessen wurde in der evidenzbasierten Steuerung bislang zu wenig Beachtung geschenkt. Unklar ist, über welche Kapazitäten Einzelschulen bereits verfügen müssen, um die unterschiedlichen Instrumente und Datenformen der evidenzbasierten Steuerung erfolgreich verarbeiten und in Schulentwicklung umsetzen zu können.

Der Ansatz der »Kapazitäten organisationalen Lernens« (Feldhoff, 2011; Marks & Louis, 1999) bietet eine gute Ausgangsbasis, solche schulinternen Verarbeitungsprozesse theoretisch zu beschreiben und empirisch zu untersuchen. Dieser Ansatz unterscheidet sich von normativen Ansätzen der Schulentwicklung. Er beruht auf einer organisationstheoretischen Fundierung *sowie empirischen* und *theoretischen* Befunden der internationalen Forschung zum Organisationalen Lernen im schulischen Kontext (wie z. B. Leithwood & Louis, 2000; Louis, 2006) unter Bezugnahme allgemein-theoretischer Konzepte zum Organisationalen Lernen (wie z. B. Argyris & Schön, 1978; Daft & Huber, 1987; Duncan & Weiss, 1979; March & Olsen, 1976).

Kollaborativen Lern- und Arbeitsprozessen wird in dem Konzept eine hohe Bedeutung zuerkannt, da sie das Bindeglied zwischen dem Lernen der Organisation und dem Individuum darstellen (Weick & Robberts, 1993). Für die Analyse der schulischen Verarbeitung von Maßnahmen einer evidenzbasierten Steuerung eignet er sich zudem aufgrund der Betonung von Interdependenzen und von Erwerb, Austausch und Verarbeitung von Wissen als Ausgangspunkt und Produkt von Lernen innerhalb der Schule.

Im vorliegenden Artikel charakterisieren wir zunächst (1) detailliert die einzelnen Dimensionen des Organisationslernens und zeigen (2) exemplarisch das Analysepotential des Kapazitätenansatzes zur Beschreibung und Untersuchung schulischer Verarbeitungsprozesse als Reaktion auf eine evidenzbasierte Steuerung. (3) Zum Abschluss gehen wir auf offene Fragen ein, die sich aus dem Ansatz der Kapazitäten Organisationalen Lernens für die evidenzbasierte Steuerung ergeben.

1 Detaillierte Betrachtung einzelner Dimensionen des Organisationslernens

Die Kapazitäten Organisationalen Lernens differenzieren für eine Schule sieben Dimensionen. Sie wurden auf der Basis internationaler Befunde und im Rahmen empirischer Analysen, schulischer Entwicklungsprozesse im Kontext erweiterter Autonomie entwickelt (Feldhoff et al., 2008; Feldhoff, 2011) und als empirisches und theoretisches Konzept des Organisationslernens herausgearbeitet.

(1) Organisationsstruktur: Nach Kruse, Louis und Bryk (1995) verhindern traditionelle Schulstrukturen eher Organisationales Lernen; ist doch die zeitliche und räumliche Strukturierung des Schulalltages kaum auf Kooperation der Lehrpersonen ausgelegt: Organisationsstrukturen zeigen eine starke Fragmentierung (Rolff, 1993); Bildungs- und Erziehungsziele sind in einzelne Teilziele für Jahrgangsstufen, Fächer mit entsprechenden Zeitkontingenten, Fachlehrpersonen und Einteilung in Unterrichtseinheiten zergliedert (Arbeitsgruppe Bildungsforschung/Bildungsplanung, 2004). Eine Zusammenführung dieser Teilbereiche (Schanz, 1992) findet allenfalls auf der curricularen Ebene statt. Die formalbürokratische Verwaltungsstruktur (Mintzberg, 1992) erschwert das Lernen im Sinne der kooperativen Bearbeitung interdependenter Probleme. Jedoch wird gerade Aushandlungen – wegen der traditionell hohen Autonomie der Lehrkräfte – für Innovationen eine hohe Bedeutung beigemessen (Lortie, 1972).

Die Strukturen einer Organisation können Organisationales Lernen fördern, indem sie geeignete Rahmenbedingungen für Kooperation schaffen, um die Verbreitung und den Transfer von Wissen zu ermöglichen (Daft & Huber, 1987; Duncan & Weiss, 1979; Jones, 2006). Diese Rahmenbedingungen können durch Änderungen der Zeitstruktur und den Aufbau von institutionalisierten Teams (wie z. B. Jahrgangs-, Klassen- oder Fachteams, sowie Steuer- und Arbeitsgruppen) erreicht werden (Louis & Kruse, 2000). Innerhalb der Teams können Wissen ausgetauscht und Interdependenzen bearbeitet werden. Während der Wissensaustausch innerhalb der Teams erfolgt, besteht für Steuergruppen und Schulleitung die Aufgabe, für einen schulweiten Austausch zwischen den Teams zu sorgen (Leithwood &

Leonard et al., 2000; Louis & Kruse, 2000). Analog zu Steuergruppen können auch informelle schulische Teams derartige Funktionen ausüben.

(2) *Gemeinsame Ziel- und Wertvorstellungen und Kooperation im Kollegium:* Für Organisationales Lernen ist die Bewertung und Entscheidung über die Relevanz von Informationen, und wie diese in der Organisation genutzt werden, von großer Bedeutung (Duncan & Weiss, 1979; Hedberg, 1981; March & Olsen, 1976). »Because a strong professional community is a vehicle for school wide knowledge processing, creating a professional community enhances a school's capacity for organizational learning« (Marks & Louis, 1999, S. 713). Nach Weick und Roberts (1993) erfolgt in Teams ein Prozess der kollektiven Sinnkonstruktion (»collective mind«). Sie entsteht aus Mustern gemeinsamer Aktivitäten der Teammitglieder, d. h. Handlungsbeziehungen in einem sozialen System (Zarcula, 2006). »Collective mind is manifest when individuals construct mutually shared fields. The collective mind that emerges during the interrelating of an activity system is more developed and more capable of intelligent action the more heedfully that interrelating is done« (Weick & Roberts, 1993, S. 365). »Collective mind« ist ein Produkt sozialer Prozesse in der Interaktion von Organisationsmitgliedern. Solche Interaktionsprozesse haben einen großen Einfluss auf die organisationale Nutzung und Weiterentwicklung von Wissen (Louis & Dentler, 1988). Sie helfen den Lehrkräften, die Anschlussfähigkeit und Angemessenheit neuen Wissens in der Organisation zu testen und ggf. auch herzustellen. Die Anschlussfähigkeit kann vor allem bei neuen Wissensgebieten und Konzepten (z. B. Rezeption und Interpretation von Daten aus Reformimpulsen oder empirische Studien etc.) eine Barriere sein; die Anschlussfähigkeit der Wissensbestände kann durch Austausch über gemeinsame Ziel- und Wertvorstellung (wieder-)hergestellt werden. Ohne gemeinsame Ziel- und Wertvorstellungen ist der Austausch von Wissen erschwert. Wie zu Beginn des Absatzes in dem Zitat von Marks und Louis (1999) skizziert, eignen sich für den Austausch und die Weiterentwicklung von Wissen Professionelle Lerngemeinschaften besonders. Durch folgende Merkmale unterscheiden sie sich von ihrem Anspruch her von anderen Teams durch:

- einen reflektierten Dialog der Kolleginnen und Kollegen untereinander;
- einen offener Austausch der Unterrichtspraxis;
- die Schaffung einer gemeinsamen Wissensbasis zur Verbesserung des Unterrichts;
- eine Zusammenarbeit bei der Entwicklung neuer Materialien und Curricula;
- eine professionelle Kultur, bestehend aus gemeinsamen Normen der pädagogischen Praxis und den Erwartungen und Leistung von Schülerinnen und Schülern (Louis & Marks, 1998).

Professionelle Lerngemeinschaften haben einen weiteren Vorteil: Durch Veränderungen und Wandel vor allem, wenn sie tiefergreifend und radikaler sind, wie dem double-loop learning (Argyris & Schön, 1978), entsteht in Organisationen ein Ungleichgewicht, in Form von Diskontinuitäten und Unvorhersehbarkeiten. »Disequilibrium is a necessary part of any transformative process« (Louis & Leithwood 2000, S. 277). Organisationen und vor allem deren Mitglieder benötigen für ihr Wohlbefinden ein gewisses Maß an Stabilität. Professionelle Lerngemeinschaften können den Lehrpersonen eine solche Stabilität geben, »the notions of stable patterns of trust, mutual interdependence, and permanent personal investment to the group a core« (ebd., S. 279). Professionelle Lerngemeinschaften liefern durch ihre Merkmale eine Stabilität in Form dauerhafter Beziehungen der Mitglieder untereinander sowie beständiger Normen, Werte und Routinen. Doch diese Routinen und Normen sind selbst auf Veränderungen und die professionelle Entwicklung der einzelnen Lehrkräfte und der Schule als Ganzes ausgerichtet. Somit erzeugen sie eine Stabilität der Veränderung.

(3) Wissen und Fertigkeiten: Schulen stehen drei verschiedene prototypische Quellen des Wissens zur Verfügung (Huber, 1991; Louis & Kruse, 2000). Zunächst das individuelle Wissen, dass jedes einzelne Organisationsmitglied aufgrund seiner Erfahrung und Ausbildung mit sich bringt, und das in der Regel disparate Wissensbestände – hinsichtlich (Fach-)Didaktik, Erziehung und Schulverständnis – beinhaltet. Oftmals ist Schulen nicht genügend bekannt, über welches Wissen die einzelnen Mitglieder verfügen und inwiefern es für die Organisation relevant sein könnte (Louis & Kruse, 2000). Hanson (2001) verweist im Kontext des organisationalen Gedächtnisses (Hedberg, 1981) auf die Bedeutung des individuellen Wissens der Organisationsmitglieder für das Organisationale Lernen. Die Qualität des organisationalen Gedächtnisses hängt seiner Meinung nach entscheidend von der Qualität des intellektuellen Kapitals ab, bestehend aus dem kumulierten Wissen der Organisationsmitglieder. Im Rahmen schulischer Personalentwicklung gilt es, erstens schulweit das Wissen der einzelnen Lehrpersonen möglichst umfassend zu erfassen und zweitens in Verbindung mit den gemeinsamen Ziel- und Wertvorstellungen eine Kultur des gegenseitigen Voneinander-Lernens zu schaffen. Meetz (2007) stellt jedoch in einer Studie fest, dass Personalentwicklung in Schulen bisher noch sehr gering ausgeprägt ist (vgl. auch Klemm & Meetz, 2008).

Die zweite Wissensquelle ist Wissen aus der schulischen Umwelt, sei es von Experten, anderen Schulen oder Reformimpulsen. In Bezug auf externes Wissen verweisen Louis und Kruse (2000) auf den oft fehlenden direkten Zugang von Lehrkräften zu externen Wissensquellen. Die schulische Personalentwicklung (ebd.) beschränkt sich meist auf den Verweis auf extern angebotene Fortbildungsangebote für einzelne Lehrpersonen oder sporadische schulinterne Fortbildung. Dagegen existiert in Schulen selten eine systematische Fortbildungsplanung (ebd.), die die Interessen der einzelnen Lehrpersonen und der Schule als Ganzes in den Blick nimmt. Schulen mit solch einem Konzept entwickeln auch Strategien zur Dissemination der vermittelten Inhalte in das Kollegium. Louis und Kruse (2000) berichten von Schulen, in denen Lehrpersonen, die an spezifischen Fortbildungen teilnehmen dürfen, im Gegenzug als Multiplikatoren die neuen Inhalte und Methoden an das Kollegium vermitteln.

Sind diese ersten beiden Quellen des Wissens Voraussetzung für die Weiterentwicklung des Wissens in Teams, so ist die dritte Quelle ein Ergebnis von Teamarbeit. Es handelt sich um Wissen, das sich Schulen aneignen, indem sie spezifische Probleme ihres Schulalltags bearbeiten und lösen. Dieses Wissen gilt es, der Schule als Ganzes zur Verfügung zu stellen, um es in ähnlichen Situationen anwenden zu können. Ein solcher Austausch ist von der Durchlässigkeit des Wissens abhängig (Louis & Kruse, 2000), d. h. von der Offenheit des Kollegiums für neues Wissen, sowie der Bereitschaft, bestehendes Wissen zu hinterfragen (ebd.).

Argyris und Schön (1978) gehen davon aus, dass Schulen externes Wissen (z. B. die Rückmeldungen der Schulinspektion) verschieden verarbeiten (siehe Abschnitt 2). Schulen, die im Handlungsmodus I agieren, weisen nur eine sehr begrenzte Durchlässigkeit des Wissens auf, während sie bei Schulen im Handlungsmodus II größer ist. Im Modus I beschränkt sich die Reflexionsfähigkeit der Lehrpersonen auf das »single-loop-learning«: sie können ihr eigenes Verhalten und das der Organisation nur reflektieren bzw. externes Feedback verarbeiten, solange nicht handlungsleitende Werte und Normen in Frage gestellt sind. Im Modus I kommt es zu einer Trennung von »theory-in-use« und »espoused theory«, d. h. den im Handeln gezeigten und den verlautbarten Sichtweisen. Im Modus II sind sie dagegen identisch oder gleichen sich an.

(4) Führung und Management: Die Schulleitung kann Organisationales Lernen fördern, aber auch verhindern. Hierbei hat sie nach Marks und Louis (1999) auch das Lernen selbst im Blick. Um es zu fördern, kombiniert die Schulleitung distributive, transformale und unterrichtsbezogene Führungselemente (ebd.). Die distributive Führung bezieht sich neben einer Beteiligung des Kollegiums bei wichtigen Entscheidungen, die die Schule als Ganze betreffen, auf eine dezentrale Führung, die die Verantwortung auf einzelne Teams bei anstehenden Reformprojekten überträgt, diese unterstützt und motiviert (Leithwood et al., 1994; Murphy & Louis, 1994). Hier wird eine enge Verbindung zur Dimension »Partizipation« deutlich. Des Weiteren zeigen viele Studien, dass eine transformationale Führung der Schulleitung das Organisationale Lernen in den anderen Dimensionen fördern kann (Feldhoff et al., 2008; Feldhoff, 2011; Larson-Knight, 2000; Leithwood et al., 1994; Leithwood & Jantzi et al., 2000; Leithwood & Leonard et al., 2000; Silins et al., 2000; Wissinger, 2011). Das Konzept der transformationalen Führung besteht nach Leithwood, Jantzi et al. (2000) aus acht Dimensionen[1]; die empirischen Befunde sind dabei »highly control oriented and narrowly focused on the core technology

---

1   1. Entwicklung, Kommunikation und Verweis auf schulische Ziele und Visionen; 2. Unterstützung und Förderung von Kooperation; 3. Hohe Erwartungen an Professionalität der Lehrkräfte; 4. Vorbildfunktion der Schulleitung; 5. Unterstützung durch Beschaffung von Ressourcen und persönliche Beratung; 6. Anregung, eigenes Wissen und eigene Annahme zu hinterfragen; 7. Regt positive Entwicklung der Schulkultur an;

of curriculum and instruction« (Leithwood & Leonard et al., 2000, S. 122). Diese Befunde werden auch von Robinson, Lloyd und Rowe (2008) bestätigt, die in ihrer Studie den Einfluss von Führung auf das Schülerlernen untersucht haben. Gerade diese Form der unterrichtsbezogenen Führung scheint bei den Schulleitungen allerdings nicht so stark ausgeprägt zu sein (Feldhoff et al., 2008).

Neben der Schulleitung kann die Steuergruppe das Organisationale Lernen als Change Agent schulischer Entwicklungsprozesse fördern (Dalin & Rolff, 1990; Feldhoff et al., 2008; Feldhoff, 2011; Holtappels, 2007). Sie kann auch die Kapazität Organisationalen Lernens in den anderen Dimensionen positiv beeinflussen (Feldhoff et al., 2008; Feldhoff, 2011) und vermittelt über diese auf die Nachhaltigkeit von Schulentwicklungsprozessen und die Qualität von Unterricht wirken. Im Unterschied zur Schulleitung ist die Steuergruppe nicht in die formale Hierarchie der Schule eingebunden. Während die Schulleitung primär im Modus von Führung agiert, liegen die Aufgaben der Steuergruppe vornehmlich in Aushandlung, Partizipation, Beratung und Unterstützung (Feldhoff, 2011). Ähnliche Funktionen können auch Formen erweiterter Schulleitung übernehmen. Aufgrund der Einbindung in die formale Hierarchie der Schule und mitunter geringerer Legitimierung durch die Schul- oder Lehrerkonferenz könnte ihre Akzeptanz im Kollegium jedoch geringer sein.

(5) Qualitätssicherung, Zielüberprüfung und Feedback: Die sinnvolle Übernahme von Verantwortung und Rechenschaftslegung benötigt klare und eindeutige Indikatoren, an denen die eigene Leistung gemessen werden kann (Stringfield, 2000). Dies setzt die Durchführung von Evaluation und den Einsatz von Qualitätsmanagement und -sicherungssystemen in Schulen voraus. Organisationen benötigen möglichst genaue und umfassende Informationen über ihre Performance und den Lernprozess (Argyris & Schön, 1978; Duncan & Weiss, 1979; Hedberg, 1981; March & Olsen, 1988; Louis & Kruse, 2000). Marks und Louis (1999) drücken es pointiert aus: ohne Feedback, Evaluation und klare Zielkriterien ist Organisationales Lernen defizitär. Es geht darum, wie Schulen dafür sorgen, dass sie erstens notwendige Informationen über die Ergebnisse ihres unterrichtlichen und schulischen Handelns erhalten und zweitens die Informationen interpretieren und für ihre professionelle Entwicklung im Sinne einer lernenden Organisation nutzen. Dafür benötigen sie einen Entfaltungs- und Gestaltungsraum (Feldhoff et al., 2008; Feldhoff, 2011).

»Highly reliable organizations must constantly rely on the professional judgements of all their team members« (Stringfield, 2000, S. 269). Nach Stringfield überprüfen Lehrpersonen an solchen Schulen regelmäßig Lernfortschritte der Schülerinnen und Schüler. Zudem spielt regelmäßiges Schulmonitoring nach Stringfield eine große Rolle (ebd.). Teamlernen kann durch eine Fokussierung auf

---

8. Einrichtung von Formen der Partizipation. In der Literatur werden die acht Dimensionen mitunter auf sechs zusammengefasst (Silins et al., 2000).

Schülerlernen unterstützt werden. Nach Marks und Louis (1999) ist es entscheidend, dass sowohl Leistungsindikatoren, als auch Anreize vom Kollegium mitgetragen werden (vgl. auch Louis & Kruse, 2000, S. 30).

Schulen, die über eine hohe Fähigkeit Organisationalen Lernens verfügen, entwickeln zusätzliche eigene Standards, während Schulen, die sich stark an externen Standards orientieren, über eine geringe Kapazität des Organisationalen Lernens verfügen (Newman et al., 1997). Die Interpretation von Daten anhand schuleigener Standards dient wiederum als Grundlage für neue Entscheidungen und kann über entsprechende Transformationsprozesse Teil des organisationalen Wissens werden (Duncan & Weiss, 1979; Hedberg, 1981; Huber, 1991). Dabei steht vor allem das Lernen der Schülerinnen und Schüler im Fokus. Durch interdisziplinäre Teams kann bei der Entwicklung solcher Standards auch die Auseinandersetzung über gemeinsame Normen und Ziele gefördert werden (Louis & Kruse, 2000).

(6) *Austausch mit der schulischen Umwelt:* Durch verschiedene Formen Organisationalen Lernens soll eine Passung zur sich wandelnden Umwelt hergestellt werden (Argyris & Schön, 1978; Duncan & Weiss, 1979; Hedberg, 1981; Huber, 1991; March & Olsen, 1988). Das interne und externe Feedback kann wichtige Informationen liefern. Der Austausch mit der schulischen Umwelt geht über ein solches Feedback hinaus. Über einen gezielten Austausch mit anderen Schulen oder Einrichtungen kann die Schule Informationen über sich erhalten, neues Wissen generieren, aber auch ihre Umwelt mitgestalten. Dies ist eng verbunden mit einem aktiven Scannen der Umwelt, um auf dortige Veränderungen adäquat reagieren zu können (Cousins, 2000; Hedberg, 1981; Huber, 1991; Rait, 1995) und um die eigene Macht der Interpretation zu erfahren: »Such enviromental scanning is an activity of central importance in organizational learning, for it enables an organization to expand its interpretive powers« (Rait, 1995, S. 100). Nach Cousins (2000) sind Strategien der Umweltbeobachtung z. B. Rezeption von Fachzeitschriften, Teilnahme an Fachtagungen, Verfolgung aktueller bildungspolitischer Debatten, Austausch mit anderen Schulen und Vernetzung auf regionaler Ebene. Die von Louis und Kruse (2000) beschriebene »Elementary« und »Middleschool« nutzen derartige Maßnahmen: Die Grundschule kooperiert auf Distriktebene mit anderen Schulen im Bereich der Leseförderung. In der »Middleschool« nehmen die Lehrkräfte regelmäßig an nationalen Treffen teil und sind über externe Netzwerke mit ihrer schulischen Umwelt verknüpft.

Sodann kann eine Schule proaktiv selbst Einfluss auf ihre schulische Umwelt nehmen (Bormann, 2001; Louis & Kruse, 2000). Louis und Kruse verdeutlichen dies: »For example, a growing number of teachers have expanded their role to include teaching lower-income parents how to teach their own children« (2000, S. 25). Auch kann die schulische Umwelt in Gestalt des Distrikts bzw. des Schulträgers oder ähnlicher Instanzen das Organisationale Lernen der Schule fördern (Leithwood & Jantzi et al., 2000; Silins et al., 2000). Gemeinsame Ziele und Visionen auf Ebene des Schulträgers können Schulen zum Lernen anregen (Leithwood,

Jantzi et al., 2000), wenn die Schulen an deren Entwicklung beteiligt sind und sie sich mit diesen identifizieren können. Zudem kann ein regionales Informationssystem die Suche der Schulen nach relevanten Inhalten unterstützen (ebd.).

(7) Partizipation der Lehrkräfte: Die Partizipation der Lehrpersonen ist eine Schlüsseldimension, die in gewisser Weise Bedingungen und Ergebnis des Lernens in den anderen Dimensionen ist. Da Organisationales Lernen nur über das Lernen der Organisationsmitglieder in Teams erfolgt (Wiegand, 1996), kann dies auch nur gelingen, wenn die Mehrheit der Mitglieder an diesem Prozess beteiligt ist. Eine Beteiligung ist auch für die Akzeptanz von Veränderungen und die Übernahme von Verantwortung notwendig, wie die Forschung im Kontext der Organisationsentwicklung und des Change Management zeigt (Schubert, 2004; Lewin, 1963). Ein Aspekt von Lehrerpartizipation bezieht sich auf die Mitwirkung der Lehrkräfte bei schulweiten Entscheidungen; Mitwirkung an Entscheidungen einerseits, die die Lehrkräfte selbst unmittelbar betreffen, und anderseits Mitwirkung an Entscheidungen in Bezug auf Unterricht und das Lernen der Schülerinnen und Schüler; ein Aspekt, der sich mit Marks und Louis (1999) mit »Teacher empowerment« in Verbindung bringen lässt. Dies heben bspw. Silins, Mulford, Zarins und Bishop (2000) in ihrer Studie hervor, die sich auf eine Untersuchung von Brown et al. (1999) mit 21 Sekundarschulen im Nordwesten von England und Wales beziehen. Die Schulen wurden in Typen eingeteilt. Der Typ, in dem die Lehrkräfte von einer hohen Arbeitszufriedenheit und Motivation sprechen, lässt sich neben anderen Faktoren des Organisationalen Lernens auch durch eine breite Partizipation der Lehrkräfte kennzeichnen. Auch in ihrer eigenen Studie kommen sie zu dem Ergebnis, dass eine Partizipation der Lehrkräfte, gemessen am Grad der Mitwirkung und Entscheidung, einen, wenn auch indirekten, Einfluss auf Organisationales Lernen hat, vermittelt über Wertschätzung und aktives Engagement der Lehrkräfte sowie die Schulautonomie (Silins et al., 2000). Dies bestätigt auch die These von Marks und Louis (1999), dass ein Mehr an Mitbestimmungs- und Mitwirkungsmöglichkeiten der Lehrkräfte auch zu einem höheren Engagement der Lehrkräfte für schulweite Belange führt.

Weiter wird angenommen, dass eine Partizipation der Lehrkräfte auf Distrikt- und Schulebene zu einer höheren Problemlösefähigkeit des Kollegiums führt und die Lehrkräfte stärker an den Bedürfnissen der Schule interessiert sind (Leithwood & Leonard et al., 2000). Marks, Louis und Printy (2000) folgern mit Bezug auf Rait (1995), dass Lehrkräfte, die sich auf Schulebene für Weiterentwicklung und Reflexion schulischer Belange engagieren, dies auch auf ihren Unterricht übertragen.

Insgesamt hängen die genannten Kapazitätsbereiche eng zusammen. So beziehen sich zum Beispiel Standards und Kriterien auf schulische Ziele und sind somit komplementär zu gemeinsamen Erwartungen und Zielen. Darüber hinaus wird durch Evaluation gezielt neues Wissen über die Leistungsfähigkeit der Organisation geschaffen, was eine enge Beziehung zur Dimension »Wissen und Fertigkeiten« ist. Eine weitere Interdependenz besteht hinsichtlich der Verantwortung; sie ist Teil professioneller Gemeinschaften, ebenso Teil von Partizipation und Mitbestimmung. Zudem spiegelt sich eine gelebte schulische Partizipation auch in entsprechenden Strukturen (Leithwood & Jantzi et al., 2000) wider. Weiter funktioniert schulische Mitwirkung von Lehrkräften nicht ohne eine Schulleitung, wobei distributive und transformationale Führung die Beteiligung der Lehrkräfte fördert (Larson-Knight, 2000; Leithwood & Jantzi et al., 2000; Leithwood & Leonard et al., 2000; Silins et al., 2000). Da schulische Partizipation und Mitbestimmung kollektive Prozesse sind, berühren sie eng das gemeinsame Verständnis von Schule und Kooperationen (Hanson, 2001; Louis & Kruse, 2000; Larson-Knight, 2000; Leithwood & Leonard et al., 2000; Louis & Leithwood, 2000). Auch Louis und Kruse (2000) zeigen einen positiven Zusammenhang von Partizipation und Organisationalem Lernen. Es gibt viele weitere Zusammenhänge zwischen den Kapazitätsbereichen, die wir jedoch an dieser Stelle nicht vertiefen können. Zusammengefasst fokussieren die Kapazitäten – das ist entscheidend: auf Basis organisationstheoretischer Überlegungen und empirischer Studien – verschiedene Bereiche, innerhalb derer Schulen aktiv werden, wenn es um Schulentwicklung geht.

2 Analysepotential des Kapazitäten-Ansatzes

Nach der Darstellung der einzelnen Dimensionen und deren Interdependenzen möchten wir nun das Analysepotential des Kapazitäten-Ansatzes im Kontext einer evidenzbasierten Steuerung aufzeigen. Hierfür beschreiben wir exemplarisch am Beispiel der Schulinspektion, wie sich mit Hilfe der Kapazitäten unterschiedliche Verarbeitungsprozesse von Schulen als Reaktionen auf Maßnahmen der evidenzbasierten Steuerung theoretisch beschreiben lassen. Die Darstellung bezieht sich sowohl auf die Phase der Vorbereitung und Ankündigung der Schulinspektion als auch auf die Phase der Rückmeldung und Nutzung der Schulinspektionsdaten in der Schule. Argyris und Schön (1978) differenzieren in ihrer Handlungstheorie die Modi I und II (vgl. Abschnitt 1). Diese Modi nutzen wir zur Unterscheidung verschiedener Reaktionen von Schulen auf die Schulinspektion. Im Modus I sind das Handeln der Organisation und deren Mitglieder primär durch eine defensive Handlungsroutine »theory-in-use« geprägt. Die Handlungsroutinen verstehen Argyris und Schön als »Gebrauchstheorien«, in denen ein Individuum als eine Art »naiver« Wissenschaftler zur Bewältigung von Situationen Hypothesen über Zusammenhänge von Faktoren formuliert und dazu passenden Handlungsmustern zuordnet. Diese Hypothesen basieren auf grundlegenden Normen und Werten. Jedes Organisationsmitglied verfügt über spezifische handlungsleitende Theorien »theory-in-use« und verlautbarte Theorien »espoused theories«. Aus den Handlungstheorien konstruiert sich das Individuum sein Bild von der Realität. Die Summe der einzelnen »theory-in-use« der Organisationsmitglieder bzw. deren gemeinsame Schnittmenge bildet die »organizational theory-in-use«. In dem

Handlungsmodus I kann Lernen nur innerhalb der grundlegenden Normen und Werte (single-loop-learning) stattfinden. D.h. ein Feedback von außen wird nur als sinnvoll erlebt, sofern es zu den grundlegende Normen und Werten passt. Diese sind im Modus I vor allem auf Erhaltung des Status quo ausgerichtet. Im Modus I gibt es bei Argyris und Schön eine starke Diskrepanz zwischen der »espoused theorie« und der »theorie in use«. Im Modus II ist diese Diskrepanz sehr gering und die Organisation ist zu höherwertigem Lernen in der Lage; der Reflexion der eigenen Normen und Werte (double-loop-learning) und zur Reflexion der eigenen Lernprozesse (deutero learning).

An dieser Stelle ist nur eine idealtypische Darstellung möglich (Weber, 1972), die zwei Pole eines Kontinuums aufzeigt. Empirisch werden sich Schulen auf diesem Kontinuum *zwischen* den beiden Polen verorten. Eine idealtypische Darstellung darf natürlich nicht als normatives Ideal verstanden werden. Sicherlich sind in einigen Aspekten auch andere Reaktionsweisen von Schulen möglich, die in dieser idealtypischen Darstellung nicht zur Geltung kommen. Die Darstellung soll lediglich das Analysepotential aufzeigen und nicht schon eine differenzierte und detaillierte Analyse liefern.

Phase der Vorbereitung / Ankündigung der Schulinspektion

Welche Prozesse nun die Ankündigung der Schulinspektion in der Schule auslösen, hängt maßgeblich von der Kultur der Schule ab; insbesondere ihrer Normen und Werte (Kapazitäts-Dimension 2). Diese Normen und Werte sind eng verbunden mit der Bereitschaft, das eigene Wissen kritisch zu hinterfragen und offen gegenüber neuem Wissen zu sein (Kapazitäts-Dimension 3). Sind die schulischen Normen und Werte auf eine Kultur der Offenheit und eigenen kritischen Reflexionen ausgerichtet (Modus II), ist davon auszugehen, dass die Schule der Schulinspektion offen begegnet und sie als Möglichkeit sieht, externes Feedback über die Effektivität und den Lernstand der Schule zu erhalten (Kapazitäts-Dimension 5).

Schulen im Modus I verfügen in der Regel nicht über die Fähigkeit, ihr eigenes Wissen kritisch zu überprüfen und neuem Wissen gegenüber offen zu sein. Die verlautbare Reaktion auf die Schulinspektion ist weniger relevant. Das Handeln der Akteure orientiert sich an der Aufrechterhaltung des Status quo. Mit Bezug auf die »espoused theorie« ist zu erwarten, dass ein »Als-Ob-Handeln« erfolgt; man versucht eine Fassade als »gute Schule« aufzubauen, was sich vom tatsächlichen Handeln unterscheidet.

Im Modus II ist davon auszugehen, dass Schulen in der Lage sind, die ihrem Handeln zu Grunde liegenden Normen und Werte kritisch zu hinterfragen (double-loop-learning). Solche Schulen können die Schulinspektion als externen Blick auf die eigene Schule sehen, der ihnen einen Abgleich von Fremd- und Selbstbild (Kapazitäts-Dimension 5) und die Entdeckung blinder Flecken ermöglicht. Im Vorfeld werden solche Schulen die verfügbaren Daten im Abgleich zu den im

Schulprogramm (Kapazitäts-Dimension 2) festgehaltenen Ziele nutzen, um der Schulinspektion einen systematischen Überblick über den Entwicklungsstand der Schule zu geben. Sowohl die Schulleitung als auch eine erweiterte Schulleitung oder Steuergruppe fördert die skizzierten Prozesse: im Modus I bei der Erstellung der Fassade, im Modus II bei der Auseinandersetzung mit den Daten. Im Modus I ist damit zu rechnen, dass sich diese Arbeit auf wenige Personen (um die Schulleitung herum) begrenzt. Eventuell gibt es auch keine weitere Infrastruktur (Kapazitäts-Dimension 1) in Form einer Steuergruppe oder anderer Gremien in der Schule. Im Modus II sind entsprechende Strukturen vorhanden und werden für die Prozesse genutzt. Hier gewinnt auch die Partizipation (Kapazitäts-Dimension 7) eine Bedeutung, nämlich in dem Sinne, dass die entsprechenden Gremien oder Arbeitsgruppen bei Entscheidungen, die die Schule als Ganzes betreffen, beteiligt und regelmäßig über den Stand der Arbeitsprozesse informiert werden.

Phase der Rückmeldung und Nutzung der Schulinspektionsdaten

Für diese Phase lässt sich idealtypisch skizzieren, dass Schulen im Modus I wie in der ersten Phase nicht über Fähigkeiten verfügen, anhand der Rückmeldung ihre eigene Entwicklung zu hinterfragen. Die Auseinandersetzung mit dem Inspektionsbericht kann sich auf eine externe Attribuierung oder der Isolierung einzelner Aussagen beschränken; Ergebnisse werden in der Schule kaum diskutiert, die Schulleitung als verantwortlich ausgeflaggt. Sie versucht Zielvereinbarungen mit der Schulaufsicht vage zu halten oder oberflächliche Maßnahmen anzukündigen, mit deren Hilfe Aktivität demonstriert werden kann, ohne den Status quo wesentlich zu verändern.

Im Modus II wird die Rückmeldung zunächst in den zuständigen Gremien, z. B. Steuergruppen (Kapazitäts-Dimension 4) diskutiert und schon einmal zu den eigenen Normen und Werten (Kapazitäts-Dimension 2) sowie den schulischen Zielen und Standards und den Ergebnissen der internen Evaluation in Beziehung gesetzt (Kapazitäts-Dimension 5). Anschließend werden die Ergebnisse schulweit im Kollegium und auch der Schulkonferenz kommuniziert und diskutiert (Kapazitäts-Dimension 7). Es beginnt ein kollektiver Prozess der Problemlösungssuche (Kapazitäts-Dimension 3). Hierbei werden auch wieder externe Quellen und ein systematisches Scannen der schulischen Umwelt in Gang gesetzt (Kapazitäts-Dimension 6). Die Schulleitung vereinbart mit der Schulaufsicht Zielvereinbarungen, zeigt die in der Schule beschlossenen Maßnahmen auf und fordert ggf. Unterstützung in Form von Beratung oder Fortbildungen. In der Schule werden Arbeitsgruppen gebildet, die die Maßnahmen umsetzen und deren Arbeit von der Steuergruppe unterstützt und koordiniert wird.

3   Ausblick und offene Fragen

Der Ansatz der Kapazitäten ermöglicht die Untersuchung, 1. in welchen Wissens-Bereichen eine lernende Entwicklung der Schule in Gang kommt, 2. wie und in welcher Intensität die einzelne Schule in bestimmten Kapazitätsdimensionen aktiv wird, und 3. dass Entwicklungen in Prozesszusammenhängen zu sehen sind. Jedoch muss genauer erforscht werden, wie der Aufbau einzelner Kapazitäten erfolgt, in welcher Form die einzelnen Prozesse daran beteiligt sind, und wie sich die Kapazitäten empirisch gesehen wechselseitig beeinflussen.

Weiter kann hinterfragt werden, ob Schulentwicklung immer bei der Schulleitung beginnen muss, oder nicht auch von anderen Kapazitätsbereichen ausgehen kann, was es ebenfalls empirisch zu untersuchen gilt. Zu berücksichtigen ist hierbei zudem, dass die Übergänge vom Lernen des Einzelnen zum Lernen des schulischen Kollektivs (Wiegand, 1996; Geißler, 2005; Argyris & Schön, 1978 für den Übergang zum Modus-II-Lernen) auch konflikthaft verlaufen können (Brüsemeister 2011). Eine »systematische Entfaltung von Rationalität in Verbindung mit einem Optimum an Zugänglichkeit empirischer Fakten« (Geißler, 2005, S. 39) ist aus Sicht der Forschungen von Educational Governance und des Organisationslernens zu optimistisch, da der Wissensaustausch durch differente Interessen eingeschränkt und Wissen monopolisiert werden kann. Hier eignet sich also gut eine Bezugnahme auf die Analyse-Perspektive von Educational Governance. Unter dem analytischen Primat von Akteurkonstellationen (Kussau & Brüsemeister, 2007a, b) werden im Einzelnen Prozesse der Rekontextualisierung (Fend, 2006), Arbeits-, Sinngebungs- und Wissensprozesse analysiert, die durchaus konflikthaft verlaufen.

Bildungspolitik und -verwaltung gehen offensichtlich davon aus, dass die Vielzahl der von ihnen initiierten Reformmaßnahmen auf den verschiedenen Ebenen des Schulsystems, d. h. auch in den Schulen selbst, umgesetzt werden können. Zwar kommen gemäß Fend (2006) Rekontextualisierungen vor, d. h. Schulen greifen Daten auf, indem sie sie interpretieren. Jedoch liegt ein Problem darin, dass die ministerielle Ebene davon auszugehen scheint, Rekontextualisierungen würden wie selbstverständlich passieren bzw. dass sie konfliktfrei und objektiv im Sinne des staatlichen Steuerungsverständnisses geleistet werden oder gar dass ein Reforminstrument für sich spricht. Hierbei wird nicht genügend berücksichtigt, dass Schulen in ihren Rekontextualisierungsleistungen von ihren je individuellen Kapazitäten des organisationalen Lernens, ihrer Handlungstheorie und Schulentwicklungsgeschichte geprägt sind und das »Nacherfinden« ein Prozess ist, der sozial hergestellt wird und hierbei verschiedene Bereiche schulischen Handelns und Wirkens umfasst. Es gilt daher stärker das theoretische und empirische Augenmerk darauf zu legen, inwiefern Reforminstrumente nicht für sich sprechen, d. h. von den Schulen nicht entsprechend den staatlichen Vorstellungen schulischer Steuerung interpretiert werden (können), da eine Ausdifferenzierung von

Kapazitätsbereichen angenommen werden muss. In jedem der Kapazitätsbereiche muss es offensichtlich in einem bestimmten Ausmaß Rekontextualisierungen geben. Denkt man Kapazitäten und Rekontextualisierungen zusammen, erscheint erstens Organisationales Lernen der Einzelschule erheblich voraussetzungsvoller. Zweitens lassen sich mehr und andere Möglichkeiten vermuten, mit denen Schulen auf Reformimpulse der evidenzbasierten Steuerung reagieren.

Überblickt man hierbei die verschiedenen Dimensionen von Kapazitäten, dann muss von einer größeren Eigendynamik des Organisationsalen Lernens einer einzelnen Schule ausgegangen werden. Insofern Schulen Reforminstrumente nicht nur aufgreifen, sondern im Sinne der Governanceforschung »nacherfinden«, d. h. Sinn selektieren und dazuerfinden (Kussau & Brüsemeister, 2007a, S. 287–303), werden sich in empirischen Analysen erheblich mehr Varianten finden, in denen Schulen ihre je eigenen Sinninterpretationen im Kontext externer Reformimpulse vornehmen.

Gleichzeitig konkretisieren die Kapazitäten des Organisationslernens die Problematik und Möglichkeiten, die im Prozess der Rekontextualisierung angelegt sind. Für die Analyse der schulischen Reaktionen eröffnen sich breitere Möglichkeiten, dass und wie Schulen innerhalb der Interdependenzen mit anderen Ebenen Freiräume, d. h. wahrgenommene oder ausgelassene Möglichkeiten des Nacherfindens (Kussau & Brüsemeister, 2007a, b) von Reformimpulsen konstruieren und in ihrem Handeln aufgreifen. Hierbei macht die Governanceperspektive gerade auf Schnittstellenprobleme und -möglichkeiten vom Übergang von einer Ebene zur anderen aufmerksam, d. h. wie sich externe Impulse bis in die Schulen hinein unter den dortigen Bedingungen ›verlinken‹. Die Kapazitäten bieten hier Möglichkeiten, diese verschiedenen Bedingungen entlang der sieben Kapazitätsdimensionen genauer zu untersuchen.

In diesem Zusammenhang kann auch problematisiert werden, ob nicht das gesamte schulische Mehrebenensystem unter Lerngesichtspunkten betrachtet werden muss. Gerade wenn man mit dem Ansatz der Kapazitäten davon ausgeht, dass auf der Ebene der Einzelschule die verschiedenen Handlungsdimensionen eng zusammenhängen (interdependent sind), dann muss dies auch für die weiteren Schnittstellen gelten, z. B. zur Schulaufsicht, zu höheren ministeriellen Ebenen sowie zu »seitwärtigen« Akteuren aus der Zivilgesellschaft und aus der Wirtschaft. Von Schulen erwartet man, dass sie selbständiger werden und zu lernen beginnen. Geht man von Interdependenzen in einem Mehrebenensystem aus, dann müssten diese Erwartungen auf Akteure aller Ebenen ausgedehnt werden. Es ist davon auszugehen, dass sich ein Handeln im Modus I oder II z. B. auf der Ebene der Schulaufsicht hinderlich bzw. förderlich auf das Lernen in Schulen auswirken kann. Denn spätestens, wenn eine mehr entwickelte Schule entsprechend selbstbewusstere Anfragen und Bedarfe, z. B. an die Schulaufsicht, formuliert, muss darauf adäquat reagiert werden.

Abschließend betrachtet können die theoretisch und empirisch ermittelten Kapazitäten der schulischen Lernfähigkeit in Kombination mit der Governance-Perspektive ein wichtiger Ansatz sein, um zu untersuchen, welche Aktivitäten Schulen jeweils entwickelt haben sollten, um Reformimpulse einer evidenzbasierten Steuerung erfolgreich verarbeiten zu können – und ob tatsächlich alle Schulen die notwendigen Voraussetzungen dafür haben.

Ebenso lässt sich fragen, wie *Reforminstrumente generell* beschaffen sein sollten, um auf Schulen und ihre Kapazitäten angemessen eingehen zu können. Die aktuellen und zukünftigen Reforminstrumente müssen sich dahingehend befragen lassen, nicht nur, ob sie eine lernende Organisation Schule voraussetzen, sondern ob sie diese auch unterstützen und befördern. Wenn man berücksichtigt, dass im Organisationslernen der Schulen eine Reihe von Dimensionen und Prozessen beteiligt sind, die noch dazu untereinander zusammenhängen, dann scheinen Reformmaßnahmen nur in Ausnahmefällen mit einem derart komplizierten Geflecht abgestimmt zu sein.

Literatur

Altrichter, H., & Maag Merki, K. (Hrsg.) (2010). *Handbuch Neue Steuerung im Bildungssystem*. Wiesbaden: VS Verlag für Sozialwissenschaften.

Arbeitsgruppe Bildungsforschung/Bildungsplanung (2004). Das deutsche Schulsystem. Entstehung. Struktur. Steuerung. http://www.bildungswissen.de/Politikdateien/Bildung/Studie.pdf. Zugegriffen: 21. Januar 2013.

Argyris, C., & Schön, D. A. (1978). *Organizational learning: A theory of action perspective*. Reading/Mass: Addison Wesley Longman Publishing.

Bormann, I. (2001). *Organisationsentwicklung und organisationales Lernen von Schulen. Eine empirische Untersuchung am Beispiel des Umweltmanagements*. Opladen: Leske + Budrich.

Brown, M., Boyle, B., & Boyle, T. (1999). Commonalities between Perception and Practice in Models of School Decision Making Systems in Secondary Schools in England and Wales. *Annual Meeting of the American Educational Research Association*. Montreal.

Brüsemeister, T. (2011). Educational Governance – Aufriss von Perspektiven für die empirische Bildungsforschung. In Ch. Hof, J. Ludwig & B. Schäffer, B. (Hrsg.), *Steuerung – Regulation – Gestaltung. Dokumentation der Jahrestagung der Sektion Erwachsenenbildung der Deutschen Gesellschaft für Erziehungswissenschaft (DGfE)* (S. 7–17). Baltmannsweiler: Schneider.

Cousins, J. B. (2000). Intellectual Roots of Organizational Learning. In K. A. Leithwood & K. Louis (Hrsg.), *Organizational Learning in Schools* (S. 219–235). Lisse: Swets & Zeitlinger.

Daft, R. & Huber, G. (1987). How Organizations Learn – A Communication Framework. *Research in the Sociology of Organizations, 5(1)*, 1–36.

Dalin, P., & Rolff, H.-G. (1990). *Institutionelles Schulentwicklungs-Programm*. Soest: Soester Verlagskontor.

Duncan, R., & Weiss, A. (1979). Organizational Learning: Implications for Organizational Design. *Research in Organizational Behaviour, 1(1),* 75–123.

Feldhoff, T. (2011). *Schule organisieren.* Wiesbaden: VS Verlag für Sozialwissenschaften.

Feldhoff, T., Kanders, M., & Rolff, H.-G. (2008). Verortung und empirische Operationalisierung erweiterter Selbstständigkeit. In H. G. Holtappels, K. Klemm & H.-G. Rolff (Hrsg.), *Schulentwicklung durch Gestaltungsautonomie* (S. 47–62). Münster: Waxmann.

Fend, H. (2006). *Neue Theorie der Schule.* Wiesbaden: VS Verlag für Sozialwissenschaften.

Geißler, H. (2005). Grundlagen einer pädagogischen Theorie des Organisationslernens. In M. Göhlich, C. Hopf & I. Sausele (Hrsg.), *Pädagogische Organisationsforschung* (S. 25–42). Wiesbaden: VS Verlag für Sozialwissenschaften.

Hanson, M. (2001). Institutional Theory and Educational Change. *Educational Administration Quarterly, 37(5),* 637–661.

Hedberg, B. (1981). How organizations learn and unlearn. In P. C. Nystrom & W. H. Starbuck (Hrsg.), *Handbook of Organizational Design. Adapting organizations to their environments* (S. 3–27). Oxford: Oxford University Press.

Holtappels, H. G. (2007). Schulentwicklungsprozesse und Change Management. Innovationstheoretische Reflexionen und Forschungsbefunde über Steuergruppen. In N. Berkemeyer & H. G. Holtappels (Hrsg.), *Schulische Steuergruppen und Change Management* (S. 5–34). Weinheim: Juventa.

Huber, G. (1991). Organizational learning: The contributing processes and the literature. *Organization Science, 2(1),* 88–115.

Institut für Qualitätsentwicklung (Hrsg.) (2011). Hessischer Referenzrahmen Schulqualität. Qualitätsbereiche, Qualitätsdimensionen und Qualitätskriterien. Wiesbaden.

Jones, O. (2006). Developing Absorptive Capacity in Mature Organizations – The Change Agent's Role. *Management Learning, 37(3),* 355–376.

Klemm, K., & Meetz, F. (2008). Personalmanagement und Sachmittelbewirtschaftung. In H. G. Holtappels, K. Klemm & H.-G. Rolff (Hrsg.), *Schulentwicklung durch Gestaltungsautonomie. Ergebnisse der Begleitforschung zum Modellvorhaben ›Selbstständige Schule‹ in NRW* (S. 174–182). Münster: Waxman.

Kruse, S. D., Louis, K. S., & Bryk, A. S. (1995). An Emerging Framework for Analyzing School-Based Professional Community. In K. S. Louis & S. D. Kruse (Hrsg.), *Professionalism and Community: Perspectives on Reforming Urban Schools* (S. 23–44). Thousand Oaks: Sage Publications.

Kussau, J., & Brüsemeister, T. (2007a). *Governance, Schule und Politik.* Wiesbaden: VS Verlag für Sozialwissenschaften.

Kussau, J., & Brüsemeister, T. (2007b). Educational Governance: Zur Analyse der Handlungskoordination im Mehrebenensystem der Schule. In H. Altrichter, T. Brüsemeister & J. Wissinger (Hrsg.), *Educational Governance – Handlungskoordination und Steuerung im Bildungssystem* (S. 15–54). Wiesbaden: VS Verlag für Sozialwissenschaften.

Larson-Knight, B. (2000). Leadership, Culture and Organizational Learning. In K. A. Leithwood (Hrsg.), *Understanding Schools as Intelligence Systems* (S. 125–140). Stamford, CT: JAI Press.

Leithwood, K. A., Jantzi, D., & Fernandez, A. (1994). Transformational leadership and teachers commitment to change. In J. F. Murphy & K. S. Louis (Hrsg.), *Reshaping the principal ship: Insights from transformational reform efforts* (S. 77–98). Thousand Oaks: Corwin Press.

Leithwood, K. A., Jantzi, D., & Steinbach, R. (2000). Leadership and other Conditions which foster Organizational Learning in Schools. In K. A. Leithwood & K. S. Louis (Hrsg.), *Organizational Learning in Schools* (S. 67–89). Lisse: Swets & Zeitlinger.

Leithwood, K. A., Leonard, L., & Sharratt, L. (2000). Conditions Fostering Organizational Learning in Schools. In K. Leithwood (Hrsg.), *Understanding Schools as Intelligence Systems* (S. 99–123). Stamford, CT: JAI Press.

Leithwood K. A., & Louis K. S. (Hrsg.) (2000). *Organizational Learning in Schools*. Lisse: Swets & Zeitlinger.

Lewin, K. (1963). *Feldtheorie in den Sozialwissenschaften*. Bern: Hans Huber.

Lortie, D. C. (1972). Team Teaching. Versuch der Beschreibung einer zukünftigen Schule. In H.-W. Dechert (Hrsg.), *Team Teaching in der Schule* (S. 37–76). München: Piper.

Louis, K. S. (Hrsg.) (2006). *Organization for School change*. Milton Park: Routledge.

Louis, K. S., & Dentler, R. A. (1988). Knowledge use and school improvement. *Curriculum Inquiry, 18(1)*, 32–62.

Louis, K. S., & Kruse, S. D. (2000). Creating Community in Reform: Images of Organizational Learning in Inner-City Schools. In K. A. Leithwood & K. S. Louis, K. S. (Hrsg.), *Organizational Learning in Schools* (S. 17–46). Lisse: Swets & Zeitlinger.

Louis, K. S., & Leithwood, K., A. (2000). From Organizational Learning to Professional Learning. In K. A. Leithwood & K. S. Louis (Hrsg.), *Organizational Learning in Schools* (S. 275–285). Lisse: Swets & Zeitlinger.

Louis, K. S., & Marks, H. (1998). Does professional community affect the classroom? Teacher work and student work in restructuring schools. *American Journal of Education, 106*, 532–575.

March, J. G., & Olsen, J. P. (1976). *Ambiguity and choice in organizations*. Bergen: Universitetsforlaget.

March, J. G., & Olsen, J. P. (1988). The uncertainty of the past: Organizational learning under ambiguity. In J. G. March (Hrsg.) (1988), *Decisions and Organizations* (S. 335–358). Oxford: Blackwell.

Marks, H. M., & Louis, K. S. (1999). Teacher Empowerment and the Capacity for Organizational Learning. *Education Administration Quarterly, 35(5)*, 707–750.

Marks, H. M., Louis, K. S., & Printy, S. (2000). The Capacity for Organizational Learning – Implications for pedagogical quality and student achievement. In K. Leithwood (Hrsg.), *Understanding Schools as Intelligence Systems* (S. 239–265). Stamford, CT: JAI Press.

Meetz, F. (2007). *Personalentwicklung als Element der Schulentwicklung. Bestandsaufnahme und Perspektiven*. Bad Heilbrunn: Klinkhardt Verlag.

Mintzberg, H. (1992). *Die Mintzberg-Struktur*. Landsberg: Moderne Industrie.

Murphy J. F., & Louis K. S. (1994). *Reshaping the principal ship: Insights from transformational reform efforts*. Thousand Oaks: Corwin Press.

Newmann, F. M., King, M. B., & Ridgon, M. (1997). Accountability and School Performance. Implications from restructuring Schools. *Harvard Educational Review, 67(1)*, 41–74.

Rait, E. (1995). Against the Current – Organizational Learning in schools. In S. B. Bacharach & B. Mundell (Hrsg.), *Images of Schools. Structures and Roles in Organizational Behavior* (S. 71–107). California: Corwin Press.

Robinson, V. M. J., Lloyd, C. A., & Rowe, K. J. (2008). The Impact of Leadership on Student Outcomes: An Analysis of the Differential Effects of Leadership Types. *Education Administration Quarterly, 44(5)*, 635–674.

Rolff, H.-G. (1993). *Wandel durch Selbstorganisation. Theoretische Grundlagen und praktische Hinweise für eine bessere Schule.* Weinheim: Juventa.

Schanz, G. (1992). Organisation. In E. Frese (Hrsg.), *Handwörterbuch der Organisation* (S. 1459–1470). Stuttgart: Schäffer-Poeschel.

Schubert, H.-J. (2004). *Management von Veränderungen.* Kaiserslautern: Universität Kaiserslautern.

Silins, H. C., Mulford, B., Zarins, S., & Bishop, P. (2000). Leadership for Organizational Leadership in Australian Secondary Schools. In K. A. Leithwood (Hrsg.), *Understanding Schools as Intelligence Systems* (S. 267–291). Stamford, CT: JAI Press.

Stringfield, S. (2000). Organizational Learning and Current Reform Efforts: From Exploitation to Exploration. In K. Leithwood & K. S. Louis (Hrsg.), *Organizational Learning in Schools* (S. 261–274). Lisse: Swets & Zeitlinger.

Weber, M. (1972). *Wirtschaft und Gesellschaft. Grundriss der verstehenden Soziologie* (5. Aufl.). Tübingen: Mohr Siebeck.

Weick, K. E., & Roberts, K. H. (1993). Collective Mind in Organizations: Heedful Interrelating on Flight Decks. *Administrative Science Quarterly, 38(3)*, 357–381.

Wiegand, M. (1996). *Prozesse organisationalen Lernens.* Wiesbaden: Gabler.

Wissinger, J. (2011). Schulleitung und Schulleitungshandeln. In E. Terhart, H. Bennewitz & M. Rothland (Hrsg.), *Handbuch der Forschung zum Lehrerberuf* (S. 98–115). Münster: Waxmann.

Zarcula, A.-M. (2006). *Wissensmanagement in Forschungseinrichtungen Konzeption und Praxis.* Darmstadt: Technische Universität.

Autorinnen und Autoren

Prof. Dr. **Wilfried Bos**, Professor für Bildungsforschung und Qualitätssicherung und Direktor des Instituts für Schulentwicklungsforschung, Technische Universität Dortmund.
officebos@ifs.tu-dortmund.de

Thomas Brüsemeister, Professor für Soziologie mit Schwerpunkt Sozialisation und Bildung, Institut für Soziologie, Justus-Liebig Universität Gießen.
Thomas.Bruesemeister@sowi.uni-giessen.de

Bert (Hubertus Peter Maria) Creemers is professor emeritus in educational sciences at the University of Groningen, The Netherlands. His main interest is educational quality in terms of students learning and the outcomes at classroom school and system level. Together with Leonidas Kyriakides he works on the development and testing of the dynamic model on educational effectiveness and the approach based on this model for the improvement of education.
b.p.m.creemers@rug.nl

Tobias Feldhoff, Juniorprofessor für Erziehungswissenschaft mit Schwerpunkt empirische Bildungsforschung und Schulentwicklung, Deutsches Institut für Internationale Pädagogische Forschung (DIPF) und Goethe-Universität Frankfurt am Main.
feldhoff@dipf.de

Martin Goecke, M. Ed., von 2008 bis 2012 wissenschaftliche Hilfskraft an der Fakultät für Erziehungswissenschaft der Universität Bielefeld im DFG-Forschungsprojekt „Wie beraten Berater?". Seit 2010 wissenschaftlicher Mitarbeiter im Landtag Nordrhein-Westfalen.
martin.goecke@uni-bielefeld.de

Lisa Gromala, M.A., wissenschaftliche Mitarbeiterin im Projekt „Funktionen von Schulinspektion. Erkenntnisgenerierung, wissensbasierte Schulentwicklung und Legitimation", Institut für Soziologie, Justus-Liebig-Universität Gießen.
Lisa.Gromala@sowi.uni-giessen.de

Prof. Dr. **Uwe Hameyer**, ehemals Wissenschaftlicher Direktor am Institut für die Pädagogik der Naturwissenschaften (IPN) in Kiel, hat seit 1990 den Lehrstuhl für

Schulpädagogik an der Universität Kiel inne. Später war er als Gastprofessor an verschiedenen Universitäten in Schweden und Österreich tätig. Seit seiner Tätigkeit für die OECD in Paris 1977 – vor allem Integration – ist Hameyer Kernmitglied internationaler Forschungsprojekte zur Schulentwicklung und Analyse von Innovationsprozessen. Seine Schwerpunkte liegen im systemischen Bildungsmanagement, in Curriculumtheorie und -entwicklung, in der Innovationsforschung, Organisationsentwicklung und -beratung sowie im Lerncoaching.
uwe.hameyer@t-online.de

Heinz Günter Holtappels, Dr.rer.soc., Dipl.Soz.Wiss., ist Universitätsprofessor für Erziehungswissenschaft an der Technischen Universität Dortmund, Institut für Schulentwicklungsforschung (IFS). Seit 1980 ist er in der Bildungs- und Schulforschung an verschiedenen Universitäten tätig. Seine Arbeitsschwerpunkte: Schultheorie, Schulentwicklung; schulbezogene Beratung, Organisationsentwicklung und Evaluation.
holtappels@ifs.tu-dortmund.de

Hans-Günter Rolff, Prof. Dr., emeritierter Professor am „Institut für Schulentwicklungsforschung" der TU Dortmund und Vorsitzender des Akademierats der „Deutschen Akademie für Pädagogische Führungskräfte". Arbeitsschwerpunkte: Schulentwicklung und Schulleitungsqualifizierung.
hgrolff@gmx.de

Prof. Dr. **Wolfram Rollett**, Professor für Empirische Bildungsforschung mit dem Schwerpunkt Schulentwicklung am Institut für Erziehungswissenschaft der Pädagogischen Hochschule Freiburg.
wolfram.rollett@ph-freiburg.de

Katja Scharenberg, Dr., Senior Researcher, Universität Basel, Institut für Soziologie, Projekt Transitionen von der Erstausbildung ins Erwerbsleben (TREE).
katja.scharenberg@unibas.ch

Dr. **Klaus-Jürgen Tillmann**, Professor (em.) für Schulpädagogik an der Universität Bielefeld, bis 2008 Wissenschaftlicher Leiter der Laborschule, 2008 bis 2012 Leiter des DFG-Forschungsprojekts „Wie beraten Berater?"
klaus.tillmann@uni-bielefeld.de

Professor **Tony Townsend** is an academic who has gone from talking in the 1980s about people having a portfolio of jobs in the future to being one of those people. After spending more than 25 years in the Faculty of Education at Monash University in Australia, he embarked on what he now calls his 'ten-year round the world trip'. He spent five years as professor and Chair of the Department of Educational Leadership at Florida Atlantic University followed by another five years as Chair of Public Service, Educational Leadership and Management at the University of Glasgow. In 2013 after visiting more than 60 countries for various educational purposes, Tony returned to Australia looking towards retirement. This hasn't quite worked out yet and his current portfolio of part time employment includes teaching a masters degree in Oman for the University of Glasgow, helping to put together an eight course foundational program in teacher education for the Commonwealth Education Trust, working with the Faculty of Education at the University of Tasmania to support new course development with the intention of developing international partnerships and undertaking research for the Griffith Institute of Educational Research at Griffith University in Queensland.

Tony has published eleven books and more than a hundred chapters and articles in the areas of leadership, school effectiveness and improvement and educational reform.

tony.townsend@utas.edu.au

Univ.-Prof. Dr. phil. habil. **Jochen Wissinger**, Professor für Erziehungswissenschaft mit dem Schwerpunkt Schulpädagogik an der Justus-Liebig-Universität Gießen.
jochen-wissinger@erziehung-uni-giessen.de

Christian Fischer (Hrsg.)

Damit Unterricht gelingt

Von der Qualitätsanalyse
zur Qualitätsentwicklung

Münstersche Gespräche zur Pädagogik, Band 30
2014, 280 Seiten, br., 24,90 €
ISBN 978-3-8309-3023-5
E-Book-Preis: 21,99 €; ISBN 978-3-8309-8023-0

In Orientierung an die Praxis der „PISA-Ge-
winner" wurde die Qualitätsanalyse bzw.
die Schulinspektion mit dem Ziel eingeführt,
die Qualität schulischer Arbeit zu erheben, um
auf dieser Erkenntnisbasis eine Verbesserung
der Schul- und insbesondere der Unterrichtsqualität anzustreben.

Dieser Themenband bilanziert bisherige Erfahrungen. Gefragt wird, was die eingesetz-
ten Analyseinstrumente leisten, aber auch, ob
sie einem bildungstheoretisch verantworteten
Begriff von Unterricht gerecht werden. Konkrete Ergebnisse und Verfahren aus unterschiedlichen Bundesländern und von freien
Schulträgern werden dargestellt und diskutiert.
Betrachtet wird außerdem die Phase der Qualitätsentwicklung.

Unterstützungssysteme, Rahmenbedingungen
und Leitvorstellungen, die Schul- und Unterrichtsentwicklung prägen, werden problematisiert. Perspektiven einer neuen Kombination
von Qualitätsanalyse und Qualitätsentwicklung, die stärker auf Dialog und Partizipation
setzt, deuten sich an.

WAXMANN

Kerstin Drossel, Rolf Strietholt,
Wilfried Bos (Hrsg.)

Empirische Bildungsforschung und evidenzbasierte Reformen im Bildungswesen

2014, ca. 240 Seiten, br., 29,90 €
ISBN 978-3-8309-3147-8

Die Empirische Bildungsforschung stellt bereits seit längerem empirische Daten bereit, die zur Steuerung des Bildungswesens sowie zur Konzeption, Implementation und Evaluation von Reformansätzen und Innovationen im Bildungssystem und in Bildungsinstitutionen genutzt werden können. Gleichzeitig wird jedoch auch kritisch hinterfragt, inwieweit die Bildungsforschung im Rahmen dieser „empirischen Wende" tatsächlich nützliche Informationen bereitstellen kann und inwieweit die Bildungspolitik, die Bildungsadministration und die pädagogische Praxis das Potenzial dieser Informationen erkennen und verwenden. Dieser Band dokumentiert eine Reihe von Beiträgen zu empirischen Forschungsergebnissen, die im Rahmen der Tagung „Empirische Bildungsforschung und evidenzbasierte Reformen im Bildungswesen" 2013 in Dortmund präsentiert wurden.